Jahrbuch für Sozialökonomie und Gesellschaftstheorie

Studium und Beruf

Jahrbuch für Sozialökonomie
und Gesellschaftstheorie

Studium und Beruf

Zur Studienreform in den Wirtschafts- und Sozialwissenschaften

Veröffentlichung der Hochschule für
Wirtschaft und Politik Hamburg

Westdeutscher Verlag

CIP-Kurztitelaufnahme der Deutschen Bibliothek

Studium und Beruf: zur Studienreform in d. Wirtschafts- u. Sozialwiss.; Veröff. d. Hochsch. für Wirtschaft u. Politik Hamburg. – Opladen: Westdeutscher Verlag, 1981.
(Jahrbuch für Sozialökonomie und Gesellschaftstheorie)

NE: Hochschule für Wirtschaft und Politik ⟨Hamburg⟩

Umschlaggestaltung: Horst Dieter Bürkle, Darmstadt

ISBN 978-3-531-11561-0 ISBN 978-3-322-91772-0 (eBook)
DOI 10.1007/978-3-322-91772-0

Vorwort

Das dritte Jahrbuch für Sozialökonomie und Gesellschaftstheorie, das von der Hochschule für Wirtschaft und Politik herausgegeben wird, befaßt sich mit einem Thema, das die Arbeit der Hochschule entscheidend prägt, der Studienreform.

Der Anspruch dieses Jahrbuchs reicht über den der Selbstreflexion der eigenen Arbeit weit hinaus. In der Bundesrepublik ist die zweite Phase der Hochschulreform gerade erst angelaufen. War das Hochschulrahmengesetz Endpunkt einer wie auch immer zu wertenden Verwaltungs- und Selbstverwaltungsreform in der deutschen Hochschullandschaft, so beginnt jetzt mit der Arbeit der regionalen und überregionalen Studienreformkommissionen die materielle Reform der Hochschulen, die Neuordnung der Studiengänge. Die Hochschule für Wirtschaft und Politik bringt als ihren Beitrag zu dieser Arbeit das Konzept eines wissenschaftlichen Studienganges für Berufserfahrene ein, den Sozialökonomischen Studiengang, der gleichberechtigt neben den wirtschafts- und sozialwissenschaftlichen Studiengängen der Universität stehen soll, deren Voraussetzung die allgemeine Hochschulreife ist.

Dieser Studiengang soll aber nicht nur an der Hochschule für Wirtschaft und Politik verwirklicht, sondern als ein mögliches Modell der wirtschafts- und sozialwissenschaftlichen Berufsbildung an allen Hochschulen der Bundesrepublik entwickelt werden.

Die Notwendigkeit, die Ausbildung in den wirtschafts- bzw. sozialwissenschaftlichen Fachbereichen der Hochschulen zu reformieren, ist so gut wie unbestritten. Das ist zum einen bedingt durch die neuen Voraussetzungen, die der Reform von Studiengängen durch die Hochschulgesetzgebung in Bund und Ländern gesetzt worden sind, andererseits durch die Veränderungen der ökonomischen Rahmenbedingungen, unter denen die wirtschafts- und sozialwissenschaftliche Berufspraxis steht. Wenn die Prognosen der einschlägigen Institute richtig sind, also die ökonomische Zukunft der Industriegesellschaften nicht mehr durch ein andauerndes wirtschaftliches Wachstum, sondern eher durch Stagnation und Rezession geprägt werden, muß daraus auch eine Umorientierung der ökonomischen Entscheidungen auf politischer wie einzelwirtschaftlicher Ebene erfolgen. Daraus läßt sich nicht nur die Notwendigkeit einer neuen Orientierung für wirtschaftliches Handeln ableiten, sondern auch ein Bedarf für neue Qualifikationen.

Das Konzept des Sozialökonomischen Studiengangs ist ein Schritt auf dem Wege der Realisation solcher Qualifikationen. Dabei ist entscheidend, daß dieser Studiengang nicht am Ideal einer werturteilsfreien und abstrakten Wissenschaftlichkeit orientiert ist, sondern Wissenschaft beziehen und anwenden will auf konkret formulierbare gesellschaftliche Probleme, in denen Berufspraxis stattfindet.

Das Jahrbuch ist in drei Hauptteile gegliedert. Im ersten geht es um die Vorstellung des Konzeptes des Sozialökonomischen Studiengangs und um dessen kritische Analyse einerseits wie die Diskussion der Bedingungen von Studienreform unter der Voraussetzung des Hochschulrahmengesetzes und der Landeshochschulgesetze andererseits. Im zweiten Teil werden praktischen Beispiele der Studienreformarbeit vorgestellt, damit das, was im ersten Teil notwendigerweise abstrakt bleiben muß, inhaltlich nachvollzogen werden kann. Im dritten Teil geht es um die Erweiterung des Bezugsrahmens der Diskussion um Erwachsenenbildung, Studienreform und wirtschafts- und sozialewissenschaftliche Berufspraxis im internationalen Vergleich.

Die Hochschule hofft, mit diesem Jahrbuch die Diskussion um die Reform des wirtschafts- und sozialwissenschaftlichen Studiums ein Stück inhaltlich voranzutreiben und darüber hinaus ihrer politischen Tradition gerecht zu werden, nämlich für die Öffnung des tertiären Bildungssektors auch für Berufstätige zu plädieren.

Norbert Aust
Präsident der Hochschule
für Wirtschaft und Politik

Inhalt

Autorenverzeichnis

Aust, Norbert, geb. 1943, Präsident der Hochschule für Wirtschaft und Politik. Veröffentlichungen zur Studienreform und zum Wirtschaftsrecht.

Damkowski, Wulf, geb. 1941, Prof. Dr. jur., Veröffentlichungen über Bürokratietheorie; Rationalisierung in Wirtschaft und Verwaltung; kommunale Entwicklungsplanung; Probleme der Hochschulverwaltung.

Epskamp, Heinrich, geb. 1942, Dr. rer. pol., Dozent am Fachgebiet Soziologie an der HWP, Veröffentlichungen zur Wissenschaftssoziologie, Studienreform und Arbeitsmarktproblemen.

Friebel, Harry, geb. 1943, wiss. Angest. an der HWP, Lehrbeauftragter an der Gesamthochschile Paderborn; Veröffentlichungen in den Bereichen Bildungssoziologie, Sozialisationstheorie und Erwachsenenbildung.

Hund, Wulf D., geb. 1946, Dr. phil., Dozent an der HWP, Fachgebiet Soziologie, Veröffentlichungen zur Kommunikationssoziologie, Wissenschaftstheorie und -soziologie, Kultursoziologie.

Laatz, Wilfried, geb. 1945, Dr. rer. pol., Referent an der Forschungsstelle der HWP, Veröffentlichungen zu Berufsproblemen, Arbeitsmarktproblemen, Juristenausbildung, Technischer Intelligenz und Medizinsoziologie.

Lautier, Bruno, geb. 1948, Dipl. Doc. d'Etat en Sciences Economiques, Maitre Assistant en Sciences Economiques, Universität Grenoble.

Pusback, Bärbel, geb. 1942, Dipl.-Soz., Wissenschaftliche Mitarbeiter an der HWP, Fachgebiet Soziologie, Veröffentlichungen zur Geschichte der HWP und zur regionalen Sozialgeschichte Schleswig-Holsteins.

Raasch, Sibylle, geb. 1949, Wissenschaftliche Mitarbeiterin an der HWP, Fachgebiet Recht, Veröffentlichung: Internationales Recht der Arbeit und Wirtschaft.

Schilling, Rainer, Dr. rer. pol., Dozent für VWL an der Hochschule für Wirtschaft und Politik, Veröffentlichungen auf den Gebieten, Markttheorie, Agrarpolitik, Raumordnungspolitik, Arbeitsmarktpolitik und Hochschuldidaktik.

Sube-Schindler, Susanne, geb. 1951, Diplom-Soziologin, wissenschaftliche Mitarbeiterin an der HWP im Modellversuch Sozialökonomischer Studiengang.

Tortajada, Ramon, geb. 1942, Dipl. Doc. d'Etat en Sciences Economiques, Maitre Assistant en Sciences Economiques, Universität Grenoble.

Wetzel, Manfred, geb. 1937, Dr. phil., Priv. Doz., Dozent an der HWP, Fachgebiet Soziologie, und Privatdozent für Philosophie an der FU Berlin, Veröffentlichungen zur Dialektik, zur Erkenntnis- und Wissenschaftstheorie und zur Gesellschaftstheorie.

Susanne Sube-Schindler

Der Sozialökonomische Studiengang an der Hochschule für Wirtschaft und Politik

Zur Fortentwicklung autonomer Berufsbildungskonzepte des zweiten Bildungsweges im Hochschulbereich

Die Hochschule für Wirtschaft und Politik ist die einzige Hochschule der Bundesrepublik Deutschland, deren Hauptfunktion darin besteht, Berufserfahrenen den Weg in ein wissenschaftliches Studium zu öffnen. Der Anspruch derer, die die HWP 1948 als Akademie für Gemeinwirtschaft gründeten[1], war es, den Qualifikationsbedarf, der aus der Neukonstruktion und Organisation der Gewerkschaften selbst wie des gesamten gemeinwirtschaftlichen Sektors resultierte, durch eine Ausbildung zu befriedigen. Zwei Prinzipien sollten eine solche Ausbildung prägen: Einmal die Aufarbeitung und Weiterentwicklung der Qualifikationsinhalte der herkömmlichen wirtschafts- und sozialwissenschaftlichen Studiengänge für Arbeitnehmerinteressen und zweitens die Integration von Berufserfahrung in einen wissenschaftlichen Studiengang.

Gleichberechtigung von schulischer und beruflicher Vorbildung für ein wissenschaftliches Studium und Eigenständigkeit der wissenschaftlichen Ausbildung definierten so das Selbstverständnis der Hochschule seit ihrer Gründung. Die Hochschule für Wirtschaft und Politik war von Anfang an als Modell konzipiert und hat diesen Charakter auch selbst immer betont. Tatsächlich ist sie eine einzigartige Institution in der Bundesrepublik geblieben, eine Hochschule des zweiten Bildungsweges eben, wie sie in keinem anderen Bundesland existiert.

Die ersten zwanzig Jahre der Hochschule für Wirtschaft und Politik sind durch die Dialektik von Anpassung an die Universitäten einerseits und Betonung der Eigenständigkeit der Hochschule andererseits geprägt. Das Ergebnis dieser Entwicklung war ein Studiengang, der mehr historisch gewachsen als didaktisch und curricular durchkonzipiert war. Als im Jahre 1968 das Studium von vier auf sechs Semester verlängert wurde, stand die Hochschule vor der Notwendigkeit, ihren Studiengang sowohl curricular wie prüfungstechnisch zu überprüfen und teilweise neu zu konzipieren. Über diese aktuelle Notwendigkeit hinaus ging es darum, die Eigenständigkeit der Hochschule auch in einem Studiengang zu dokumentieren, der sich nicht nur dem Namen sondern auch nach seinem Anspruch und seinem curricularen Aufbau von denen der Universitäten bewußt unterscheidet. So wollte die Hochschule ihre Tradition gleichzeitig fortsetzen und mit ihr brechen. Fortsetzen insofern, als auch der neue Studiengang auf den didaktischen und curricularen Erfahrungen der

Hochschule im zweiten Bildungsweg aufbaut, brechen in soweit, als dieser Studiengang eben keiner sein sollte, der nur speziell auf die Bedürfnisse der HWP zugeschnitten ist, sondern einer, der auch an Hochschulen anderer Bundesländer dann realisiert werden kann, wenn diese sich für Berufserfahrene so öffnen, wie es die Hochschule für Wirtschaft und Politik schon immer tut.

1. *Zur Entstehung des Konzeptes des Sozialökonomischen Studienganges an der Hochschule für Wirtschaft und Politik*

1.1 Die Entwicklung bis zur Beantragung des Modellversuches Sozialökonomischer Studiengang

Die bildungspolitische Diskussion über den tertiären Bildungssektor Ende der sechziger Jahre war nicht zuletzt durch die sogenannte Gesamthochschulproblematik gekennzeichnet[2]. Kern der Diskussion war der Versuch, Studiengänge für Studenten mit unterschiedlichen Eingangsvoraussetzungen an Hochschulen zu entwickeln, die sowohl die traditionellen Universitätsstudiengänge wie die der neu entstehenden Fachhochschulen in sich vereinigen sollten. Hier in Hamburg ging es um die Integration der Universität Hamburg, der Fachhochschule Hamburg und der Hochschule für Wirtschaft und Politik. 1972 kam es zu einer Vereinbarung zwischen der Universität Hamburg und der Hochschule für Wirtschaft und Politik für die Entwicklung eines Studienganges Sozialökonomie für Studenten sowohl der Universität wie der Hochschule für Wirtschaft und Politik. 1973 nahm ein Fachausschuß Sozialökonomie seine Arbeit auf und referierte nach einigen Sitzungen 1974 vor dem Beirat Hochschule Hamburg über seine Arbeit. Auf der Basis dieses Berichtes faßte der Beirat für die Hochschule Hamburg folgenden Beschluß: „Der Beirat empfiehlt

1. Der Behörde für Wissenschaft und Kunst, den Fachausschuß Sozialökonomie mit Dank für die geleistete Arbeit und insbesondere für die aufgezeigten Probleme aufzulösen;
2. der HWP die Einführung eines Studienganges Sozialökonomik
   – unter Wahrung der dort bestehenden spezifischen Zugangsbestimmungen für die Absolventen des zweiten Bildungsweges und
   – in Anknüpfung an die dort bestehenden Studiengänge vorzubereiten,
   – dabei die gestuften Abschlüsse eines graduierten und eines diplomierten Sozialökonomen vorzusehen sowie
   – Übergangsmöglichkeiten für Studenten der Universität mit entsprechenden Vordiplomen einzubeziehen;
3. der Behörde für Wissenschaft und Kunst, dem Beirat alsbald über das Ergebnis der Bemühungen der HWP unter Beiführung einer Stellungnahme der Behörde über die Absichten und Aussichten seiner Verwirklichung Bericht zu erstatten und ihm Gelegenheit zu einer Empfehlung zu geben.“[3]

Daraufhin nahm an der Hochschule für Wirtschaft und Politik der sogenannte „Curriculumausschuß“ seine Arbeit auf. In diesem Ausschuß wurden die prägenden Charakteristika des Sozialökonomischen Studienganges definiert, die bis heute gelten. Diese Prinzipien sind

1. Einrichtung eines integrierten Grundstudiums, das die vier an der Hochschule für Wirtschaft und Politik vertretenen Disziplinen Betriebswirtschaftslehre, Recht, Soziologie und Volkswirtschaftslehre umfaßt und Neukonzeptionen der propädeutischen Fächer entsprechend den Erfordernissen des zweiten Bildungsweges. Das Grundstudium sollte auf den Berufserfahrungen der Studenten aufbauen und das dialogische Lernen in kleinen Gruppen ermöglichen.
2. Die Neukonzeption des sogenannten Kernfachstudiums, wobei gerade in diesem Bereich die Tradition der Hochschule fortgesetzt werden sollte, Veranstaltungen anzubieten, die einerseits dem wissenschaftlichen Niveau der Universität entsprechen, andererseits einen Praxisbezug aufweisen, der an der Universität im allgemeinen nicht erreicht werden kann.
3. Die Entwicklung eines Projektstudiums, mit dem Anspruch, Berufsqualifikation, empirische Sozialforschung und theoretische Reflexion in einer Veranstaltung miteinander zu verknüpfen, die von der Hochschule selbst wie von Institutionen außerhalb der Hochschule getragen werden sollte.
4. An das Projektstudium sollte sich ursprünglich noch eine Diplomierungsphase anschließen, die vor allen Dingen der theoretischen Reflexion dienen sollte[4].

Gemessen an der Studienreformdiskussion der ersten Hälfte der siebziger Jahre stand das Konzept des Sozialökonomen durch die HWP relativ isoliert da. Zwar wurden auch an anderen Hochschulen wie beispielsweise Bremen und an der Fachhochschule Berlin integrierte Eingangsstudiengänge konzipiert und das Projektstudium eingeführt, im wesentlichen aber ging die Diskussion um die notwendige Differenzierung der Studiengänge entsprechend der Nachfrage der Anbieter von Arbeitsplätzen. Die Literatur zur Studienreform war in dieser Zeit geprägt durch die Veröffentlichung der sogenannten Bildungsökonomen, welche versuchten, Bedarfsprognosen für akademisch zu erzeugende Qualifikationen zu entwickeln[5]. Seinen späten Niederschlag fand diese Diskussion in den Empfehlungen zur Differenzierung des Studienangebotes durch den Wissenschaftsrat 1978[6]. Die Hochschule für Wirtschaft und Politik verfolgte gegenüber dem Konzept des Wissenschaftsrates genau das umgekehrte, nämlich Vereinheitlichung der Ausbildung im sozialwissenschaftlichen Sektor mit der Zielsetzung der Entwicklung einer Sockelqualifikation, auf der dann für die verschiedensten Berufe die spezifischen Qualifikationen in der Berufsausübung selber erworben werden können.

Entsprechend dieser Situation war die hochschulinterne Diskussion um den Sozialökonomen lange durch den Streit um die Notwendigkeit und das Ausmaß einer internen Differenzierung des Studienganges geprägt. Drei Standpunkte prägten die Diskussionen:

- einmal die Forderung auf den Verzicht jeglicher Differenzierung im Sozialökonomischen Studiengang;
- zum Zweiten eine Differenzierung des Sozialökonomischen Studienganges lediglich nach den Notwendigkeiten wissenschaftlicher Arbeitsteilung;
- drittens Differenzierung des Sozialökonomischen Studienganges entsprechend späteren Berufsfeldern.

Was dabei herauskam, war der Kompromiß zwischen dem zweiten und dem dritten Standpunkt und zwar eine Differenzierung nach den Schwerpunkten

1. Güterproduktion- und Verteilung
2. Administration und soziale Systeme[7].

Dieses erste Konzept des Sozialökonomischen Studienganges war rein hochschulintern und ohne Rücksicht auf politische Durchsetzbarkeit entwickelt worden. Die Ursachen dafür lagen in der allgemeinen Unsicherheit über die künftige Entwicklung der Hochschulen in der Bundesrepublik. Die Hochschulgesetzgebung in der Bundesrepublik war gerade bei den Entwürfen zum Hochschulrahmengesetz und den Landeshochschulgesetzen angelangt, sodaß die Entwicklung von Studienreformkonzepten auf diese Gesetze noch keine Rücksicht nehmen konnte.

1.2 Die Auseinandersetzung um die Realisation des Sozialökonomischen Studienganges: Planung des Modellversuches

Die Realisation eines neuen Studienganges ist in der bundesrepublikanischen Hochschullandschaft auf zwei Wegen zu erreichen: Einmal durch die Einführung eines solchen Studienganges oder andererseits über das Instrument eines Modellversuches. Die Hochschule für Wirtschaft und Politik und die Behörde für Wissenschaft und Forschung der Freien und Hansestadt Hamburg entschieden sich für die zweite Möglichkeit. Ein Modellversuch im Hochschulbereich wird entsprechend der Rahmenvereinbarung von Bund und Ländern 1971 von einem Bundesland beantragt. Über die Durchführung wird nach einem Kriterienkatalog von der Bund-Länder-Kommission also dem Bund und den Ländern zusammen entschieden. Die Kosten von Modellversuchen werden in der Regel je zur Hälfte vom antragstellenden Land und vom Bund getragen[8].

Die Entwicklung von Studiengängen in Modellversuchen vollzieht sich sozusagen unter kontrollierten Bedingungen. Modellversuche haben eine bestimmte Laufzeit, werden wissenschaftlich nach bestimmten Kriterien überprüft und endgültig erst auf Grund der Resultate der Überprüfung institutionalisiert oder abgelehnt.

Die Kriterien, denen Modellversuche gehorchen müssen, sind im einzelnen

„– der Modellversuch muß inovativen Charakter haben,
– der Modellversuch muß in Einklang stehen mit den Zielvorstellungen und Planungen von Bund und Ländern,
– der Modellversuch muß so ausgerichtet sein, daß er Entscheidungshilfen für die Entwicklung des Hochschulwesens geben kann,
– die Ergebnisse des Modellversuches sollen innerhalb des Hochschulbereiches übertragbar sein,
– eine überregional ausgewogene Verteilung der Modellversuche ist bei vergleichbarer Themenstellung und Qualität anzustreben,
– die Modellversuche sollen im Zusammenwirken von Staat und Hochschulen verwirklicht werden“[9].

Mit der Entscheidung der Hochschule, den geplanten Studiengang Sozialökonomie als einen Modellversuch zu beantragen, war dieser in das Konfliktfeld zwischen der Hochschule und den staatlichen Behörden Hamburgs gerückt.

Die Positionen in der Auseinandersetzung um die Verwirklichung von Bildungskonzeptionen sind zunächst einmal durch den institutionalisierten Sinn von Bildungsträgern und Behörden bestimmt. Die eine Seite verficht die Reinheit eines pädagogischen Konzeptes und wissenschaftliche Stringenz, die andere Seite sorgt für die Einhaltung der gesetzlichen Vorschriften und trägt die politische Verantwortung für die Realisation des Konzeptes eines Modellversuches vor dem Hintergrund konkurrierender Alternativen der Mittelverwendung.

Im Prozeß dieser Auseinandersetzung entwickelte der Curriculumausschuß der Hochschule für Wirtschaft und Politik einen Modellversuchsantrag Sozialökonomischer Studiengang auf der Basis des bestehenden Konzeptes, teilweise bereits modifiziert entsprechend der Kriterien für die Genehmigung von Modellversuchen. In diesem Antrag waren nach Meinung der Behörde für Wissenschaft und Forschung entscheidende Punkte offen geblieben, beispielsweise die Frage nach der internen Differenzierung des Studiengangs. Auf Grund dieses Tatbestandes sah sich die Behörde lediglich in der Lage, einen Antrag auf die Durchführung einer Planungsphase des Sozialökonomischen Studienganges bei der Bund-Länder-Kommission zu stellen, in dem das endgültige Konzept des Sozialökonomischen Studienganges entsprechend bestimmter Auflagen entwickelt werden sollte.
Diese Auflagen betrafen
– die Auswahlkriterien für die Aufnahme von Studenten in das Projektstudium,
– die Regelung des Verhältnisses zwischen dem bisherigen Studiengang und dem Sozialökonomischen Studiengang,
– die inhaltliche Verknüpfung von Kernfachstudium und Projektstudium.

Darüber hinaus mußten entsprechend den Regelungen des Hamburgischen Hochschulgesetzes beziehungsweise des Hochschulrahmengesetzes eine Prüfungsordnung und eine Studienordnung erarbeitet werden. Schließlich ging es um die Entwicklung eines Zeit- und Kostenplanes für den Sozialökonomischen Studiengang.

Im April 1980 lagen die entsprechenden Papiere der Hochschule vor, ein endgültiger Antrag an die Bund-Länder-Kommission wurde dann zusammen mit der Behörde für Wissenschaft und Forschung in Hamburg erarbeitet.

2. Das Konzept des Sozialökonomischen Studienganges

Zwischen dem Konzept der Sozialökonomie wie es in dem Zwischenbericht von 1976 festgelegt war und dem, wie es in dem endgültigen Antrag für die Durchführung des Modellversuches Sozialökonomie an der Hochschule für Wirtschaft und Politik enthalten ist, bestehen gravierende Differenzen. Im folgenden wird die endgültige Fassung des Antrages vorgestellt, die durch Verhandlungen zwischen der Hochschule und der Behörde für Wissenschaft und Forschung in Hamburg auf dem Kompromißweg erreicht wurde.

2.1 Grundstudium, Kernfachstudium und Projektstudium

Der Modellversuch Sozialökonomischer Studiengang baut auf dem bereits bestehenden Studiengang an der Hochschule für Wirtschaft und Politik auf und beginnt somit nicht mit einem ersten sondern mit dem siebten Semester. Die ersten sechs Semester unterliegen während des Modellversuches der zur Zeit gültigen Prüfungsordnung an der Hochschule für Wirtschaft und Politik und müssen deshalb im Kern unangetastet bleiben. Das heißt, die Studenten absolvieren ein zweisemestriges integriertes Grundstudium, im wesentlichen entsprechend dem Konzept des Zwischenberichtes von 1976. Dieses Grundstudium hat die Funktion, die verschiedenen Eingangsvoraussetzungen der Studenten auszugleichen. Zugangsbedingung zur HWP ist und bleibt die Kombination von Berufserfahrung und bestandener Aufnahmeprüfung. Die Berufserfahrung kann aber eine ganz unterschiedliche sein, bedingt durch den Typ der beruflichen Ausbildung besitzen die Studienanfänger verschiedene Kenntnisse vor allen Dingen in propädeutischen Fächern wie Mathematik, Statistik, Buchhaltung und anderen. Entsprechend besteht im Grundstudium nach wie vor ein didaktisches Problem. Die notwendige Menge propädeutischer Veranstaltungen konkurriert mit den Fachveranstaltungen im eigentlichen Grundkurs. Der Grundkurs besteht aus einem integrierten Teil, der in kleinen Gruppen durchgeführt wird und monodisziplinären Teilen, und zwar in den Fächern Betriebswirtschaftslehre, Rechtswissenschaft, Soziologie und Volkswirtschaftslehre, die dem sogenannten „Interteil" zugeordnet sind. Die Hochschule führt das Grundstudium entsprechend dieses Konzeptes bereits seit einigen Semestern durch, und hat dabei folgende Erfahrungen gemacht: Die Konkurrenzsituation zwischen propädeutischen Fächern und Fachstudium bringt es mit sich, daß gerade die Studenten, die einen hohen Nachholbedarf in allgemeinen Kenntnissen, vor allen Dingen in den quantitativen Propädeutika haben, auch diejenigen sind, welche sich im Fachstudium schwer tun. In der Konsequenz soll mit dem Abschluß des Modellversuches das Grundstudium um ein Semester verlängert werden, wobei daran gedacht ist, vor allen Dingen die gesamten Propädeutika neu zu konzipieren, neu zu ordnen und so differenziert anzubieten, daß einerseits ihre Funktion, unterschiedliche Eingangsvoraussetzungen auszugleichen, nicht gestört wird, andererseits die Inhalte der propädeutischen Fächer so in das Grundstudium integriert werden, daß jeder Student anwendungsbezogen Methoden erlernt und so die Konkurrenz zwischen propädeutischen Veranstaltungen und Grundstudium aufgehoben wird[10].

Bei der Durchführung des experimentellen Grundkurses, so wie er seit einigen Semestern an der Hochschule durchgeführt wird, hat sich außerdem gezeigt, daß eine notwendige Voraussetzung zum Gelingen des Grundkurskonzeptes darin besteht, daß ein einheitlicher inhaltlicher Rahmenplan erarbeitet wird.

Das Kernfachstudium im Modellversuch ist gegenüber dem Konzept des Zwischenberichtes der Hochschule für Wirtschaft und Politik zur Entwicklung des Sozialökonomischen Studiengangs im wesentlichen unverändert. Nach wie vor geht es darum, in durchschnittlich vierstündigen Kursveranstaltungen mono- wie interdisziplinäre Inhalte der vier Fachrichtungen anwendungsbezogen so zu vermitteln, daß am Ende des Kernfachstudiums der Student in der Lage ist, sich selbständig Informationen auf der Basis des erworbenen Wissens zu speziellen Problembereichen zu erarbeiten. Im Modellversuch bleibt das Kernfachstudium viersemestrig, wird aber mit dem Ziel der Verkürzung um ein Semester im endgültigen Studiengang inhaltlich überprüft.

Das eigentlich Neue des Sozialökonomischen Studienganges gegenüber dem bisherigen Studiengang an der Hochschule für Wirtschaft und Politik ist das dreisemestrige Projektstudium. Projektstudium heißt hier forschendes Lernen der Studenten in durch Projektthemenbereiche geordneten Projekten, unter der Voraussetzung der Gültigkeit von vier Kriterien, die wie folgt im Modellversuchsantrag definiert werden:

„1. Interdisziplinarität
Die an der HWP vertretenen Fachbereiche Betriebswirtschaftslehre, Rechtswissenschaft, Volkswirtschaftslehre und Soziologie müssen an den durch die Themenbereiche umrissenen Problemfeldern mitarbeiten können,

2. Praxisbezug
Die Projektthemenbereiche müssen die Chance für die Anwendung sozialwissenschaftlichen Wissens bieten, Anwendung auch im Sinne möglicher beruflicher Arbeit.

3. Empiriebezug
Informationen über die reale Situation in dem durch den Projektthemenbereich festgelegten Problemfeld müssen wissenschaftlich erarbeitet, ausgewertet und interpretiert werden können.

4. Exemplarität
Die Projektthemenbereiche sollen im wesentlichen zentrale Problemfelder der entwickelten Industriegesellschaft betreffen[11]."

Sinn des Projektstudiums ist die Integration eines Praxisbezuges in ein sozialwissenschaftliches Studium, wie er für die HWP typisch ist. Das Konzept der Projekte geht davon aus, daß der durchschnittliche Student der HWP über Berufserfahrung bereits verfügt, und insofern mit der sozialen Wirklichkeit des Betriebes nicht erst bekannt gemacht werden muß. Das Projektstudium zielt insofern auf eine Praxisorientierung zweiter Stufe. Der Student soll lernen, das Wissen, welches er sich im Grund- und Kernfachstudium angeeignet hat, anzuwenden und darüber hinaus problembezogen Informationen zu suchen und schließlich die eigene Tätigkeit in praktischen Berufsfeldern kritisch zu reflektieren. Dazu ist es notwendig, daß Projektstudium nicht als eine reine Hochschulveranstaltung sondern in Kooperation mit Institutionen außerhalb der Hochschule durchzuführen, die auch für die spätere Berufstätigkeit der Absolventen der Hochschule in Frage kommen.

Das Projektstudium ist naturgemäß eine Kleingruppenveranstaltung, betreut von Wissenschaftlern mindestens zwei verschiedenr Disziplinen und zeitlich so organisiert, daß in jedem Semester acht Semester Wochenstunden für das Projekt zur Verfügung stehen. Die Belastung der Studenten durch andere Veranstaltungen während des Projektstudiums ist auf vier Stunden im Durchschnitt reduziert. Die Differenzierung des Projektstudiums nach den beiden Schwerpunkten, Güterproduktion und -verteilung beziehungsweise Administration und soziale Systeme wurde aufgegeben.

Auch das Projektstudium soll im Prinzip ein einheitliches sein, strukturiert lediglich durch die Projektthemenbereiche, welche eben nicht auf Spezialisierung zielen sondern auf das Erlernen von Methoden der Anwendung und gleichzeitigen Erweiterung des Wissens.

2.2 Projektthemenbereiche

Die abstrakt als Prinzipien des Sozialökonomischen Studienganges entwickelten Kriterien konkret umzusetzen, ist Funktion der Projektthemenbereiche, die die Hochschule in Kooperation zwischen Hochschulgremien, den Planern des Sozialökonomischen Studienganges und den Fachbereichen entwickelt hat[12]. Diese Projektthemenbereiche sind nicht mit dem Anspruch gefertigt, zusammen so etwas wie eine Praxistheorie der Sozialökonomie abzubilden, sondern zeigen Bereiche gesellschaftlicher Problemfelder auf, in der die Qualifikation, wie sie durch den Sozialökonomischen Studiengang produziert werden soll, professionell umgesetzt werden kann.

Im Folgenden wird dieses Ziel exemplarisch an drei möglichen Projekten dokumentiert. So kann im Projektthemenbereich „Strukturwandel in Unternehmen und Öffentlicher Verwaltung (Arbeitsorganisation, Arbeitsverfassung)" ein Projekt „Einführung von neuen Produktionstechniken und Lohnformen" entwickelt werden. Betriebswirtschaftliche Qualifikationen werden dort vor allen Dingen in den Bereichen Arbeitswissenschaft, Lohnkostenkalküle und Personalwesen erworben. Die Rechtswissenschaft steuert Informationen über Mitbestimmungsregelungen bei der Einrichtung von Arbeitsplätzen einerseits und dem Verhältnis von Tarifrecht und Lohnformen andererseits bei, die Soziologie untersucht den Zusammenhang von Qualifikationen und Arbeitsplatzstrukturen, die Auswirkung von Leistungslohnsystemen und Arbeitsplatzbewertungssystemen auf das Arbeiterbewußtsein und die Einstellung zur Arbeit. In dem Projekt soll die HWP mit Gewerkschaften und Betrieben im Großraum Hamburg zusammenarbeiten. Das Projekt wird in drei Durchführungsstufen konzipiert, die typisch nicht nur für dieses sondern für Projekte überhaupt sind. Im ersten Schritt werden die vorhandene Literatur und Berichte über empirische Forschungsprojekte in diesem Gebiet zusammengetragen und gleichzeitig der Kontakt zu Gewerkschaften und Betrieben aufgenommen, die für die Durchführung des Projektes in Frage kommen und mit diesen eine erste Basis der Kooperation hergestellt. Zusammenarbeit soll dabei nicht nur heißen, daß Betriebe und Arbeiter sich der Untersuchung durch die Hochschule zur Verfügung stellen, sondern Studenten wie Berufstätige sollen gemeinsam an der Lösung von Problemen arbeiten. Praxisbezug im Sinne des Sozialökonomischen Studienganges heißt eben nicht nur Kennenlernen der sozialen Wirklichkeit durch eine mehr oder minder systematische Betrachtung von außen, sondern Konfrontation mit Problemen einer möglichen Berufspraxis und gleichzeitige wissenschaftliche Reflexion.

In der zweiten Stufe des Projektes geht es um die Durchführung des praktischen und empirischen Teiles. Erfahrungen werden gesammelt und soweit aufgearbeitet, daß sie in der dritten Stufe, der theoretischen Reflexion des gesamten Ansatzes, interpretiert werden können.

Das wissenschaftliche Erkenntnisinteresse des Projektes zielt auf die Konstruktion einer Theorie über den Zusammenhang zwischen Zeitpunkt und Art von technischen Innovationen und deren Zusammenhang mit späteren Veränderungen im Arbeitsplatzbewertungsverfahren und Lohnsystemen.

Im Projektthemenbereich ,,Soziale Diskriminierung (Frauen, Minoritäten, Randgruppen)" geht es nicht nur um die sozialpsychologische Analyse des Zustandekommens und der Gestalt von sozialen Vorurteilen, sondern jede Diskriminierung resultiert aus ökonomischen und politischen Konstellationen, die weder politisch noch ökonomisch rational sind. Sozialpsychologische und politökonomische Dimensionen der Diskriminierungsproblematik auseinander zu dividieren, heißt entweder auf die bloße Aufklärung als Heilmittel zu setzen, oder aber mit der Aufhebung gesetzlicher und anderer formaler Barrieren die Probleme lösen zu wollen. Beispielsweise kann bei der Diskriminierung der Frau im Bereich der Berufstätigkeit unterschieden werden zwischen der externen Diskriminierung und der internen Diskriminierung. Mit dem ersten Begriff ist die formale Schlechterstellung der Frau einerseits und ihre tatsächliche Diskriminierung im betrieblichen Alltag andererseits gemeint, mit der anderen das Selbstverständnis der Frau wie sie es in den herkömmlichen Sozialisationsprozessen durch Schule und Berufsausbildung geprägt wird, das sie auf bestimmte Berufssparten und bestimmte Positionen im hierarchischen Gefüge von Betrieben festlegt.

In einem Projekt, das diese Zusammenhänge untersuchen soll, geht es um folgendes: Es wird ausgesucht eine bestimmte Gruppe arbeitender Frauen in einer bestimmten Industriebranche. Nach der auch hier notwendigen Aufbereitung vorliegender Informationen und Resultate, muß in Zusammenarbeit mit den in Frage kommenden Betrieben und Personalvertretungen eine Analyse sowohl der formalen wie realen Schranken für den sozialen Aufstieg arbeitender Frauen durchgeführt werden. Also müssen Zugangsregelungen zu bestimmten Positionen, die reale Verteilung der Positionen nach formaler Qualifikation, Betriebszugehörigkeit und Geschlecht, sowie Anspruchsniveau und Interesse an beruflicher Weiterbildung bei der Belegschaft (Untersuchung von Männern und Frauen,) des Betriebes untersucht werden.

Der praktische Teil des Projektes besteht einerseits darin, eine Prognose des mittelfristigen Qualifikationsbedarfes des Betriebes für die Positionen zu erarbeiten, in die Frauen dann aufsteigen könnten und andererseits ein Programm beruflicher Nachqualifikation zu erarbeiten, welches sowohl Frauen zur Weiterbildung motiviert, wie ihnen die notwendige, jedoch bisher nicht ermöglichte Qualifikation vermittelt.

Der letzte Teil des Projektes besteht in der theoretischen Auseinandersetzung mit der Frage, ob solche Strategien die Diskriminierung der berufstätigen Frau auf sozialem wie ökonomischem Sektor löst oder nur verschiebt. Beispielsweise kann es so sein, daß die Arbeitsplätze, die durch Weiterqualifikation der Frauen frei werden, in gleichem Maße ,,wegrationalisiert" werden, oder aber wieder von anderen Frauen besetzt werden.

Im Projektthemenbereich ,,Interessenorganisationen (Verbände, Parteien, Bürgerinitiativen)" läßt sich das folgende Projekt ansiedeln: ,,Willensbildung in einer Einzelgewerkschaft am Beispiel eines neuen Rahmentarifvertrages".

Für dieses Projekt ist die notwendige Voraussetzung die kontinuierliche Zusammenarbeit zwischen Gewerkschaften und Hochschule, um ein ausreichend frühes Einsteigen der Projektteilnehmer und Projektleiter in den Willensbildungsprozeß zu ermöglichen. Dafür kann im Kernfachstudium schon eine Veranstaltung genutzt werden.

In der Informationsphase des Projektes selbst muß es darum gehen,
- die Studenten mit der formalen Organisation von Gewerkschaften vertraut zu machen,
- die ökonomischen Rahmendaten (konjunkturelle Situationen, quantitative und qualitative Personalstruktur und Arbeitsmarktsituation, technologische Struktur) zusammenzutragen und zu analysieren,
- die Situation der Branche und der dazugehörigen Gewerkschaft historisch abzuleiten, besonders unter der Perspektive der Entwicklung von Forderungen der Arbeitervertretungen.

Im zweiten Abschnitt des Projektes geht es um die eigentliche Verlaufsanalyse der politischen Willensbildung. Dazu existieren zwar in der empirischen Sozialforschung eine Reihe bewährter Instrumente, die aber alle davon ausgehen, daß der Prozeß lediglich beobachtet, nicht aber in ihm mitgearbeitet wird. In einem Projekt der Hochschule für Wirtschaft und Politik, welches in diesem Falle sicherlich in erster Linie von gewerkschaftlich organisierten Studenten getragen wird, treten diese Techniken hinter der praktischen Aufgabe zurück, Wissenschaft in der Funktion von Politikberatung und Informationskopplung zwischen Gewerkschaft und Betrieb gleichzusetzen und wissenschaftlich zu reflektieren.

Inhaltlicher Gegenstand des Projektes sind die Bezüge zwischen Willensbildung, Informationswegen und Mobilisierungsstrategien oder auch der „spontanen" Artikulation von Interessen aus der „Basis". Dabei können die Studenten auch praktisch in der Funktion von Informationsverarbeitern und als Teamer in einer parallelen gewerkschaftlichen Bildungsarbeit eingesetzt werden[13]. Im theoretisch analytischen Teil des Projektes muß erarbeitet werden, wie Forderungen und Resultate der Gewerkschaftsstrategien sich zueinander verhalten, und dieses Verhältnis kausal erklärt werden mit Hilfe eines Bezugsrahmens, der zumindest aus den Faktoren
- ökonomisch-politische Voraussetzungen der Auseinandersetzung um Rahmentarifverträge,
- Strategien der Unternehmerseite,
- Rolle der beratenden Wissenschaft,

besteht.

Diese Beispiele erheben nicht den Anspruch, für ein Projektstudium an der Hochschule für Wirtschaft und Politik repräsentativ zu sein, sind jedoch typisch für einzelne Projekte aus den neuen von der Hochschule entwickelten Projektthemenbereichen.

Im Sozialökonomischen Studiengang entscheidet sich jeder Student am Ende des vierten Semesters für einen der angebotenen Projektthemenbereiche (es werden voraussichtlich drei bis vier Projektthemenbereiche pro Lehrgang angeboten werden).

Aus diesen Projektthemenbereichen entwickeln sich dann, während der Student sein Kernfachstudium weiterführt, die konkreten Projekte, an deren Planung die Studenten teilnehmen sollen. Ab dem siebten Semester arbeiten dann die Studenten in ihrem jeweils gewählten Projekt über den Zeitraum von drei Semestern.

Bei dem Projektstudium geht es nicht darum, die Beherrschung sämtlicher Kenntnisse und Fähigkeiten, die eine sozialwissenschaftliche Ausbildung bieten kann, zu erreichen, vielmehr geht es darum, dem Studenten in der Form des exemplarischen Lernens die Fähigkeiten zu vermitteln, Problembereiche aus dem gewählten Schwerpunktbereich des Projektes kritisch an Hand der erlernten Theorien und Methoden wissenschaftlich und anwendungsbezogen zu bearbeiten.

Die Absolvierung des dreisemestrigen Projektes bedeutet nicht Spezialisierung auf das entsprechende Berufsfeld, sondern schafft die Grundlage für wissenschaftlich qualifizierte Berufsarbeit überhaupt.

Tabelle 1: Studienablauf an der Hochschule für Wirtschaft und Politik

Semester	bestehender Studiengang	Modellversuch Sozialökonomie	eventueller endgültiger Studiengang
1	Grundstudium	Grundstudium	Grundstudium
2	Grundstudium	Grundstudium	Grundstudium
3	Kernfachstudium	Kernfachstudium	Grundstudium
4	Kernfachstudium	Kernfachstuudium	Kernfachstudium
5	Kernfachstudium	Kernfachstudium	Kernfachstudium
6	Kernfachstudium	Kernfachstudium	Kernfachstudium
7		Projektstudium	Projektstudium
8		Projektstudium	Projektstudium
9		Projektstudium	Projektstudium

3. Der Stand der Diskussion um die Studienreform

Bevor auf die Einordnung des Studienganges Sozialökonomie im tertiären Bildungssystem der Bundesrepublik eingegangen werden kann, muß kurz die Diskussion um die notwendige Veränderung des gesamten tertiären Bildungssektors in der Bundesrepublik resumiert werden.

3.1 Zur Genese des Begriffes des Praxisbezuges in der Studienreformdiskussion

Studienreform mit der Zielsetzung der Erzeugung oder der Verbesserung gesellschaftlich notwendiger Qualifikationen ist nur dann sinnvoll, wenn eine Theorie des Beschäftigtensystems richtig ist, die die Allokation von Qualifikationen entsprechend ihrem sozialen und ökonomischen Nutzen für gewährleistet hält. Nun produziert

Tabelle 2: Struktur des Studiums an der Hochschule für Wirtschaft und Politik

Semester	1. Semester	2. Semester	3. Semester 4. Semester 5. Semester 6. Semester	7. Semester 8. Semester 9. Semester
bestehender Studiengang	Grundstudium: *1. Fachstudium* 4 SWS Interkurs 2 SWS BWL 2 SWS Recht 2 SWS Soziologie 2 SWS Volkswirtsch. *2. Propädeutika* 3 SWS Mathematik I* 2 SWS Deutsch* 2 SWS Englisch* 2 SWS Buchhaltung*	Grundstudium: *1. Fachstudium* 2 SWS Interkurs 2 SWS BWL 2 SWS Recht 2 SWS Soziologie 2 SWS Volkswirtsch. *2. Propädeutika* 3 SWS Mathematik II* 2 SWS Statistik 4 SWS Politische Geschichte	*1. Propädeutika* 4 SWS Statistik II Kernfachstudium über vier Semester (SWS insgesamt für vier Semester) *2. Fachstudium* Schwerpunktfach (BWL, Soziologie, VWL) min. 24 SWS in jedem Nebenfach, je nach Schwerpunktwahl drei der vier Fächer BWL, Recht, Soziologie, VWL min. 24 SWS Wahlpflichtkurse: min. 16 SWS Wahlkurse : max. 16 SWS	
Modellversuch Sozialökonomie	gleich mit dem bestehenden Studiengang***		gleich mit dem bestehenden Studiengang***	Projektstudium über 3 Semester (SWS insgesamt für drei Semester) 24 SWS Projektstunden in einem Projekt unter Beteiligung von mindestens zwei an der Hochschule vertretenen Fachdisziplinen. 12 SWS Wahlpflichtkurse aus den Fächern BWL, Recht, Soziologie und Volkswirtschaftslehre
evtl. endgültiger Studiengang**	Grundstudium über drei Semester Vorgabe für das Grundstudium: Maximale Stundenbelastung des Studenten 18 SWS, aufgeteilt 10:8 in Fach- und propädeutisches Studium, wobei in den Propädeutika enthalten sein muß: Mathematik, Statistik empirische Sozialforschung, Buchhaltung, volkswirtschaftliche Gesamtrechnung, Deutsch, Englisch		Kernfachstudium über drei Semester (SWS insgesamt für drei Semester) Im Kernfachstudium studiert jeder Student min. 16 SWS, wobei aus jedem der vier Fächer je zwei Kurse studiert werden müssen. Darüber hinaus drei Kurse, die dem Projektthemenbereich zugeordnet sind.	Entsprechend wie in der Modellversuchsphase, Modifikationen entsprechend der Resultate des Modellversuches sind möglich.

* kann durch Befreiungsklausur abgewählt werden
** Entwurf der Planungsgruppe Sozialökonomie
*** Bedingt durch die Gültigkeit der bestehenden Prüfungsordnung (d. Modellversuch beginnt b. 7. Sem.)

das Bildungssystem aber nicht nur Qualifikationen, sondern auch Bildungstitel in einer formalen Hierarchie vom Hauptschulabschluß bis zum Doktorgrad, die zur Legitimation von Plazierungsprozessen zumindest bei dem Einstieg in das Berufsleben dienen.

Die These vom Funktionieren des gesellschaftlichen Allokationsprozesses setzt eine Harmonie von Bildungs- und Positionshierarchie voraus, die in der entsprechenden wissenschaftlichen Literatur[14] so als nicht existent behauptet wird. In der Zeit expandierender Arbeitsmärkte für Akademiker dient der Ausweis der akademischen Bildung als Legitimationsvehikel für entsprechende Berufseinmündungen, wobei in der Regel nicht überprüft wird, ob die Studieninhalte, die sich hinter diesem Titel verbergen, auch auf den zukünftigen Beruf inhaltlich bezogen sind. Eine Differenzierung zwischen den Hochschulabsolventen erfolgte erst im Beruf und war ablesbar an negativen oder positiven Verläufen von Berufskarrieren[15]. Da die Positionen für Akademiker auf dem Arbeitsmarkt nicht mehr in dem Maße anwachsen wie die Zahl der Hochschulabschlüsse[16], kann der Besitz eines Hochschultitels den Zugang zu einer entsprechenden Berufsposition allein nicht mehr garantieren. Zusätzliche Merkmale entscheiden darüber, ob und welche Beschäftigung Hochschulabsolventen am Arbeitsmarkt finden – anders ausgedrückt Akademiker konkurrieren um Arbeitsplätze.

Die Konkurrenz am Arbeitsmarkt setzt sich in einer im Ausbildungsprozeß selber fort. Studenten versuchen so zu studieren, daß sie im Konkurrenzkampf bessere Chancen als ihre Kommilitonen zu haben glauben. Das Resultat sind zunächst einmal Notenkonkurrenz und dann inhaltliche Anforderung an Studiengänge. In der wissenschaftlichen Diskussion um die Studienreform wird entsprechend der Begriff des Praxisbezuges, also die Orientierung am späteren Tätigkeitsfeld, zum Leitbegriff. Bis in die Mitte der siebziger Jahre war die Diskussion um die Evolution des tertiären Bildungssektors dagegen durch die angebotsorientierten Modelle der Bildungsökonomen geprägt, welche davon ausgingen, daß Hochschulabsolventen analog dem Gossenschen Gesetz in jedem Falle eine entsprechende Beschäftigung auf dem Arbeitsmarkt schon finden würden, und es nur darauf ankäme, Ausbildungsinhalte wissenschaftlich verantworten zu können[17].

Die Diskussion um den Praxisbegriff in der Studienreformarbeit hat aber neben der Wurzel arbeitsmarktpolitischer Notwendigkeiten noch eine zweite, und zwar die der Auseinandersetzung um den Praxisbegriff in der Wissenschaft, geführt vor allem zwischen der Frankfurter Schule und den Neopositivisten. Dabei ging es, sofern es zur Diskussion für dieses Thema interessant ist, auch darum, inwieweit Wissenschaft sich auf Gesellschaft und gesellschaftliche Interessen bewußt beziehen muß[18]. Der Streit um den Praxisbegriff in der Studienreformdiskussion war damit vorgeprägt. Auf der einen Seite wurde mit Argumenten der Notwendigkeit gesellschaftlicher Qualifikation gefochten, auf der anderen Seite mit denen der bestehenden Nachfrage am Arbeitsmarkt. Das ist aber nur die eine Ebene der Auseinandersetzung, die zweite ist die von Differenzierung oder einheitlicher Neustrukturierung von Studiengängen je nach der Konzeption des Begriffes des Praxisbezuges. Der erste Begriff des Praxisbezuges geht davon aus, daß akademische Berufspositionen sich in einem Maße horizontal wie vertikal voneinander unterscheiden[19], daß eine einheitliche Ausbildung für alle nicht möglich ist, sondern diese in relativ voneinander unabhängige Studiengänge differenziert werden muß. Das Ziel ist, den Absolventen qualifikationsspezifische Nischen auf dem Arbeitsmarkt zu eröffnen, sie so vor der Konkurrenz mit anderen Absolventen weitgehend zu schützen und darüber hinaus ihnen die Möglichkeit einer qualifikationsspezifischen Karriereleiter zu garantieren. Der zweite Begriff des Praxisbezuges hält die Theorie für richtig, daß die Berufspositionen für Hochschulabsolventen mindestens im Wirtschafts- und Sozialwissenschaftlichen Bereich im Prinzip durch so gleiche Handlungsstrukturen geprägt werden, daß Ausbildung sich eher auf dieser Gleichheit orientieren soll, als auf die selbstverständlich auch bestehenden Unterschiede, welche in einem Prozeß der beruflichen Nachqualifikation auf Grund eines auf lernen des Lernens ausgerichteten Basiswissens selbständig und in politischer wie wissenschaftlicher Reflexion angeeignet werden können.

Die Logik des gesellschaftsorientierten Praxisbegriffes in der wissenschaftstheoretischen Diskussion paßt am besten zu einem Begriff des Praxisbezuges im Studium, der auf Sockelqualifikation und reflektierendes Einarbeiten des Hochschulabsolventen in den Beruf zielt, die „werturteilsfreie“ Fassung des Praxisbegriffes in der Wissenschaftstheorie geht eher mit einem Konzept des Praxisbezuges zusammen, das die Entscheidung über den Typ der Ausbildung primär den Marktprozessen in der Gesellschaft überläßt und entsprechend Studiengänge differenziert.

So in etwa ist der Stand der Diskussion um den Begriff des Praxisbezuges der aktuellen Literatur zur Studienreform.

3.2 Die Diskussion um den egalitären Anspruch auf Bildung und die Differenzierung zwischen ersten und zweiten Bildungsweg

Die reale Situation im Hochschulsektor ist durch die wissenschaftliche Diskussion in etwa wiedergespiegelt. Die traditionelle deutsche Universität Humboldtscher Prägung und ihre überkommenen Studiengänge sind nach wie vor zentrale Institution und Orientierungsbasis des tertiären Bildungssektors, ohne sich seit ihrer Rekonstruktion in den fünfziger Jahren inhaltlich wesentlich verändert zu haben; zwar ist durch die Hochschulgesetzgebung die Universität zumindest dem Anspruch nach von der Bildungsanstalt zu einem Institut der Berufsausbildung umgewandelt worden[20]. Dieser Anspruch ist aber bisher nicht realisiert, ob ihn die zum Teil schon arbeitenden Studienreformkommissionen verwirklichen können, bleibt abzuwarten.

Die Demokratisierung der Universitäten so wie sie in den sechziger und Anfang der siebziger Jahre versucht wurde, ist selbst da, wo sie halbwegs gelungen war, wieder zurückgenommen worden durch die einschlägigen gesetzlichen Regelungen des Hochschulrahmengesetzes und der Landeshochschulgesetze. Die neuen Strukturen, die im tertiären Bildungssektor eingebracht worden sind, sind so nicht in der Universität realisiert worden, sondern neben der Universität. Das betrifft zum einen die Gründung von Gesamthochschulen, die in aller Regel entweder gleich als solche gegründet wurden oder aber aus Fachhochschulen entwickelt wurden, nie aber aus bestehenden Universitäten; zum anderen gilt es für die Etablierung neuer Studiengänge, die ebenfalls in aller Regel nicht an Universitäten, sondern an Gesamthochschulen eingeführt worden sind, soweit es sich nicht um Fachhochschulstudiengänge handelt. Eine Aufhebung der vertikalen Differenzierung zwischen den Studiengängen an den verschiedenen Hochschulen wurde durch die Verallgemeinerung des Diplomexamens auf alle Studiengänge an Hochschulen zwar formal erreicht, in der Realität aber ist durch die Tilgung des Begriffes der Graduierung und die gleichzeitige Einführung einer Reihe von neuen Diplomexamina die alte Differenzierung zwischen den Studienabschlüssen verschwommener und verwischter geworden, ohne das an ihre Stelle eine wirklich neue Differenzierung getreten wäre, was die Situation auf dem Angebotssektor von akademisch qualifizierter Arbeitskraft einfach nur intransparent gemacht hat. In der Folge sind beide Seiten, also Hochschulen wie Abnehmer von Arbeitskraft bemüht, durch sogenannte Berufsfeldanalysen Übersicht in das Angebot wie die Nachfrage von Qualifikationen zu bringen, was dabei herauskommt, sind Definitionskataloge funktionaler und extrafunktionaler Qualifikationsmerkmale, die eines gemeinsam haben, nämlich relativ unbestimmt zu sein, entsprechend kaum umsetzbar zu sein in curriculare und didaktische Konzepte von Studiengängen[21].

Was in der Folge entstanden ist, ist eine hohe Berufsunsicherheit von Hochschulabsolventen, vor allem solcher Absolventen, die das Risiko eingegangen sind, nicht die überkommenen Studiengänge an ebenfalls überkommenen Hochschulen zu studieren. Diese Unsicherheit wird meist kompensiert entweder durch eine nicht reflektierte Leistungs- und Konkurrenzorientierung oder aber durch einen Bildungsanspruch, der den Begriff der individuellen Emanzipation durch Hochschulbildung in den Mittelpunkt rückt, ohne nach dessen Verwertbarkeit im Sinne von entsprechender Arbeit im Beschäftigungtensystem zu fragen. Der zu Beginn der Bildungsreform formulierte egalitäre Bildungsanspruch, entsprechend der Formel „Bildung ist Bürgerrecht", trug diese Entkopplung von Bildungsanspruch und Berufsanspruch stets schon in sich. Genau das gleiche wird auch von konservativer Seite formuliert, wenn Hochschulabsolventen geraten wird, Bildung als solche schon als Privileg aufzufassen ohne damit Berufsansprüche zu verbinden[22]. Die Entkopplung von Bildungs- und Berufsanspruch geht an der Tatsache vorbei, daß nicht oder unterqualifizierte Arbeitskraft ihre Qualifikation auf Dauer verliert, eben weil Hochschulstudiengänge doch auf Berufsrollen und professionelle Handlungszusammenhänge orientiert sind und nicht auf einen Bildungsbegriff im alten humanistischen Sinne zielen, der mehr bürgerliche Kultur als qualifizierte Arbeit meinte. Die Konsequenz aus diesem Tatbestand ist folgende, entweder wird der tertiäre Bildungssektor so umstrukturiert, daß er seine Berufsrollenorientierung tendenziell wieder verliert, was bei der Knappheit der Resourcen für Bildungszwecke ernsthaft nirgendwo vorgeschlagen wird, oder aber das die Selektion von Qualifikationen vom Arbeitsmarkt wieder zurückverlagert wird in den Bildungssektor. Beide Alternativen sind deshalb Pseudoalternativen, weil beide von einer starren und politisch unzugänglichen Beschaffenheit des Beschäftigtensystems ausgehen. Für die Arbeit im tertiären Bildungssektor bedeutet das, daß Studiengänge entwickelt werden, die die notwendige Flexibilität des Beschäftigtensystems insofern vorbereiten, als sie auf das zur Zeit gültige Beschäftigtensystem nicht festgelegt sind, es andererseits soweit notwendig aber bedienen können.

4. Der politische Anspruch des Sozialökonomischen Studienganges

Allgemeine Probleme setzen in der konkreten Detailarbeit die Rahmenbedingungen des Handelns. Der Sozialökonomische Studiengang ist nicht in einem Freiraum entstanden, sondern eben vor dem Hintergrund eines Geflechtes von Positionen und Sachverhalten, wie sie im vorigen Abschnitt geschildert wurden, trotzdem ist der Sozialökonomische Studiengang in einer Nische entwickelt worden, insofern, als die Hochschule für Wirtschaft und Politik die einzige wissenschaftliche Hochschule des zweiten Bildungsweges ist. Solch eine Position hat zwar die Vorzüge des „Naturschutzes", aber auch die daraus erwachsenden Nachteile.

Für den Sozialökonomischen Studiengang heißt das, einerseits nur aus den einzigartigen Bedingungen der Hochschule für Wirtschaft und Politik entwickelt werden zu können und andererseits Modellcharakter beanspruchen zu müssen. Der Studiengang ist also einzuordnen in das eben beschriebene Koordinatensystem von Positionen und Sachverhalten der Hochschulsituation der zweiten Hälfte der siebziger Jahre.

Die Hochschule für Wirtschaft und Politik führt das Wort Politik nicht nur in ihrem Titel, sondern war immer auch eine politische Hochschule: Arbeitnehmerorientiert und in der Funktion für die Verwirklichung egalitärer Bildungschancen. Entsprechend engagierte sich die Hochschule wie eingangs geschildert für die Idee der Gesamthochschule und zwar inhaltlich und nicht nur formal, nämlich als Basis integrierter Studiengänge. Der Sozialökonomische Studiengang, der ja ein integrierter sein sollte, mußte entsprechend diesem Selbstverständnis einer sein, der gleichgestellt ist mit den Studiengängen der Universität und nicht einfach arbeitsmarkt- sondern berufsbezogen.

4.1 Gleichwertigkeit von schulischer Ausbildung und Berufserfahrung

Schulische Ausbildung, genauer das Absolvieren der zweiten Stufe des sekundären Bildungssektors, und Berufserfahrung sind nicht gleichwertig als Voraussetzung zur Aneignung von Wissenschaft anerkannt. Der zweite Bildungsweg gilt nicht nur als zweiter im Sinne einer Rangordnung, sondern auch als Sonderfall. Ein Bildungskonzept, das die Sekundarstufe zwei der Schulen durch eine Phase beruflicher Praxis ersetzt und von dort aus einen Zugang eigener Art zum wissenschaftlichen Arbeiten eröffnet, der durch eine besondere Primarstufe des tertiären Bildungssektors gekennzeichnet sein muß, existiert eben nur an der HWP und mit allgemein politischen Anspruch auch nur im Konzept des Sozialökonomischen Studienganges. Alle anderen Ausbildungsgänge des zweiten Bildungsweges sind mehr oder weniger kompensatorischer Natur, zwar hat jeder das Recht, über den zweiten Bildungsweg eine höhere Qualifikation zu erwerben, tatsächlich stehen jedoch im zweiten Bildungsweg so wenig Plätze zur Verfügung, daß nur ein geringer Teil dieses Recht in Anspruch nehmen kann. Im Unterschied zum Sozialökonomischen Studiengang werden die anderen Ausbildungsgänge des zweiten Bildungsweges nicht durch gesellschaftlichen Qualifikationsbedarf begründet. Das bedeutet nun nicht, daß das Konzept des Sozialökonomischen Studienganges in voller Unabhängigkeit von egalitären Bildungsansprüchen steht, vielmehr ist es so, daß gerade die Kombination beider den Charakter des Sozialökonomischen Studienganges definieren.

Nun ist es so, daß die HWP den Anspruch auf egalitäre Bildungschancen anders versteht, als er gemeinhin gehandelt wird. Nicht das Recht aller auf gleiche Bildung steht in Frage, sondern das Recht aller auf gleiche Qualifikation für das Berufsleben. Dieses Selbstverständnis der Hochschule entspringt ihrer Erfahrung, denn die Diskriminierung von Studenten der HWP ist eine doppelte. Während die Studenten des ersten Bildungsweges ihre Zugangsberechtigung zur Universität auf Grund der schulischen Ausbildung eines Gymnasiums mit dem Bestehen des Abiturs erhalten, ist das Erreichen der allgemeinen Hochschulreife für die Studenten der Hochschule für Wirtschaft und Politik nur über Berufstätigkeit, Aufnahmeprüfung und HWP Studium erreichbar.

Durch meist frühe Berufseinmündung in Folge familiärer Sozialisation und sozialer Herkunft erfährt der zukünftige Student der Hochschule für Wirtschaft und Politik die erste Diskriminierung, denn immer noch ist das Abitur gesellschaftlich höher angesehen als eine Lehre und eröffnet entsprechende Berufschancen. Wenn der Berufserfahrene nun sein Studium an der Hochschule für Wirtschaft und Politik beginnt, muß ihm die Chance gegeben werden, nicht nur die allgemeine Hochschulreife, die ihm mit dem jetzigen Abschluß nach sechs Semestern zuerkannt wird, zu erreichen, sondern ein gleichrangiges und gleichwertiges Studium zu dem der Universitäten angeboten zu bekommen, welches durch den Sozialökonomischen Studiengang geschaffen werden soll, um ihn vor einer weiteren Diskriminierung einer minder bewerteten Ausbildung zu schützen. Selbstverständlich ist es so, daß derjenige, der an der Hochschule für Wirtschaft und Politik sein Studium beginnt, andere Qualifikationsvoraussetzungen hat, als der Studienanfänger an der Universität, wobei es hier nicht darum geht zu untersuchen, ob die eine oder andere Qualifikation die bessere sei, eindeutig ist nur, daß das Bildungsangebot im tertiären Bereich ausschließlich auf die gymnasiale Vorbildung ausgerichtet ist. Um dem HWP Studenten den Einstieg in das Erlernen des wissenschaftlichen Arbeitens zu erleichtern, hat das Grundstudium vielfältige Aufgaben zu erfüllen. Einerseits muß es die verschiedensten Qualifikationsniveaus der einzelnen Studenten der Hochschule für Wirtschaft und Politik so zusammenführen, daß jeder Student die Basisqualifikation für das Weiterstudium erhält, andererseits hat das Grundstudium die Aufgabe, die Berufserfahrungen der Studenten so in das Grundstudium zu integrieren, daß an bereits erlernter Praxis theoretisches Wissen vermittelt werden kann. Hinzu kommt die Ausbildung in den propädeutischen Fächern, die zum Teil Voraussetzung ist für die Kurse im Kernfachstudium.

Mit Absolvierung des Grundstudiums ist eine Basis erreicht, auf der ein Studiengang studiert werden kann, der gleiche Ansprüche an propädeutisches und Fachwissen stellt wie Fachstudiengänge der Universität, darüber hinaus aber Berufserfahrung voraussetzt, die so an der Universität nicht erworben werden kann. Durch eine Analyse der Studieninhalte läßt sich sowohl die Gleichheit wie die Verschiedenheit zwischen der Hochschule für Wirtschaft und Politik und den Universitätsstudiengängen so belegen[23], daß der Anspruch auf gleichwertige Behandlung der Absolventen am Arbeitsmarkt legitimiert ist.

An die Planung des Sozialökonomischen Studienganges wurde immer der Anspruch erhoben, eine Untersuchung durchzuführen, ob überhaupt ein Bedarf für Absolventen des Studienganges auf dem Arbeitsmarkt vorhanden ist, einmal um festzustellen, ob die Akzeptanz des neunsemestrigen Studienganges gesichert ist, zum anderen um die Gewißheit zu haben, durch diesen neu einzurichtenden Studiengang die „Akademikerarbeitslosigkeit" nicht noch weiter fortzuschreiben, obwohl aus Untersuchungen hervorgeht, daß die Arbeitslosigkeit bei Akademikern immer noch geringer ist als die Arbeitslosigkeit in anderen Bereichen[24]. Ganz abgesehen davon wendet sich das Argument der „Akademikerarbeitslosigkeit" gegen, in diesem Falle, die Einrichtung des Sozialökonomischen Studienganges und damit gegen die Hochschule für Wirtschaft und Politik als Institution des zweiten Bildungsweges. Dies ist aus mehreren Gründen falsch.

Ganz allgemein bedeutet eine bessere Ausbildung individuell auch bessere Chancen auf dem Arbeitsmarkt, das heißt für die Studenten der Hochschule für Wirtschaft und Politik, die bereits eine berufliche Ausbildung hinter sich haben und dann mit Hilfe des Sozialökonomischen Studienganges ein vollwertiges Langzeitstudium absolvieren, steigen die Arbeitsmarktchancen durch diese Ausbildung. Es zeigt sich schon bei den Absolventen des sechssemestrigen Studienganges, die eine Berufsausbildung vor Beginn des Studiums abgeschlossen haben, daß diese in einigen Bereichen auf dem Arbeitsmarkt, den Absolventen aus dem ersten Bildungsweg mit Universitätsabschluß vorgezogen werden.

Im Sozialökonomischen Studiengang wird eine Qualifikation erzeugt, die bisher auf dem Arbeitsmarkt noch nicht existiert. Die Verbindung zwischen Berufserfahrung und einem gleichwertigen Langzeitstudium zu den Angeboten der Universität bietet den Absolventen der Hochschule für Wirtschaft und Politik die Möglichkeiten, einerseits mit den Universitätsabsolventen auf dem Arbeitsmarkt zu konkurrieren, andererseits den Nachweis zu erbringen, daß gerade diese Verbindung eine geeignetere Qualifikation darstellt als die rein „theoretische" Universitätsausbildung. Hinzu kommt noch, daß die Studenten der Hochschule für Wirtschaft und Politik während des Projektstudiums in und mit Institutionen ein Arbeitsfeld wissenschaftlich und praktisch kennenlernen, in dem sie unter Umständen nach Beendigung des Studiums einmal arbeiten werden.

Sicher gilt, daß durch Studienreform keine neuen Arbeitsplätze geschaffen werden, aber egalitärer Bildungsanspruch heißt Herstellung gleicher Zugangschancen zu privilegierten Positionen und damit deren Entprivilegierung.

4.2 Zur Auseinandersetzung zwischen Sockelqualifikation und Differenzierung im Sozialökonomischen Studiengang

Das Problem zwischen Schaffung von Sockelqualifikation einerseits und Differenzierung von Studiengängen andererseits wurde im Kapitel 3.1 schon allgemein erarbeitet. Bezogen auf den Sozialökonomischen Studiengang heißt das nun nicht nur zu fragen, welche der beiden Qualifikationstheorien bei den Käufern von Arbeitskraft gerade Konjunktur hat. Die von der HWP verfochtene These von der Notwendigkeit der Erzeugung eines breiten über den gesamten institutionellen wie faktischen Zusammenhang eines bestimmten Berufsfeldes gespannten Wissens leitet sich aus ihrem politischen Konzept von Berufsausbildung ab. Sozial und politisch reflektierende Berufstätigkeit setzt solches Wissen voraus[25].

Das Berufsbild des Sozialökonomen, das dahinter steht, ist in etwa beschrieben durch das, was C. Offe als typisch für die Arbeit im Spätkapitalismus schildert. Offe hält für richtig, daß „für einen wachsenden Teil der gesellschaftlichen Arbeitskraft nicht mehr ihre Mehrwertergiebigkeit und ihre Verkäuflichkeit ihrer Resultate, sondern deren unmittelbare Qualität maßgeblich (ist). Die institutionalisierte Gleichgültigkeit gegen Gebrauchswertkategorien muß Stück für Stück widerrufen werden; denn bei der Arbeit von Angestellten und Beamten geht es um Entscheidungen und Handlungen, die nicht mehr . . . direkt deduzierbar sind aus dem Kriterium ihrer Verwertungsrelevanz, sondern die vom Test des Marktes, von der Bestätigung oder der Zurückweisung durch Wertresultate zunehmend emanzipiert sind und sogar ihre Austauschrelation zwischen Waren setzen können“[26].

Es würde in diesem Aufsatz zuweit führen, die ökonomischen Voraussetzungen der Implikationen des Offschen Ansatzes zu diskutieren. Konsequenz für die Berufstätigkeit heißt bei Offe jedenfalls Orientierung an dem sozialen oder individuellen Sinn von Arbeit, hohe Arbeitsidentifikation und den Anspruch auf eine Beschäftigung, die das persönliche Engagement nicht leerlaufen läßt. Offe hält in seiner Theorie diese Qualifikation für automatisch durch die Entwicklung zum Spätkapitalismus gegeben. Das Konzept des Sozialökonomischen Studienganges dagegen ist von der Überzeugung getragen, daß Offe zwar die Notwendigkeiten einer Qualifikation richtig beschreibt, deren Erzeugung aber angesteuert werden muß durch eine entsprechende Institutionalisierung im tertiären Bildungssektor. Der Sozialökonomische Studiengang ist ein Versuch dazu.

Ein möglicher Widerspruch zwischen Studienreformkonzept und Ansprüchen der Käufer von Arbeitskraft ist damit angelegt. Der Käufer von Arbeitskraft setzt voraus, daß sein Interesse konstitutiv für den Inhalt der Arbeit ist, die er schließlich bezahlt. Der Absolvent eines Studienganges wie das der Sozialökonomie soll dazu ausgebildet werden, nicht nur dieses Interesse sondern auch andere Interessen zu berücksichtigen und zwar die, die durch seine Arbeit mittelbar oder unmittelbar betroffen sind. Das heißt, seine Arbeit ist durch eine Einstellung geprägt, die „gebrauchswertorientiert“ ist.

Das, wie Offe sagt, in vielen Handlungsvollzügen das Kriterium der Verwertungsrelevanz der Arbeit keinen Maßstab für Entscheidungen liefert, heißt noch nicht, daß andere Interessen automatisch an dessen Stelle treten, sondern diese müssen möglicherweise im Konflikt durchgesetzt werden. Diesen Konflikt auszutragen ist sowohl ein individuelles wie kollektives Problem. Kollektiv muß politisch ein Konzept der Berufsbezogenheit von Hochschulausbildung durchgesetzt werden, das die gesellschaftliche Verantwortbarkeit von Arbeit festschreibt, sowie es in etwa in den Leitsätzen des DGB zur Studienreform festgeschrieben ist[27], individuell muß der Berufstätige qualifiziert werden, seinen politischen Anspruch in der Arbeit intellektuell vertreten und auch in Konfliktsituationen faktisch durchsetzen zu können.

Projektthemenbereiche mittlerer Reichweite

I. Projektthemenbereich Strukturwandel in Unternehmen und öffentlicher Verwaltung (Arbeitsorganisation, Arbeitsverfassung)

1. Interdisziplinarität

- Betriebswirtschaftslehre: Organisationsentwicklung und -prozesse, Investitionsentscheidungen, Arbeitswissenschaft
- Rechtswissenschaft: Koalitions- und Arbeitskampfrecht, Mitbestimmungsregelungen, Verfassungs- und Verwaltungsrecht
- Volkswirtschaftslehre: Wachstumstheorie, Sozialpolitik, Verteilungstheorie
- Soziologie: Industriesoziologie, Organisationssoziologie (insbesondere Bürokratieprobleme), Sozialisationssoziologie.

2. Praxisbezug

Die Strukturierungen von Organisationen sind ein Problem nicht nur der betrieblichen und öffentlichen Technokratie, sondern vor allem eines der qualifizierten Mitbestimmung in allen Bereichen beruflicher Arbeit. Speziell gilt das für Stellen in Personalabteilungen, auch im öffentlichen Dienst, Betriebsleitungen, für hauptamtliche Gewerkschaftsfunktionäre wie für Erwachsenenbildner.

3. Empiriebezug

Strukturwandel in Organisationen soll nicht nur mit Hilfe wirtschaftswissenschaftlicher Modelle analysiert werden, sondern als konkreter sozialer Prozeß. Dazu gehört die Primär- oder Sekundäranalyse von Rationalisierungsprozessen im privaten wie im öffentlichen Bereich und zwar nicht nur in bezug auf die Effizienz der Rationalisierung, gemessen am Rationalisierungsziel, sondern auch die Untersuchung der Konsequenzen für das Sozialsystem Betrieb und Verwaltung wie die individuell Betroffenen.

(Untersuchungen: Arbeitsplatz
Arbeitsverhalten
betriebliche Ausbildungs- und
Umsetzungsprozesse
Bewußtseinskonsequenzen)

4. Exemplarität

Am Problem des Strukturwandels in Organisationen können Entstehen und Verlauf betrieblicher wie überbetrieblicher Konflikte beispielhaft erfahren werden. Außerdem lassen sich betriebliche Organisationskriterien, Parameter des politischen Verhaltens der beteiligten Parteien abbilden.

5. Mögliche Projektvorschläge

a) Zusammenhang zwischen technischer Rationalisierung im Betrieb und Verwaltung und Einführung neuer Leistungslohnformen bzw. Arbeitsbewertungsverfahren
b) Rationalisierung, Mitbestimmung und Personalplanung
c) Rationalisierung von Angestelltentätigkeiten an einem ausgewählten Beispiel
d) Investitions- und Finanzierungsentscheidungen an einem ausgewählten Beispiel
e) Personalplanung an einem ausgesuchten Beispiel
f) Organisatorische Konsequenzen von Unternehmenszusammenschlüssen

II. Projektthemenbereich Soziale Diskriminierung (Frauen, Minoritäten, Randgrup-

1. Interdisziplinarität

- Betriebswirtschaftslehre: Personalwesen, Personalinformationssysteme (Lohngruppensysteme, Kriterien für Beförderung, Entlassung, Umsetzung und Umschulung, betriebliche Sozialpläne)
- Rechtswissenschaft: Recht der sozialen Sicherung, Familienrecht, Diskriminierung gesellschaftlicher Gruppen durch Gesetze, Auswirkungen von Schutzbestimmungen für bestimmte Gruppen auf deren Arbeitsmarktchancen, Staatsfunktionen und Funktionsbedingungen im sozialen Rechtsstaat
- Volkswirtschaftslehre: Sozialpolitik, Verteilungsproblematik, Arbeitsmarkttheorie
- Soziologie: Sozialpsychologische Einstellungstheorien, Bildungssoziologie, politische und soziale Diskriminierung, Soziologie der Sozialisation

2. Praxisbezug

Das Problem der Diskriminierung sozialer Gruppen ist nicht allein ein sozialpsychologisches Problem, sondern von immanent ökonomischer und politischer Bedeutung. HWP-Absolventen können entsprechendes Wissen anwenden in Berufen im Öffentlichen Dienst (vor allem Arbeitsamt, Sozialämter, Kommunalbehörde, Strafvollzug, Psychiatrie), in Personalabteilungen öffentlicher wie privater Unternehmen, in politischen Verbänden wie freien Wohlfahrtsverbänden. Gerade hier ist es notwendig, die spezifischen Kenntnisse der Diskriminierungsproblematik mit allgemeinen, ökonomischen wie juristisch-politischen Problemen zu verknüpfen. Mit der Forderung nach gesellschaftlicher Gleichstellung der Frau sind darüber hinaus Probleme verbunden, mit denen jede Studentin, aber auch jeder Student gerade während seines Studiums als auch in seiner künftigen beruflichen Praxis konfrontiert wird.

3. Empiriebezug

Empirisch zu untersuchen sind auf der einen Seite die betroffenen Gruppen selbst, die Kriterien, nach denen sich soziale Vorurteile und reale Benachteiligungen bilden und in Verhalten umgesetzt werden. Auf der anderen Seite geht es um die Analyse von auf bestimmte Gruppen bezogene Integrations- bzw. Disgregationsstrategien und deren ökonomische wie politische und soziale Konsequenzen.

4. Exemplarität

Aufzeigen von Konfliktsituationen im *privaten*, betrieblichen oder im politischen Bereich. Untersuchung von realen Qualifikationen und deren Bewertung im Personalinformationssystem; z. B. Überprüfung der These, daß Frauen wichtige Qualifikationen durch ihre geschlechtsspezifische Sozialisation erworben haben, diese jedoch gegenwärtig trotz objektiver Funktionalität im Betrieb nicht eingesetzt bzw. honoriert werden. Untersuchung von gesellschaftlichen Teilbereichen, die durch die Dominanz einer diskriminierten Gruppe an Status und realer Qualität verlieren (Wohngebiete mit Ausländerdominanz, Frauenberufe).

5. *Mögliche Projekte*

a) Projekt zu den Chancen ausgesuchter Gruppen auf dem Arbeitsmarkt wie Frauen, ausländische Arbeitnehmer, ältere Arbeitnehmer oder andere
b) Auswirkungen der geschlechtsspezifischen Sozialisation wie Einstellung zur Arbeit
c) Verlauf und Struktur von Diskriminierungsprozessen für ausgesuchte Gruppen entweder im Betrieb, durch Behörden oder in der Öffentlichkeit
d) die Integration und Resozialisationsprobleme für ausgesuchte Problemgruppen

III. Projektthemenbereich Arbeitsmarkt

1. *Interdisziplinarität*

- Betriebswirtschaftslehre: Personalplanung, betriebliche Ausbildungssysteme, Lohnsysteme, Vermögensbildung
- Rechtswissenschaft: Koalitions- und Arbeitskampfrecht, Arbeitsförderungsrecht
- Volkswirtschaftslehre: Gewerkschaftswesen, Lohn- und Arbeitsmarkttheorie, Konjunktur- und Wachstumstheorie, Bildungsökonomie
- Soziologie: Industriesoziologie, Bildungssoziologie, politische Soziologie

2. *Praxisbezug*

Arbeitsmarktprobleme sind nicht nur ein allgemein politisches Problem, sondern bestimmen die berufliche Praxis in einer Reihe von Positionen. In Kommunalbehörden müssen Probleme des örtlichen Arbeitsmarktes analysiert werden. In Betrieben muß bekannt sein, welche Qualifikation auf dem Arbeitsmarkt angeboten wird, wie das Verhältnis von innerbetrieblicher Qualifikation und Arbeitsmarktchancen ist, welche Strategien bei Personalreduktionen (Sozialpläne) und Erweiterungen verfolgt werden können. In politischen Verbänden und Parteien geht es in beruflicher Praxis um Zusammenhänge von Tarifabschlüssen und Arbeitsmarktentwicklungen, um den Zusammenhang von Bildungssystemen und Beschäftigtensystemen, Subventionen von Investitionen und Arbeitsmarktstrukturen.

3. *Empiriebezug*

Überprüfung von Arbeitsmarkttheorien und Arbeitsmarktmodellen (segmentierte Arbeitsmärkte, inner- und außerbetrieblicher Arbeitsmarkt, Kern- und Randbelegschaften) anhand praktischer Beispiele. Entwicklung von Qualifikationsanforderungen auf Arbeitsplätzen, im Vergleich zu Strukturen der Qualifikationsproduktion im öffentlichen Bildungssystem und in der betrieblichen Ausbildung wie der Erwachsenenbildung. Analyse regionaler Besonderheiten von Arbeitsmärkten.

4. *Exemplarität*

An der Problematik des Arbeitsmarktes lassen sich sowohl die sozialen Konsequenzen politischer und ökonomischer Entscheidungen aufzeigen, wie auch die grundlegende Problematik des erwerbswirtschaftlichen Systems entwickeln.

5. *Mögliche Projektvorschläge*

a) Regional- oder branchenspezifische Arbeitsmarktuntersuchungen
b) Vergleich zwischen zwei Arbeitsmärkten innerhalb Europas
c) Struktur und Effizienz von Umschulungsmaßnahmen
d) Beschäftigungspolitische Konsequenzen staatlicher Subventionspolitik
e) Berufsausbildung im Dualen System und Arbeitsmarktchancen von Ausgebildeten in Kleinbetrieben.

IV. Projektthemenbereich Interessenorganisationen (Verbände, Parteien, Bürgerinitiativen)

1. Interdisziplinarität

- Betriebswirtschaftslehre: Organisationswesen, Gewerkschaftswesen, Tarifvertragsproblematik, Absatz- und Verbraucherpolitik, Betriebsverfassungsproblematik
- Rechtswissenschaft: Koalitions- und Arbeitskampfrecht, Tarifvertragsrecht, Mitbestimmungsrecht, Verbraucherschutz, Verfassungsrecht, Verwaltungsrecht
- Volkswirtschaftslehre: Theorie der Wirtschaftsverfassung und der Wirtschaftspolitik
- Soziologie: Staatssoziologie, Verbändesoziologie, Organisationssoziologie, Soziologie der Prozesse der politischen Bewußtseinsbildung

2. Praxisbezug

Dieser Projektthemenbereich deckt sich mit einem Berufsfeld, auf dem HWP-Studenten traditionell tätig und erfolgreich sind. Das gilt vor allem für die Bereiche der Verbände und der hauptamtlichen Politik. Entsprechendes Wissen ist aber nicht nur auf diesen Sektoren Voraussetzung, sondern auch in einer Reihe von Positionen in Personalabteilungen von Betrieben wie im öffentlichen Dienst.

3. Empiriebezug

Der Verbändesektor ist ein Schwerpunktbereich der politisch-soziologischen Forschung mit den Themenschwerpunkten:

- Programmatik und Verhalten von Verbänden
- Verbändepolitik und Bewußtsein der Mitglieder
- Rekrutierungs- und Mobilisierungsstrategien von Verbänden.

In dem Bereich bieten sich auch Durchführungen von Sekundäranalysen an.

4. Exemplarität

Politische Konflikte lassen sich sowohl an breit angelegten Untersuchungen zum Verbändeverhalten wie an einem detaillierten Konflikt darstellen. Vor allem das Verhältnis von vorgeblichen oder echten „Sachzwängen" und politischen Spielräumen lassen sich hier gut aufzeigen.

5. Mögliche Projektvorschläge

a) Analyse von innerbetrieblichen Konflikten, konkreten Auseinandersetzungen zwischen den Verbänden.
b) Wirksamkeit von Kampfmaßnahmen der Verbände (Streik – Aussperrung) gemessen an den vorausgesetzten Zielen.
c) Bürgerinitiativen
d) Zielbildung in Organisationen

V. Projektthemenbereich Erwachsenenbildung (Berufsausbildung, Weiterbildung, Didaktik)

1. Interdisziplinarität

- Volkswirtschaftslehre: Bildungsökonomie
- Betriebswirtschaftslehre: Marktanalyse zum Weiterbildungsverhalten, Personalentwicklungsplanung, betriebliche Aus- und Weiterbildung
- Rechtswissenschaft: Volkshochschul-, Erwachsenenbildungs- und Weiterbildungsgesetze, Bildungsurlaubsgesetz
- Soziologie: Bildungssoziologie, Bildungspolitik, Gewerkschaftswesen

2. Praxisbezug

Die Erwachsenenbildung ist in mehrfacher Hinsicht ein praxisrelevanter Projektthemenbereich mittlerer Reichweite.

- Sie signalisiert eine bedeutende gesellschaftliche Problemlage: Die Bemühungen um „Chancengleichheit" im Bildungssystem und die Forderung nach „lebenslangem Lernen" durch ständige Veränderungen des Arbeitsmarktes, die Notwendigkeit des mehrfachen Berufswechsels führte und führt weiter zur ständig zunehmenden Bedeutung des Bereichs Erwachsenenbildung/Weiterbildung.
- Sie ist weiterhin häufig ein Berufsfeld für Absolventen der Hochschule, hat also einen direkten Berufsbezug wie beispielsweise in der gewerkschaftlichen Bildungsarbeit oder in sonstiger Schulungs- und Referententätigkeit.
- Über diese Praxisrelevanz im engeren Sinne hinaus ist die HWP aufgrund ihrer Erfahrungen und ihres Auftrags im zweiten Bildungsweg qualifiziert und verpflichtet, inhaltliche und didaktische Ebenen der Erwachsenenbildung/Weiterbildung zu erörtern und darüber hinaus auch weiterführende Anregungen zur Entwicklung von Theorie, Praxis und Didaktik von Bildungsprozessen im Erwachsenenalter zur Diskussion zu stellen.

3. Empiriebezug

Eine systematische, überprüfbare Auseinandersetzung mit polit-ökonomischen Rahmenbedingungen, Organisationsformen, Theorie und Didaktik von Bildungs- und Lernprozessen im Erwachsenenalter setzt die Anwendung von Methoden, Modellen und Aussagesystemen voraus, die interdisziplinäre Relevanz haben. Beispiele der empirischen Analyse sind: Struktur und Schichtung der gesellschaftlichen Bildungsinvestitionsmaßnahmen/Schichtspezifische Analyse zur Ungleichheit im Bildungswesen/Analyse der verfassungsrechtlichen Grundlagen der Weiterbildung. In diesem Projektthemenbereich kann die Forschungsstelle der Hochschule integriert werden, die traditionell an diesem Gegenstandsbereich arbeitet.

4. Exemplarität

Im Bereich der Erwachsenenbildung lassen sich allgemeine Zusammenhänge zwischen dem Beschäftigungssystem und dem Bildungssystem nachvollziehen. Gesellschaftliche Qualifikationen auf der einen Seite und Arbeitsmarktstrukturen auf der anderen Seite gehen im Bereich der Weiterbildung/Erwachsenenbildung ein Verhältnis ein, das von wechselseitiger Abhängigkeit bestimmt ist. Als Beispiel hierfür kann die bisherige Entwicklung des Arbeitsförderungsgesetzes seit 1969 genannt werden.

5. Mögliche Projekte

a) Berufliche Qualifikation und Weiterbildung
b) Bildungsurlaubsgesetz: Struktur des Angebots – Struktur der Nachfrage, Inanspruchnahme von Bildungsurlaub
c) Tertiärer Bildungssektor und Erwachsenenbildung
d) Bildungsarbeit der politischen Verbände
e) Berufliche Umschulung, berufliche Fortbildung
f) Struktur gesellschaftlicher Bildungsinvestitionen
g) Erwachsenensozialisation/Didaktik der Erwachsenenbildung

VI. Projektthemenbereich Regionalstrukturanalyse

1. Interdisziplinarität

- Betriebswirtschaftslehre: Investitionsplanung, Absatz, Standortwahl von Betrieben
- Rechtswissenschaft: Raumordnung, Bauleitplanung, Kommunalrecht, öffentliche Wirtschaftslenkung Föderalismusprobleme

- Volkswirtschaftslehre: Regionale Förderungspolitik, Marktanalysen, Verkehrspolitik, regionaler Arbeitsmarkt, Bevölkerungsentwicklung, Standorttheorie
- Soziologie: Analyse der Sozialstruktur eines Gebietes, Bildungssoziologie, Analyse der Qualifikationsstruktur des Erwerbspersonenpotentials, Mobilitätsstrukturen, Partizipation, Sozialökologie

2. Praxisbezug

Im Bereich politischer Planung auf regionaler Ebene ist eine Reihe von neuen Berufen im Entstehen, weil sich zeigt, daß die Planung und Gestaltung von Lebensräumen eine professionelle Planung voraussetzt Entsprechende Berufspositionen müssen im Privatbereich wie im Bereich der Verbände geschaffen werden. Dieses ist ein Projektthemenbereich, der im Unterschied zu den anderen auf ein neues Berufsfeld bezogen ist.

3. Empiriebezug

Bisher existiert kein Paradigma zur Erforschung von Regionalstrukturen. Hier geht es darum, Methoden nicht nur anzuwenden, sondern auch zu entwickeln. Hier geht es mehr als in anderen Projektthemenbereichen darum, das verstreute Sekundärmaterial zu finden, zusammenzustellen und aufzuarbeiten.

4. Exemplarität

In der Analyse von Regionen läßt sich besonders das Verhältnis der allgemeinen Bedingungen für die Produktion und Reproduktion in entwickelten Industriegesellschaften zu den besonderen Gegebenheiten der untersuchten Region zu zeigen.

5. Mögliche Projekte

a) Regionale Arbeitsstrukturen im ländlichen Raum
b) Analyse von Planungs- und Realisierungsvorhaben in einzelnen Regionen
c) Anziehungskraft von Ballungsgebieten
d) Wettbewerbstheoretische und -politische Probleme regionaler Industrieansiedlung.

VII. Projektthemenbereich Markt, Macht und Unternehmenskontrolle

1. Interdisziplinarität

- Betriebswirtschaftslehre: Marketing und Absatzstrategien, Kooperationsformen, Produkt-Forschung und -entwicklung, Bilanzen, Rechnungswesen, langfristige Unternehmenspolitik, Investitions- und Finanzierungstheorie, Unternehmenskooperation
- Rechtswissenschaft: allgemeines Wirtschaftsrecht und Wirtschaftsverfassungsrecht, Wettbewerbsrecht, Unternehmensrecht Verbraucherschutz, internationales Wirtschaftsrecht
- Volkswirtschaftslehre: Marktmorphologie, Zusammenhang zwischen Marktstrukturen, Marktverhalten und Marktergebnis, Grundsatzfragen der Wirtschaftsordnung, Wettbewerbstheorie, -politik, inter- und intrasektorale Wirtschaftstheorie und Wirtschaftspolitik
- Soziologie: Wirtschaftssoziologie, Soziologie der Freizeit und des Konsums (Verbraucherverhalten), Organisationssoziologie (Marktstrukturen, Unternehmensstrukturen), Innovationsverhalten, soziologische Theorien von Macht und Herrschaft

2. Praxisbezug

Die Auswirkung von Markt- und Wettbewerbsprozessen prägen die Unternehmensentscheidungen in fast allen Bereichen. Auch für eine Reihe von Berufsfeldern im Bereich der staatlichen Administration und der Gewerkschaften spielen Marktmachtprobleme eine erhebliche Rolle.

3. Empiriebezug

Die Markt- und Wettbewerbstheorie war lange Zeit methodisch durch die Modellanalyse geprägt. Empirische Untersuchungen sind vor allem im Bereich Marktstruktur, -verhalten und -ergebnis erforderlich; z. B. interessieren derzeit die Zusammenhänge zwischen Monopolisierung und Wirksamkeit der Wirtschafts- bzw. Konjunkturpolitik und zwischen Unternehmenskonzentration und innovativem Verhalten.

4. Exemplarität

Einzelne Markt- und Wettbewerbsprozesse stehen exemplarisch für Systeme dezentraler, an individuelle Interessen gekoppelter Entscheidungen und damit für bestimmte Organisationsformen von Gesellschaft überhaupt. Darüber hinaus weist die Untersuchung der über Konkurrenz vermittelten kurzfristigen und langfristigen Entwicklungsdynamik auf allgemeine Probleme gesellschaftlichen Wandels.

5. Mögliche Projektvorschläge

a) Kontrolle der Preisentwicklung in ausgewählten Branchen
b) Die empirischen und theoretischen Grundlagen ausgewählter wettbewerbsrechtlicher Entscheidungen des BGH
c) Investitionsverhalten in Abhängigkeit von Unternehmensgröße und Konzentrationsgrad in ausgewählten Branchen
d) Verhältnis von staatlicher Administration und Marktprozessen, Beispiel: (Re-)privatisierung öffentlicher Funktionen
e) Soziale Kosten privatwirtschaftlicher Entscheidung
f) Selbstdarstellung von Unternehmen

VIII. Projektthemenbereich Infrastrukturplanung, Ökologie und Ressourcennutzung

1. Interdisziplinarität

- Betriebswirtschaftslehre: Investitionsplanung, Standortwahl von Betrieben, Produktions- und Kostentheorie
- Rechtswissenschaft: Verfassungs- und Verwaltungsrecht, Umweltrecht
- Volkswirtschaftslehre: Grundsatzfragen der Wirtschaftsordnung, Infrastrukturtheorie und -politik, Verkehrsplanung, Konjunktur- und Wachstumstheorie, Umweltpolitik, Finanzkrise und Steuerstaat, Staatsaufgaben
- Soziologie: Soziologie der Prozesse der politischen Bewußtseinsbildung, politische Soziologie, Industriesoziologie

2. Praxisbezug

Infrastrukturplanung und Umweltschutz sind nicht nur Themen von hoher gesellschaftlicher Relevanz, sie kennzeichnen auch Problemfelder die für viele HWP-Absolventen zum Erfahrungsbereich beruflicher Praxis gehören (staatliche und gewerkschaftliche Planungsstäbe, Kommunikationsbeziehungen zu Bürgerinitiativen).

3. Empiriebezug

Überprüfung von Problemszenarien, Entscheidungsmodellen und Problemlösungsstrategien anhand praktischer Beispiele, Entwicklung spezieller Primär- und Sekundäranalysen.

4. Exemplarität

Zu den Themenbereichen öffentliche Infrastruktur, Ökologie und Ressourcennutzung können besonders gesamtgesellschaftliche Zusammenhänge sowie die Entwicklung der Arbeits- und Lebensbedingungen exemplarisch untersucht werden.

Die Vielfältigkeit interdependierter Bezüge und staatlicher Entscheidungs- und Planungsprozesse läßt sich häufig anders als exemplarisch nur schwer erfassen. Konflikte, Regulierungsinstrumente, Modelle und rechtliche Regelungen lassen sich exemplarisch bewerten.

5. *Mögliche Projekte*

a) Verkehrsplanung und Umweltschutz (an konkreten Beispielen)
b) Ermittlung und Bestimmung von Bedarf an öffentlichen Gütern
c) Umweltbelastungen und sozialökonomische Nettowohlfahrtsrechnung
d) Verschiebungen im Anteil der Energiearten am Gesamtenergieverbrauch
e) ‚Verursacheranalysen' (Chemie , Verkehr Arbeitswelt, Kernkraftwerke)
f) Umweltbelastung und Ressourcennutzung durch Rüstung
g) Material- und Energieausnutzung bei alternativen Produktionstechniken.

IX. Projektthemenbereich Dritte Welt Entwicklungshilfe, Außenwirtschaftsbeziehungen zwischen Industrie- und Entwicklungsländern

1. *Interdisziplinarität*

- Betriebswirtschaftslehre: Standorttheorie, Investitionsentscheidungen, Organisationstheorie, Genossenschaftswesen
- Rechtswissenschaft: Völkerrecht, Verfassungs- und Verwaltungsrecht, internationales Privatrecht, (vergleichende Rechtsanalyse), Gesellschaftsrecht
- Volkswirtschaftslehre: Wachstumstheorie, Außenwirtschaftstheorie, Entwicklungstheorie, internationales Währungssystem
- Soziologie: Sozialpsychologie (Marginalisierung, Alphabetisierung), politische Soziologie, Religionssoziologie, Ethnosoziologie.

2. *Praxisbezug*

In dem Maße wie Probleme der internationalen Arbeitsteilung und Entwicklungshemmnisse der Dritten Welt in der öffentlichen und politischen Diskussion (Medien, Partien, internationale Konferenzen) ein immer stärkeres Gewicht bekommen, werden auch immer mehr Tätigkeiten in den verschiedensten Berufsfeldern davon bestimmt bzw. beeinflußt. Dies gilt umso mehr, als festzustellen ist, daß die Herausbildung von bedrohlicher werdenden Entwicklungsdefiziten in der Dritten Welt begleitet wird von der Etablierung ökonomischer Abhängigkeiten von den Industrieländern.

Daß Bewerber für den Bereich der öffentlichen Entwicklungshilfe auf Grundlage der Kenntnis entwicklungstheoretischer Argumente in der Lage sein müssen, sich Urteile zu bilden, liegt auf der Hand. Aber auch im privatwirtschaftlichen Bereich (Multinationale Unternehmen und Consulting Gesellschaften) werden Qualifikationen dieser Art zunehmend Verwendung finden. Darüber hinaus befassen sich Organisationen wie etwa die Kirchen mit der Entwicklungsproblematik; auch die Gewerkschaften sind aufgrund realer Prozesse (z. B. Produktionsverlagerungen in „Billiglohnländer") gezwungen, in diesem Bereich verstärkt zu arbeiten.

3. *Empiriebezug*

Die neuere Diskussion im Rahmen der Entwicklungsforschung ist stark theoretisch geprägt; das fordert zu empirischen Untersuchungen heraus. In jedem Fall bietet es sich an, Verbindung mit Vertretern von Institutionen und Unternehmen, die in Ländern der Dritten Welt Interessen verfolgen, aufzunehmen. Gegebenenfalls wird es auch nützlich sein, Kontakte mit Repräsentanten aus Entwicklungsländern (Botschaftern, Konsulate) herzustellen. Das Ziel solcher empirischer Untersuchungen besteht darin, theoretische Aussagen über die Entwicklungswirkungen ökonomischer Aktivitäten der entwickelten Länder in der Dritten Welt exemplarisch zu überprüfen. Es wird dabei im wesentlichen um die Analyse von Sekundärdaten gehen; die Erhebung von Primärinformationen scheint aber nicht ausgeschlossen.

4. *Exemplarität*

Wird die ökonomische und gesellschaftliche Entwicklung in einem Land der Dritten Welt vorrangig unter dem Aspekt untersucht, welche Impulse bzw. Hemmungen auf Aktivitäten der Industrieländer zurückzuführen sind, kann damit ein Beitrag zur Analyse des allgemeinen Verhältnisses zwischen Industrie- und Entwicklungsländern geleistet werden. Darüber hinaus erlaubt die Untersuchung spezifischer Phänomene eines Landes (z. B. Landreform) unter bestimmten Bedingungen auch allgemeine Aussagen über den Stellenwert dieser Ereignisse im ökonomischen und gesellschaftlichen Entwicklungsprozeß eines Landes.

5. *Mögliche Projektvorschläge*

a) Nationale Unabhängigkeit und ökonomische Entwicklung, dargestellt an ausgewählten Beispielen
b) Anspruch und Wirklichkeit der Entwicklungshilfe der Bundesrepublik, unter besonderer Berücksichtigung der technischen Hilfe
c) Wem nützen die „Freien Produktionszonen"? Bestimmungsgründe und Auswirkungen deutscher Direktinvestitionen in Taiwan, Süd-Korea und Indonesien
d) Bestimmungsgründe für Produktionsverlagerungen in „Billiglohnländer" unter besonderer Berücksichtigung der optischen und Textil-/Bekleidungsbranche.

Anmerkungen

1 B. Pusback, von der Akademie für Gemeinwirtschaft zur Hochschule für Wirtschaft und Politik, S. 16 ff., in: wissenschaftliches Studium im zweiten Bildungsweg Hamburg 1973.

2 Vgl. zur Diskussion in Hamburg: Behörde für Wissenschaft und Kunst (Hrsg.), Gesamthochschule Hamburg, Planung und Diskussion, Hamburg 1972,
Behörde für Wissenschaft und Kunst (Hrsg.), Gesamthochschule Hamburg, Planung und Ergebnisse, Materialien und Berichte, Hamburg 1976,
Staatliche Pressestelle in Zusammenarbeit mit der Behörde für Wissenschaft und Kunst (Hrsg.), Gesamthochschulplan für den Hochschulbereich Hamburg, Hamburg 1977.
Die wesentlichen Ziele der Errichtung von Gesamthochschulen in den sozialdemokratisch regierten Ländern waren:
1. Verbesserung der Bildungschancen, insbesondere beim Zugang zum Hochschulbereich.
2. Schaffung neuer an Berufsfeldern orientierter Studiengänge.
3. Integration von Wissenschaft und Praxis in das Studium (vgl. dazu: Staatliche Pressestelle in Zusammenarbeit mit der Behörde für Wissenschaft und Kunst (Hrsg.), a.a.O. S. 70 f.

3 Curriculum-Ausschuß der Hochschule für Wirtschaft und Politik, Zwischenbericht der Hochschule für Wirtschaft und Politik zur Entwicklung des Sozialökonomischen Studienganges, hektographiertes Manuskript, Hamburg o. J. (1976) S. 2.

4 Vgl. hierzu: ebenda passim.

5 Vgl. hierzu u. a.: Aust/Epskamp, Studienreform als Gesellschaftspolitik, in: Jahrbuch für Sozialökonomie und Gesellschaftstheorie, Wissenschaft und Arbeitnehmerinteressen, Opladen 1980,
F. Huisken, Zur Kritik bürgerlicher Didaktik und Bildungsökonomie, München 1972,
C. Offe, Bildungssystem, Beschäftigtensystem und Bildungspolitik – Ansätze zu einer gesamtgesellschaftlichen Funktionsbestimmung des Bildungssystems, sowie F. Edding und K. Hüfner: Der Beitrag der Ökonomie zur Bildungsforschung, beide Aufsätze in: Deutscher Bildungsrat, Gutachten und Studien der Bildungskommission 50: Bildungsforschung Teil 1, Stuttgart 1975,
P.R. Straumann, Neue Konzepte der Bildungsplanung, Reinbek 1974.

6 Wissenschaftsrat (Hrsg.), Empfehlungen zur Differenzierung des Studienangebotes, Bonn 1978, für Wirtschaftswissenschaft vor allen Dingen die Seiten 169 ff.

7 Curriculum-Ausschuß der Hochschule für Wirtschaft und Politik a.a.O. S. 3.

8 Vgl.: § 8 der Rahmenvereinbarung, zitiert nach: Bund-Länder-Kommission für Bildungsplanung und Forschungsförderung (Hrsg.), Informationen über Modellversuche im Hochschulbereich, Bonn 1980, S. 5.

9 Ebenda S. 8.

10 Die Verlängerung des Grundstudiums um ein Semester bedingt die Verkürzung des Kernfachstudiums um ein Semester im endgültigen Studiengang, also auf drei Semester, so daß das neunsemestrige Studium in drei gleichlange Blöcke von Grundstudium, Kernfachstudium und Projektstudium aufgegliedert sein wird.

11 Vgl. Hochschule für Wirtschaft und Politik, Modellversuchsantrag Sozialökonomischer Studiengang, Hamburg 1980 S. 10 f.

12 Diese Projektthemenbereiche sind als Anhang beigefügt.

13 Dieser analog zum Konzept der Aktionsforschung entwickelte Typ der Bildungsarbeit entspricht dem, was auch bei den Gewerkschaften als Ziel gilt, vgl. dazu:
J. Krack, Handlungsorientierung als politische Zielsetzung der gewerkschaftlichen Bildungsarbeit in: DGB Bundesvorstand (Hrsg.), gewerkschaftliche Bildungspolitik 9/80 S. 290 ff.

14 Vgl. dazu die entsprechenden Aussagen in der unter Anmerkung 5 aufgeführten Literatur.

15 Diese These galt vor allen Dingen zu der Zeit, wo Hochschulabsolventen in der Regel gleiche soziale Merkmale nach Herkunft und Schulbildung besaßen. In dem Maße, wie Hochschulabsolventen heterogener sozialer Herkunft und Schulbildung auf den Arbeitsmarkt drängen, gelten zweiter Bildungsweg und „niedrige" soziale Herkunft als Karrierehindernis. Vgl. dazu: Spiegel-Verlag (Hrsg.), Akademiker in Deutschland, Hamburg 1980, S. 17–20.

16 Vgl. dazu die Übersicht in: M. Tessaring, zum Verbleib der Hochschulabsolventen seit 1971 in: Mitteilungen aus der Arbeitsmarkt- und Berufsforschung 1978, Heft 2, S. 171 ff.

17 Vgl. dazu: F. Huisken, Zur Kritik bürgerlicher Didaktik und Bildungsökonomie, München 1972, S. 146 ff.

18 Dieser Begriff der Praxis ist beispielhaft entwickelt in dem Aufsatz von J. Habermas: Dogmatismus, Vernunft und Entscheidung – Zu Theorie und Praxis in der verwissenschaftlichten Zivilisation, in: J. Habermas, Theorie und Praxis, Frankfurt 1971, S. 307 ff.

19 So die Westdeutsche Rektorenkonferenz in ihrer ersten Stellungnahme zum Entwurf der ständigen Kommission für die Studienreform „Grundsätze für Studium und Prüfungen", in der vor einer „Nivellierung" des tertiären Bildungssektors ausdrücklich gewarnt wird, weil das nicht „deren eigenständigen Aufgaben" entspricht, in: WRK, Rundschreiben Nr. 909 vom 21.4.80, S. 3.

20 Vgl. dazu Hochschulrahmengesetz § 7.

21 Vgl. dazu den Fragebogen in: Institut für Sozial- und Bildungspolitik Hamburg e.V. (Hrsg.), Materialien zur ersten Stufe des Forschungsprojektes Studienreform und Berufspraxisbezug, Hamburg 1979, Anhang.

22 „In Zukunft wird es nicht möglich und selbstverständlich sein, daß mehr Bildung auch erhöhten materiellen Erfolg garantiert. Vielleicht wird dann Bildung wieder im ursprünglichen Begriff als Wert für sich gesehen, der eine höhere Qualität des Lebens für die eigene Person ermöglicht."
K. Weissermel, Was erwarten die Abnehmer von den Hochschulen, in: Westdeutsche Rektorenkonferenz (Hrsg.) Qualität und Quantität – Die Hochschule im Schatten des Studentenberges, Bonn 1977, S. 133.

23 Gleichheit der Studieninhalte besteht insofern, als die Kerninhalte der an der HWP vertretenen Disziplinen in etwa dem gleichen Maße vermittelt werden, wie auch in den entsprechenden Universitätsstudiengängen, mit Ausnahme der Rechtswissenschaft. Die Verschiedenheit besteht darin, daß während an der Universität eine Differenzierung im einzelnen Fachgebiet vorgenommen wird, an der HWP das Fach durch Veranstaltungen mit den anderen an der HWP vertretenen Fachrichtungen ergänzt wird.

24 Zur Auseinandersetzung um die Arbeitsmarktchancen von Berufstätigen mit Hochschulabschluß vgl.: D. Koch/W. Laatz, Akademikerarbeitslosigkeit und staatliche Hochschulpolitik, in: Jahrbuch für Sozialökonomie und Gesellschaftstheorie – Arbeitsmarktpolitik, Opladen 1978.
M. Tessaring: Qualifikationsspezifische Arbeitslosigkeit in der Bundesrepublik Deutschland, in: Mitteilungen aus der Arbeitsmarkt- und Berufsforschung 1977, Heft 10, und ders. 1978 a.a.O.

25 Dies gilt nicht nur für den sozialwissenschaftlichen Bereich. Vergleiche die weitgehende Argumentation in der Einleitung zu: IG-Chemie, Papier, Keramik (Hrsg.), gewerkschaftlicher Vorschlag zur Reform des Chemie-Studiums, Hannover 1979, S. 8 ff.

26 C. Offe, Tauschverhältnis und politische Steuerung. Zur Aktualität des Legitimationsproblems, in: C. Offe, Strukturprobleme des kapitalistischen Staates, Frankfurt 1972, S. 48.

27 Vgl. dazu: DGB-Bundesvorstand (Hrsg.), Gewerkschaftliche Bildungspolitik 1/79 S. 3, Grundsatz 3 und 4.

Sibylle Raasch

Studienreform im Schnittpunkt von staatlicher Berufsausbildungspolitik und Wissenschaftsfreiheit

1. Einleitung

Die allgemein zu beobachtende Tendenz einer Ausdehnung staatlicher Interventionstätigkeit auf immer weitere gesellschaftliche Bereiche macht erwartungsgemäß auch vor den Toren der deutschen Hochschule nicht Halt. Staatliche Einwirkungsmöglichkeiten und Eingriffskompetenzen für diesen Bereich wurden durch die Verabschiedung des Hochschulrahmengesetzes (HRG) vom 26.1.1976 nicht etwa kurzfristig und als abrupter Bruch mit überkommenen Traditionen eingeführt, wie die nunmehr aufflammende Kritik an Art und Umfang des Staatseinflusses im Zusammenhang mit dem HRG glauben machen könnte. Es handelt sich vielmehr um ein sich ständig verdichtendes Netzwerk staatlicher Kompetenzen, die auf den verschiedensten Sachebenen liegen und deren Wurzeln bis an den Anfang des 19. Jh. zurückreichen. Dieser Prozeß soll unter 2. mit dem Schwerpunkt auf der Entwicklung der Prüfungsordnungen skizziert werden. Wenn die staatliche Intervention in den Hochschulbereich gerade jetzt in den Brennpunkt von Kritik und Auseinandersetzung gerät, sind hierfür mehrere Ursachen verantwortlich, die weit über die einfache Tatsache der Verabschiedung eines neuen Hochschulgesetzes mit erstmals bundesweiter Reichweite hinausgehen:

Erstens hat sich mit der steigenden gesellschaftlichen Bedeutung von Wissenschaft und Technik auch der gesellschaftliche Stellenwert der Instution Hochschule geändert. Was und wie an den Hochschulen gelehrt, gelernt und geforscht wird, findet schon aus diesem Grunde Beachtung in einer immer breiter werdenden Öffentlichkeit und wird von den verschiedenen gesellschaftlichen Interessen- und Machtgruppen zunehmend umkämpft, wobei das gewerkschaftliche Engagement relativ jungen Datums[1] ist. Eine abschließende und fundierte Bewertung der Staatsintervention in den Hochschulbereich ist demnach auch nur dann sinnvoll, wenn zuvor geklärt ist, im Interesse welcher gesellschaftlichen Gruppierungen und zum Erhalt bzw. zur Veränderung welcher gesellschaftlichen Strukturen der Staat überhaupt im Hochschulbereich intervenieren soll sowie auch tatsächlich intervenieren will und kann.

Diese Frage zu beantworten, würde allerdings den Rahmen der vorliegenden Arbeit sprengen. Klarstellend und in Abgrenzung zu manchen anderen kritischen Würdigungen des Hochschulrahmengesetzes sei an dieser Stelle nur festgestellt, daß der Staat im Sinne staatsinterventionistischer Theorieansätze zum Erhalt des bestehenden kapitalistischen Wirtschafts- und Gesellschaftssystems nicht nur einfach die Interessen des Großkapitals verfolgt und umsetzt. Die gesellschaftlichen Konfliktlagen sind differenzierter zu betrachten: Der Staat muß im Rahmen seiner Konfliktregulierungs- und Legitimationsfunktionen auch die Interessen anderer relevanter gesellschaftlicher Machtgruppen, so der Arbeitnehmer und Gewerkschaften, in seine Handlungsstrategien einbeziehen. Damit soll weder eine Dominanz des ökonomischen über das politische System in Abrede gestellt noch verkannt werden, daß der Staat auf der Basis eines bestimmten ökonomischen Systems, nämlich des kapitalistisch wirtschaftenden, letztlich immer kapitalistischer Staat bleibt und damit grundsätzlich und dauerhaft keine Handlungsziele verfolgen kann, die den Voraussetzungen des kapitalistischen Wirtschaftssystems zuwider laufen.

Andererseits kann jedoch auch nicht ohne weiteres dabei stehen geblieben werden, über das HRG setze der Staat technokratische Veränderungen des Hochschulsystems „nach den Planungen und im Interesse des Großkapitals“[2] um. Denn erstens bestehen neben den so gekennzeichneten Interessen noch andere. Zweitens aber ist „das Interesse des Großkapitals“ bei näherer Betrachtung aufzuschlüsseln in ein Bündel kurz- bzw. langfristiger Aspekte, welche einander zum Teil sogar widersprechen. Für die Studienreform haben verschiedene Vertreter der Wirtschaft in jüngster Zeit recht gegensätzliche Forderungen erhoben[3], so daß sich ein konkret bestimmbares Interesse auf diesem Gebiet zur Zeit nicht ausmachen läßt. Was letztlich bleibt, ist der Allgemeinplatz, daß die Wirtschaft ihren jeweiligen Bedarf an Hochschulabsolventen durch den Staat und die Hochschulen möglichst kostengünstig gedeckt haben möchte. Drittens hat der Staat gerade im Hochschulbereich und bezogen auf Lehre und Studium sehr früh ein Eigeninteresse verfolgt. Die ersten Vorläufer der Studien- und Prüfungsordnungen, welche heute zu einer umfassenden staatlichen Reglementierung der Lehr- und Lernfreiheit führen können, schuf der Staat für die Bereiche, in denen er selbst als Nachfrager auf dem Arbeitsmarkt auftrat. Schließlich ist auch nicht jedes Interesse, das dem Großkapital zugeordnet werden kann, allen anderen gesellschaftlichen Interessen ohne weiteres diametral entgegengesetzt. Am Beispiel des verstärkten Berufsfeldbezuges, dem das Studium nach dem HRG zugeführt werden soll, soll unter 3. gezeigt werden, daß derartige Forderungen mehrdeutig sind und vom Staat auch in einer Weise verfolgt werden können, die Arbeitnehmerinteressen gerecht wird.

Zweiter Anlaß zu einer verstärkteren Reflektion des Verhältnisses Hochschule – Staat ist die durch das HRG ausdrücklich vorgenommene Neudefinition der Hochschulaufgaben, welche auch für die Bestimmung des Anwendungsbereichs von Art. 5 Abs. 3 GG neue Voraussetzungen schafft und insbes. den Gegenstandsbereich einer wie auch immer verstandenen Wissenschaftsfreiheit verändern muß. Statt Bildung durch Wissenschaft lautet die zentrale Forderung an die Hochschule jetzt wissenschaftliche Berufsausbildung. Damit ist das Humboldtsche Leitbild im Hochschulbereich nunmehr ausdrücklich aufgegeben worden und eine von den Hochschulen schon lange wahrgenommene Funktion in den Vordergrund getreten, welche in der Vergangenheit nahezu unwidersprochen eine steigende Anzahl von Staatseingriffen in die Lehre legitimiert hatte. War die Berufung auf die wissenschaftlichen Eigengesetzlichkeiten immer die argumentative Basis für die Forderungen nach Wissenschafts- oder Hochschulautonomie gewesen, so bildete die Qualifikation für bestimmte Berufe für den Staat seit Schaffung der ersten Prüfungsordnungen immer die Legitimation für studiengestaltende Regelungen. Eine grundsätzliche Verschiebung im Kräfteverhältnis Hochschulen-Staat ist mit dieser Neudefinition der Studienziele legitimatorisch vorbereitet und wird in der Praxis nun auch vollzogen. Wie weit die Kompetenzverschiebung am Beispiel Studienreform gegenwärtig geht, soll unter 4. ausführlich dargestellt werden.

Das vermutliche Ausmaß dieser Kompetenzverschiebung von den Hochschulen in Richtung auf den Staat ist der dritte Gesichtspunkt, der gerade jetzt das Verhältnis Staat – Hochschulen besonders diskussionsbedürftig macht. Die Verabschiedung des HRG markiert einen hochschulpolitischen Wendepunkt, an dem Quantität in Qualität umzuschlagen droht und die Forderungen des Art. 5 Abs. 3 GG nach Freiheit der Wissenschaft, Forschung und Lehre auf bundes- und landesgesetzliche Normierungen treffen, welche dem Staat die zentrale Entscheidungen auf diesen Gebieten zuspielen. Auf dem Gebiet der Lehre, um welches es im Folgenden allein gehen soll, bedeutet dieses, daß hier sämtliche Studiengänge bis hin zu konkreten Lehrveranstaltungen staatlich vorprogrammiert werden können. Das betrifft sowohl die sachlichen Inhalte des Studiums (Lehrinhalte) als auch die Art ihrer Vermittlung (Didaktik). Transmissionsriemen für die staatliche Stoffauswahl sind die Studienreformkommissionen des HRG über die von ihnen neuzuschaffenden Prüfungs- und Studienordnungen, wie unter 4. noch genauer zu zeigen sein wird. Bestimmend für die Didaktik ist ein Geflecht von Verordnungen und Richtzahlen, welche über die Aufnahmekapazität der Hochschulen, Curricularfaktoren und Anrechnungsfaktoren für Lehrveranstaltungen verwaltungsmäßig festlegen, wie die Betreuungsrelation zwischen Hochschullehrern und Studenten auszusehen hat, welche Kursgröße regelhaft vorzusehen ist und ob damit bestimmte didaktische Formen überhaupt Realität werden können. Erst die gleichzeitige Betrachtung inhaltlicher und didaktischer Bestimmungsmöglichkeit beleuchtet das wahre Ausmaß staatlicher Einflußnahme auf Lehre und Studium. Zu Problemen oder gar Widersprüchen dürfte dabei künftig führen, daß die Festlegung von Inhalt und didaktischer Form an verschiedenen Stellen des Staatsapparates ohne direkte Kooperation und damit unter vermutlich abweichenden Entscheidungsprämissen erfolgt und somit ein studienreformerisch zentraler Zusammenhang verloren zu gehen droht. Die folgenden Überlegungen allerdings beziehen sich allein auf das Studienreforminstrumentarium des HRG und damit den Aspekt der stofflich-inhaltlichen Gestaltung des Hochschulstudiums.

Ob der Staat seine Aufgabe, die wissenschaftliche Berufsausbildung zu verbessern, durch die Einräumung der neuen Kompetenzen im HRG überhaupt besser nachkommen kann, hängt unter anderem auch davon ab, ob eine Kooperation mit den Hochschulen auf dieser Basis gelingt. Nachdem die hochschulinternen Studienreformansätze in den Gremien der Hochschulen selbst oder auch, – und hier liegt nach Ansicht vieler Hochschullehrer die entscheidendere Hemmschwelle für Reformen,[4] – an der Staatsbürokratie scheiterten, droht nämlich dem Versuch einer staatlich von außen verordneten Reform dasselbe Schicksal – jetzt allerdings durch die

Verweigerung der Hochschulen. Entgegengesteuert werden könnte hier durch eine kooperative Struktur des Studiumreformverfahrens, welche jedoch, wie unter 4. gezeigt werden soll, weitgehend fehlt.

Eine weitere Möglichkeit wäre es, über die Inhalte der Reform auch ohne verfahrensmäßige Kooperation Unterstützung zu finden. Die Flut der Stellungnahmen zu den ersten Studienreformergebnissen zeigt allerdings auch hier wenig Anhaltspunkte. Es bahnt sich vielmehr eine Negativkoalition zwischen den reaktionär orientierten alten Ordinarien an, welche die Ergebnisse der Studienreformkommissionen bereits als zuweitgehend empfinden und als „wissenschaftsfeindlich" diskreditieren[5] und den traditionell eher linksorientierten Reformkräften an der Hochschulbasis, welche die technokratische Reform von oben als Verrat an den einstmals geforderten emanzipatorischen Inhalten, also aus völlig anderen Gründen, ablehnen.[6] Das Ergebnis dieser Negativkoalition könnte demnach in der Praxis zum zweitenmal auf „überhaupt keine Reform" hinauslaufen.

Beide Seiten stützen sich rechtlich auf eine Interpretation des Art. 5 Abs. 3 Grundgesetz (GG), welche die Hochschulautonomie in den Vordergrund stellt. Sie können sich bei diesem Vorgehen durchaus auf eine rechtshistorische Entwicklungslinie stützen, welche beginnend am Anfang des 19. Jh. die Hochschulautonomie zunehmend von einer rechtspolitischen Forderung in die Nähe einer verfassungsmäßig geschützten Institution rückte. Diese Entwicklung soll unter 5. genauer dargestellt werden. Auffallend ist dabei, daß staatliche Interventionen zur Erzeugung bestimmter beruflicher Qualifikationen einerseits und die Loslösung der Hochschulen vom Staat andererseits zwei Prozesse sind, welche sich gleichzeitig, aber nicht harmonisch sondern eher konträr vollzogen haben und jetzt in der Studienreformrealität miteinander konfrontiert werden. Das Spannungsverhältnis zwischen staatlicher Berufsqualifikationsgarantie einerseits und Wissenschaftsautonomie andererseits dürfte nur durch verstärkte und besser abgesicherte Kooperation zwischen Hochschulen und Staat zu lösen sein, eine Entwicklung für die das Hochschulrahmengesetz selbst wenig Anhaltspunkte bietet. Abschnitt 6. will hierzu eine Alternative andeuten.

Es bleibt die hochschulpolitische Frage, was innerhalb der heutigen HRG-Institutionen zu geschehen hat. Das Ergebnis der sich heute andeutenden Negativ-Koalition im Hochschulbereich könnte sehr wohl „gar keine Reform" heißen. Wenn jedoch dem Scheitern der Hochschulreform von der Basis aus das Scheitern der Hochschulreform von oben folgt, dürfte vermutlich damit nur einer der „Koalitionsparteien" gedient sein, der Reaktion, welche mit der Festschreibung des Status quo Privilegien und Bequemlichkeiten zu erhalten sucht. Zu hoffen, die Linke könne an den Hochschulen das Scheitern der Reform von oben gelassen abwarten, um dann morgen dort wieder anzusetzen, wo sie gestern gestoppt wurde, ist illusionär. Auch in ihrem Scheitern wird die staatliche Studienreform noch Orientierungen, Gewichtungen und Grenzen setzen, welche länger nachwirken in Form von Kapazitätsvorgaben, Finanzplanungen und Inhaltsfestschreibungen. Um derartiges zu vermeiden und „zu retten, was noch zu retten ist", scheint eine Mitarbeit unter derartig ungünstigen Umständen dennoch sinnvoll.

2. Entwicklung der staatlichen Einflußnahme auf Lehre und Studium

Die staatliche Einflußnahme auf die Inhalte der Hochschulstudien ist nicht neueren Datums, sondern reicht weit in die Vergangenheit zurück. Schon früh bediente sich die Staatsgewalt verschiedenartiger Gestaltungsmittel, über welche im folgenden ein knapper Überblick gegeben werden soll, bevor die Entwicklungskette Prüfungen – Prüfungsordnungen – Studienordnungen näher untersucht werden soll.

Als zwar mittelbare, aber dennoch wirksame staatliche Gestaltungsmöglichkeit kann bereits die Gründung neuer wissenschaftlicher Einrichtungen mit konkret umrissenem Ausbildungsauftrag gelten. In der Vergangenheit ist hierzu zu zählen z. B. die Gründung zahlreicher spezieller wissenschaftlicher Fachhochschulen oder die Errichtung besonderer Lehrstühle beispielsweise für Kameralwissenschaft durch den Preußischen Staat im 18. Jh. In beiden Fällen ging es dem Staat darum, die Erzeugung festumrissener Qualifikationen für bestehende Arbeitsbereiche des Staates und später auch der Wirtschaft sicherzustellen. So wurde beispielsweise um 1724 von Friedrich Wilhelm I. in Berlin das Kollegium medico-chirugicum, zunächst um Militärärzte auszubilden, gegründet, welches sich später zu einer Fachhochschule für eine allgemein naturwissenschaftliche Ausbildung wandelte.[7] Die Kamaralwissenschaften, vom selben Monarchen 1727 zum ersten Mal eingeführt, sollten den Verwaltungsbeamten eine nichtjuristische akademische Vorbildung zukommen lassen. Der Monarch hoffte, ein kameralistisch geschultes Beamtentum werde ein williges und fähiges Werkzeug im Kampf gegen die obstinaten Justizbehörden der ständischen Regierungen sein.[8] Heute ist die gezielte Errichtung neuer Studiengänge für bestimmte Berufsfelder durch den Staat noch ebenso aktuell. So wurden beispielsweise in Hamburg 1973 ein Studiengang Musiktheaterregie und 1974 ein Studiengang Wirtschaftsingenieur eingeführt.[9] Auch die Gründungen der Bundeswehrhochschulen in Hamburg und München stellen aktuelle Versuche des Staates dar, über die Neuschaffung von Hochschulen die Erzeugung von ihm selbst direkt nachgefragter Qualifikationen sicherzustellen.

Die staatliche Berufungspolitik bietet früher wie heute eine weitere, gezielter wirksame Möglichkeit, über Einstellung oder Ablehnung bestimmter Personen auch die Vermittlung bestimmter Wissenschaftsinhalte an den Hochschulen zu verankern oder umgekehrt auszuschließen. Das aus dem 18. Jh. überkommene staatliche Berufungsrecht wurde erst nach 1848 allmählich durch die Vorschlagsrechte der Hochschulen eingeschränkt[10]. Indem heute für den Regelfall eine Bindung des Staates an die Listenvorschläge der Hochschulen angenommen wird und der Staat nach herrschender Meinung zumindest nicht mehr gegen den Willen der Hochschulen berufen kann[11], ist diese Möglichkeit staatlicher Einwirkung auf Lehre und Studium zwar deutlich abgeschwächt, sie darf aber keinesfalls unterschätzt werden. Denn unverkennbar bestehen blieb die Kompetenz des Staates, die Berufung bestimmter von der Hochschule gewünschter Personen zu verhindern[12]. Die Diskussion um den Problemkreis „Berufsverbote" im Hochschulbereich[13] und prominente Fälle, in denen der Staat von den Hochschulen vorgeschlagene Bewerber aus eindeutig politischen Motiven nicht berief, wie in den Fällen Mandel[14] und Narr[15], markieren, wie gravierend der Staat noch heute über Berufungspolitik das Spektrum der an Hochschulen zugelassenen Lehrmeinungen beschneiden kann und auch tatsächlich beschneidet.

Die direkte und wirksamste Möglichkeit, die Inhalte von Lehre und Studium zu bestimmen, liegt jedoch in der Normierung dieser Inhalte durch den Staat selbst. Diesem Versuch soll im folgenden näher nachgegangen werden, da das Studienreforminstrumentarium des HRG hier verstärkt einsetzen will. Die historische Entwicklungslinie verläuft von der Errichtung vereinzelter Staatsprüfungen unter Festschreibung von Prüfungsinhalten durch staatliche Prüfungsordnungen und -kommissionen über die Einrichtung von Staats- bzw. Universitätsprüfungen nebst genehmigungsbedürftiger Prüfungsordnungen für nahezu alle Studiengänge bis zu dem Versuch des HRG, über das Zusammenspiel von Prüfungs- und Studienordnungen staatlicher Studienreformkommissionen sämtliche Studiengänge inhaltlich vorzuprogrammieren. Zu beachten ist schließlich eine Tendenz in der Rechtsprechung, den einmal erreichten Grad staatlicher Einflußnahme auf die Inhalte von Lehre und Studium als gemeinwohlrelevante Vorsorgeaufgabe (Gewährleistung von Berufsqualifikation) festzuschreiben, wie das Urteil des Bremer Staatsgerichtshofs zur Organisation der Bremer einphasigen Juristenausbildung[16] eindrucksvoll, wenn auch inhaltlich nicht überzeugend dokumentiert.

Ursprünglich wurde das Universitätsstudium ausschließlich durch inneruniversitäre Prüfungen abgeschlossen. Die Mitglieder des Lehrkörpers prüften selbst, ohne daß der Staat anfangs auf die Prüfungsinhalte Einfluß hatte. Durch die Promotion wurde im deutschen Raum als Abschluß des Universitätsstudiums die Doktorwürde verliehen. Führte sie anfangs zugleich auch zur akedemischen Lehrberechtigung, so war die Lehrberechtigung später erst mit der Habilitation erreicht, einer weiteren selbständigen Prüfung, die frühestens zwei Jahre nach der Promotion erfolgen durfte[17]. Für den universitären Innenbereich hatten die Abschlüsse der Promotion und Habilitation also immer auch Berufsrelevanz. Die Bedeutung dieser Abschlüsse ging jedoch von Anfang an auch über die Grenzen der Universität hinaus. So verlieh der italienische Doktor im 13. Jh. die Zugehörigkeit zu einem bestimmten Stand, der den Adelsrang, Sonderrechte hinsichtlich der Kleidung und der Luxusgesetze sowie bestimmte prozessuale Begünstigungen mit sich brachte[18]. Obwohl Promotion und Habilitation den reinsten Typus einer Hochschulabschlußprüfung darstellen, wurden sie im Preußen des 19. Jh. als ministerielle Erlasse in der Form von Satzungen nach „wohlwollender Anhörung der Universitäten" erlassen. Erst nach dem 1. Weltkrieg überließ der Staat den Universitäten und Hochschulen die Kompetenz zum Erlaß der Promotions- und Habilitationsordnungen, allerdings weiterhin bis heute unter staatlichem Genehmigungsvorbehalt[19].

Für die weitere Entwicklung des Verhältnisses Universität – Staat entscheidender war jedoch, daß einzelne Studiengänge bereits frühzeitig sehr direkt Qualifikationen vermittelten, die für gesellschaftlich und insbesondere für den Staat bedeutungsvolle Tätigkeiten wichtig waren. Die Staatsgewalt trug dieser Tatsache Rechnung, indem sie nach und nach die entsprechenden Studien zur Berufsausübungsvoraussetzung erklärte und sich insbesondere die von den Universitäten vermittelten

Qualifikationen für ihren Staatsapparat durch Einstellung studierter Beamte zu eigen machte.
So berechtigte der Abschluß des universitären Medizinstudiums, in der Regel durch Promotion, lange Zeit in den zahlreichen Klassen ärztlicher Berufe zur höchsten Stufe ärztlicher Tätigkeit und war mit dem keineswegs selbstverständlichen Privileg ungehinderter Freizügigkeit für diese Berufstätigkeit verbunden[20]. Im juristischen Bereich führte die Rezeption des römischen Rechts auf deutschem Boden von der freien richterlichen Rechtsschöpfung zur auf positives Recht gegründeten Rechtsauslegung und -anwendung. Sie leitete die Verwissenschaftlichung des deutschen Rechtswesens ein, indem die Universitäten dieses römische Recht und seine Anwendungstechnik vermittelten. Konsequenz war, daß zumindest die Hälfte der Richter ein abgeschlossenes Rechtsstudium vorweisen mußte und auch die übrigen der Ritterschaft angehörenden Richter rechtsgelehrt sein sollten, wie die Ordnung des reformierten Reichskammergerichts (1495, revidiert 1521 und 1548) bestimmte. 1713/1723 wurde in Preußen das Universitätsstudium zur Voraussetzung für die Zulassung zur Advokatur und zur Tätigkeit als Prokurator und Richter erhoben, 1846 auch für die Einstellung in den höheren Verwaltungsdienst[21]. Relativ spät schließlich erlangte auch das Studium an der philosophischen Fakultät für die Gymnasiallehrer Berufsrelevanz. Waren in der Zeit des kirchlichen und bürgerlichen Schulregiments bis zum Beginn des 19. Jh. noch die örtlichen Schulpatronate mit der Einstellung der Lehrer befaßt und in der Qualifikationsforderung völlig frei, so machte der preußische Staat 1810 das Studium zur Voraussetzung für die Anstellung an Gymnasien, um die Qualität der Absolventen zu heben und anzugleichen. Nur Schüler derjenigen Schulen, deren Lehrer ein abgeschlossenes Studium hatten, sollten künftig die Universität besuchen dürfen.[22]

Schon im 19. Jh. betraf damit die Lehraufgabe der Hochschulen vor allem die Ausbildung der künftigen Staatsbeamten, der künftigen Inhaber staatlich gebundener Berufe sowie anderer gesellschaftlicher Führungspositionen. Die spezifische Nähe von Hochschule und Staat drückte sich darin aus, daß Universität und sonstige Hochschulen kraft staatlichen Auftrages ein Ausbildungsmonopol für die akademischen Berufe des öffentlichen Dienstes und anderer gesellschaftlicher Führungsbereiche erlangten[23]. Der Staat blieb jedoch nicht lange bei der bloßen Verwertung von der Universität derzeit gerade gelieferter Qualifikationen stehen. Schon bald begann er, das Vorhandensein aus seiner Sicht relevanter Qualifikationen in den drei oben geschilderten Bereichen Medizin, Justiz und Schule auch selbst nachzuprüfen.

Mit ursächlich für die Einführung von Staatsprüfungen war allgemein die Mißwirtschaft, die im 17. Jh. mit der Promotion getrieben wurde und bis zur Käuflichkeit des Doktorhutes ging[24]. Schon seit dem 17. Jh. setzte daher der Zugang zu staatlichen Ämtern eine Art Staatsexamen voraus[25]. 1725 führte die verwirrende Vielfalt ärztlicher Berufe und Mängel im Prüfungswesen der Fakultäten zur Einführung einer zusätzlichen Staatsprüfung als Voraussetzung zum ärztlichen Niederlassungsrecht[26]. Für die Einführung der Staatsexamina im Schulwesen 1910 waren – neben der Zurückdrängung des kirchlichen Einflusses – vor allem das unterschiedliche Niveau der vorhandenen Schulen und die oft mangelhafte Vorbildung der Schüler für ein Studium maßgeblich[27].

Im dritten Schritt schließlich nahm der Staat im Rahmen seiner Kompetenz zur Regelung der Berufsvorbereitung in den genannten gesellschaftlichen Bereichen auch Einfluß auf den Qualifikationsprozeß an den Universitäten selbst. Die Staatsprüfungen lieferten über das Instrument der Prüfungsordnung hierfür die entsprechende Rechtsgrundlage. Dabei kommt der Festlegung bestimmter Prüfungsgebiete und Fächer hervorragende Bedeutung zu. Von dieser Möglichkeit machte der Staat in der Folgezeit immer extensiver Gebrauch. Beispielsweise legt die Vielzahl heutiger Juristenausbildungsgesetze und -ausbildungsordnungen detailliert jedes Pflicht- oder Wahlprüfungsfach fest[28], so daß der juristische Fakultätentag 1977 in Würzburg meinte, für den Erlaß von Studienordnungen nach § 11 HRG bestünde keinerlei Bedürfnis mehr[29]. Die Erfahrung zeigt, daß Festlegungen in der Prüfungsordnung eine gewichtige Rolle für die inhaltliche Gestaltung des Studiums spielen. Denn die Examensrelevanz eines Stoffes bestimmt sowohl das inhaltliche Angebot der Hochschulen als auch die Wahrnehmung des Angebotenen durch die Studenten[30].

Dieser Zusammenhang von Prüfungsordnung und tatsächlichem Studium gilt allerdings nur, wenn der geforderte Stoff auch tatsächlich von der Prüfungskommission geprüft werden kann. Inhalte oder Orientierungen, die in den Kommissionen nicht oder nicht hinreichend repräsentiert sind, verlieren trotz rechtlicher Verankerung ihre reale Bedeutung nicht nur für die Prüfung, sondern auch für das Studium selbst[31]. Daher kommt neben der inhaltlichen Ausgestaltung der Prüfungsordnungen auch der Besetzung der Prüfungskommissionen zentrale Bedeutung zu.

Organisatorische Zuordnung und personelle Besetzung war und ist für alle Staatsprüfungen unterschiedlich geregelt. Bei den Juristen prüften zuerst die einzelnen Gerichte, später besondere Examenskommissionen, welche aus Richtern bestanden. Auch heute noch handelt es sich um eine reine Staatsprüfung unter Aufsicht des Justizministers oder des Oberlandesgerichtspräsidenten, an der allerdings auch Hochschullehrer beteiligt sind[32]. Die medizinische Zusatzprüfung war anfangs ebenfalls eine reine Staatsprüfung, in der praktische Ärzte prüften. Um dem raschen Fortschritt in der Medizin gerecht zu werden, wurden ab 1896 die Kommissionen aus wissenschaftlich gebildeten Fachleuten zusammengesetzt. Heute wird sie als Staatsprüfung, aber an den Universitäten durch Hochschullehrer abgehalten[33]. Allerdings entwickelt die Prüfungsfragen seit 1970 ein zentrales Institut für medizinische Prüfungsfragen als rechtsfähige Anstalt des öffentlichen Rechts mit Sitz in Mainz[34]. Die Gymnasiallehrer wurden anfangs durch Kommissionen der Schulverwaltung, die mit Schulmännern besetzt waren, geprüft. Heute sind die weiterhin staatlichen Prüfungen dem Kultusministerium oder den Hochschulen zugeordnet, wobei Behördenvertreter und Hochschullehrer gemeinsam prüfen[35]. Der Besetzung nach hat sich also die Position der Universitäten in den Staatsprüfungen langsam verstärkt. Die neuere Tendenz zur Vereinheitlichung und Zentralisierung wirkt dieser Entwicklung allerdings wieder entgegen. Hier setzt das Hochschulrahmengesetz einen Weg fort, den die medizinische Ausbildung bereits als Vorreiter beschritten hat.

Brauchte die vorbürgerliche Gesellschaft bis zur Manufakturproduktion noch keinen naturwissenschaftlichen Fortschritt und konnte es daher akzeptieren, daß die Universitäten auf einen von der Philosophie geprägten Wissenschaftsbegriff fixiert blieben[36], so änderte sich dieses im 19. Jh. grundlegend. Ab 1800 gewannen mit dem Sieg der bürgerlichen Revolution die Naturwissenschaften und ihre ökonomische Verwendung an Bedeutung. Wurden vorher naturwissenschaftliche Forschungsstätten oft auf privater Basis gegründet, widmete jetzt der Staat diesem Sektor seine Aufmerksamkeit durch Errichtung zahlreicher technischer Ausbildungsstätten[37]. Aus berufspraktischen Prüfungen dieser preußischen Gewerbeakademien des 19. Jh. entwickelte sich die zweite heute an Hochschulen vorherrschende Form des berufsorientierten Studienabschlusses: das Diplom. Die Akademien bildeten Techniker für den Staatsdienst aus, zugleich nahmen sie aber auch durch staatliche Prüfungsordnungen geregelte Prüfungen für die Tätigkeit im Privatgewerbe ab. So wurde beispielsweise 1871 eine Diplomprüfung für die Bau- und Gewerbeakademie geschaffen, um den Studenten für eine privatwirtschaftliche Tätigkeit den öffentlichen Nachweis ihrer Fähigkeiten zu ermöglichen. Als Ende des 19. Jh. die technischen Hochschulen gegründet wurden, erhielten sie anfangs nur das Recht zur Diplomierung und erst später das Promotionsrecht. Waren die Diplomprüfungen anfangs nur ein Befähigungsnachweis für praktische Berufe, so erlangten sie mit dem Aufstieg der Naturwissenschaften an den technischen Hochschulen auch wissenschaftliche Anerkennung, was mit der Einführung der Diplomprüfungen auch an den Universitäten im 20. Jh., zuerst 1923 bei den Volkswirten, seinen Abschluß fand[38].

Ergingen Diplomprüfungsordnungen anfangs in Form ministerieller Erlaße nach Anhörung der Hochschulen, so wechselte diese Kompetenz nach 1945 auf die Hochschulen über, allerdings wie vorher schon bei den Promotions- und Habilitationsordnungen unter staatlichem Genehmigungsvorbehalt. In den 60er Jahren machten sich hier erste Tendenzen einer neuen Zentralisierung bemerkbar. Das Abkommen zwischen der Kultusministerkonferenz und der Westdeutschen Rektorenkonferenz über die Neuordnung der Diplomprüfungen von 1965 sah bereits eine gemeinsame Kommission zur Erstellung von Rahmenprüfungsordnungen für Diplomprüfungen vor, die durch 3 Hochschullehrer und 3 Beamte paritätisch besetzt war. Genehmigt werden sollte durch Länderregierungen nur noch, was diesen Rahmenprüfungsordnungen entsprach[39].

Die personelle Organisation war und ist nicht einheitlich geregelt[40]. Allgemein dominieren Hochschullehrer jedoch in den Kommissionen, häufig prüfen sogar ausschließlich sie. Es war vielfach und ist teilweise auch noch heute üblich, daß der Staat zur Wahrung seiner Ausbildungsinteressen staatliche Prüfer oder Kommissare entsendet. Auch wenn die Prüfungsämter in der Regel bei den Hochschulen errichtet sind, steht dem Staat weiterhin die Rechtsaufsicht zu.

Zusammenfassend ist festzustellen, daß sich beide heute typischen Abschlußprüfungsarten, Staatsexamen und Diplom aus dem Bedürfnis heraus entwickelt haben, dem künftigen öffentlichen oder privaten Arbeitgeber einen bestimmten Ausbildungsstandard zu dokumentieren und inhaltlich zu garantieren. Der Staat, zu Zeiten des Absolutismus beim Aufbau seines zentralen Beamtenapparates wichtigster Interessent, schuf den ersten Typus, das Staatsexamen, wandte ihn auch auf andere zentrale gesellschaftliche Arbeitsbereiche an und kann heute Inhalt und Verlauf der betroffenen Studiengänge hierüber maßgeblich bestimmen. Personell hat sich die Position der Hochschulen graduell verbessert, inhaltlich festgelegt und in der Form des Gesetzes oder der Verordnung beschlossen wird die Prüfung allerdings weiterhin durch den Staat. Der zweite Typus, die Diplomprüfung, entstand später und war von Anfang an direkt bei den Hochschulen angesiedelt. Hieraus erklärt sich historisch der größere Einfluß der Hochschulen. Der Staat trat hier stärker nur in der Rolle des Qualitätsgaranten für die private Wirtschaft auf und machte seinen Einfluß vorrangig über Kontrollrechte geltend. Die Hochschulen beschließen die Prüfungsordnungen als autonome Satzungen unter Genehmigungsvorbehalt und führen die Prüfungen auch selber durch.

Inhaltlich und funktional gesehen ist jedoch eine deutliche Angleichungstendenz zwischen beiden Prüfungsarten festzustellen. Die Staatsexamina, ursprünglich als reine Staatseingangsprüfungen gedacht, haben tendenziell auch den Charakter von Hochschulprüfungen angenommen. Das gilt besonders für das erste juristische Staatsexamen, das stellenweise sogar gesetzlich schon als Hochschulprüfung und Einstellungsprüfung zugleich bezeichnet wird[41]. Andererseits waren manche Diplomprüfungen schon von Anfang an auch Staatseingangsprüfungen. Heute ist diese Gleichstellung auch rechtlich allgemein verankert, indem § 13 Ziff. 3 Beamtenrechtsrahmengesetz für die Einstellung in den höheren Staatsdienst in denjenigen Fachgebieten auf Hochschulprüfungen Bezug nimmt, in denen eine Hochschulprüfung anstelle der Staatsprüfung üblich ist[42].

Es liegt nahe, aus dieser Angleichungstendenz nun auch organisatorische Konsequenzen zu ziehen und die Kompetenzverteilung losgelöst von ihrer historisch bedingten Form in beiden Bereichen ähnlich zu regeln. Maßstäbe liefern müßte einerseits die Berufsrelevanz der universitären Ausbildungsgänge, die staatliche Einflußrechte legitimiert, andererseits aber auch die Wissenschaftsfreiheit des Art. 5 Abs. 3 GG, da die Abschlüsse unverkennbar inhaltliche Vorgaben für den Inhalt von Lehre und Studium machen. Über die tatsächlichen Auswirkungen der Prüfungsordnungen hinaus stellt § 11 Abs. 1 S. 3 HRG klar, daß die Prüfungsordnung auch Grundlage künftiger Studienordnungen zu sein hat. Die Studienordnung wiederum bestimmt nach § 12 Abs. 1 HRG das Lehrangebot der Hochschule. Die Hochschullehrer ihrerseits können nach §§ 12 Abs. 2, 43 Abs. 2 HRG zur Abhaltung derartiger durch die Prüfungsordnung über die Studienordnung geforderten Lehrveranstaltungen verpflichtet werden. § 3 Abs. 3 u. 4 HRG stellen klar, daß die Freiheit der Lehre nach Art. 5 Abs. 3 GG und die Freiheit des Studiums den Rahmen der Studien- und Prüfungsordnungen zu respektieren haben. Allerdings weist § 3 Abs. 3 S. 3 HRG aus diesem Grunde auch umgekehrt darauf hin, daß derartige Regelungen ihrerseits die Lehrfreiheit nicht beeinträchtigen dürfen.

Reuhl folgert aus diesem Zusammenhang von Berufs- und Wissenschaftsrelevanz, daß Hochschule und Staat bei der Gestaltung der Abschlußprüfungen, gleich welcher Art, kooperieren müssen. Kooperation bedeutet seiner Ansicht nach, daß Hochschule und Staat sich sachlich mit den Vorschlägen der anderen Seite befassen und eine Verständigung suchen müssen. Im Interesse einer sachlichen Zusammenarbeit sei es erforderlich, die Pflicht zur Kooperation in geeigneter Weise in Hochschulgesetzen und Satzungen rechtlich festzulegen[43]. In der Praxis müßte dieser Vorschlag bedeuten, daß die Einflußmöglichkeit der Hochschule auf Staatsexamina ausgebaut und bei Diplomprüfungen zugunsten des Staates reduziert wird.

Einer derartigen Kooperationsvorstellung unter Verstärkung der Hochschulposition steht allerdings das Urteil des Bremer Staatsgerichtshofs (StGH) zur Einführung der einphasigen Juristenausbildung entgegen, welches die Wissenschaftsfreiheit der Berufsrelevanz kurzerhand unterordnet. Bremen wollte nämlich die Verwissenschaftlichung des Rechtsstudiums in seinem Reformvorhaben dadurch organisatorisch fördern, daß das juristische Staatsexamen ähnlich einer Diplomprüfung ausgestaltet werden sollte. Nach Ansicht des Bremer StGH aber fordert die grundgesetzlich geschützte Freiheit der Berufswahl und das hieraus abgeleitete Bestimmtheitsgebot für einschränkende Regelungen, daß der Staat entsprechend dem anerkannten Berufsbild des Volljuristen die wesentlichen Kernfächer des Studiums selbst durch Gesetz festlegt und dieses nicht der Universität überläßt. Angesichts der hohen Bedeutung der Juristenausbildung für die Gesellschaft sei die Regelung der wesentlichen Elemente der Juristenausbildung Aufgabe des Staates[44]. Die Universität sei in diesem Sinne eine nichtstaatliche Stelle. Der Genehmigungsvorbehalt der Exekutiven für eine als Satzung erlassene Studienordnung genüge nicht, da er nur kontrollierende, aber nicht bestimmende Funktion habe. Auf Wissenschaftsfreiheit und Universität werde mit der geforderten Festlegung durch den Gesetzgeber kein Einfluß genommen, der über die Selbstbindung hinausginge, die die Universität durch das Angebot eines rechtswissenschaftlichen Ausbildungsganges selbst eingegangen sei[45]. Auch die Einrichtung eines Ausbildungs- und Prüfungsamtes, das praktisch einem autonomen Selbstverwaltungskörper gleichsteht und demgegenüber der vollziehenden Gewalt nur noch die Rechtsaufsicht zusteht, widerspricht nach Ansicht des StGH den in Art. 20 GG verankerten Prinzipien der Gewaltenteilung und Regierungsverantwortung. Die unmittelbare Kooperationsnotwendigkeit für Staat und Universität könne nicht dazu führen, daß der Staat aus seiner Verantwortung für die Gewährleistung der Berufsqualifikation entlassen werde und sich der ihm obliegenden Aufgabe entziehen könne, Angelegenheiten von erheblichem politischen Gewicht zu regeln[46].

Würde dieser Argumentationsgang konsequent weiterverfolgt, müßte somit jeder Studiengang mit erheblicher Berufsrelevanz in seinen Grundzügen einseitig durch den Staat gestaltet werden, wie sich dieses in der Vergangenheit bei den bestehenden Staatsexamina herausgebildet hat. Zutreffend ist allerdings umgekehrt, daß der Staat kein unlegitimierter Eindringling in den Hochschulbereich ist, wenn er zur Gewährleistung einer gesellschaftlich erforderlichen Berufsausbildung gestaltend auf Studiengänge einwirkt. Bereits das Bundesverfassungsgericht sprach 1972 in seiner Numerus-clausus-Entscheidung davon, daß der Staat gleichsam als Garant zur Verwirklichung der individuellen Berufsfreiheit aus Art. 12 Abs. 1 GG angesehen werden könne. Das Sozialstaatspostulat des Art. 20 GG erfordere gegebenenfalls auch ein staatliches Tätigwerden im Bereich der Hochschulausbildungen.[47] Der StGH nimmt lediglich eine unzulässige Verabsolutierung der vorhandenen Eingriffskompetenz aus Art. 12, 20 GG vor und wird dadurch den Anforderungen der ebenfalls grundgesetzlich geschützten Wissenschaftsfreiheit aus Art. 5 Abs. 3 GG nicht mehr gerecht. Auf letztere soll im Abschnitt 5. noch genauer eingegangen werden.

3. Wissenschaftliche Berufsausbildung als zentrale Zielsetzung der neuen Hochschulgesetzgebung

Der berufsausbildende Effekt der Hochschulstudien war und ist, wie bereits die historische Entwicklung im vorigen Abschnitt dokumentiert hat, Anlaß und Legitimation für den Staat, zunehmend reglementierend in Lehre und Studium einzugreifen. Daher kommt der Frage besondere Bedeutung zu, wie stark und mit welcher Priorität diese Aufgabe für die Hochschulen gesetzlich verankert ist. Eine Verstärkung der Berufsausbildungsaufgabe in der Hochschulgesetzgebung liefert nämlich dem Staat die rechtliche Legitimationsbasis für eine Intensivierung seiner Eingriffe, und man darf erwarten, daß der Schöpfer dieser Eingriffskompetenz von ihr in der Folgezeit auch entsprechend praktischen Gebrauch machen wird.

Die gesetzliche Verankerung der Berufsausbildungsaufgabe selbst ist keineswegs neueren Datums, verändert hat sich vielmehr nur ihr Stellenwert. Schon das Preußische Allgemeine Landrecht (ALR) definierte die Universitäten als Einrichtungen des Staates „zum Unterricht der Jugend in nützlichen Kenntnissen und Wissenschaften" (§ 1 Abs. 2 Nr. 12 ALR)[48]. Der Staat wies die Fakultäten direkt an, für seine Examina entsprechende Vorlesungen anzubieten, das galt auch für die philosophischen Fakultäten des 19. Jh.[49], die in der heutigen Literatur allzu gern als Hort reiner akademischer Bildung dargestellt werden[50]. Auch die Hochschulsatzungen der Weimarer Zeit nannten hinter der Zielsetzung, die Wissenschaft zu fördern, als weitere Aufgabe die Vorbereitung für Berufe, „zu denen eine wissenschaftliche Bildung erforderlich oder nützlich ist" (§ 1 S. 1 Göttinger Universitätssatzung von 1930)[51]. Das Gesetz über die Universität Hamburg (UNIG) von 1969 nennt als erste Aufgabe die Pflege der Wissenschaft durch Forschung Lehre und Studium und als zweite die Vorbereitung der Studenten „auf Berufe und Aufgaben . . ., für die eine wissenschaftliche Ausbildung notwendig oder nützlich ist" (§ 1 Abs. 2 S. 2 UNIG). In der Aufgabendefinition für Fachbereiche und wissenschaftliche Einrichtungen ist jeweils nacheinander von Forschung, Lehre, Ausbildung und Fortbildung die Rede (§§ 41 Abs. 1, 48 Abs. 1 UNIG). Darüber hinaus erwähnt dieses ebenso wie andere Universitätsgesetze die Ausbildungsaufgabe nicht. Jede nähere Konkretisierung fehlt.

Das HRG von 1976 bestimmt die Ausbildungsaufgabe der Hochschulen detaillierter und stellt bei den einzelnen Problembereichen jeweils erneut Bezüge zu diesem Ausbildungsauftrag her. § 2 Abs. 1 HRG wiederholt die aus früheren Universitätsgesetzen bekannte Formel von der Pflege der Wissenschaft durch Forschung, Lehre und Studium sowie der Vorbereitung auf „berufliche Tätigkeiten . . ., die die Anwendung wissenschaftlicher Erkenntnisse und wissenschaftlicher Methoden . . .

erfordern". Allerdings zeigt schon der Begriff „Anwendung", daß der Bezug zwischen Studium und Beruf hier im Vergleich zum Hamburger UNIG konkreter gesehen wird. Zentrales Ziel für Lehre und Studium ist nach § 7 HRG nicht mehr die „reine" wissenschaftliche Betätigung als Selbstzweck, sondern die Vorbereitung der Studenten auf ein berufliches Tätigkeitsfeld und die Vermittlung der hierfür erforderlichen Kenntnisse, Fähigkeiten und Methoden. Dementsprechend führen Studiengänge nach § 10 Abs. 1 HRG i.d.R. zu einem berufsqualifizierenden Abschluß. Hier wird also zur Norm erhoben, was sich über die Ausbreitung der Staatsexamen und Diplomprüfungen vorher bereits zur prägenden Realität an den Hochschulen entwickelt hatte. Eine Neuordnung von Studiengängen soll u. a. eine Verbindung von Wissenschaft und Praxis anstreben (§ 4 Abs. 3 Nr. 3 HRG). Die Studienreform soll im Hinblick auf die Entwicklung in Wissenschaft und Kunst und die Bedürfnisse der beruflichen Praxis erfolgen (§ 8 Abs. 1 HRG).

Allerdings wird die Beziehung zwischen Hochschule und Praxis nicht einseitig dahingehend definiert, daß die Hochschule nur liefert, was sich als Bedarf der Praxis – durch wen auch immer – feststellen läßt. Studienreform soll vielmehr auch notwendige Veränderungen in der Berufswelt einbeziehen, insofern legt § 8 Abs. 1 HRG eine sich wechselseitig beeinflussende Beziehung zwischen Hochschule und Berufswelt fest. Konkretisierend wird im selben Absatz unter Nr. 1 gefordert, daß die Studieninhalte den Studenten im Hinblick auf Veränderungen in der Berufswelt breite berufliche Entwicklungsmöglichkeiten eröffnen sollen. Die Ausrichtung des Studiums auf bestimmte, eng fixierte Berufsbilder ist damit gesetzlich ausgeschlossen. Weiter wird als didaktisches Ziel gefordert, daß die Studenten bei Studieninhalten den Bezug zur Praxis erkennen sollen (§ 8 Abs. 1 Nr. 1 HRG). Besonders hervorzuheben ist, daß § 7 HRG verlangt, zugleich mit der Vorbereitung auf eine berufliche Tätigkeit auch eine politisch-soziale Handlungskompetenz zu vermitteln (Befähigung zu verantwortlichem Handeln in einem freiheitlichen, demokratischen und sozialen Rechtsstaat). Die Konsequenz hieraus muß ebenfalls lauten, daß Anforderungen aus der Berufswelt nicht unkritisch in den Hochschulausbildungsbereich Eingang finden dürfen. Praxisbezug schließt vielmehr auch die kritische Analyse der vorgefundenen Realität und auch Forderungen nach deren Veränderung mit ein. Das HRG verankert demnach das, was die Studienreformer unter einem emanzipatorischen Praxisbezug verstehen.

Die Wechselwirkung zwischen Hochschule und Berufswelt in Form gegenseitiger Beeinflussung und Veränderung wird allerdings nicht konsequent durchgehalten, denn § 11 Abs. 1 S. 3 HRG nennt als Orientierungen für die Aufstellung neuer Studienordnungen neben der fachlichen und hochschuldidaktischen Entwicklung nur noch einseitig die Anforderungen der beruflichen Praxis. Man muß jedoch § 11 als Konkretisierung der allgemeineren Zielsetzung für Studienreform nach § 7, 8 Abs. 1 HRG ansehen: Die dort normierte Wechselwirkung muß daher auch ohne besondere Wiederholung für die Studienordnungen gelten. Das Hamburger Hochschulgesetz (HambHG) von 1979, welches hier als Beispiel einer landesgesetzlichen Umsetzung gelten soll, übernimmt die dargestellte Formulierung des HRG zur Berufspraxis weitgehend unverändert.

Betrachtet man die Gesamtheit dieser Normierungen, kann man festhalten: die Ausbildung für berufliche Tätigkeiten ist bei Lehre und Studium in den Vordergrund getreten. Statt Bildung durch Beschäftigung mit Wissenschaft heißt die primäre Aufgabenstellung jetzt wissenschaftliche Berufsausbildung. Damit wird mit den Humboldschen Vorstellungen, die lange Zeit wenn nicht die Realität, so doch zumindest die Idologie der Universitäten prägten, nachdrücklich gebrochen. Es muß allerdings näher bestimmt werden, was unter dem Begriff „wissenschaftliche Berufsausbildung" zu verstehen ist. Hier wird z. Z. heftig gestritten. Die Palette der Meinungen beginnt bei Hochschullehrern, die behaupten, bereits die bestehenden Studiengänge seien fast sämtlich i. S. des HRG berufsbezogen. Die Studenten der modernen Massenuniversität seien nur ohne zusätzliche Orientierungshilfen nicht mehr in der Lage, dieses zu erkennen und ihr Studium entsprechend zu gestalten[52]. Und sie endet bei den Empfehlungen der Wirtschaft, die Hochschulen doch möglichst eng auf die derzeit vorfindbare Berufspraxis auszurichten, – vermutlich mit dem Hintergedanken, so bisher notwendige Einarbeitungskosten zu sparen. Als kurzfristige Vorbilder werden den Hochschulen von dieser Seite her das duale Ausbildungssystem, bestehende private Berufsakademien oder die Zusatzqualifikationsvermittlung durch die Arbeitsverwaltung angeboten[53]. – Allerdings wurde schon in der Einleitung darauf hingewiesen, daß die Stellungnahmen und Forderungen aus der Wirtschaft nicht einheitlich sind. So fordert z. B. das Institut der deutschen Wirtschaft eine Differenzierung der Studienangebote nach Tätigkeitsfeldern ohne betriebsnahe Spezialisierung[54].

Zwischen diesen beiden Polen liegen die Forderungen der Studienreformer, etwas wie einen „emanzipatorischen Praxisbezug" zu entwickeln. D. h. die Praxis stärker zum Gegenstand des Studiums zu machen, ohne allerdings dabei den vorgefundenen Iststand einfach unkritisch in die Köpfe der Studenten zu transportieren. Lernen für und im Hinblick auf spätere Berufspraxis heißt hier die Forderung, lernen aber auch, um diese Berufspraxis künftig entsprechend gewonnener Einsichten zu verändern. In diese letztgenannte Richtung gehen auch die Forderungen der Gewerkschaften, wie sie in den Leitsätzen des DGB zur Studienreform von 1978 festgehalten worden sind[55]. Demnach muß die Hochschulausbildung für berufliche Tätigkeiten entsprechend dem Stand der Wissenschaft qualifizieren. Dabei soll der Hochschulabsolvent jedoch nicht nur befähigt werden, eine vorgegebene Berufsposition auszufüllen, sondern auch selbst gestaltend und verändernd einzugreifen. Berufsqualifikation heißt demnach nicht nur Vermittlung in der Praxis verwertbarer Kenntnisse und Fähigkeiten, sondern auch Erzeugung kritischen Reflektionsvermögens und der Fähigkeit, die so gewonnenen Erkenntnisse auch praxisverändernd einzusetzen. Ein derartiges Praxisverständnis schließt insbesondere aus, daß Praktika ohne entsprechende Hochschulbegleitung durchgeführt werden.

Das HRG folgt in den §§ 7 u. 8 eher dem letztgenannten Ansatz, wenn auch nicht verkannt werden darf, daß die praxisreflektierende und -verändernde Komponente in der weiteren Umsetzung leicht auf der Strecke bleiben kann. In den September 1979 von der ständigen Kommission für Studienreform bei nur einer Gegenstimme (Bayern) – nach allerdings heftigen Vordebatten – verabschiedeten Entwurf „Grundsätze für Studium und Prüfungen" wird der Problembereich für die weitere Arbeit der Studienreformkommissionen näher umrissen und die im HRG §§ 7, 8 angelegte dialektische Spannung zwischen Wissenschaft und Gesellschaft wieder aufgenommen und weiter konkretisiert. Nach den Grundsätzen soll das Studium drei miteinander untrennbar zusammenhängende Kompetenzen vermitteln: die fachlich-berufliche Kompetenz (Vorbereitung auf ein berufliches Tätigkeitsfeld), die fachlich-wissenschaftliche Kompetenz (Befähigung zu wissenschaftlicher Arbeit) und die soziale Kompetenz (Verantwortliches Handeln als Staatsbürger)[56]. Deutlich stellen die „Grundsätze" heraus, daß es zur Erzeugung dieser Kompetenzen nicht nur auf die Vermittlung von Wissen, sondern besonders auch auf die Erzeugung bestimmter Verhaltens- und Orientierungsmuster ankommt. Genannt werden insbesondere Toleranz, Solidarität, Kooperationsbereitschaft[57], Fähigkeit zu Kritik und Selbstkritik, Engagement, Risiko- und Konfliktbereitschaft[58], wobei nicht verkannt wird, daß die Hochschule hier nur ein persönlichkeitsbildender Faktor unter anderen sein kann. Dieser Ansatz ist begrüßenswert, wenn auch viele Fragen dadurch überhaupt erst aufgeworfen werden.

Es kann nicht übersehen werden, daß die Vermittlung nicht fachspezifischer, sog. extrafunktionaler Qualifikationen, statt emanzipatorisch zu wirken, auch eine noch reibungslosere Anpassung an die vorgegebene gesellschaftliche Realität bewirken kann. So ist zum Beispiel der zusätzlich noch sozial- und politikwissenschaftlich ausgebildete Jurist nicht ohne weiteres auch ein kritischerer, veränderungsbereiterer Jurist als der traditionell ausgebildete, sondern in erster Linie jemand, der rechtliche Konfliktlösungen mit größerer gesellschaftlicher Akzeptanz versehen kann als letzterer.

Zur Prüfungsproblematik stellt der „Entwurf" zutreffend fest, daß Prüfungen und Studium aufeinander abgestimmt werden müßten, weil Ziele und Inhalte des Studiums, die in den Prüfungen keinen Wiederhall fänden, von den Studenten eher als hinderlich empfunden und gemieden würden. Prüfungen dürften sich daher insbesondere nicht auf die Feststellung von Fachkenntnissen beschränken[59]. Bei den Prüfungsverfahren ist dann allerdings konkret nur noch vom Prüfungsstoff und der Bewertung der Einzelleistung[60] die Rede. Das Problem besteht also darin, daß den Schöpfern der „Grundsätze" in konkreto keine prüfungstechnische Absicherung für die Erzeugung der geforderten Verhaltens- und Orientierungsmuster eingefallen ist und wohl auch nicht einfallen konnte, weil hier bei der konventionellen, punktuellen Leistungsprüfung stehengeblieben wurde. Lediglich studienbegleitende Prüfungssysteme, die Abschlußprüfungen nicht wie in HRG und „Grundsätzen" nur entlasten, sondern ersetzen sowie nicht ausschließlich Einzelleistungen honorieren, könnten hier neue Ansätze liefern. Denn nur über einen längeren Zeitraum hinweg können Kooperations- oder Kritikfähigkeit von Studenten erlernt und von den Lehrern auch bewertet werden. Nur durch nicht im traditionellen Sinne leistungsbezogene Qualifikationsnachweise lassen sich derartige Entwicklungsprozesse auch prüfungstechnisch honorieren. Ohne prüfungstechnische Absicherung stellt sich der Erwerb extrafunktionaler Qualifikationen dem Studenten als Luxus dar, auf den angesichts des vorherrschenden Fach-Leistungsdrucks auch verzichtet werden kann.

Die Fehler liegen hier jedoch schon im § 15 HRG, werden jedoch in den „Grundsätzen" unkritisch übernommen, verschleiert oder einfach ignoriert.

Ein weiteres Problem in diesem Zusammenhang ist sicherlich die Frage nach den Lehrern, die derartige Orientierungsmuster vermitteln sollen, die sie selbst überwiegend nicht aufzuweisen haben. Die „Grundsätze" deuten dieses Dilemma im Zusammenhang mit Forderungen nach einer modifizierten Berufungspolitik[61] an. Wer jedoch den wissenschaftlichen Qualifikationsstandard in Verengung der Möglichkeiten des § 44 HRG nahezu ausschließlich an formalen Qualifikationsnachweisen und insbesondere an der schriftlich dokumentierten papierenen Einzelleistung mißt, wie jetzt in den laufenden Übernahmeverfahren immer wieder zu erleben und von der Westdeutschen Rektorenkonferenz (WRK) in ihrem Problemkatalog zu den Grundsätzen von 15.4.1980 gefordert, wird Personen mit den studienreformerisch geforderten Verhaltens- und Orientierungsmustern höchstens zufällig in die Lehre befördern. Wer zudem politisches Engagement und Risikobereitschaft an den Hochschulen in der Praxis repressiv beantwortet, – man denke nur an die Diskussion um das politische Mandat der Studentenschaft, die „Berufsverbote" oder die Herausgabe des Buback-Nachrufs, – darf sich nicht wundern, wenn auch unter der Geltung der „Grundsätze" von 1979 nur angepaßte wissenschaftliche Einzelkämpfer erzeugt werden. Derartige Einsichten haben leider in den „Grundsätzen" nicht hinreichend Niederschlag gefunden. Gerade um diese Unzulänglichkeit der bisherigen Hochschulausbildung und -gesetzgebung nicht völlig in Vergessenheit geraten zu lassen, ist es jedoch wichtig, die Zielsetzung selbst beizubehalten. Schärfstens zurückzuweisen ist die Forderung der WRK, derartige Handlungskompetenzen und Orientierungen gar nicht erst zu fordern, da sie mit den gängigen Instrumentarien nicht zu fördern oder zu kontrollieren seien[62].

Besonders schwierig wird es sein, die Praxisbezüge einer Hochschulausbildung inhaltlich-konkret herzustellen. Die „Grundsätze" wiederholen hier Allgemeinformeln, die in der hochschuldidaktischen Diskussion schon lange bekannt sind. Das ist unter dem Gesichtspunkt einer legitimatorischen Absicherung begrüßenswert, läßt die Frage jedoch weiterhin unbeantwortet, wie derartiges nun auf breiter Basis praktisch organisiert werden soll.

Das Verhältnis zwischen Wissenschaft und beruflicher Praxis wird in den „Grundsätzen" unter drei Gesichtspunkten betrachtet: erstens wird die Wechselwirkung weiter konkretisiert, zweitens soll eine Abstimmung der Hochschulausbildung auf den Arbeitsmarkt erfolgen und drittens sollen Informationen aus der Praxis bereitgestellt werden[63]. Dabei erweckt die Ausfüllung der Punkte 1. und 2. in den weiteren Teilen der „Grundsätze" allerdings den Anschein, als werde sich vorrangig die Abstimmung der Hochschulen auf den Arbeitsmarkt durchsetzen. Denn hier werden die Grundsätze am konkretesten: So soll der Zusammenhang des Studiensystems mit den späteren Beschäftigungsmöglichkeiten verdeutlicht werden[64] bzw. geklärt werden, auf welche beruflichen Tätigkeitsfelder die Studenten mit welchen Qualifikationen vorbereitet werden sollen[65]. Der sogenannte „Praxisschock" soll abgebaut werden, allerdings nicht in der Weise, daß eine unmittelbare Einsetzbarkeit der Hochschulabsolventen an bestimmten Arbeitsplätzen angestrebt würde. Vielmehr fordern die „Grundsätze" eine Ausbildung gerichtet auf ein breites Spektrum beruflicher Tätigkeiten und statt einer „nahtlosen Anpassung" von Ausbildungs- und Beschäftigungssystem eine „flexible Koppelung"[66]. Den engen Berufspraxisbezügen, die die Wirtschaft hin und wieder fordert, ist somit eine weitere deutliche Absage erteilt. Allerdings wird auch unverkennbar, daß den Hochschulen einseitig eine stärkere Orientierung der Ausbildungsgänge an die Anforderungen der heute vorfindlichen beruflichen Praxis abverlangt wird und von wechselseitiger Beeinflussung beider Seiten in diesem Zusammenhang offenbar nicht mehr die Rede sein soll. Letztlich bleiben die „Grundsätze" hier widersprüchlich.

Zum Gesichtspunkt einer Wechselwirkung von Wissenschaft und beruflicher Praxis fordern die „Grundsätze" als Voraussetzung, daß das gesamte Umfeld beider Bereiche in der Hochschulausbildung mitreflektiert wird: so soll bei der Vermittlung von Wissenschaft auch die Problematik des Wissenschaftsprozesses selbst einbezogen werden und die Befähigung zu beruflichem Handeln soll auch die Wahrnehmung sozialer Folgewirkungen dieses Handelns einschließen, indem der Student insbesondere befähigt wird, fächerübergreifend Wirkungszusammenhänge zu erfassen[67]. Über die Bewältigung vorgegebener Arbeitsaufgaben hinaus soll der Student auch dazu befähigt werden, Problemdefinitionen und Lösungen neu zu entwickeln und so zu einer Veränderung der Berufswelt beitragen[68]. Mit diesem letzten Hinweis erschöpft sich dann allerdings die emanzipatorisch-verändernde Komponente der Grundsätze. Es bleibt abzuwarten, ob diesen eher knappen Ausführungen von den einzelnen Studienreformkommissionen nun auch gefolgt wird, statt einfach nur bestehenden oder vermuteten Bedarfen der Praxis nachzugeben. Die generell zu beobachtende Tendenz zur reinen Formierung und Effektivierung der Ausbildungsgänge, bei der gesenkte Kosten und verkürzte Studiendauer im Vordergrund stehen, wirkt dem Versuch einer emanzipatorisch-kritischen Ausbildung jedenfalls diametral entgegen.

Angesichts dieser Lage müßte es eigentlich eine wichtige Aufgabe der Hochschulen und Fachbereiche sein, sich schon jetzt intensiver mit einer kritischen Aufarbeitung der Praxisbezüge ihrer Studiengänge und der Berufspraxis ihrer Absolventen zu befassen. Auf diese Weise könnte einer unakzeptablen Praxisanbindung schon im Vorfeld mit wissenschaftlicher Analyse und Argumentation begegnet werden. Stattdessen versucht die WRK in ihrem „Problemkatalog" den Praxisbezug des Studiums als forschungsfeindliche – und damit in letzter Konsequenz auch wissenschaftsfeindliche – Einengung zu diffamieren[69]. Sie ignoriert damit eine historische Entwicklung, wie sie unter 2. beschrieben worden ist, die tatsächlich den Hochschulen mit dem Monopol auch die Verpflichtung zur Ausbildung für bestimmte berufliche Tätigkeitsfelder gebracht hat.

Die Frage lautet nicht mehr, ob eine derartige Berufsausbildungsverpflichtung für Studium und Lehre als zentrale Aufgabenstellung besteht, wie die WRK zu meinen scheint, sondern wie und durch wen diese Ausbildungsverpflichtung inhaltlich konkretisiert wird. Mit ihrer Ignorierung der Aufgabe selbst gäben die Hochschulen kampflos eine Kompetenz zur inhaltlichen Gestaltung ihrer Studiengänge völlig an den Staat ab. Die „Grundsätze für Studium und Prüfungen" bieten hier jedenfalls für engagierte Reformer noch Raum und Ansatzpunkte, um die sich im künftigen Verlauf der Studienreformdebatte zu kämpfen lohnt. Dabei muß allerdings eingeräumt werden, daß die institutionellen Möglichkeiten, die das HRG und ihm nachfolgende Ländervereinbarungen zur Durchführung der Studienreform geschaffen haben, für eine derartige Auseinandersetzung zwischen Reforminitiativen aus dem Hochschulbereich und staatlicher Wissenschaftsbürokratie höchst ungünstig für erstere geregelt ist, wie der nun folgende Abschnitt belegen soll. Die einzige Interessengruppe, die in den Studienreformgremien des HRG tatsächlich effektiv vertreten ist, ist die konservative Professorenschaft.

4. Das Studienreforminstrumentarium des Hochschulrahmengesetzes: Studienreform von oben?

Studienreform ist in erster Linie eine Aufgabe der Hochschulen selbst, hierin sind sich Gesetz und Literatur vordergründig betrachtet völlig einig. Diese Aufgabenzuweisung findet sich in § 8 Abs. 1 HRG ebenso wie in § 65 Abs. 1 HambHG und den „Grundsätzen" unter I. 1. Studienreform gehört nach dem Hochschulurteil des Bundesverfassungsgerichts zu den wissenschaftsrelevanten Angelegenheiten, die Forschung und Lehre und damit auch die Freiheitsgarantie des Art. 5 Abs. 3 GG unmittelbar berühren[70]. Denn durch die Studienreform wird über die künftigen Inhalte von Studien- und Prüfungsordnungen und damit über die Lehrinhalte entschieden. Allerdings gilt die Gestaltungsfreiheit der Hochschulen nicht schrankenlos: die Hochschule ist durch ihre Aufgabenstellung, der wissenschaftlichen Berufsausbildung, nicht nur der Raum für die sich in wissenschaftlicher Eigengesetzlichkeit vollziehenden einzelnen Forschungs- und Bildungsprozesse, sondern Gegenstand und Mittel einer öffentlich kontrollierten Bildungs- und Forschungspolitik, wie das Bundesverfassungsgericht 1973 formuliert hat[71]. Da also der Bereich der Lehre untrennbar nicht nur mit dem Bereich der Wissenschaft, sondern auch mit der Ausbildungsfunktion verbunden ist, ergibt sich zwangsläufig auch für den Bereich der Studienreform ein staatliches Mitwirkungsrecht[72]. Die Tatsache, daß Studienreform ein Kooperationsbereich zwischen Hochschule und Staat ist,[73] hat auch in der Hochschulgesetzgebung ihren Niederschlag gefunden: so nominieren §§ 8 Abs. 1, 60 Abs. 1 HRG, 65 Abs. 2 HambHG für die Studienreform ein Zusammenwirken mit den zuständigen staatlichen Stellen. §§ 9 Abs. 1 HRG, 68 Abs. 1 HambHG fordern die Bildung von Studienreformkommissionen „zur Abstimmung und Unterstützung der an den Hochschulen geleisteten Reformarbeit".

Damit müßte eigentlich gesetzlich klargestellt sein, daß der Schwerpunkt der Reformaktivitäten weiterhin an den Hochschulen zu liegen hat und der Staat lediglich Hilfestellung zu leisten und auf eine gewisse Einheitlichkeit der Gesamtentwicklung zu achten hat. Die „Grundsätze" sprechen davon, daß staatliche Mitverantwortung dazu beitragen soll, verfassungsmäßig verbürgte Bildungsansprüche einzulösen und gesellschaftliche Ausbildungserwartungen nicht zu enttäuschen[74]. Die überregionale Studienreform solle vor allem die Gleichwertigkeit, nicht aber die Gleichartigkeit der Hochschulabschlüsse gewährleisten, vorhandene Erfahrungen auswerten und durch die Diskussion inhaltlicher Fragen Anstöße für die inhaltliche Reformarbeit vor Ort geben[75]. Daß der Staat über die neuen Instrumente Studienreform anstelle der Hochschulen macht, Studienreformergebnisse von oben verordnet, müßte demnach eigentlich völlig ausgeschlossen sein.

Als Institution für die derart umrissene Kooperation Staat – Hochschulen bieten das HRG und die Landeshochschulgesetze die Studienreformkommissionen an (§§ 9 HRG, 68, 70 HambHG). Dabei sind zwei Ebenen der Reformarbeit, nämlich Länderkommissionen und gemeinsame Kommissionen der Länder, vorgesehen. Die praktisch überragende Bedeutung dürfte hier den gemeinsamen Kommissionen zukommen. Das HRG errichtet zwar ebenso wie die „Grundsätze" keine Hierarchie, aber beispielsweise das HambHG stellt in § 70 Abs. 3 klar, daß Doppelarbeit vermieden und bei Parallelität den gemeinsamen Kommissionen der Länder der Vorrang eingeräumt werden solle. Häufig werden Landeskommissionen dort gar nicht mehr gebildet werden, wo gemeinsame Kommissionen der Länder schon bestehen. Der Bildungsförderalismus wird durch die gemeinsamen Studienreformkommissionen der Länder also weiter abgebaut[76]. Allerdings haben es manche Länder verstanden, durch schnell arbeitende Länderkommissionen bereits heute Fakten zu schaffen, die die jetzt anlaufende Arbeit in den gemeinsamen Kommissionen kaum noch wird ignorieren können. Es ist bedauerlich, daß auf diesem Weg nur konservativ orientierte Länder vorgeprescht sind.

Die Studienreformkommissionen des HRG sind keine staatlichen Kommissionen, aber auch keine Kooperationsinstrumente, in denen Hochschulen und Staat gleichberechtigt Studienreform entwickeln könnten. Dammann bezeichnet sie als „staatlich gelenkt"[77]. Ihre Mitglieder werden in einem komplizierten Abstimmungsverfahren zwischen Kultusministerkonferenz der Länder (KMK) und Westdeutscher Rektorenkonferenz (WRK) durch die Landesminister berufen. Die Hochschulen haben für ihre Vertreter lediglich ein Vorschlagrecht, von dem umstritten ist, ob es für die berufende Behörde verbindlich ist[78]. Durch die geringe Zahl der Kommissionen und Kommissionsmitglieder kann keine Hochschule mehr davon ausgehen, daß sie oder auch nur jede ihrer wesentlichen Fachrichtungen dort ernsthaft repräsentiert wäre. Teilweise machte es praktisch schon Mühe, in jeder Kommission wenigstens jedes große Fach vertreten zu lassen. So wurde in der Kommission Wirtschaftswissenschaften anfangs die BWL nicht repräsentiert. Es handelt sich also eher um von der Staatsbürokratie in Kooperation mit der WRK als Repräsentantin der konservativen Professorenschaft herausgefilterte, atomisierte Hochschulangehörige in einer Art Expertenstatus. Diese Expertengremien sollen aber nach den Vorstellungen des Gesetzgebers Empfehlungen zu den einzelnen Studiengängen erlassen, die anschließend über eine pauschale Verbindlichkeitserklärung den Hochschulen direkt aufgezwungen werden können. Die gesetzliche Studienreformaufgabe der Hochschulen reduziert sich bei näherem Hinsehen vorrangig auf bloße Vorschlags- und Anhörungsrechte gekoppelt mit einer massiven Durchführungsverpflichtung.

Tatsächlich hat das bundesweite Studienreforminstrumentarium auf der Grundlage verschiedener Ländervereinbarungen jetzt folgenden Entwicklungsstand erreicht[79]: In Zusammenarbeit von KMK und WRK wurde eine ständige Kommission für Studienreform geschaffen, die bereits verschiedene Arbeitsergebnisse vorgelegt hat. Sie ist paritätisch durch Vertreter der Kultusministerien der Länder und der Hochschulen besetzt, letztere bestehend aus 7 Professoren, 2 wissenschaftlichen Mitarbeitern/Hochschulassisten und 2 Studenten. Weiter gehören der Kommission ohne Stimmrecht an 2 Vertreter des Bundes sowie je 1 Vertreter von DGB und BDA. Die ständige Kommission ist z. Z. darum bemüht, den Praxisvertretern das Stimmrecht zu verschaffen. Eine derartige Aufwertung ihrer Mitarbeit wäre durchaus konsequent, wenn man mit der Verstärkung des Praxisbezuges im Rahmen der Studienreform ernst machen will. Aufgabe der ständigen Kommission ist die Vorstrukturierung und Koordination der Reformarbeit der einzelnen Fachkommissionen durch Erlaß einer für alle Kommissionen geltenden Geschäfts- und Verfahrensordnung (Ende 1978 erfolgt), Erarbeitung von Vorschlägen zur Einsetzung und personellen Besetzung von Fachkommissionen und inhaltlicher Vorgaben und Stellungnahmen. Erstes inhaltliches Arbeitsergebnis ist der Entwurf für „Grundsätze für Studium und Prüfungen" 1979, auf die im letzten Abschnitt im Zusammenhang mit der Verstärkung des Berufspraxisbezuges schon ausführlich eingegangen wurde.

Neben der ständigen Kommission wurde noch ein Koordinierungsgremium geschaffen, das der Abstimmung zwischen KMK und WRK dient. Dieses Gremium ist im HRG an keiner Stelle vorgesehen und droht den Einfluß der Hochschulen und hier insbesondere derjenigen Statusgruppen, die traditionell vorrangig Träger der Studienreform waren, weiter zu schwächen. Die Vertreter staatlicher Stellen haben hier mit 5:4 die Mehrheit, auf Hochschulseite sind ausschließlich Professoren vertreten, Vertreter aus der Berufspraxis fehlen völlig. Angesichts dieser Besetzung und der Tatsache, daß dieses Gremium keinen fest umrissenen Arbeitsauftrag hat, hat es sich bereits zur „grauen Eminenz" innerhalb dieses Gremiengeflechts entwickelt, das Personal- und Sachentscheidungen quasi hinter den Kulissen vorprogrammiert, ohne daß seine Willensbildungsprozesse und Arbeitsergebnisse öffentlich zu diskutieren und damit wenigstens in dieser schwächsten Form zu kontrollieren wären.

Einzelne Fachkommissionen arbeiten bereits für die Bereiche Chemie, Zahnmedizin, Wirtschaftswissenschaften, Architektur/Raumplanung/Bauingenieurwesen, Sprach- und Literaturwissenschaften sowie Diplompädagogik/Sozialpädagogik/Sozialarbeit. Im Anlaufen begriffen ist die Arbeit auch für Biologie, Psychologie und Geschichte/Geographie/Soziologie/Politologie. Damit erstreckt sich die laufende Reformarbeit gegenwärtig auf Studiengänge, in denen mit über 450.000 Studenten etwa die Hälfte aller Studierenden in der Bundesrepublik eingeschrieben ist[80]. Quantitativ hat die Reformarbeit bereits einen erheblichen Umfang erreicht. Die Kommission Zahnmedizin hat bereits erste Arbeitsergebnisse vorgelegt, ohne allerdings dabei die „Grundsätze" schon berücksichtigen zu können.

Umstritten war, ob für die verschiedenen Hochschularten eine einheitliche oder mehrere Kommissionen gebildet werden sollten. Man hat sich jetzt für eine Kommission für alle Hochschularten gemeinsam entschieden und so dem im HRG verankerten Konzept der Gesamthochschule wenigstens organisatorisch Rechnung getragen. Jede Kommission besteht dementsprechend aus einer Kerngruppe (3 Hochschullehrer, 1 Student, 1 staatlicher Vertreter) und je nach behandeltem Studiengang wechselnd weiteren Mitgliedern (1 Hochschullehrer, 1 wissenschaftlicher Mitarbeiter, 1 Student, 2 staatliche Vertreter bei Hochschulabschlußprüfungen bzw. 8 staatliche Vertreter bei Staatsexamina sowie 3 Vertretern aus der Berufspraxis mit nur beratender Stimme)[81]. Innerhalb der Hochschulvertreter kommt der Gruppe der Professoren mit 4:3 ein Übergewicht zu, das noch dadurch verstärkt wird, daß drei von ihnen ständig in der Kommission arbeiten. Von der personellen Besetzung dieser 3 Sitze hängt daher ab, ob auf seiten der Hochschulen der konservative oder der reformorientierte Flügel repräsentiert wird. Faktisch sind die meisten Kommissionen eher konservativ besetzt. Auf Seite der staatlichen Vertreter wurde entsprechend der historisch bedingten, aber wie unter 2. gezeigt heute nicht mehr sachlich begründeten Entwicklung zwischen Hochschul- und Staatsprüfungen unterschieden. Damit wurde einer Forderung des HRG nachgekommen, wonach bei staatlich abzuschließenden Studien die staatlichen Vertreter auf Landesebene mehr als die Hälfte, auf Bundesebene aber sogar über 2/3 der Stimmen verfügen müßte (§ 9 Abs. 3 HRG). Nach der Ausführung der Ländervereinbarung beträgt das Verhältnis Hochschule – Staat jetzt bei Hochschulprüfungen 7:3, bei Staatsprüfungen jedoch 7:9.

Inhaltlich soll die Studienreform dadurch vorangetrieben werden, daß die Studienreformkommission Empfehlungen vorlegt, die von den Landesministerien für verbindlich erklärt werden können und von den Hochschulen dann umgesetzt werden müssen. Eine besondere Rolle dürften hierbei die Musterstudien- und Musterprüfungsordnungen spielen, die selbst rechtlich unverbindlich das eigentliche Maß sein werden, an welchem Studien- und Prüfungsordnungsvorschläge der Hochschulen durch die genehmigende Verwaltung gemessen werden. Denn durch diese Muster konkretisieren die Kommissionen ihre Vorschläge und machen sie der Verwaltung im Detail nachvollziehbar.

Im einzelnen gilt: Die Kommissionen erstellen Empfehlungen über Ziel und wesentlichen Inhalt der Studiengänge und Abschlußprüfungen in Form von Grundsätzen (§ 9 Abs. 4 Nr. 1–3 HRG). Sie konkretisieren die Empfehlungen durch Musterstudien- und Musterprüfungsordnungen (§ 9 Abs. 5 HRG) und Kostenmodelle (§ 3 Abs. 3 der entsprechenden Ministerpräsidentenvereinbarung). Sie können damit faktisch ein Studium bis zum Titel der einzelnen Lehrveranstaltungen vorprogrammieren. Inhaltliche Vorgaben ihrer Arbeit sind dabei diejenigen Grundsätze für die Studienreform, die die für das Hochschulwesen zuständigen Landesminister gemeinsam festgelegt haben[82], also staatliche Vorgaben. Ein ursprünglich im HRG vorgesehenes Vorschlagsrecht der einzelnen Hochschulen wurde wieder gestrichen. Den Hochschulen bleibt nur, vor Verabschiedung in der Kommission Stellung zu nehmen (§ 9 Abs. 4 HRG), dasselbe Recht hat auch die WRK. Die Kommission ist dann verpflichtet, bei Verabschiedung der Empfehlungen zu begründen, wo und aus welchen Gründen einzelne Änderungsvorschläge nicht übernommen wurden[83]. Sollen die derartig entstandenen Empfehlungen nach § 9 Abs. 7 HRG durch die Landesminister für verbindlich erklärt werden, muß eine Anhörung der Hochschulen erfolgen. Danach werden die zuständigen Landesminister „sich bemühen", die Studien- und Prüfungsordnungen der Hochschulen ihres Landes entsprechend anzupassen. Diese durch den Begriff „bemühen" weich formulierte Verpflichtung gilt jedoch nur, wenn zuvor ein einstimmiger Beschluß der Landesminister vorliegt. Anderenfalls ist es jedem Land freigestellt, eine Verbindlichkeitserklärung für sein Gebiet vorzunehmen[84]. Die Verbindlichkeitserklärung kann immer nur die Grundsätze betreffen. Da Grundsätze jedoch aus sich heraus nicht alle Details erkennen lassen, dürfte sich die Bürokratie bei der Umsetzung der Empfehlungen vor allem an den konkretisierenden Musterordnungen orientieren, so daß faktisch auch diese für die Hochschulen einen gewissen Grad von Verbindlichkeit erlangen. Will die Hochschule von den vorgegebenen Musterordnungen abweichen, wird sie es in der Praxis gegenüber der Bürokratie wie eine Ausnahme von der Regel besonders begründen müssen.

Auf Hochschulebene stellt sich die konkrete Umsetzung verschieden dar, je nachdem, ob das Studium mit einer Staats- oder Hochschulprüfung abgeschlossen wird. Bei Staatsprüfungen wird man davon ausgehen können, daß die Verwaltung die Empfehlungen vermutlich direkt entsprechend den Musterprüfungsordnungen ohne weiteres übernehmen wird[85], soweit sie ihren Intentionen entspricht. In Hamburg erläßt der Senat entsprechende Prüfungsordnungen als Rechtsverordnungen, nachdem die beteiligten Fachbereiche vorher gehört worden sind (§ 137 Abs. 2 HambHG). Den Hochschulen bleibt dann nur noch die Gestaltung der Studienordnung sowie der konkreten Studienpläne. Erstere müssen jedoch auf die Prüfungsordnung abgestimmt sein (§§ 11 Abs. 1 HRG, 64 Abs. 3 HambHG) und sind genehmigungsbedürftig. Da bei einphasigen Ausbildungsgängen mangels Trennbarkeit der staatliche Einfluß auch auf das Studium noch größer ist, fällt bei manchen Juristen- und Lehrerausbildungen der Spielraum der Hochschulen noch enger aus. Bei Hochschulprüfungen erstellt die Hochschule Prüfungs- und Studienordnung, bedarf aber jeweils der staatlichen Zustimmung bzw. Genehmigung (§§ 11, 16 HRG). Dabei kann die Genehmigung versagt werden, wenn die vorgelegte Prüfungsordnung den Empfehlungen einer Studienreformkommission nicht entspricht (§§ 16 Abs. 1 HRG, 135 Abs. 4 HambHG). Dieser Versagungsgrund gilt unabhängig davon, ob die Empfehlung verbindlich erklärt worden ist oder nicht.

Der staatliche Genehmigungsvorbehalt bei Prüfungs- und Studienordnungen geht weiter, als der erste Anschein vermuten läßt. Teilte man früher die Hochschulverwaltung ein in akademische Selbstverwaltung, wo dem Staat nur die Rechtsaufsicht zustand, und staatliche Auftragsverwaltung, wo dem Staat auch eine weitergehende Fachaufsicht zustand,[86] und ordnete den Erlaß von Hochschulprüfungs- und Studienordnungen dem akademischen Bereich zu, so ist das Bild heute komplizierter geworden: Das HRG hat mit § 60 ausdrücklich einen Kooperationsbereich geschaffen, zu dem unter Nr. 1 Studien- und Prüfungsordnungen zählen. Konsequenz ist, daß der Staat hier nicht auf Rechtsgründe bei der Versagung einer Genehmigung beschränkt ist. Begründen läßt sich dieser neue Bereich mit dem ständig wachsenden Anteil an wissenschaftlichen Hochschulaufgaben, für die nach dem Grundgesetz (Art. 20 Sozialstaat, Art. 12 Abs. 1 Verpflichtung zur Regelung der Berufsausbildung) auch der Staat Verantwortung trägt. Die weitere Ausgestaltung dieses Kooperationsbereichs überließ das HRG dem Landesgesetzgeber.

Das HambHG sieht in § 35 Abs. 3 für die Genehmigung von Prüfungsordnungen folgende Versagungsgründe vor: erstens die Nichtanpassung an Empfehlungen der Studienreformkommission, zweitens aber auch noch die nicht angemessene Verwirklichung gesetzlich niedergelegter Zielsetzungen und drittens den unter Beachtung der Grundsätze der Wirtschaftlichkeit und Sparsamkeit nicht zu rechtfertigenden Aufwand an sachlichen oder personellen Mitteln, d. h., über das schon sehr enge Raster der Vorschläge der Studienreformkommissionen hinaus kann der Staat auch noch eigene Maßstäbe entwickeln, wie beispielsweise die Studienreformzielsetzung nach §§ 7, 8 HRG, 65, 66 HambHG seiner Ansicht nach „angemessen" verwirklicht werden sollte. Schließlich kann er auch noch die Gesamtheit seiner fiskalischen Überlegungen einfließen lassen. Für die Genehmigung der Studienordnungen geben die Prüfungsordnungen einen nach dem eben Ausgeführten staatlich eng kontrollierten Rahmen (§ 46 Abs. 6 S. 1 HambHG). Darüber hinaus sind Rahmenordnungen, die überregional als Richtlinien beschlossen worden sind, zu beachten (§ 46 Abs. 6 S. 2 HambHG). Schließlich kann die Genehmigung aus anderen Zweckmäßigkeitsgründen versagt werden, insbesondere im Interesse der Einheitlichkeit des Hochschulwesens (§ 135 Abs. 3 S. 4 HambHG). Als Maßstab für eine Einheitlichkeit im Bereich der Studien- und Prüfungsordnungen bieten sich hier wiederum die unverbindlichen Musterordnungen der Studienreformkommissionen an.

Kommt die Hochschule den staatlichen Wünschen nicht nach, kann ihre Studien- und Prüfungsordnung nicht wirksam werden. Darüber hinaus sieht das HambHG noch vor, daß der Staat selbst anstelle der Hochschulen entsprechende Ordnungen erlassen kann, wenn die Hochschulen in angemessener Frist keine Vorlage gemacht haben oder ihre Vorlage nicht genehmigt worden ist (§ 137 Abs. 3 HambHG). Die staatlichen Ordnungen gelten dann bis zum Inkrafttreten entsprechender Ordnungen der Hochschulen. Auf diesem Wege kann durch Zeitablauf oder sogar durch bloße Nichtgenehmigung – dafür bietet das Gesetz ja ausreichend Begründungsmöglichkeiten – das Gestaltungsrecht der Hochschulen sogar formal weitgehend ausgeschaltet werden. Zudem wird der Erlaß künftiger Ordnungen in einem derartigen Maße durch die staatliche Rechtsverordnung präjudiziert, daß Hailbronner davon spricht, die im HRG vorgesehene Gewichtsverteilung zwischen Staat und Hochschule auf dem Gebiet der Studienreform sei hier gestört[87].

Aber auch ohne diese letzte staatlich Okkupation formal weiterbestehender Hochschulrechte auf dem Gebiet der Studienreform schaffen HRG und die ausfüllenden Landeshochschulgesetze, wie z. B. das HambHG, kein Kooperationsverhältnis Staat – Hochschule. Kooperation setzt voraus, daß beide Seiten die Möglichkeit haben, ihre Sachgesichtspunkte in die Entscheidung prägend einfließen zu lassen. Insbesondere ist es mit Kooperation unvereinbar, daß eine Seite die andere majorisieren kann und damit faktisch frei entscheidet, ob sie inhaltlich überhaupt kooperieren will. Es genügt keinesfalls, wenn der Hochschule auf dem Gebiet des Studien- und Prüfungswesens faktisch allein eine Regelungs- und Formulierungszuständigkeit verbleibt, die letztlich nur noch eine formale Hülle darstellt, in welcher die staatlich vorgefertigten Studienreforminhalte mit oder ohne Hinweis auf die Ergebnisse der Studienreformkommissionen verpackt werden[88].

Auch die Studienreformkommissionen selbst sind keine wirklichen Kooperationsinstrumente. Denn auf die personelle Besetzung haben die Hochschulen kaum Einfluß. Die Studienreformkommissionen arbeiten unter zahlreichen staatlichen Vorgaben, insbesondere von seiten der KMK, eine inhaltliche Rückkoppelung der Arbeiten an die Hochschulen erfolgt erst nach Abschluß. Mehrheitlich sind die Hochschulangehörigen nur dann in den Kommissionen vertreten, wenn es sich um Studiengänge mit Hochschulabschluß handelt, und das dürfte quantitativ nach Anzahl der Studierenden betrachtet nicht die Mehrzahl der Studiengänge sein. Es liegt schließlich wieder im Belieben der staatlichen Verwaltung, insbesondere der KMK, welche Ergebnisse später praktisch umgesetzt werden und welche lediglich zu den Akten wandern.

Das HRG ermöglicht dadurch dem Staat, bei Bedarf formal verbrämt durch Studienreformkommissionen, seine Vorstellungen von Studienreform gegenüber den Hochschulen zu formulieren. Ob er sie allerdings gegen starken Widerstand der Hochschulen auch praktisch durchsetzen kann, ist damit nicht entschieden. Die Erfahrung mit anderen Reformversuchen der Verwaltung „von oben" läßt eher erwarten, daß derartige Reformen scheitern. Die Staatsbürokratie kann selbst über weitestgehende Instrumente wie die des § 137 Abs. 3 HambHG nur anordnen, aber nicht selbst realisieren. Wenn sich aber nicht bis hinein in jede einzelne Lehrveranstaltung ernsthaft darum bemüht wird, neue reformerische Anforderungen wie beispielsweise den verstärkten Berufspraxisbezug zu realisieren, läuft ein riesiger aufwendiger Reformapparat völlig ins Leere. Der Staat wäre daher gut beraten, auch ohne gesetzlichen Zwang auf dem Gebiet der Studienreform stärker mit den Hochschulen und dort insbesonder mit den reformwilligen Kräften zu kooperieren. Er würde damit auch den Forderungen der Verfassung zum Schutz der Wissenschaftsfreiheit eher entsprechen als das vorliegende Hochschulrahmengesetz. Auf diese verfassungsrechtlich geforderte Kooperation soll im folgenden Abschnitt noch näher eingegangen werden.

5. Entwicklung des verfassungsmäßigen Schutzes der Wissenschaftsfreiheit und Konfrontation mit dem Studienreforminstrumentarium des HRG

Das Studienreforminstrumentarium des HRG ist auf heftige verfassungsrechtliche Kritik gestoßen und zwar sowohl aus dem Lager der Gegner als auch aus dem Lager der Befürworter einer inhaltlichen Studienreform. Diese Kritik dürfte noch anwachsen, nachdem die ersten Ergebnisse der Studienreformkommissionen vorliegen, falls beide Seiten sich aus unterschiedlichen Gründen nicht mit diesen Ergebnissen identifizieren können. Die Argumentation lautet ziemlich einstimmig: Der Einfluß von Hochschulen und Hochschullehrern werde nach dem HRG auf ein letztlich unverbindlich bleibendes Anhörungsrecht reduziert. Der maßgebliche Einfluß auf dem Gebiet der Lehre habe sich auf die Vertreter staatlicher Stellen verlagert. Anstelle des Wechselspiels zwischen Selbst- und Fremdbestimmung sei für die Hochschulen jetzt die einseitige Bevormundung durch Vertreter des Staates getreten[89]. Die insbesondere durch die Berufsausbildungsfunktion der Hochschulen geforderte gesellschaftliche Einbindung der Hochschulen werden z. Z. verwechselt mit staatsbürokratischem Zentralismus. Statt eine nach Art. 5 Abs. 3 GG geforderte Kooperation zu praktizieren, ziehe sich der Staat auf autoritäre Eingriffsverwaltung und Ersatzvornahme zurück[90].

Dabei beziehen sich die Kritiker vor allem auf die Forderung des Bundesverfassungsgerichts, Organisationsnormen im Bereich der grundsetzlich geschützten Wissenschaftsfreiheit seien daran zu messen, „ob und in welchem Grade sie das Grundrecht der einzelnen Wissenschaftler auf Freiheit der Forschung und Lehre oder die Funktionsfähigkeit der Institution „freie Wissenschaft" als solche begünstigen oder behindern"[91]. Eine durch die Staatsbürokratie von oben verordnete Studienreform jedoch könne die erforderlichen Veränderungen an den Hochschulen, – die im einzelnen allerdings völlig konträr beurteilt werden –, weder initiieren noch gar ersetzen. Die Funktionsfähigkeit der Institution „freie Wissenschaft" werde demnach durch das Studienreforminstrumentarium des HRG eher behindert und beeinträchtigt. Staatliche Vertreter seien hier häufig inkompetent[92]. Als Teil eines bürokratisch organisierten Apparats verfolgten sie Handlungsziele und wählten zur Durchsetzung Mittel, welche den wissenschaftlichen Hochschulaufgaben nicht entsprächen. Neben einer Behinderung der reformatorischen Eigeninitiative im Hochschulbereich werde eine bürokratische Studienreform vor allem Ziele und Mittel in den Vordergrund treten lassen, die an meßbaren, bürokratisch kontrollierbaren Effizienzkriterien orientiert seien. Mit der ihm eigenen Gesetzmäßigkeit auf Quantifizierung und Meßbarkeit bedacht, griffe der bürokratische Apparat verordnend, kommandierend und kontrollierend in Bereiche über, wo Reglementierung nicht auf Funktionsverbesserung, sondern auf Funktionsverschlechterung hinausliefe[93].

Gerade engagierte Reformer weisen darauf hin, daß Kultusverwaltungen, die bei der Umsetzung der Ergebnisse der Studienreformkommissionen eine Schlüsselstellung einnehmen werden, in der Vergangenheit weniger als Reformer, denn als Verhinderer von Reformen hervortraten[94]. Derartige Kritik läßt sich nicht nur an den traditionell als konservativ einzustufenden CDU/CSU-regierten Ländern (sog. B-Länder) üben, sondern auch an sozialliberal regierten (sog. A-Ländern), wie das Beispiel Nordrhein-Westfalen demonstriert[95]. Die Erwartung, von A-Ländern majorisierte Kommissionen würden sich als reformfreudiger erweisen oder A-Länder würden innovative Arbeitsergebnisse der Kommissionen zügiger umsetzen, bleibt daher vorerst reine Spekulation. Dort, wo Studienreformprojekte wie in der Hamburger einphasigen Juristenausbildung oder an der Universität Bremen positiv mit Hilfe der Kultusverwaltungen durchgesetzt werden konnten, handelte es sich immer um Konzepte, die primär von Hochschulangehörigen direkt vor Ort entwickelt und später auch praktisch getragen und durchgeführt wurden. Das Verdienst der beteiligten Kultusverwaltungen soll nicht geschmälert werden, aber in keinem Fall wurden hier detaillierte Konzeptionen auf einer höheren Verwaltungsebene unter maßgeblicher bis dominanter Beteiligung der Bürokratie entwickelt, um dann der betroffenen, aber nicht beteiligten Hochschule zur Anwendung verordnet zu werden.

Kritiker dieses bürokratischen HRG-Modells und Befürworter einer eher dezentralen, direkt an den Hochschulen verankerten Reformstrategie können sich in ihrer Argumentation auf den grundgesetzlichen Schutz der Wissenschaftsfreiheit (Art. 5 Abs. 3 GG) berufen. Es ist ein Paradoxon, daß sich mit der Zunahme staatlicher Einflußnahme auf den Hochschulbereich (s. insbes. die Abschnitte 2., aber auch 3. und 4.) auf der Ebene der Verfassung auch der Schutzbereich für die Freiheit wissenschaftlicher Arbeit, die sog. Wissenschaftsfreiheit, deutlich verstärkt hat. So muß heute ein umfassender Eingriffsversuch des Staates in den Wissenschaftsbereich nicht nur tatsächlich, sondern auch verfassungsrechtlich bedeutend kritischer betrachtet werden als noch im letzten Jahrhundert, als der Staat von dieser Möglichkeit bedeutend geringeren Gebrauch machte, ihm aber stärkere Rechte zustanden. Eine ständig anwachsende Zahl von Rechtswissenschaftlern sieht in Art. 5 Abs. 3 GG für die Hochschulen als dem typischen und primären Ort wissenschaftlichen Arbeitens eine „Hochschulautonomie" verankert, in welche der Staat nur noch abgeschwächt oder überhaupt nicht hineinzuregieren befugt ist. Allerdings markiert dieses Verständnis von Art. 5 Abs. 3 GG tatsächlich nur den geforderten Endpunkt einer rechtspolitischen Entwicklung, die noch keineswegs abgeschlossen ist.

Die institutionelle Abtrennung der Hochschulen vom allgemeinen staatlichen Bereich muß bis in das 17./18. Jahrhundert zurückverfolgt werden und hängt eng damit zusammen, ob man die Hochschulen in der Rechtsform einer Anstalt, d. h. ohne organisatorische Eigenständigkeit, oder in der Rechtsform einer Körperschaft, d. h. mit organisatorischer Eigenständigkeit, organisiert sieht. Der Streit hierum ist bis in die Gegenwart hinein nicht verstummt, so daß Oppermann von einer Rechtspersönlichkeit mit gleichzeitig anstaltlichen (bes. in den äußeren Angelegenheiten) und körperschaftlichen Zügen (in der Selbstverwaltung des Bereichs Wissenschaft) spricht[96]. Im 17./18. Jahrhundert bis in das Preußische Allgemeine Landrecht hinein gelten die Universitäten jedenfalls ausschließlich als Anstalten des öffentlichen Rechts und waren damit dem Staat gegenüber organisatorisch nicht verselbständigt[97]. Diese Staatsanstalten waren ähnlich organisiert wie die Schulen. Praktisch allerdings galt, daß die Anstalten sich mangels entsprechender staatlicher Fachkompetenz um die konkreten Inhalte von Lehre und Studium selbst kümmerten[98]. Die Schaffung der „neuen" Lehrfreiheit als Keim der künftigen Wissenschaftsfreiheit – im Gegensatz zur „alten" im Mittelalter praktizierten Lehrfreiheit – datiert Kluge zurück auf das Ende des 18. Jahrhunderts. Es handelte sich damals nicht um eine Rechtsposition, sondern um eine Art Luxus des absolutistischen Staates, welcher seine Rechtfertigung in reinen Effektivitäts- und Zweckmäßigkeitserwägungen fand und unter denselben Gesichtspunkten auch sofort wieder aufgegeben werden konnte[99].

Erst die Preußische Bildungsreform unter von Humboldt und Altenstein sowie die Gründung der Universität Berlin 1809 gaben der Idee der Freiheit von Forschung und Lehre den Charakter einer prinzipiellen Forderung gegenüber dem Staat. Dabei blieb die autonome Bildungsidee des Humanismus im Absolutismus streng verbunden mit staatlichem Schutz und staatlicher Bestimmung[100]. Sie bezog sich nur auf die geistigen Inhalte, nicht auf die Organisation der Universität. Diese wurde sogar eher verstärkt durch den Staat geleitet, insbesondere im Zusammenhang mit der Restauration nach 1815[101]. Die neuen Universitäten blieben Staatsanstalten, immerhin jedoch praktisch mit relativer Autonomie für den geistigen Bereich[102]. Rechtsförmigen Ausdruck fand diese Entwicklung zum ersten Mal nach der Revolution von 1848; in der vorläufigen Reichsverfassung der Nationalversammlung lautete Art. 12: „Die Wissenschaft und ihre Lehre sind frei".[103] Dieser Wortlaut wurde 1850 in den Art. 20 der Preußischen Verfassung übernommen. Beide Artikel traten allerdings nicht in Kraft[104].

Bei diesem Anlaß wurde jedoch zum ersten Mal die Frage kontrovers diskutiert, ob die Freiheit ausschließlich individualrechtlich zu verstehen sei, oder aber auch als institutionelles Privileg der Universität im Sinne korporativer Selbständigkeit und Autonomie. Asche weist darauf hin, daß letzterer Gedanke damals vorrangig konservative Verfechter hatte, die Hochschulautonomie als Bollwerk gegen die staatliche Liberalisierung forderten[105]. Diese Interpretation konnte sich jedoch 1848 nicht durchsetzen. Die Freiheit der Forschung und Lehre wurde als individuelles Freiheitsrecht verankert und bedeutete lediglich Freiheit des einzelnen innerhalb der staatlichen Funktionsbestimmung und Universitätshoheit[106]. Hinter dem Individualrecht stand jedoch bereits damals die Idee, das „Prinzip Wissenschaft" erfordere ein derartiges Recht. Bereits die Formulierung der Artikel trägt objektivierende Züge. Praktisch wurde dem Freiheitsrecht unter anderem dadurch Rechnung getragen, daß die Fachaufsicht in akademischen Angelegenheiten mehr und mehr schwand und die Rechtsaufsicht zum typischen Mittel staatlicher Einflußnahme in den Hochschulbereich wurde[107]. Tatsächlich nahm dadurch die organisatorische Eigenständigkeit der Universitäten zu. Die akademische Selbstverwaltung entwickelte sich also als Verwaltung des Sachbereichs Wissenschaft[108].

Der Wortlaut des Art. 142 Abs. 1 der Weimarer Reichsverfassung 1919, „Wissenschaft und ihre Lehre sind frei", knüpfte eng an die liberalen Vorgänger an, Abs. 2 formulierte darüber hinaus eine Schutzpflicht und ein Teilnahmerecht des Staates[109]. Immerhin war die Absicherungsnotwendigkeit von Kompetenzbereichen jetzt bereits vertauscht: Dem Staat mußte ausdrücklich eine Eingriffs- und Beteiligungskompetenz an diesem Freiheitsbereich zugeordnet werden. Für die weitere Entwicklung der Rechtsdogmatik entscheidend wurde jedoch der institutionelle Interpretationsansatz von Carl Schmitt. Das Sachgesetz „Wissenschaft" wurde von ihm zum Dreh- und Angelpunkt der grundrechtlichen Interpretation gemacht. Hinter dem Institut „Wissenschaft" tauchte sofort die Institution „Universität" als berufener Repräsentant dieser Sachgesetzlichkeiten auf. Allerdings war Universität nicht abstrakt gemeint, sondern als Institution der Professorenschaft, den „eigentlichen Repräsentanten der Wissenschaft". Asche weist darauf hin, daß diese Interpretation vor allem auf einem Mißtrauen gegenüber dem demokratischen Staat der Weimarer Republik beruhte und Staatseinflüsse reduzieren sollte[110]. Hochschulautonomie als Forderung hatte demnach in der Vergangenheit konservativ bewahrenden Charakter, nachdem der revolutionäre Impuls von 1848 zusammen mit dem Niedergang der Burschenschaften aus den Hochschulen verschwunden war[111].

Die Kontroverse: liberales Freiheitsrecht oder institutionelle Garantie im Sinne eines grundrechtlichen Schutzes von Hochschulautonomie setzte sich unter der Geltung des Grundgesetzes Art. 5 Abs. 3 bruchlos fort[112]. Auf ihre Details soll in diesem Zusammenhang nicht erneut eingegangen werden. Überwiegend wird jedenfalls, anknüpfend an die bereits zu Art. 142 Weimarer Reichsverfassung entwickelten Argumente, in der Lehre davon ausgegangen, die Hochschulautonomie sei heute durch Art. 5 Abs. 3 GG zumindest mittelbar geschützt. Art. 5 Abs. 3 GG gewährleiste jenen qualifizierten gesellschaftlichen Sachverhalt „Wissenschaft" als einen eigenen Bereich von öffentlicher Relevanz und zugleich ein eigenständiges individuelles Recht auf Wissenschaftsfreiheit. Im Gefolge dieser zweifachen Gewährleistung des Art. 5 Abs. 3 GG werde auch der Bestand der deutschen Universität als einer institutionell verfaßten Ausformung jenes nicht in jedem Fall organisatorisch verfestigten gesellschaftlichen Sachverhalts „Wissenschaft" garantiert. Ein „Grundrecht der deutschen Universität entstehe in diesem einschränkenden Sinn als Komplementärgarantie aus Art. 5 Abs. 3 GG[113].

Das Bundesverfassungsgericht hat 1973 in seinem jüngsten grundlegenden Hochschulurteil diesen letzten Schritt hin zum mittelbaren oder gar direkten grundgesetzlichen Schutz der Hochschulselbstverwaltung nicht mitvollzogen und die Frage nach einem „Grundrecht der deutschen Universität" ausdrücklich offengelassen[114]. Es hat jedoch dem individuellen Freiheitsanspruch des Wissenschaftlers, wo auch immer dieser tätig sein sollte, verstärkend den Schutz einer durch Art. 5 Abs. 3 GG garantierten objektiven Wertentscheidung zugunsten der „freien Wissenschaft" zugeordnet. Diese objektive Wertentscheidung bedeute nicht nur die Absage an staatliche Eingriffe in den Eigenbreich der Wissenschaft, sondern verpflichtet den Staat auch, schützend und fördernd einer Aushöhlung dieser Freiheitsgrantie vorzubeugen[115].

Konkret auf den hier diskutierten Konflikt zwischen Hochschulangehörigen, Hochschulen und Staatsbürokratie bezogen, bedeutet diese Interpretation, daß der Staat bei der Schaffung von Studienreforminstrumentarien nicht nur seine gesellschaftliche Verpflichtung zur Bereitstellung qualifizierter Berufsausbildungsplätze, grundgesetzlich normiert in der Berufsfreiheit des Art. 12 GG und dem Sozialstaatspostulat des Art. 20 GG, im Auge haben darf. Ebenso ist er durch die Wertbezogenheit des Art. 5 Abs. 3 GG auch auf die Erhaltung der Wissenschaftsfreiheit und entsprechend wirkender Organisationsstrukturen verpflichtet. Soweit es sich, wie im Fall der Reform wissenschaftlicher Berufsausbildungen an Hochschulen, um einen Schnittpunkt beider Verpflichtungen und Werte handelt, darf er die hier tatsächlich tätigen Personen und die bestehenden mit diesen Aufgaben befaßten Institutionen nicht einfach autoritär übergehen. Denn die Gestaltung der Studiengänge durch Studien- und Prüfungsordnungen greift unübersehbar in den grundgesetzlich geschützten Bereich der Wissenschaftsfreiheit und hier insbesondere der Lehrfreiheit ein. Es handelt sich hier nicht nur um einen Kooperationsbereich, weil der Staat die Studienreform nach §§ 8 ff., 60 HRG ausdrücklich zum Kooperationsbereich erklärt hat. Der Staat ist vielmehr in diesem Bereich auch grundgesetzlich zur Kooperation verpflichtet[116].

Die Trennungslinie kann keinesfalls schematisch so verlaufen, daß der Staat einseitig den Gegenstand der Lehre bestimmt und die Lehrenden andererseits Inhalt und Methoden völlig frei wählen können oder ihnen neben den berufsausbildenden Pflichtveranstaltungen noch Zeit für „reine Lehre“ gegeben wird[117]. Gegenstand, Inhalt und Methodik lassen sich nicht voneinander abnabeln und verschiedenen Kompetenzträgern ausschließlich zuordnen. Deutlich dürfte dieses bei der Festsetzung von Lernzielen werden, welche selbstverständlich auf alle drei Bereiche Auswirkungen haben müssen. Wenn zum Beispiel verstärkter Berufspraxisbezug gefordert wird, so muß dieses Ziel, ernst genommen, Konsequenzen haben bis hinunter zu Inhalt und Didaktik jeder einzelnen Lehrveransstaltung. Anderenfalls bliebe die Forderung nach verstärktem Berufspraxisbezug eine ins Leere laufende Deklaration.

Erklärt der Staat noch über die Kooperation hinaus durch zahlreiche gesetzliche Regelungen, wie z. B. § 8 Abs. 1 HRG, Studienreform primär zu einer Aufgabe der Hochschulen, so hat er selbst sich in Ausfüllung der Forderung nach Wissenschaftsfreiheit gem. Art. 5 Abs. 3 GG noch weiter gebunden: Er darf diese Träger der Studienreform dann im praktischen Reformprozeß nicht mehr auf ein unverbindliches Anhörungsrecht reduzieren. Vielmehr ist der Staat durch das Grundgesetz und eigene gesetzliche Vorgaben dazu verpflichtet, den Hochschulen auch eine entsprechende Rolle im Reformprozeß zuzuweisen.

Praktisch müßte das bedeuten, daß die Hochschulvertreter in den Studienreformkommissionen auch tatsächlich von den Hochschulen vorgeschlagen und bestimmt werden. Die Diskussion in den Kommissionen dürfte nicht hinter verschlossenen Türen, sondern müßte von Anfang an hochschulöffentlich geführt werden. Dem könnte z. B. durch eine bessere Informationspolitik der Kommissionen und Versendung schon der frühen Diskussionsvorlagen und nicht ausschließlich der Ergebnisse an die sachlich betroffenen Studienreformausschüsse an den Hochschulen Rechnung getragen werden. Weiter müßten die Stellungnahmen der Hochschulen stärkeres Gewicht erhalten und die Verabschiedung von Empfehlungen bei überwiegender Ablehnung ganz verhindern können. Schließlich müßte die primäre Zuständigkeit der Hochschulen Auswirkungen darauf haben, wie detailliert die Empfehlungen der Kommission ausfallen dürfen.

Das HRG spricht davon, daß sich die Empfehlungen der Studienreformkommissionen auf Grundsätze zu beschränken hätten. Die Kommissionen haben demnach nur allgemeine Entwicklungslinien und Zielsetzungen zu formulieren, nicht aber eine detaillierte und konkrete Studienplanung zu betreiben; — auch wenn der Wortlaut des Gesetzes hier bei oberflächlicher Betrachtung zum Gegenteil verführen sollte, weil die Beschränkung auf Grundsätze erst im Nachsatz erwähnt wird. Keinesfalls dürfen etwa Ziel und wesentlicher Inhalt eines Studiengangs oder einer Prüfung konkret vorprogrammiert werden. Die Grundsatz-Empfehlungen müssen den Hochschulen und Hochschullehrern einen breiten Raum zu eigenverantwortlicher Ausfüllung, aber auch Weiterentwicklung der Konzepte lassen, Kreativität eher anregen als ausschließen und dieses auch deutlich zu erkennen geben. Die Breite des noch vorhandenen Spielraums für die eigene Reformtätigkeit der Hochschulen ließe sich

z. B. dadurch demonstrieren, daß die beigegebenen Musterstudien- und Prüfungsordnungen alternativ nebeneinander verschiedene, evtl. sogar konträre Umsetzungsmöglichkeiten vorschlagen. Der Behörde wäre es damit auch erschwert, die Musterordnungen einfach als praktische Gebrauchsanweisungen zur Durchsetzung der Grundsätze zu instrumentalisieren.

Schließlich muß eine zwangsweise Anpassung der bestehenden Studiengänge an die Grundsätze durch die Behörde auf starke verfassungsrechtliche Bedenken stoßen[118]. Dieses gilt umso mehr, wenn die nach dem Gesetz vorher einzuholenden Stellungnahmen der Hochschulen erhebliche, fundiert begründete Bedenken zutage fördern. Nur so kann den Stellungnahmen der Hochschulen das Gewicht verliehen werden, welches ihm gem. Art. 5 Abs. 3 GG zukommt. Keinesfalls darf es der Länderbürokratie überlassen werden, welche Teile einer Gesamtempfehlung tatsächlich für verbindlich erklärt werden[119]. Ganz oder garnicht mäßte hier die Devise heißen. Auswahl- und Abweichungsmöglichkeiten liefen nämlich auf Verfälschungen oder doch Veränderungen der Kommissionsvorstellungen hinaus.

Letztlich jedoch könnten diese Abschwächungsvorschläge nur eine gewisse Korrektur der einseitigen, staatsbezogenen Ausrichtung der HRG-Studienreforminstrumente bewirken. Eine grundsätzliche Umorientierung hin zu verfassungsmäßig gebotenen und funktional allein sinnvollen kooperativen Studienreforminstrumenten ist mit den vorgegebenen HRG-Strukturen nicht möglich. Hier müßten neue Wege außerhalb des Gesetzes gesucht werden.

6. Wissenschaftliche Berufsausbildung als Produkt kooperativer Studienreform, ein Ausblick

Die Frage, wie kooperative Studienreform im Gegensatz zu den Zentralisierungsvorstellungen des HRG aussehen könnten, kann derzeit nicht abschließend beantwortet werden. Wichtig wird es jedenfalls sein, zwei Fehler der Vergangenheit nicht zu wiederholen: Die Studienreform darf einerseits nicht abgehoben von den Hochschulen entwickelt werden. D. h., diejenigen welche die Reform anschließend praktisch tragen und durchsetzen sollen, müssen von Anfang an direkt an der Entwicklung der Konzepte beteiligt sein und Gelegenheit haben, ihre eigenen Erfahrungen und Ideen in die Konzeptualisierung einfließen zu lassen. Andererseits aber dürfen die Hochschulen auch nicht völlig isoliert und allein in ihren Reformbemühungen oder auch in ihrer Reformträgheit belassen werden. Das bedeutet, es müssen schon Ebenen hochschulübergreifender Kooperation gefunden werden und es müssen auch Nichthochschulangehörige, insbesondere Interessenvertreter des Staates, der Wirtschaft und der Gewerkschaften, auf den Reformprozeß Einfluß nehmen können.

Erste Denkansätze für eine kooperative Studienreform haben die Ergebnisse des Projekts „Modell einer überregionalen Kooperation von Gewerkschaften und Hochschulen im Bereich der Studienreform" (1974–1977) gebracht. Das Projekt wurde vom Verein zur Förderung der Studienreform (VFS) e.V. getragen und mit Unterstützung des Bundesministers für Bildung und Wissenschaft durchgeführt. Erste Ergebnisse stellte der DGB im Februar 1979 vor[120]. Konkret beteiligt waren neben dem DGB fünf große Einzelgewerkschaften sowie Hochschulangehörige. Organisatorisch wurde das Projekt von der Erkenntnis geleitet, daß Studienreform nicht von oben verordnet werden könne. Sie erfordere vielmehr die Einbeziehung der Lehrenden und Lernenden an den Hochschulen, die die Reformabsichten umsetzen und Veränderungen in ihrer täglichen Praxis tragen müßten.

Nach der Entwicklung erster Studienreformkriterien in der Projektgruppe wurde daher an den Hochschulen und in den Gewerkschaften direkt um Kooperationspartner geworben. Im Ergebnis bestanden an 15 Hochschulorten etwa 40 Arbeitsvorhaben in den Ausbildungsbereichen Ingenieurausbildung, Medizin und Naturwissenschaften. Im Arbeitsprozeß wechselten überregionale Kooperationstreffen, lokale Kooperationstreffen und Fachtagungen. Am Anfang stand ein überregionales Kooperationstreffen, an dem Vertreter aller Studienreformvorhaben aus einem Ausbildungsbereich teilnahmen. Bei dieser Gelegenheit stellten einzelne Hochschulangehörige ihre Absichten für die Gestaltung ihrer Lehrveranstaltungen vor. Diese Absichten wurden dann unter den im Kriterienrahmen genannten Gesichtspunkten diskutiert. In lokalen Kooperationstreffen wurden die Lehrkonzepte dann weiter konkretisiert und an den Hochschulen dann bereits punktuell erprobt. Die derart gewonnenen Erfahrungen wurden dann wieder überregional rückgekoppelt. Insgesamt gab es in jedem Projektbereich sechs oder sieben solcher Treffen. Unterstützend dazu wurden Studienreformkonzepte für einzelne Studienphasen und -fächer vertiefend auf Fachtagungen entwickelt und beraten, an denen auch ansonsten nichtbeteiligte Experten teilnahmen. Besonders wichtig an diesem Vorgehen war, daß einerseits die Personengruppen und Institutionen, die die zentralen Vorgaben entwickelt hatten, auch an der dezentralen Arbeit beteiligt blieben, andererseits jedoch die dezentralen Initiativen nicht vereinzelt belassen wurden.

Die Ergebnisse des Projekts waren Beschreibungen von Konzepten für Lehrveranstaltungen oder Teile von Studiengängen, deren Entstehung nachvollziehbar ist und deren Prinzipien offengelegt werden aufgrund ihres kooperativen Entstehungsprozesses. Aus demselben Grund enthalten sie auch keine Rezepte oder verbindliche Anweisungen, sondern lassen Möglichkeit für Veränderung und Weiterentwicklung (offene Curricula). Es ist nur zu hoffen, daß diese Ergebnisse jetzt auch in die Arbeit der HRG-Studienreformkommissionen Eingang finden werden.

Nach Ansicht der Projektgruppe kann der Versuch, Curricula praxisnah zu entwickeln, indem Studienreform dezentral initiiert, aber zentral gefördert und koordiniert wird, als gelungen bezeichnet werden. Allerdings wird auch darauf hingewiesen, daß sich die Ergebnisse und Verfahren wegen der stärkeren Interessengegensätze nicht bruchlos auf staatliche Studienreformvorhaben übertragen ließen. Die Projektgruppe kommt jedoch zu dem Ergebnis, daß staatliche Stellen den ergebnisbezogenen Erfahrungsaustausch dezentral arbeitender Studienreformgruppen verstärkt fördern sollten. Aus dem VSF-Projekt ließe sich der Schluß ziehen, daß ein Hindernis für schnelle Umsetzung der Ergebnisse dezentraler Studienreform nicht die dezentrale Arbeitsweise sei, sondern der fehlende Erfahrungsaustausch. Inhaltlich müßte der Arbeit ein allgemeiner Rahmen von Qualifikationszielen und Grundsätzen der Lernorganisation vorgegeben werden, aber keine ins Einzelne gehenden Vorschriften, soweit es sich nicht um reformerische Mindeststandards handele, die auch an bisher untätigen Hochschulen ein Minimum an Reformbemühungen garantierten.

Nachdem die ersten Ergebnisse der Ständigen Kommission für Studienreform in Form des Entwurfs „Grundsätze für Studium und Prüfungen" vorliegen, kann man diesen Weg etwas konkreter weiterdenken. Die Grundsätze mögen nicht in allen Punkten befriedigen. Sie eignen sich jedoch in ihrer Allgemeinheit, ihrer relativen Offenheit und aufgrund ihres Kompromißcharakters durchaus als Rahmen für weitere lokale Studienreformarbeit. Die Landeshochschulgesetze sehen in der Regel auf Hochschulebene die Bildung drittelparitätisch besetzter Ausschüsse für Lehre und Studium vor (z. B. § 88 HambHG), deren Aufgabe insbesondere die Studienreform sein soll, sowie auf Fachbereichsebene die Bildung besonderer Studienreformausschüsse (§ 100 HambHG). Über diese Ausschüsse könnte das brachliegende Studienreformpotential der Hochschulen durchaus wieder aktiviert werden. Hier wäre ein institutioneller Initiator für dezentrale Vorschläge, aber auch ein Adressat für zentrale, von der Behörde zu initiierende oder doch zu unterstützende Koordination. Wichtig wäre allerdings, daß dieser neue Weg beschritten würde, bevor die zentralen Studienreformkommissionen für die einzelnen Fächer durch eindeutige Handlungsanweisungen und Detailkonzepte die Reformmündigkeit und Frustration vieler Hochschulangehöriger in Reformfeindlichkeit umschlagen lassen und die Negativkoalition bewirken, von welcher bereits in der Einleitung die Rede war.

Anmerkungen

1 Forderungen des Deutschen Gewerkschaftsbundes zur Hochschulreform (1973). Leitsätze des DGB zur Studienreform (1978). In: Bamberg, Hans-Dieter u. a. (Hrsg.): Hochschulen und Gewerkschaften. Köln 1979 S. 431 ff. und 436 ff.

2 Kaiser, Peter M. u. a.: Hochschulrahmengesetz, hochschulpolitische Lage und Klassenauseinandersetzungen in der BRD. In: Bracht/Hülsmann/Keiner (Hrsg.): Hochschulrahmengesetz, Hochschulpolitik und Klassenauseinandersetzungen in der BRD. Köln 1977 S. 15 ff., S. 17 und 29.

3 Siehe einerseits: Deutscher Industrie- und Handelstag: Studium oder Berufsausbildung. Bonn 1980 S. 47 f.; andererseits: Institut der deutschen Wirtschaft: Berichte zur Bildungspolitik 1980/81 Köln 1980 sowie IWD Aug. 1980/Nr. 35 S. 6 f.

4 Webler, Wolff-Dietrich u. a.: Behinderung von Studienreformen durch Kultusverwaltungen. In: Freiger, Stephan; Nagel, Bernhard; Rabe, Christian (Hrsg.): Was wird aus der Studienreform? Frankfurt/M. 1974 S. 203 ff.; Kreibich, Rudolf: Hochschulautonomie und Hochschulreform. In: Lohmar, Ulrich; Ortner, Gerhard E. (Hrsg.): Die deutsche Hochschule zwischen Numerus Clausus und Akademikerarbeitslosigkeit. Hannover 1975 S. 171 ff.

5 Siehe z. B. den 1. Entwurf der WRK-Stellungnahme zu dem Entwurf der ständigen Kommission für die Studienreform „Grundsätze für Studium und Prüfungen". Bonn-Bad Godesberg 5. Dez. 1979.

6 Dammann, Bernd: Staatliche Studienreformkommissionen. Musterbeispiele für die Fragwürdigkeit der ‚Studienreform von oben'. In: BdWi-Forum 42/Juni 1980 S. 24 ff.

7 Schelsky, Helmut: Einsamkeit und Freiheit. 2. Aufl. Düsseldorf 1971. S. 32.

8 Bleek, Wilhelm: Von der Kameralausbildung zum Juristenprivileg. Berlin 1972, S. 65.

9 Behörde für Wissenschaft und Kunst Hamburg: Entwurf des Gesamthochschulplans für den Hochschulbereich Hamburg. Stand 25.4.1976. S. 134 ff.

10 Kluge, Alexander: Die Universitätsselbstverwaltung. Frankfurt/M. 1958. S. 196 ff.; Siekmann, Helmut: Zusammenwirken von Staat und Hochschule bei der Besetzung von Lehrstühlen. In: DÖV 1979 S. 82 ff.
11 Kluge a.a.O. S. 203 ff.; Siekmann a.a.O. S. 89.
12 Siekmann a.a.O. S. 87.
13 Karl, Fred: Berufsverbot, Theorieverbot und Wissenschaftsfreiheit. In: Bracht/Hülsmann/Keiner a.a.O. S. 351 ff.
14 Dokumentation zum „Fall" Mandel: KJ 1972 S. 179 ff.
15 Dokumentation zur Nichtberufung von Wolf-Dieter Narr. KJ 1975 S. 151 ff.
16 Bremer Staatsgerichtshof Urt. v. 23.9.1974. NJW 1974 S. 2223 ff.
17 Kluge a.a.O. S. 172 ff., 175 ff.
18 Kluge a.a.O. S. 171.
19 Reuhl, Günter: Die Rechtsbeziehungen zwischen Staat und Hochschule auf dem Gebiet der wissenschaftlichen Berufsvorbildung und Prüfungen in der Form der Staats- und Diplomprüfungen. Jur. Diss. Marburg 1971. S. 35.
20 Reuhl a.a.O. S. 9.
21 Reuhl a.a.O. S. 8 f.
22 Reuhl a.a.O. S. 10 f.
23 Asche, Holger: Hochschulautonomie – Wissenschaftsfreiheit im Abseits. Darmstadt, Neuwied 1975, S. 69.
24 Bleek a.a.O. S. 210.
25 Kluge a.a.O. S. 172.
26 Reuhl a.a.O. S. 9.
27 Reuhl a.a.O. S. 10.
28 Siehe z. B. § 5 Hamb. JAO. Hamb. GVBl. 1972 I S. 134.
29 Siekmann, Helmut: Die Bestimmung der akademischen Lehre durch hochschulfremde Einrichtungen. Königstein 1978 S. 62.
30 Siekmann a.a.O.
31 Siehe Beispiele aus der Vergangenheit bei Bleek a.a.O. S. 59, 113, 185.
32 Reuhl a.a.O. S. 23 ff.
33 Reuhl a.a.O. S. 27 f.
34 Arndt, Hans-Wolfgang: Studienreform und Studienreformkommission. Zur verfassungsrechtlichen Problematik des § 9 HRG. In: WissR 1979 S. 213 ff. S. 216 Fn. 7 m.w.N.
35 Reuhl a.a.O. S. 23 ff.
36 Asche a.a.O. S. 80 f.
37 Asche a.a.O. S. 85 f.
38 Reuhl a.a.O. S. 29 ff.
39 Reuhl a.a.O. S. 34 ff.
40 Reuhl a.a.O. S. 40 ff.
41 Reuhl a.a.O. S. 25.
42 Reuhl a.a.O. S. 34.
43 Reuhl a.a.O. S. 61.
44 Bremer StGH a.a.O. S. 2224.
45 Bremer StGH a.a.O. S. 2227.
46 Bremer StGH a.a.O. S. 2232.
47 BVerfG Urt. v. 18.7.1972 NJW 1972 S. 1561 ff., S. 1564.
48 Reuhl a.a.O. S. 15.
49 Reuhl a.a.O. S. 19.
50 Thieme, Werner: Bildungsziele der Universität als Rechtsproblem. In: DÖV 1979 S. 73 ff., S. 75.
51 Thieme a.a.O. S. 74 m.w.N.
52 Thieme a.a.O. S. 75, 77.
53 Deutscher Industrie- und Handelstag a.a.O. S. 47 f.
54 Institut der deutschen Wirtschaft IWD 28. Aug. 1980/Nr. 35 S. 7.
55 Siehe Anm. 1)
56 Sekretariat der Ständigen Konferenz der Kulturminister der Länder in der Bundesrepublik Deutschland – Geschäftsstelle für die Studienreformkommissionen: Entwurf Grundsätze für Studium und Prüfungen, verabschiedet am 28. Sept. 1979. II 2.1.

57 Grundsätze II 1.3a
58 Grundsätze II 2.1
59 Grundsätze III 4.1
60 Grundsätze III 4.3
61 Grundsätze II 1.5a
62 WRK: Problemkatalog. Anlage zum Rundschreiben Nr. 909 vom 21.4.1980 S. 11.
63 Grundsätze II 1.2a – c
64 Grundsätze II 1.4a
65 Grundsätze II 2.1
66 Grundsätze II 2.3
67 Grundsätze II 2.2
68 Grundsätze II 2.3c
69 WRK a.a.O. als durchgängige Argumentation
70 BVerfG Urt. v. 29.5.1973. NJW 1973 S. 1176 ff. S. 1179.
71 BVerfG a.a.O. S. 1178.
72 Siekmann, akad. Lehre a.a.O. S. 34.
73 Siekmann, akad. Lehre a.a.O. S. 36.
74 Grundsätze I 1.
75 Grundsätze I 2.
76 Zu dieser Problematik siehe ausführlicher Arndt a.a.O.
77 Dammann a.a.O. S. 26.
78 Reich, Andreas: Hochschulrahmengesetz. Bad Honnef 1977. § 9 Rdn 7.; a.A. Hailbronner in: Großkratz/Hailbronner/Ipsen/Walter. HRG. Kommentar zum Hochschulrahmengesetz. Hamburg 1978 ff. § 60 Rdn. 11.
79 Gute Übersicht siehe bei Aust, Norbert; Epskamp, Heinrich: Studienreform als Gesellschaftspolitik – Rahmenbedingungen für die Veränderungen der Hochschulausbildung zur Berufsausbildung. In: Wissenschaft und Arbeitnehmerinteresse. Opladen 1980 S. 130 ff., S. 138.
80 Sekretariat der Ständigen Konferenz der Kultusminister der Länder in der Bundesrepublik Deutschland – Geschäftsstelle für die Studienreformkommissionen: Erster Jahresbericht der Ständigen Kommission für die Studienreform – Juni 1978 bis Juni 1979 – Bonn o.J. S. 223.
81 a.a.O. S. 67 ff.
82 Vereinbarung über die Bildung gemeinsamer Studienreformkommissionen der Länder nach § 9 HRG § 2 Abs. 1.
83 § 13 Geschäfts- und Verfahrensordnung für die Ständige Kommission für die Studienreform und der Studienreformkommissionen.
84 Vereinbarung über die Bildung gemeinsamer Studienreformkommissionen. §§ 9 Abs. 2, 11.
85 Thieme a.a.O. S. 78.
86 Kluge a.a.O. S. 253.
87 Hailbronner a.a.O. § 60 Rdn. 32.
88 Ähnlich auch Hailbronner a.a.O. § 60 Rdn. 26.
89 Arndt a.a.O. S. 224 f.
90 Asche a.a.O. S. 167.
91 BVerfG Urt. v. 25.9.1973 NJW 1973 S. 1176 ff., S. 1178.
92 Asche a.a.O S. 167.
93 Arndt a.a.O. S. 228 f.
94 Siehe Anm. 4)
95 Dammann, Bernd: „Bildungslandschaft" Nordrhein-Westfalen. In: Bracht/Hülsmann/Keiner (Hrsg.): Hochschulrahmengesetz . . . S. 178 ff.
96 Oppermann, Thomas: Kulturverwaltungsrecht. Tübingen 1969. S. 87.
97 Zeh, Wolfgang: Finanzverfassung und Autonomie der Hochschule Berlin 1973 S. 15.
98 Oppermann a.a.O. S. 87 ff.; Kluge a.a.O. S. 60 ff.
99 Kluge a.a.O. S. 71.
100 Asche a.a.O. S. 65.
101 Kluge a.a.O. S. 77 ff.; Schulsky a.a.O. S. 109 ff.
102 Prahl, Hans-Werner: Sozialgeschichte des Hochschulwesens. München 1978, S. 203.
103 Prahl a.a.O. S. 205.

104 Knemeyer, Franz-Ludwig: Lehrfreiheit. Bad Homburg 1969, S. 16.
105 Asche a.a.O. S. 70.
106 Asche a.a.O. S. 68 ff.
107 Gallas, Andreas: Die Staatsaufsicht über die wissenschaftlichen Hochschulen. Berlin 1976. S. 61.
108 Thieme, Werner: Deutsches Hochschulrecht. Köln, Berlin 1956. S. 76.
109 Asche a.a.O. S. 104.
110 Asche a.a.O. S. 106.
111 Prahl a.a.O. S. 205 ff.
112 Überblick siehe Asche a.a.O. S. 113 ff. und Siekmann, Akad. Lehre a.a.O. S. 11 ff.
113 Nitsch/Gerhard/Offe/Preuß: Hochschule in der Demokratie. Neuwied, Berlin 1965. S. 194 f.
114 BVerfG Urt. v. 29.5.1973 NJW 1973 S. 1176, S. 1177.
115 BVerfG a.a.O.
116 Siekmann, akad. Lehre a.a.O. S. 36.
117 So aber Knemeyer a.a.O. S. 38 u. 40.
118 Daumeland, Klaus Dieter: Hochschulrahmengesetz. Baden-Baden 1979. S. 31.
119 Siekmann, akad. Lehre a.a.O. S. 93 f.
120 Tagungsmaterial A 3, Fachtagung der GEW in der Gesamthochschule Essen 27./28. Juni 1980.

Heinrich Epskamp

Der Substanzverlust von Studienreformkonzepten im Prozeß ihrer politischen Durchsetzung am Beispiel des Sozialökonomischen Studienganges an der Hochschule für Wirtschaft und Politik

Gut zwei Jahre kämpft die Hochschule für Wirtschaft und Politik für die Durchsetzung des Konzeptes des Sozialökonomischen Studienganges, das sie seit 1973 entwickelt. Die Bedingungen zu der von der Hochschule gewollten Realisierung dieses Studienganges werden nicht allein durch die Hochschule gesetzt, sondern sind, wie immer, das Resultat politischer und ökonomischer Handlungsprozesse, die die Hochschule zwar mitbetreffen, aber für die die Hochschule allein nicht im Mittelpunkt des Interesses stehen kann. Wie sonst auch, so gilt für den Sozialökonomischen Studiengang, daß das politische Konzept der Studienreform durch Kalküle mitbestimmt wird, in denen die Hochschule nur Mittel, nicht aber Ziel ist. Das gilt für alle Gremien, in denen über Studienreformen beraten und beschlossen wird, innerhalb wie außerhalb der Hochschule. Da die Hochschule darauf aus ist, durch ihre Selbstverwaltungsgremien beschlossenen Intentionen zu verwirklichen, muß sie auf diese Interessen reagieren und sich mit ihnen soweit arrangieren, daß sie für diese Interessen ihre Mittelfunktion erfüllt, um die Träger dieser Interessen weiter für sich engagieren zu können.

Dabei ist es so, daß das Verhältnis von Parteien oder Verbänden, also vor allem der Kapital- wie der Arbeitsseite, sich nicht ungebrochen in Positionen und Einflüsse in die Studienreform umsetzt, sondern der Einfluß, den beide Seiten auf den gesellschaftlichen Wissenschafts- und Bildungsprozeß zweifelsfrei ausüben, wird nicht auf Grund geschlossener, aus einer Analyse der eigenen Interessenlage deduzierter Konzepte ausgeübt, vielmehr eher entsprechend kurzfristiger Arbeitsmarktperspektiven oder Detailinteressen. Der Deutsche Gewerkschaftsbund verabschiedete seine Leitsätze zur Studienreform erst 1978[1], eine ähnlich prinzipielle Stellungnahme der Arbeitgeberverbände steht bis heute aus. Wie in der bürgerlichen Gesellschaft mit entwickeltem Kapitalismus typisch wird die Auseinandersetzung um die Erzeugung von Berufsqualifikationen auf der Ebene der wissenschaftlichen Hochschule nicht unmittelbar von den Käufern und Verkäufern der Arbeitskraft geführt, sondern vermittelt in den Verhandlungen zwischen den Hochschulen, den Hochschulverbänden und den Kultusbürokratien der Länder und des Bundes.[2] Dadurch ist nicht nur die Ebene sondern auch der Inhalt der Auseinandersetzung verschoben. Die Tatsache, daß es bei der Diskussion von Bildungsprozessen um gesellschaftliche Funktionsverteilung und Planung einerseits und soziale Statuszuweisung andererseits geht, tritt zurück im Streit um Studien- und Prüfungsordnungen, deren Verträglichkeit sowohl mit den herkömmlichen Wissenschaftskonzepten der Fakultäten der Universitäten und den neuen gesetzlichen Regelungen, Hochschulrahmengesetz wie den verschiedenen Landeshochschulgesetzen hergestellt werden muß.

Die Konfrontation von Inhalten einer Qualifikationsplanung mit den Forderungen politisch motivierter Interessen schützt diese möglicherweise vor Praxisferne. Das Problem ist, daß der so in Gang gesetzte Diskussionsprozeß unter asymmetrischen Bedingungen abläuft: Zwar beeinflussen politische Interessen Bildungskonzepte, bleiben selbst dabei aber eher unberührt. Die Frage ist, wieweit die unterschiedlichen Interessenlagen derjenigen, die an der politischen Durchsetzung oder Verhinderung eines bestimmten Studienreformkonzeptes beteiligt sind, dieses Konzept umfunktionieren. In Anlehnung an die Idee einer Buchbesprechung zur Bildungsreform[3] will ich hier untersuchen, ob die politische Durchsetzung eines bestimmten Studienreformkonzeptes nicht gleichzeitig die Voraussetzung zum inhaltlichen Scheitern dieses Konzeptes in sich bergen kann.

Zur allgemeinen Beantwortung der Frage nach den inhaltlichen Konsequenzen der politischen Durchsetzung von Studienreform ist zu untersuchen, welches die möglichen Begründungen für die Entwicklung oder die Veränderung von Studiengängen sein können, welche curricularen und didaktischen Konsequenzen aus diesen Begründungen abzuleiten sind und schließlich, welche politischen und legitimatorischen Notwendigkeiten die Verfolgung der so gewonnenen Zielvorstellungen einschränken oder verhindern können. Das soll am Beispiel des Sozialökonomischen Studienganges der Hochschule für Wirtschaft und Politik demonstriert werden.

Die Notwendigkeit des Einrichtens eines neuen Sozialökonomischen Studienganges wird von der Hochschule durch drei miteinander verbundene Argumentationsstränge gestützt:

1. Der Begründung der Notwendigkeit, einen neuen sozialwissenschaftlichen Qualifikationstypus zu entwickeln;
2. Der Begründung der Notwendigkeit, Berufserfahrenen einen wissenschaftlichen, dem Universitätsstudium gleichwertigen, Studiengang zu ermöglichen;
3. Der Begründung der Notwendigkeit, einen neuen hochschulgetragenen Typ wissenschaftlicher Forschung und Praxiseinübung einzuführen[4].

Ich will im folgenden versuchen, an den ersten beiden dieser Leitvorstellungen, die ich insgesamt für das Konzept Sozialökonomie für prägend halte, jeweils Notwendigkeit, Umsetzung und Risiko darzustellen.

1. *Zur Notwendigkeit der Entwicklung eines neuen sozialwissenschaftlichen Qualifikationstypus*

1.1 Das Verhältnis von Bildungsreform und Arbeitsmarkt in der bildungspolitischen Diskussion

Neue Ausbildungsgänge (alte auch) haben die Funktion, die in ihnen Ausgebildeten zu einer Praxis zu qualifizieren, die gesellschaftliche Probleme lösen hilft. Alle konkreteren Aussagen zu diesem Thema sind politisch wie wissenschaftlich umstritten, das macht aber nichts, ich will versuchen, sie trotzdem zu formulieren und typisieren.

Zwei politische Positionen stehen sich in Sachen Studienreform entsprechend ihrer Voraussetzungen unvereinbar gegenüber, gelangen aber in der Konsequenz, also in der Frage des Sinns der Entwicklung neuer Berufsqualifikationen durch neue Studiengänge zu gleichermaßen kritischen Ergebnissen. Im folgenden sind beide Positionen für sich und zum besseren Verständnis etwas überspitzt formuliert.

Die erste geht davon aus, daß die Beziehung zwischen angebotenen und nachgefragten Berufsqualifikationen sich durch die Prinzipien des Arbeitsmarktes schon so regeln werde, daß strukturelle Brüche zwischen Bildungs- und Beschäftigungssystem nicht auftreten können. Entsprechend hat die Studienreform nichts anderes zu tun, als sich den Anforderungen des Arbeitsmarktes prospektiv anzupassen. Das gilt sowohl für die nachfrage- wie angebotsorientierten Modelle der bildungsökonomischen Diskussion in der Mitte der siebziger Jahre, beide setzen letztlich auf den Marktmechanismus, nicht auf die politische Koordination von Bildungs- und Beschäftigunssystem. Die negative und modernere Variante dieser Haltung ist die These von der Überqualifikation der Hochschulabsolventen und dem Akademikerproletariat, wie sie schon bei U. Teichler, D. Hartung und R. Nuthmann kritisiert wurde[5].

Die zweite Position ist resignativer und geht davon aus, daß die politischen Voraussetzungen der Studienreform (Hochschulrahmengesetz und Landeshochschulgesetze) das Weitertragen der Studienreform unter den so gegebenen Bedingungen eigentlich verbiete, es vielmehr darauf ankomme, erreichte Positionen so lange wie möglich zu verteidigen. Diese Position ist empirisch meist gepaart mit der Überzeugung, daß Veränderungen des Bildungssystems kein Hebel für die Veränderungen des Beschäftigtensystems sei, Studienreform also eine im emanzipatorischen Sinne andere Berufspraxis nicht ermögliche.

Die erste Position prägt die Diskussion über Studienreform zwischen Hochschulen und ‚Außenwelt', die zweite eher die Diskussion in den verschiedenen Gremien der Hochschulen selbst.

Das gleiche an den beiden Positionen ist, daß sie auf eine Analyse der gesellschaftlichen Realität verzichten, wo diese notwendig ist. Das Verhältnis von Bildungs- und Beschäftigtensystem in der modernen Industriegesellschaft kapitalistischen Typs ist nicht ein ein einmal festgefügtes, sondern ändert sich laufend. Die Grenzen von Ausbildungsprozessen gegenüber Arbeitsprozessen lassen sich zwar institutionell bestimmen, materiell sind sie mit dem Anspruch auf fortwährende Gültigkeit aber nicht zu definieren. Im Hochschulsektor läßt sich das an Begriffen wie Projektstudium, Praktika und Training on the job für Hochschulabsolventen zeigen, die jeweils verschiedene Verflechtungen zwischen Ausbildung und Praxis zum einen unter der Regie der Hochschulen zum anderen unter der Regie von Betrieben bezeichnen.

Die fundamentale Kritik der Voraussetzung der beiden Positionen ist einfach: einmal ist es so, daß der Arbeitsmarkt kein Informationssystem darstellt durch das sich soziale Notwendigkeit ungebrochen artikulieren, vielmehr ist es so, daß der Arbeitsmarkt nur die Wahrnehmung dieser Probleme durch diejenigen, die Arbeitskraft kaufen widerspiegelt. Zum andern ist es auch nicht so, daß Studienreform einerseits durch die neuen Gesetze stillgestellt werden kann; andererseits auch nicht so, daß das Beschäftigtensystem gegenüber Einflüssen aus dem Bildungssystem völlig immun sei. Das Versagen bei der Lösung gesellschaftlicher Probleme erweist sich oft als ein Problem von beruflicher oder organisatorischer Inkompetenz, wobei Inkompetenz hier nicht als individuelles Versagen sondern als Folge der Kluft zwischen Bildungs- und Beschäftigtensystem zu verstehen ist.

Diese Kluft ist nicht allein von der Seite des Bildungssystems her zu schließen. Es führt kein Weg an der Tatsache vorbei, daß eine Bildungsreform alleine keine neuen Arbeitsplätze schaffen kann, es sei denn für Lehrer. Es ist aber doch so, daß Bildungsreform das Rollengefüge im System der gesellschaftlichen Arbeit sinnvoll verändern kann.

Bildungsreform läßt sich jedoch argumentativ allein gar nicht durchsetzen, politische Positionen werden durch Argumente in der Regel nicht erschüttert, das gilt vor allem für die Bildungspolitik, die nicht im Brennpunkt ökonomischer Interessen sondern eher peripher angesiedelt ist, also als Vehikel übergeordneter Positionen dient. Durchsetzung von Bildungsreform heißt dann Legitimation der Reform durch Beachtung der sowieso nicht beeinflußbaren Positionen, wobei die Legitimation nicht formal bleibt, sondern ihre materiellen Konsequenzen hat. Das Eingehen auf die Arbeitsmarktargumentation stellt das Primat des Arbeitsmarktes über die Studienreform praktisch her, wer behauptet, Absolventen verkaufen zu können, es aber im nachhinein nicht kann, gilt als gescheitert. Die Diskussion über eine politische Veränderung des Beschäftigtensystems Zug um Zug mit der Bildungsreform wird so erst gar nicht geführt, sondern ihr Resultat bereits vorausgesetzt. Das Bildungskonzept selbst ist nun um des Erfolges willen auf Arbeitsmarktlücken angewiesen und damit übergreifender und langfristiger Perspektiven entkleidet.

1.2 Die Qualifikation des Sozialökonom I: Interdisziplinarität

Das Konzept des Sozialökonomischen Studienganges gründet auf der Vorstellung, daß die Auseinanderentwicklung zwischen Bildungs- und Beschäftigtensystem zumindest an zwei Stellen zu schließen ist. Dabei geht es inhaltlich um die Punkte Interdisziplinarität und Praxisbezug des Studiums.

Interdisziplinarität wird in der Regel lediglich als Problem der Kommunikation unter Wissenschaftlern oder aber als wissenschaftstheoretisches Problem der Einheit der Wissenschaften diskutiert. Der Ausgangspunkt der Überlegungen in den Gremien der Hochschule bei der Konzeption der Studienreform war im Gegensatz dazu durch die eher trivial klingende Feststellung gekennzeichnet, daß die Wirtlichkeit immer ‚interdisziplinär' ist und deswegen entsprechend analysiert werden muß. Für den Bereich der Sozialwissenschaften heißt das: Politische und ökonomische Entscheidungen werden in einem Spannungsfeld institutionell verschiedener Interessen gefällt, wobei es so ist, daß die verschieden gelagerten gesellschaftlichen Interessen auch mit verschiedenen Methoden faktisch durchgesetzt werden. Die überkommenen Wirtschafts- und sozialwissenschaftlichen Studiengänge sind weitgehend an bestimmten institutionellen Zusammenhängen orientiert und in diesem Sinne methodisch einseitig. So ist ihr Erklärungsanspruch begrenzt, die Kompetenz der durch sie Ausgebildeten auch. So sind dem traditionellen Betriebswirt die Regeln der politischen Durchsetzung von Interessen im parlamentarischen System so fremd wie dem Soziologen oder Politologen die Regeln der Steuerung betrieblicher Prozesse entsprechend festgesetzter Unternehmensziele. Staat und Wirtschaft sind aber eben nicht in einer Weise voneinander geschieden, daß die Beherrschung nur eines der beiden Regelsysteme eine wissenschaftlich reflektierende Berufspraxis ermöglicht.

Die Idee der Sozialökonomie ist es, die Realität der Interessengeflechte in konkreten Handlungssituationen durchsichtig zu machen und Handlungsmöglichkeiten zu entwickeln, die den verschiedenen Bedingtheiten in solchen Situationen gerecht werden. Damit kann selbstverständlich die möglicherweise einseitige Identifikation eines Studenten mit einem bestimmten gesellschaftlichen Interesse nicht gebrochen, aber doch der Blickwinkel für die Bedingungen der eigenen Praxis weiter geöffnet werden. Die Perspektive dabei ist, daß eine Reflektion der eigenen Berufspraxis in gesellschaftlicher Verantwortung möglich wird[6]. Die dazu notwendige Interdisziplinarität der Ausbildung politisch durchzusetzen, ist bei der Aktualität dieses Begriffes außerhalb der Hochschule kein schwieriges Problem. Innerhalb der Hochschule dafür umso mehr. Zwei Grenzen sind der Realisierung von Interdisziplinarität im Lehrbetrieb gesetzt:

1. Die Kompetenzbereiche traditionell ausgebildeter Wissenschaftler, die in Stellenausschreibungen meist so bestätigt werden,
2. der § 5.3 des Grundgesetzes, also die zugesicherte Freiheit der Lehre und Forschung.

Beides zusammen begründet den Anspruch der Hochschullehrer, sich auf Inhalte durch das Vehikel der Studienreform nicht festlegen zu lassen, also Konzepte zu verwerfen, die ihren subjektiven Vorstellungen von Wissenschaft nicht entsprechen, oft in Verkennung der Tatsache, daß die traditionellen Lehrinhalte gerade in den Wirtschaftswissenschaften inhaltliche Festschreibung in weit stärkerem Maße enthalten als das Konzepte neuer Studiengänge in der Regel tun. Folge dieser Situation ist einmal die Formalisierung der Studienreform auf Studien- und Prüfungsordnungsprobleme, zum anderen die oft überzogene Abstraktion der Lernziele und damit der Lehrinhalte und in der Praxis eine bloß additive Interdisziplinarität, in der zwar die verschiedenen Fächer eingebracht werden, aber nicht problemadäquat verändert werden.

Die Problematik wird klar, wenn man in der erste Stellungnahme der Westdeutschen Rektorenkonferenz vom April 1980 zu den von der ständigen Kommission für die Studienreform im September 1979 verabschiedeten Entwurfes der „Grundsätze für Studium und Prüfung" nachliest, daß „interdisziplinäre Bearbeitung von Problemen" . . . „die erforderliche breite und systematische Aneignung des Fachgebietes verhindert" können[7]. Die WRK sieht die Aufgabe der Hochschulen nach wie vor in der Fachausbildung nicht in der Erzeugung sozialer Handlungskompetenz, so wie sie im Konzept des Sozialökonomischen Studienganges und in den Grundsätzen für Studium und Prüfung angelegt ist. Die Stellungnahme der WRK bleibt in diesem Punkt rein defensive Verteidigung der Fakultäten, die Forderung, ein wissenschaftliches Studium habe das vielfältige Interessengeflecht einer Gesellschaft bloßzulegen wird damit zurückgewiesen, daß ein solcher Auftrag ‚mit den wissenschaftlichen Aufgaben der Universitäten unverträglich"[8] sei. Der Widerstand der in diesen Papieren der WRK formuliert ist, ist symptomatisch für Verweigerung gerade eher konservativ ausgerichteter Hochschulverbände, einer Veränderung der Realität durch eine Veränderung in Wissenschaft Forschung und Lehre Rechnung zu tragen. Tatsächlich ist es ja auch so, daß neue Studiengänge im wesentlichen entweder an Fachhochschulen, Gesamthochschulen oder den neugegründeten Reformuniversitäten eingerichtet werden, während die traditionellen Universitäten sich der Einführung neuer Studiengänge fast total verschließen.

Nichtsdestoweniger steht jede Studienreform vor dem Problem der Vergleichbarkeit des neuen Studienganges mit den herkömmlichen Studiengängen. Studiengänge, die lange an wissenschaftlichen Hochschulen institutionalisiert sind, gelten als bewährt, oft ohne das reflektiert wird, daß die Bedingungen ihrer Entstehung und Einführung in das System der Wissenschaften nicht mehr die sind, die heute gelten. Ein Studiengang wie der sozialökonomische, der davon lebt, daß er eine bestimmte gesellschaftliche Qualifikationslücke zu schließen versucht, kann die Vergleichbarkeit mit anderen Studiengängen eigentlich nur durch die Akzentuierung der Distanz des Sozialökonomischen Konzeptes herstellen. Verlangt wird aber genau das umgekehrte, nämlich der Beweis der Gleichheit mit diesen Studiengängen, vordergründig auf der abstrakten Ebene der intelektuellen Anforderungsprofile und der Wissenschaftlichkeit. Da aber beide Begriffe abstrakt im wissenschaftlichen Streite stehen und konkret nur an dann doch durch die institutionalisierten Einzelwissenschaften tradierten Inhalte festgemacht werden können, läuft ein solcher Vergleich notwendig darauf hinaus, zu sagen, daß aus dieser Disziplin die bestimmten Inhalte stammen und aus der anderen eben jene. So gerät ein Verfechter der Studienreform in einen Argumentationsstil, in dem er so tun muß, als sei das neue Konzept beispielsweise des Sozialökonomischen Studienganges gleichzeitig eine bessere Betriebswirtschaftslehre, Volkswirtschaftslehre, Soziologie und Rechtswissenschaft. Eine solche Argumentation hört sich dann nicht nur arrogant an, sondern läßt sich auch leicht widerlegen. Das damit angesprochene Problem ist nicht nur eines zwischen der Hochschule und den politisch für sie zuständigen Instanzen, sondern auch eines innerhalb der Hochschulen. Jede Disziplin, die in den neuen Studiengang eingeht, wird von den ja weitgehend monodisziplinär ausgebildeten und so mit einzelwissenschaftlichen Denkmustern vertrauten Wissenschaftlern als im Grunde genommen nicht verkürzbar vertreten, so daß der Versuch, einen neuen interdisziplinären Studiengang zu entwickeln, nur zu leicht ins Additive gerät. Unterschiedlichen materiellen und inhaltlichen Interessen derjenigen, die die Studienreform in der Praxis tragen sollen, mußte entsprochen werden, um eine möglichst einheitliche Willensbildung, die, wie jeder weiß, für die Durchsetzung nach außen wichtig ist, zu erreichen. Entsprechend dem Sprichwort, „viele Köche verderben den Brei", entsteht so ein Konzept, dem zwar jeder zustimmen kann, das aber didaktisch wie curricular nicht mehr stringent ist.

1.3 Die Qualifikation des Sozialökonomen II: Praxisbezug

Ein Wissenskatalog dessen, was als Fächerkanon der Sozialökonomie gelten soll, existiert nicht und soll auch gar nicht entwickelt werden. Vielmehr sollen die Inhalte eines Studienganges, der eine sowohl praxisbezogene wie kritische Qualifikationen erzeugen soll, in der Durchführung des Studienganges selbst erarbeitet werden. Die Konsequenz für die Arbeit an der Studienreform ist, die Lehrveranstaltungen selbst als „lernende" Einheiten anzulegen, so daß sie das disziplinär geordnete Wissen einsetzen und in der Konfrontation mit der Realität ergänzen und weiterentwickeln, kurz, praktisch machen. Das Lernen des Lernens gilt bisher als individuelle Qualifikation, im Sozialökonomischen Studiengang wird es als ein prägendes Prinzip eingeführt, das die Ausbildungsprozesse selbev formt. Dieses in langer Diskussion an der Hochschule entwickelte Selbstverständnis der Sozialökonomie ist als Vehikel der politischen Auseinandersetzung nur bedingt tauglich; seine eigene politische Durchsetzung kann es nicht garantieren. Der Praxisbezug ist in der Diskussion um Hochschuldidaktik enger umschrieben als in dem Anspruch des Sozialökonomischen Studienganges, der Lehre, Forschung und Arbeit integrieren will.

Der Begriff des Praxisbezuges wurde in dem Maß Schlüsselbegriff für die Neu- oder Rekonstruktion von Curricula wie das Studium an den wissenschaftlichen Hochschulen von der Bildung im Sinne des Humboldt'schen Entwurfes der Universität umdefiniert wurde zur Berufsausbildung[9]. Eine verbindliche didaktische Definition des Begriffs des Praxisbezuges gilt nicht in der Diskussion[10], die Funktion praktischer Ausbildung in Hochschulen dagegen scheint klar. So heißt es in den Grundsätzen für Studium und Prüfungen: „Hochschulen bereiten die Studenten auf berufliche Tätigkeiten vor, die die Anwendung wissenschaftlicher Erkenntnisse und wissenschaftlicher Methode erfordern. Dabei sollen sie den Studenten breite berufliche Entwicklungsmöglichkeiten eröffnen. Die Orientierung des Studiums an einem beruflichen Tätigkeitsfeld bringt zum Ausdruck, daß nicht die Vorbereitung auf einen eng begrenzten Beruf das Ziel ist, sondern die Befähigung, in einem breiten Spektrum von beruflichen Tätigkeiten qualifiziert zu arbeiten"[11]. Der Begriff und die Kontroverse um den Praxisbezug im wissenschaftlichen Studium läßt sich am besten in einer doppelten Polarität klarmachen, und zwar der von Autonomie der Hochschule oder von Betrieben (seien es nun erwerbswirtschaftliche oder staatliche) bei der Gestaltung der berufspraktischen Teile, zum andern durch die Polarität von spezifischer Berufsvorbereitung und dem Training extrafunktionaler Fähigkeiten (vergleiche dazu Abbildung 1).

Der Streit um den Praxisbezug spiegelt den Streit um den Charakter des wissenschaftlichen Studiums und dessen Abgrenzung gegenüber den Fachhochschulstudiengängen wider. Worum es geht, ist, gleichzeitig etwas Praxisorientiertes anzubie-

Abb. 1: Dimensionen des Begriffs des Praxisbezuges in der Studienreformdiskussion

Orientierung der Studieneinheiten an	Gestaltung der praxisbezogenen Teile durch Hochschule	Betrieb
Sockelqualifikationen	z. B. Projektstudium	z. B. jur. Referendariat
spezifischen Berufsinhalten	z. B. Tätigkeit in eng abgegrenztem Forschungsbereich	z. B. Betriebspraktika

ten und doch von der praktischen Ausbildung wie sie an den Fachhochschulen geboten wird, abzugrenzen.

Die Position der westdeutschen Rektorenkonferenz, die typisch ist auch für viele Fakultätentage, ist zu diesem Problem klar. Der Differenzierung entsprechend der Praxisnähe der Ausbildung soll eine Differenzierung die Wissenschaftlichkeit des Studiums, der Studienlänge und der Konsequenz dann auch nach Berufseingangschancen entsprechen[12]. So wird der Begriff des Praxisbezuges in differenzierten Studiengängen als Instrument der Legitimation der Statusdistribution durch den tertiären Bildungssektor ausgenutzt und so Privilegien der Universität nicht begründet, sondern bloß verteidigt.

Der Sozialökonomische Studiengang paßt in dieses Schema der Differenzierung von Studiengängen und Praxisbezügen nicht hinein. Die beispielsweise im Papier der westdeutschen Rektorenkonferenz zu den Grundsätzen angelegte Dichotomisierung von Forschung und Praxis, der damit implizierte Praxisbegriff, der Praxis lediglich als einfache Anwendung von Wissenschaft verstehen will[13], ist dem Konzept des Sozialökonomen fremd. Das Projektstudium an der HWP will seinem Anspruch nach wissenschaftliche Auseinandersetzung mit gesellschaftlichen Arbeitsprozessen einschließlich der wissenschaftlich fundierten politischen Reflexion des Inhaltes der eigenen Arbeit und begreift das als Auffüllung des Begriffs der ‚sozialen Handlungskompetenz', wie er in den Grundsätzen niedergelegt ist.

In groben Umrissen läßt sich der Praxisbezug, wie er im Sozialökonomischen Studiengang angelegt werden soll, wie folgt umschreiben: Im Unterschied zu den Studiengängen an den herkömmlichen Hochschulen steht die HWP nicht vor der Notwendigkeit, ihre Studenten mit Arbeitsplätzen außerhalb des Sozialisationssektors überhaupt erst einmal bekanntzumachen. Ihre Berufserfahrung bringen die Studenten der Hochschule, die aufgrund der Zugangsbedingungen mit bereits abgeschlossener Berufsausbildung und Aufnahmeprüfung ihr Studium beginnen, mit in das Studium ein. Entsprechend setzen die praxisbezogenen Teile des Studiums auf einem anderen Niveau an als an den anderen Hochschulen. Im Selbstverständnis der Hochschule heißt Praxisorientierung die Einheit von Lehre, Forschung und Berufsausbildung in interdisziplinär ausgerichteten Projektthemenbereichen. Die Ausgestaltung eines Projektes aus einem jeweiligen Projektthemenbereich soll ausschließlich in der Verantwortung der Hochschule liegen. Sinn hat ein von der Hochschule und anderen Institutionen getragener praxisbezogener Teil der Ausbildung curricular nur dann, wenn er integriert ist in einem Ausbildungskonzept, das die praktische Tätigkeit gleichzeitig der wissenschaftlichen Reflexion zugänglich macht. Für die Institutionen außerhalb der Hochschule, mit denen die Hochschule zusammenarbeiten muß, wenn sie einen vernünftigen Praxisbezug herstellen will, hat diese Zusammenarbeit entsprechend der gesellschaftlichen Rolle dieser Institutionen eine andere Funktion als für die Hochschule selbst. Während die Attitüde des Auszubildenden gegenüber seiner Arbeit grundsätzlich eine kritische sein soll, kommt es für den Betrieb oder die Behörde, wo diese Arbeit stattfindet, darauf an, bestimmte Probleme gelöst zu bekommen oder Information zu erhalten. Möglicherweise betrachten Institutionen außerhalb der Hochschule solche Praktika und Projekte auch als Rekrutierungsfelder für ihre leitenden Angestellten.

Der Anspruch, der an die Projekte im Sozialökonomischen Studiengang gestellt wird, ist deshalb in der Praxis nur schwer durchzuhalten. Zwar ist es Teil der praktischen Ausbildung eines Studenten, zu erfahren, daß wissenschaftliche Ansprüche an der beruflichen Realität scheitern können, dieses Prinzip darf aber nicht heißen, daß die Projekte durch die Interessen derjenigen Institutionen allein definiert werden, die in den entsprechenden Projektthemenbereichen engagiert sind.

Die Problematik der Umsetzung des skizzierten Praxisbezuges zeigt sich, wenn seinem Anspruch, Kritikfähigkeit und Konfliktkompetenz als integralen Bestandteil einer wissenschaftlichen Qualifikation zu erzeugen, das gegenübergestellt wird, was „Arbeitgeber" vom Hochschulabsolventen erwarten (vergleiche dazu Tabelle 1)[14].
In dem in den Randspalten der Tabelle 1 festgehaltenen Katalog von Qualifikationen wiederholt sich die gleiche Dichotomisierung von beruflicher Praxis und kritischer Wissenschaft, wie sie im Papier der Westdeutschen Rektorenkonferenz auch angelegt ist. Werden die Spalten kritische Reflexionsfähigkeit, Kreativität einerseits und Umsetzungsvermögen und Konfliktlösungsfähigkeit andererseits miteinander verglichen, so fällt auf, daß die Notwendigkeit des ersteren zwar eingesehen, des zweiten aber bestritten wird. Kritische Reflexion ist anscheinend nur dann opportun, wenn sie steril bleibt und nicht als Basis der eigenen Arbeit im Sinne von der Reflexion der Interessen und daraus deduzierten Entscheidungen ist. Einzige Stelle, wo wirklich Durchsetzungsvermögen gefordert wird, ist im Arbeitsfeld Verkauf, also da, wo sich diese Fähigkeit eben nicht auf den eigenen, sondern auf fremde Betriebe richtet.

Im Unterschied zu den weiten Differenzierungen der Tätigkeitsfelder durch die Arbeitgeber orientieren sich die Projektthemenbereiche des Sozialökonomischen Studienganges an gesellschaftlichen Konflikts- und Entscheidungsbereichen, so heißt ein Themenbereich eben „soziale Diskriminierung" und nicht „Sozialstaat oder Gesundheitswesen" oder „öffentliche Verwaltung" oder ähnlich. Die Konsequenz ist, daß Projektarbeit immer auch politische Arbeit ist und in den durch das Projekt umrissenen sozialen Spannungsfeldern Position bezogen werden muß.

Damit sind die Fronten definiert, auf die die Durchsetzung des Projektstudiums stoßen muß. Einmal geht es um die Tradition der werturteilsneutralen Wissenschaft, so wie sie in der Einstellung der hier nun bereits öfter als Kronzeugen fungierenden

Tabelle 1: Die überfachlichen Fähigkeiten im Zusammenhang mit den Tätigkeitsfeldern und Einsatzbereichen

Tätigkeitsfelder und Einsatzbereiche	Fähigkeiten und Motivation	Überfachliche Fähigkeiten											Motivationsanforderung	
		Kognitive Fähigkeiten						Soziale Fähigkeiten						
		Gedächtnisleist.	Analytisches Denkvermögen	Abstraktionsfähigkeiten	Kritische Reflektionsfähigkeit	Kreaktivität	Auffassungsgabe	Kommunikationsfähigkeit	Kooperationsfähigkeit	Durchsetzungsvermögen	Konfliktlösungsfähigkeit	Sensibilität für psychische u. soziale Prozesse	Einsatzfreude	Entscheidungsfreude
Personal- und Sozialwesen	Aus- und Weiterbildung	+	+	+	++	++	+	++	+	–	0	+	0	0
	Personaleinstellung, -beschaffung, -planung	+	+	+	++	++	+	++	+	+	0	+	+	+
	Personalgrundsatzfragen u. Arbeitsbewertung	–	+	++	0	–	0	0	+	+	+	0	+	+
	Sozialwesen u. Personalverwaltung	++	+	+	+	+	+	++	+	+	+	+	+	+
Kommerzielles Management	Organisation/Betriebswirtschaftliche Abteilung	0	+	+	+	+	+	+	+	+	0	0	+	0
	Internes Rechnungswesen	+	++	++	++	++	+	+	0	0	–	–	+	0
	Interne Revision	+	+	+	+	0	+	+	+	+	0	0	+	0
Einkauf – Absatz – Management	Verkauf	+	+	–	0	++	+	++	+	++	0	+	++	++
	Einkauf/Materialwirtschaft/Logistik	+	+	–	0	+	0	++	++	+	0	0	++	++
	Marketing/Marktforschung	–	++	+	++	++	+	+	+	0	–	0	+	+
Externes Rechnungswesen und Finanzwirtschaft	Externes Rechnungswesen	++	+	+	+	–	+	0	0	0	–	–	+	0
	Finanzwirtschaft	+	++	++	++	0	+	+	++	0	+	–	+	–
Unternehmensplanung	Unternehmensplanung	0	++	++	+	++	+	+	++	0	0	0	+	+
	Investition/Anlagewirtsch./Wertpapiergeschäft	0	++	+	+	+	+	+	+	0	0	0	+	0

sehr wichtig: ++   indifferent : 0   unwichtig: ––
wichtig: +   weniger wichtig : –

Westdeutschen Rektorenkonferenz zum Anspruch der Grundsätze (wie des Hochschulrahmengesetzes) zum Ausdruck kommt, Hochschulausbildung verantworte auch die demokratische Einstellung und gesellschaftsbezogene Verantwortung ihrer Absolventen: „Das ‚Ziel' des Studiums nach § 7 HRG, den Studenten zum verantwortlichen Handeln in einem freiheitlichen, demokratischen und sozialen Rechtsstaat zu befähigen, kann zur Auswahl von Studieninhalten und Lehrveranstaltungsformen wenig beitragen, jedenfalls kaum ohne Schaden für die wissenschaftliche Qualität der Ausbildung"[15]. Die Hochschule für Wirtschaft und Politik hat sich in ihrer Vergangenheit mit dem Vorwurf und wird sich auch in Zukunft mit ihm auseinandergesetzt haben, politische Interessen nicht nur zu analysieren, sondern auch zu vertreten.

Die mögliche Reaktion auf einen solchen Vorwurf ist eine doppelte: Entweder die Möglichkeit eines solchen Vorwurfes wird eingeräumt, seine empirische Gültigkeit aber bestritten, oder aber der Vorwurfscharakter einer solchen Behauptung wird von vorneherein negiert. Richtig ist nach einem Wissenschaftsverständnis, das Werturteilsfreiheit als Möglichkeit von Wissenschaft bestreitet nur die zweite, politisch erfolgversprechend aber nur die erste Reaktion. Denn der ‚Ideologieverdacht' ist, das zeigen die Beispiele der Reformuniversitäten[16], für den Ruf einer wissenschaftlichen Hochschule tödlich. Das Einlenken an dieser Front heißt die Modifikation der Praxisprojekte zu reinen Forschungs-Projekten, das Analysen fertigt, Verantwortlichkeiten jedoch nicht übernimmt. Damit aber wird gerade der Anspruch auf die Verbindung von Theorie und Praxis aufgegeben, der dem Projektstudium an der HWP zugrundeliegen soll.

1.4 Die Qualifikation des Sozialökonomen III: kritische Berufseinstellung

Wie schon in der Einleitung angedeutet, muß im praktischen Streit um die Studienreform dessen Nützlichkeit durch die Zusicherung bewiesen werden, die Absolventen des neuen Studienganges auch sicher in das Beschäftigtensystem integrieren zu können. Darin steckt ein richtiger Kern: Jede Qualifikation muß, wenn sie gesellschaftlich wirksam werden will, ihren Ort im gesellschaftlichen Berufesystem finden. Das kann aber nicht heißen, daß von Studienreform oder Bildungsreform überhaupt die Lösung quantitativer Arbeitsmarktprobleme verlangt werden kann. Absolventen neu konzipierter oder reformierter Studiengänge werden in der Regel in Positionen eingestellt, die bis dahin den Absolventen überkommener Studiengänge vorbehalten waren, nur in Ausnahmefällen entstehen neue Berufsfelder. Lediglich auf rasch expandierenden Arbeitsmärkten werden auch für die Absolventen neue Stellen zur Verfügung stehen. Durchschnittlich ist es so, daß die Absolventen traditioneller und neuer Studiengänge miteinander konkurrieren. Das bedeutet auch, daß die Absolventen neuer Studiengänge so ausgebildet sein müssen, daß sie sich in dem System der Arbeit, Organisation und Kommunikation in den politischen ökonomischen Entscheidungsfeldern der Gesellschaft zurechtfinden, das durch die Qualifikationen geprägt ist, wie sie eben in den überkommenen Studiengängen erworben worden sind. Was aber dabei nur herauskommen kann, ist eine qualitative Verbesserung der beruflichen Arbeit nicht die Lösung von Problemen sogenannter Akademikerarbeitslosigkeit[17]. Wie oben schon gesagt verkennt die Reduktion der Qualitätsbeurteilung von Absolventen neuer oder reformierter Studiengänge auf deren Verkäuflichkeit am Arbeitsmarkt, daß die Nachfrage am Arbeitsmarkt nicht aufgrund eines analytischen Prozesses, sondern ohne Reflexion gesellschaftlicher Notwendigkeiten zustandekommt, die umgekehrt jede Reform von Studiengängen prägen muß.

Zu den Zeiten, als Bildungsreform in der Bundesrepublik noch einfach erschien, in der ersten Hälfte der 70er Jahre, hat Klaus Offe geschrieben[18], daß in der Unterdetermination des Bildungssystems durch das Beschäftigtensystem eine Chance des Bildungssektors auf Autonomie liege, und zwar insofern, als eben das Kriterium der Verkäuflichkeit einer bestimmten Ausbildung am Arbeitsmarkt gar nicht operationalisierbar sei, eben nicht auf eine Begrifflichkeit gebracht werden könne, aus der Konsequenzen für bestimmte Ausbildungsgänge abgeleitet werden könnten. In diese Lücke, so Offe weiter, könne nun das Bildungssystem seine eigenen emanzipatorischen und an den Bedürfnissen der Gesellschaft orientierten Vorstellungen setzen und so langfristig das Beschäftigtensystem strukturell im fortschrittlichen Sinne verändern.

Offes Voraussetzung der Unterdetermination des Bildungs- durch das Beschäftigtensystem gilt nach wie vor. So führte der Präsident der Bundesanstalt für Arbeit, J. Stingl, auf der westdeutschen Rektorenkonferenz 1980 aus: ,,Angesichts langfristiger und weitreichender Auswirkungen grundlegender bildungspolitischer Entscheidungen wird einerseits der Zwang zur langfristigen Vorausschau immer drängender. Andererseits ist es der verantwortungsbewußten Wirtschafts- und Arbeitsmarktpolitik nahezu unmöglich, verbindliche Prognosen für den Qualifikationsbedarf des Beschäftigtensystems für eine oder zwei Dekaden im Voraus zu erstellen – Zeiträume die eine Bildungspolitik aus verständlichen Gründen für ihre Planung gerne überschauen möchte. Zuviel Unsicherheitsfaktoren und Risiken bestimmen das Ergebnis, nicht selten führt auch die Reaktion der von der Prognose Betroffenen dazu, daß Prognosen von einer veränderten Wirklichkeit rasch überholt werden"[19].

In der Situation stagnierender oder schrumpfender Arbeitsmärkte läßt sich das Argument der Unterdetermination des Bildungs- durch das Beschäftigtensystem gegen Versuche zur Reform des Bildungssystems wenden. Jede Reform sieht sich mit dem Argument konfrontiert, möglicherweise Arbeitslose zu produzieren, von denen es weiß Gott genug gäbe, und kann eben wegen ihres innovatorischen Charakters diese Behauptung auch nicht gültig widerlegen, es sei denn durch die Leugnung eben ihres innovatorischen Charakters, also durch die Behauptung, Qualifikationen zu produzieren, von denen empirisch als gesichert gelten kann, daß sie auf dem Arbeitsmarkt ihren Platz finden.

Innovation heißt im Falle des Sozialökonomen nun nicht nur eine andere Fachqualifikation, sondern im Unterschied zu den herkömmlichen studiengängen auch Einübung eines politischen Anspruchs auf die eigene Arbeit. Kritische Berufseinstellung heißt Reflexion und Entscheidung über die eigene Tätigkeit unter der Perspektive allgemeinerer Interessen als es die des Betriebes sind, dem die eigene Arbeitskraft verkauft worden ist.

Eine solche Attitüde ist unter kapitalistischen Voraussetzungen, also solchen, unter denen Arbeitskraft einmal verkauft, nur noch dem Verkäufer zur Verfügung steht[20], ‚systemwidrig'. Daß sie gesellschaftlich notwendige Voraussetzung verantwortlicher Arbeit ist, wird sich an dem Katalog von Folgeproblemen, die die erwerbswirtschaftliche und einzelbetriebliche Rationalität den modernen Industriegesellschaften beschert, leicht ablesen. Das Dilemma ist das schon bekannte: Der Sinn einer Sache widerspricht ihrer notwendigen Durchsetzung. Das gilt in unserem Falle besonders dann, wenn der marode Zustand des Beschäftigtensystems das Bildungssystem ins Leere produzieren läßt.

Das Dilemma ist durch Studienreform wie auch immer nicht lösbar. Was machbar ist, ist, in den Projekten Chancen und Erfolge kritisch reflektierender Arbeit zu demonstrieren und so die Absolventen aus den Projekten in Berufe zu plazieren.

Die Gefahr, daß kritische Inhalte des Studiums nach außen eher versteckt statt als notwendige Qualifikationselemente ausgewiesen werden, ist groß. Die schon angesprochene Strategie, neue Studiengänge durch die Behauptung ihrer Gleichheit mit alten Studiengängen zu legitimieren, funktioniert auch hier zum Schaden des neuen Studiengangs. Die Studiengänge der Reformuniversitäten sind verrufen, weil ihre Probleme offen diskutiert werden, und politische Vorurteile die Diskussion prägen. Die Folge ist eine defensive Reaktion der betreffenden Hochschulen, die zeigt daß Tradiertes nicht verworfen, sondern enthalten ist. Dem entsprechen Rücknahmen emanzipatorischer Inhalte in den neuen Studiengängen, wie die faktische Liquidierung des integrierten Eingangsstudiums an der Universität Bremen zeigt. Stück für Stück werden alte Lehrinhalte wieder eingeführt, weil sie in anderen Studiengängen enthalten sind Die tradierten Studiengänge im sozialwissenschaftlichen Bereich aber sind so durchentwickelt daß der Student sie nun nicht nur nebenbei absolvieren kann Z. B. die Detailkonzepte neoklassischer Ökonomie sind nicht nur unkritisch, sondern auch so anstrengend daß sie die Lernkapazität eines durchschnittlichen Studenten während des Studiums voll blockiert. Was dabei schließlich herauskommt, ist das Zurückschrauben der kritischen Teile auf periphere Veranstaltungen, auf ein begleitendes ‚studium generale', dessen Versagen sogar die westdeutsche Rektorenkonferenz zu Recht konstatiert[21]. Berufsqualifikation und politisches Bewußtsein bleiben dann doch getrennt, der politische Anspruch des Studiums, auch der des Hochschulrahmengesetzes und der Grundsätze wird so getilgt.

2. Zur Notwendigkeit der Errichtung eines wissenschaftlichen Studienganges für Berufserfahrene

Nach wie vor ist einfach zu belegen daß im Bildungssystem unserer Gesellschaft die Chancen für das Erreichen des Abschlusses eines wissenschaftlichen Hochschulstudiums ungleich sind und zwar ungleich nach wie vor entsprechend der sozialen Herkunft desjenigen, der in diese Gesellschaft geboren wird[22]. Diese Tatsache verdeckt in der politischen Argumentation oft eine andere, strukturell mindestens ebenso wichtige: Das System der gesellschaftlichen Position und Berufe ist auf eine Chancengleichheit in der Bildung nicht angelegt, sondern durch ein Privilegiensystem gekennzeichnet das sich historisch entwickelt hat und dessen Aufrechterhaltung durch die ökonomischen wie politischen Interessen und Einflußmöglichkeiten der Pivilegierten gesichert erscheint. Privilegien sind schon dem Worte nach nur dann Privile gien, wenn sie nur einem kleineren Teil der Gesellschaft gewährt werden. Das Bildungssystem hat ganz wesentlich die Aufgabe, in der Gesellschaft, diejenigen zu selektieren die für privilegierte Positionen in Frage kommen oder schärfer ausgedrückt, die Selektion, die durch die soziale Herkunft bereits feststeht, nachträglich zu legitimieren. Die Einrichtung eines zweiten Bildungsweges ist das politische Eingeständnis, daß das System des ersten Bildungsweges einfach ausgedrückt ungerecht ist.

2.1 Das Problem mit dem zweiten Bildungsweg

Um den Studenten des zweiten Bildungsweges gleiche Chancen im Beschäftigtensystem einzuräumen wie denen des ersten Bildungsweges, müssen diese auf dem Arbeitsmarkt sich gegen die Konkurrenz jener durchsetzen können. Diejenige welche über die Einstellung von Bewerbern von Positionen, die gemeinhin von Akademikern besetzt werden, entscheiden sind in aller Regel Absolventen des ersten Bildungsweges und in ihren Einstellungen dadurch geprägt. Solche Einstellungen erschöpfen sich argumentativ oft im Vorurteil, Intelligenz und Intellektualität nach wie vor für ein Monopol bestimmter Schichten zu halten. ,,Anders ist sicherlich auch das heutige Bildungs- und Ausbildungsniveau der Studienanfänger aufgrund stark verbesserter Zugangsmöglichkeiten für alle Schichten, der heutigen Abiturqualitäten und der beschriebenen Nebenwege, die sie bis zur Universitätsreife einschlagen können. Damit muß das allgemeine Niveau gesunken sein –"[23]. Die Auffassung, die Studenten des zweiten Bildungsweges verdürben das Niveau der Hochschulausbildung, ist vielleicht nicht repräsentativ, sicher aber typisch. Im Prinzip gilt für die Studenten des zweiten Bildungsweges wohl die gleiche Regel wie für Frauen auf dem Arbeitsmarkt. Zur Erreichung gleicher Positionen müssen diese besser qualifiziert sein als Männer, und zwar nicht gemessen an ‚objektiven' Kriterien, sondern gemessen nach eben dem Urteil des Geschlechtes, dem sie selbst nicht angehören. Die Konsequenzen für eine Gestaltung des zweiten Bildungsweges, der sich dieser Tatsache bewußt ist und seine Absolventen trotzdem am Arbeitsmarkt gleichberechtigt mit denen des ersten Bildungsweges durchsetzen will, sind klar, die Ausbildung muß so angelegt werden, daß sie offensichtlich so schwierig ist, daß nur ganz wenige sie bestehen können. Das heißt, härtere Zugangsbedingungen und strengere Prüfungsformen als auf dem ersten Bildungsweg müssen nachweisbar vorhanden sein. Die Existenz solcher Regelungen wird meist dadurch bewiesen, daß Durchfallquoten ausgewiesen sein müssen, die möglichst hoch sind. Schon der

Begriff ‚Sonderbegabtenprüfungen', wie er in manchen Bundesländern zum Hochschulamtsdeutsch gehört, legt diesen Sachverhalt offen.

Bildung ist eben nicht nur Ausbildung, sondern auch Statusdistribution bzw. -legitimation, inwieweit die zweite Funktion die erste dominiert, soll hier nicht diskutiert werden. Das Problem ist, daß die erste nicht ohne Rücksicht auf die zweite analysiert werden kann. Solange jede Differenzierung von Studiengängen, zur Zeit vor allem die zwischen Kurz- und Langzeitstudiengängen als Kriterium von Statuszuweisung gewertet wird, ist es nicht möglich ‚rein' funktional zu diskutieren.[24]

Auflösen läßt sich dieses Dilemma nur politisch: Bildungsabschlüsse dürfen weder in der vertikalen noch in der horizontalen Dimension Bildungsendstationen sein. Der Wechsel von Berufsarbeit und Berufsausbildung muß lebenslang möglich und ohne materielle Nachteile realisierbar sein, erst dann ist es angesichts des Gleichheitsgrundsatzes des Grundgesetzes vertretbar, durch ein von vorneherein nicht chancengleiches Bildungssystem berufseingangsspezifische Abschlüsse in hierarchischer Ordnung zu produzieren.

Der zweite Bildungsweg erfüllt bisher eine solche Funktion nicht, er kompensiert nur wenige Fehler des ersten, seine Funktion ist die der politischen Legitimation, nicht die Korrektur der schiefen Sozialstruktur der Bundesrepublik.

Der Sozialökonomische Studiengang ist dagegen Modell einer Ausbildung, die sukzessive Ausbildung – Arbeit – Ausbildung aufeinander folgen läßt. Seine Eingangsvoraussetzung ist daher nicht, wie bei Begabtenzugängen in die Hochschulen, eine Bildung, die der des Gymnasiasten weitgehend entspricht, sondern im Prinzip verfolgt die HWP seit je ein Ziel, wie es in den Grundsätzen für Studium und Prüfung nun festgeschrieben wird: „Die erforderliche Feststellung ihrer (gemeint sind Bewerber ohne herkömmliche Hochschulzugangsberechtigung) Eignung zum Studium kann sich auch in einem gestuften Verfahren vollziehen, das erst im Verlaufe des Studiums mit der Feststellung der Hochschulzugangsberechtigung abgeschlossen wird"[25]. In der HWP wird eine solche Sequenz durch Aufnahmeprüfung und Grundstudium, das nach 3 Semestern abgeschlossen wird, aufgebaut. Eine so geartete Öffnung der Hochschule ist nach wie vor problematisch. Die Antwort der westdeutschen Rektorenkonferenz auf diesen ‚Grundsatz' ist eindeutig: Öffnung bedeutet Niveauverlust der Hochschulen[26].

2.2 Öffnung der Hochschule und Ausbildungsniveau

Die Geschichte der Hochschule für Wirtschaft und Politik ist nicht zuletzt durch die Auseinandersetzung zwischen zweitem und erstem Bildungsweg geprägt. Das Konzept der HWP ist seit jeher unbestritten das, daß derjenige, der sowieso schon unter erschwerten Bedingungen studiert, im Studium nicht Bedingungen vorfinden soll, die ihn mit hoher Wahrscheinlichkeit scheitern lassen. Umgesetzt wurde dieses Konzept durch ein gleitendes Prüfungssystem, eine intensive Betreuung der Studenten durch die Hochschule, das Resultat sind die niedrigen Abbruch- und Durchfallquoten an der HWP.

Auffassung der Hochschule ist es, nicht ein weiteres Selektionssystem zur Kompensation der Fehler des ersten Bildungsweges zu sein, oder schlimmer, als bloßes Alibi für die Chancengleichheit zu dienen, sondern die Berufserfahrungen ihrer Studenten in ein Studium zu integrieren, welches diese Berufserfahrungen einbindet und auf ihnen ein wissenschaftliches Studium aufbaut, das eine Qualifikation erzeugt, die ohne diese Berufserfahrung eben nicht produziert werden kann. Dazu ist es notwendig, die Studenten zum Lernen, zur Auseinandersetzung mit der wissenschaftlichen Sprache und den Inhalten der Wissenschaft zu motivieren, und das geschieht am allerschlechtesten durch ein restriktives Prüfungsprogramm, das den Studenten notwendigerweise auf Prüfungsleistungen und nicht auf den Erwerb von Berufsqualifikation einstellt.

Der Studiengang Sozialökonomie soll nicht zuletzt den zweiten Bildungsweg so ergänzen, daß er auch dann noch immer erst einmal in der Bundesrepublik eine eigene Institution besitzt, die nicht nur eine wissenschaftliche Hochschule ist, sondern auch formal einen gleichen Abschluß anbietet wie die herkömmlichen Universitäten. Eine solche Forderung ist politisch dann am besten zu begründen, wenn, wie schon ausgeführt, gezeigt wird, daß dieser zweite Bildungsweg gemessen an den Kriterien des ersten Bildungsweges ‚besser' funktioniert als dieser. Das ist aber nicht das Resultat der politischen Willensbildung in Sachen Studienreform an dieser Hochschule. Die politische Durchsetzbarkeit dieser Studienreform ist dagegen eher gesichert, wenn die HWP beweist, daß ihre Studiengänge nicht ein Instrument zur Emanzipation, sondern zur Filterung der Berufstätigen ist, die auf ein wissenschaftliches Studium aus sind. Das läßt sich am besten an der hochschulinternen und hochschulexternen Auseinandersetzung um die Prüfungsordnung des Sozialökonomischen Studienganges demonstrieren. Das Hochschulrahmengesetz[27] und das Hamburgische Hochschulgesetz[28] wie auch die anderen Landeshochschulgesetze formulieren so etwas wie eine Rahmenprüfungsordnung für wissenschaftliche Studiengänge, und zwar lediglich aufgrund der Erfahrungen aus der Lehr- und Lernpraxis im ersten Bildungsweg. Diese Rahmenvorstellungen sind gültiges Gesetz, sie gelten auch für die Hochschule für Wirtschaft und Politik. Damit gilt auch, daß die in diesen Vorstellungen festgeschriebene Funktion des Prüfungssystems als eines Instrumentes der Selektion auch für diese Hochschule gilt. Das heißt weiter, daß die Reformen des Studiums der Hochschule für Wirtschaft und Politik unter der Bedingung der Gültigkeit in dieser Rahmenprüfungsordnung stattfinden muß – der Streit an dieser Hochschule ging darum, ob die Orientierung des Studienganges Sozialökonomie an den Regeln für Prüfungsordnungen im Hamburgischen Hochschulgesetz und im Hochschulrahmengesetz die Intention der Hochschule für Wirtschaft und Politik für diese Studienreform nicht von vorneherein zum Scheitern verurteilt. Tatsache ist, daß das Studienverhalten der Studenten durch nichts so sehr beeinflußt wird wie durch Prüfungsordnungen, das gilt wie überall auch für die Hochschule für Wirtschaft und Politik, denn Prüfungen werden, sobald sie vorhanden sind, bei all ihrer Fragwürdigkeit zum Maßstab des Studienerfolges nicht nur für diejenigen, die geprüft werden, sondern auch für die, die prüfen. Da das so ist und die Studienreform mit dem Entwurf von Prüfungsordnungen verbunden ist, stellt sich für die

Konzeption neuer Studiengänge ein zentrales Problem: die Steuerung des Studienverhaltens durch Prüfungen und die Absicht, ein bestimmtes materielles Konzept zu verwirklichen, muß so auf einen Nenner gebracht werden, daß die primäre Motivation der Studenten, nämlich das Interesse an bestimmten Informationen über die sie umgebende Gesellschaft und das Erwerben der Fähigkeit zur Ausübung einer politisch wie wissenschaftlich reflektierten Berufspraxis und die sekundäre Motivation, die Prüfungen möglichst glatt und gut zu überstehen, nicht zueinander in Widerspruch geraten. Daraus folgt, daß es garnicht möglich ist, eine Studienreform ohne die Diskussion der Steuerung des Studienverhaltens durch Prüfungen anzufangen und durchzuführen.

Damit ist die Diskussion aber bereits auf dem Gleis der Vergleichbarkeit von verschiedenen Prüfungsordnungen, wobei dieser Vergleich über einen abstrakten Leistungsbegriff läuft, der kaum operationalisierbar ist und letztlich dann nur in dem Vergleich von Notendurchschnitten besteht. Die Reformuniversitäten haben mit dem Vorwurf zu kämpfen, zu gute Noten zu geben – das gilt auch für die HWP. Dabei ist sicher das Argument richtig, daß der Verdacht der zu milden Beurteilung der Studenten deren Chancen auf dem Arbeitsmarkt einschränkt.

Damit komme ich zum Ausgangspunkt der Überlegungen, zum zweiten Bildungsweg, zurück. Wenn der zweite Bildungsweg als eine Art kompensatorischer Bildung begriffen wird, und zwar in dem falschen Sinne, in dem Bernstein[29] von der deutschen Pädagogik begriffen worden ist, muß er eine Kopie des ersten Bildungsweges unter härteren Bedingungen werden. Nur das kann Konkurrenzvorteile für Absolventen des zweiten Bildungsweges auf dem Arbeitsmarkt auf Dauer garantieren, vor allem in einer Situation, die durch zunehmende Konkurrenz und privilegierte Positionen gekennzeichnet ist.

Genauso soll aber die Studienreform nach dem Selbstverständnis der Hochschule für Wirtschaft und Politik nicht aussehen, vielmehr ist die HWP von Anfang an durch einen emanzipatorischen Bildungsanspruch gekennzeichnet, vorrangiges Ziel war und ist es nicht, Arbeiterkindern nichts anderes als den besseren Zugang zu privilegierten Positionen zu versprechen, sondern ihnen eine Qualifikation zu vermitteln, die so an einer anderen Hochschule nicht erwerbbar ist. Das formale Gerüst des Sozialökonomischen Studienganges, bestehend aus Prüfungsordnung und Studienordnung, ist im Resultat ein Kompromiß zwischen divergierenden Meinungen innerhalb der Hochschule und den politischen Bezugspartnern außerhalb der Hochschule. Wieweit damit das Konzept selbst in Frage gestellt ist, wird sich zeigen.

Anmerkungen

1 Leitsätze des DGB zur Studienreform in: Gewerkschaftliche Bildungspolitik, 1/79, 8.2 ff.
2 Zur Problematik von Studienreform, Staatsfunktionen und gesellschaftlichen Interessen vgl. die Einleitung zu dem Beitrag von S. Raasch in diesem Band.
3 U. Beck/M. Brater, Ist der Erfolg der Bildungsreform Ursache ihres Scheiterns, in: W. D. Webler/J. Wildt (Hrsg.), Wissenschaft – Studium Beruf, Arbeitsgemeinschaft für Hochschuldidaktik e V., Hamburg 1979.

4 Der Punkt 3 wird in diesem Beitrag nicht ausgeführt. Vergleiche dazu den Abschnitt 2.2 im Beitrag von S. Sube-Schindler und als Beispiele die Beiträge von N. Aust/R. Schilling und von W. Damkowski in diesem Band.

5 U. Teichler/D. Hartung/R. Nuthmann: Hochschulexpansion und Bedarf der Gesellschaft, Stuttgart 1976, S 19 ff.

6 Diese Forderung ist in § 7 des Hochschulrahmengesetzes festgeschrieben und in den Abschnitten 2.1 und 2.2 in: Grundsätze für Studium und Prüfungen, Sekretariat der Ständigen Konferenz der Kultusminister der Länder in der Bundesrepublik Deutschland, Bonn 1979, S. 11 ff., ausgeführt.

7 Westdeutsche Rektorenkonferenz, Problemkatalog zu dem Entwurf der Ständigen Kommission für die Studienreform Grundsätze für Studium und Prüfungen, Bonn 1980, S. 9.

8 Ebenda, S. 11.

9 Das geschah durch das Hochschulrahmengesetz. Vgl. dazu den Abschnitt 3 in dem Beitrag von S. Raasch in diesem Band.

10 Vgl. dazu die Definition bei: A. Hrou, H. Kompe, K.-P. Otto, H. Wächter (Hrsg.), Praxisbezug im wirtschaftswissenschaftlichen Studium, Band 2, Trier 1978, S. 6 ff und die Behandlung des Problems in den Grundsätzen für Lehre und Studium a a.O. S. 17 ff. und die Reaktion darauf in WRK Problemkatalog a.a.O. S 3 f.

11 Grundsätze für Studium und Prüfungen a.a.O. S. 14.

12 WRK-Problemkatalog a.a.O. passim und besonders S. 3 f.

13 Ebenda.

14 Diese Tabelle wurde entnommen: Institut für Sozial- und Bildungspolitik, Hamburg e.V., C. Kemmet, H.-J. Goldt, R. Winzenried, Studienreform und Berufspraxisbezug, S. 56 (Materialienband).

15 WRK-Problemkatalog a.a.O. S. 11.

16 Vgl. dazu: M. Weber, Reformruine Bremen, in: Die Zeit vom 29.8.1980, S. 9 ff.

17 Zu diesem Problem vgl.: M. Tessarnig, Zum Verbleib der Hochschulabsolventen seit 1971 in: Mitteilungen aus der Arbeitsmarkt- und Berufsforschung 1978, Heft 2, S. 171 ff.

18 C. Offe: Bildungssystem, Beschäftigungssystem und Bildungspolitik, in: Deutscher Bildungsrat (Hrsg.), Gutachten und Studien der Bildungskommission 50: Bildungsforschung, Stuttgart 1975, S. 226

19 J. Stingl: Arbeitsmarktpolitische Perspektiven für die Hochschulaufgaben in den 90er Jahren, hektografiertes Manuskript der Westdeutschen Rektorenkonferenz, Würzburg 1980, S. 4 f.

20 Zur Problematik des Arbeitsvertrages und des Arbeitsinhaltes unter kapitalistischen Voraussetzungen. Vgl. C. Offe/Projektgruppe Arbeitsmarktpolitik, Opfer des Arbeitsmarktes, Neuwied und Darmstadt 1978, S. 19 ff.

21 WRK – Problemkatalog a.a.O. S. 11.

22 Vgl. dazu N. Aust und H. Epskamp, Studienreform als Gesellschaftspolitik, in Jahrbuch für Sozialökonomie und Gesellschaftstheorie: Wissenschaft und Arbeitnehmerinteressen, Opladen 1980, S. 130 ff.

23 L. Berekoven, Kritische Gedanken zur universitären Ausbildung und zur Beschaffung von akademischen Nachwuchs, in: Jahrbuch der Absatz- und Verbrauchsforschung 4/1979, S. 275.

24 Vgl. dazu U.Teichler u. a., a.a.O., S. 63 f.

25 Grundsätze für Studium und Prüfung a.a.O., S. 34 f.

26 WRK-Problemkatalog a.a.O., S. 13 f.

27 HRG §§ 15–17.

28 Hamburgisches Hochschulgesetz §§ 53–65.

29 Vgl. dazu B. Bernstein, Der Unfug mit der kompensatorischen Erziehung in: b: e-Redaktion (Hrgs.), Familienerziehung, Sozialschicht und Schulerfolg, Basel 1971.

Manfred Wetzel

Die beiden alternativen Wertlehren in der Ökonomie und das in diesen Wertlehren implizierte Ökonomieverständnis

Kurze Darstellung, Vergleich und Kritik *

0. Einleitende Bemerkungen

Üblicherweise wird die klassische Arbeitswertlehre (Smith, Ricardo, Marx) als objektive Wertlehre der sog. subjektiven Wertlehre der Grenznutzenstheorie (Menger, Jevons, Walras) gegenübergestellt (/-Hofmann, Sozialökonomische Studientexte, Bd. 1 (Berlin 1964)). Wir halten diese *begriffliche* Gegenüberstellung aus folgenden Gründen für *nicht* der Sache angemessen.

– *Erstens:* Unter „subjektiv" wird in dieser Gegenüberstellung verstanden, daß es auf die persönliche, individuelle, somit „private" und also letztlich willkürliche und zufällige Nutzensschätzung des je einzelnen Subjekts ankäme, – im Gegensatz zu den „objektiven", weil überindividuellen, mithin gesellschaftlich notwendigen Verhältnissen der Arbeit, d. s. die Produktivkräfte und die Produktionsverhältnisse (/- Wetzel, Gesellschaft als System (Hamburg 1974),

* Es handelt sich bei dem nachfolgenden Text um die schriftliche Ausführung eines Konzepts, das ich an der Hochschule für Wirtschaft und Politik im Rahmen des Interdisziplinären Grundkurses I für den 41. Lehrgang im WS 1979/80 entwickelt habe. Dieser erste Teil des interdisziplinären Grundkurses hatte gemäß einer freiwilligen und einstimmigen Vereinbarung zwischen den Leitern der einzelnen parallel laufenden Kurse den Schwerpunkt Ökonomie; es wurden – gleichfalls vereinbarungsgemäß und wiederum einstimmig – Texte von Adam Smith, Karl Marx und Carl Menger zugrundegelegt. Für die interpretationsleitende Intention gab es jedoch – in Übereinstimmung mit Grundgesetz Art. 5.3 – *keine* Absprache. Die von mir hier vorgelegte Interpretation der behandelten und zitierten Autoren und überhaupt die aus der vergleichenden Gegenüberstellung gezogenen Konsequenz sind daher Ausdruck meines eigenen Standpunktes, wie ich ihn in eigener systematischer Absicht vertrete. Meine eigene Bereitschaft, die im folgenden benutzten Texte von Smith, Marx und Menger zugrunde zu legen, war daher auch nur und nur insoweit gegeben, als ich diese Texte für geeignet hielt und halte, mein eigenes Konzept zu entwickeln. – Eine solche Voraussetzung war im interdisziplinären Grundkurs II (desselben Lehrganges) im SS 1980 nicht mehr gegeben, weshalb ich hier von der mehrheitlich beschlossenen Textvereinbarung abgewichen bin und einen Text nach eigener Wahl zur Lektüre vorgelegt habe.
Das hier vorgelegte Konzept selbst konnte aus Zeitgründen in dem dafür vorgesehenen Semester nicht vollständig entwickelt werden. Von daher mag es gerechtfertigt sein, bei einigen Abschnitten nur die Überschriften zu nennen; die Ausführung der in diesen Überschriften genannten Sachthemen ist im Rahmen einer erneuten und erweiterten Behandlung meines Konzepts im interdisziplinären Grundkurs I für den 43. Lehrgang im WS 1980/81 vorgesehen. Die teils recht langen Zitate wurden in der Absicht gebracht, die entscheidenden Gedanken der zitierten Autoren nicht nur punktuell, sondern als Argument und d. h. mit Begründung wiederzugeben. Nur so ist – und bei dieser gesellschaftspolitisch aufgeladenen Thematik zumal – eine argumentative Kritik möglich.

A. 1.3.). Das ist aber schon insofern eine unzutreffende Gegenüberstellung, als die ,,je individuelle" Nutzensschätzung genauso ,,objektiven", d. i. überindividuellen Verhältnissen unterliegt wie die Arbeit: Sowohl die aus der organisch-materiellen Grundlage der Subjekte resultierenden Bedürfniskonstellationen einesteils als auch die gesellschaftlich vermittelten/induzierten Bedürfnisse, die auf das Subjekt einen nicht minder großen Zwang ausüben können, anderenteils sind so viel und so wenig individuell wie die Verhältnisse der Arbeit.

- *Zweitens* wird hier unter ,,subjektiv" verstanden, daß es sich in der persönlichen Nutzensschätzung wenn auch nicht um die willkürliche, so doch um die aus der intentionalen Betätigung des Subjekts selbst resultierende Entscheidung handle im Gegensatz zu den durch die Arbeit erzeugten Werten, die insofern als Widerspiegelung ,,objektiver" gesellschaftlicher Verhältnisse begriffen werden, als sich der Wert eines bestimmten Arbeitsquantums nach der durchschnittlich notwendigen gesellschaftlichen Arbeitszeit bemessen soll, die ihrerseits aus dem jeweiligen Stand der Produktivkräfte resultiert. – Allein, so sehr das *Subjekt* handelt und die Produktivkräfte in ihrer Bestimmung der Arbeitswerte *gesellschaftlichen* Charakter haben, so sehr ist auch umgekehrt das Handeln der Subjekte *gesellschaftlich* und die Arbeit jeweilige Betätigung, jeweiliger Vollzug eines einzelnen *Subjekts*. Die Gegenüberstellung von ,,subjektiv" und ,,objektiv" in diesem zweiten Sinne ist irreführend, weil sie mit zueinander schief liegenden Größen arbeitet, die keine Vergleichsgrundlage hergeben.
- Das gröblichste Mißverständnis kann *drittens* mit der Gegenüberstellung von ,,objektiver" und ,,subjektiver" Wertlehre aber dadurch entstehen, daß der Begriff ,,objektiv" eine Assoziation zu ,,objektiver Wissenschaftlichkeit" nahelegt – im Gegensatz zu dem Prädikat ,,subjektiv", das dann soviel wie bloß subjektive Meinungsäußerung oder gar interessenbezogene Parteilichkeit der Wissenschaft bedeuten kann. Das ist aber eine völlig absurde Gegenüberstellung: Die Wissenschaft wird allemal von Subjekten gemacht, die Möglichkeit schlechter Subjektivität, überhaupt die Möglichkeit des Irrtums, der Befangenheit, der Interessenbedingtheit und der Parteilichkeit kann es allemal geben – einerlei ob eine Arbeitswertlehre oder eine an der Nutzenschätzung orientierte Wertlehre konzipiert wird. Und umgekehrt: Objektive Verhältnisse wollen im Prinzip beide Wertlehren wiedergeben, so unterschiedlich auch im einzelnen die Auffassungen über die individuelle und gesellschaftliche Natur des Wertes sein mögen.

Wir ziehen aus diesen Ergebnissen die Konsequenz und sprechen statt von ,,objektiver" und ,,subjektiver" Wertlehre von *Arbeitswertlehre* und *Konsumtionswertlehre*, ungeachtet dessen, daß sich der Begriff ,subjektiv' zur Charakterisierung der Natur des Wertes sogar bei Menger selbst findet.

1. *Arbeitswertlehre*

1.1 Die Ungleichartigkeit der Bestimmung des Wertes einer Ware aus Arbeit für Käufer und Verkäufer von Arbeit: Adam Smith

Smith sagt in seinem ,,Inquiry into the Nature and Causes of the Wealth of Nations" (1776, 1789.$_5$, dt.: Der Wohlstand der Nationen (übers. v. H.C. Recktenwald, München 1974/1978)) über die Bestimmung des Wertes einer Ware:

,,Ein Mensch ist arm oder reich, je nachdem in welchem Ausmaß er sich die zum Leben notwendigen und annehmlichen Dinge leisten und die Vergnügungen des Daseins genießen kann. Wenn die Arbeitsteilung einmal weit gediehen ist, kann er indes nur noch wenige Dinge für diesen Bedarf selbst herstellen, die meisten muß er von anderen als deren Arbeitsertrag beziehen, und er ist arm oder reich, je nach der Menge Arbeit, über die er verfügen oder deren Kauf er sich leisten kann. Deshalb ist der Wert einer Ware für seinen Besitzer, der sie nicht selbst nutzen oder konsumieren, sondern gegen andere tauschen möchte, gleich der Menge Arbeit, die ihm ermöglicht, sie zu kaufen oder darüber zu verfügen. Arbeit ist demnach das wahre oder tatsächliche Maß für den Tauschwert aller Güter." (S. 28).

Smith's Bestimmung des Wertes einer Ware über die Menge der zu ihrem Kauf erforderlichen Arbeit ist systematisch-sachlich zweideutig: Es kann einmal die Menge sein, über die einer selbst verfügt, d. i. die er verrichten kann und verrichten muß, um sich selbst ein bestimmtes Quantum einer Ware kaufen zu können; es kann sich zum anderen aber auch um die Menge an Arbeit handeln, die einer selbst kaufen kann, über die er also nicht durch je eigene Verrichtung, sondern durch Kauf verfügt und dann liegt ein ganz anderer Bewertungsmaßstab zu Grunde. Ist das nun eine bloße Zweideutigkeit „im Kopfe" von Smith, die aus einer Unklarheit oder Verworrenheit des Denkens entspringt? Nein! Es ist eine Zweideutigkeit, des näheren eine Differenz in der gesellschaftlich-ökonomischen Realität selbst: Es ist ein Unterschied, ob einer die Arbeit *selbst verrichtet* und dafür Lohn erhält, oder aber die Arbeit unter seinem Kommando *verrichten läßt* und so über die durch die verrichtete Arbeit geschaffenen Werte verfügt. Im ersten Fall heißt „Arbeit als Maß" gleich Lohn, also gleich Tauschwert der Ware, deren Kauf gewünscht wird, im zweiten Fall hingegen ist die Arbeit, insofern sie selbst Waren produziert, mithin Rohmaterialien Wert zufügt, das Maß. Damit wird nun aber „mit zweierlei Maß gemessen", das eine Mal mit dem Lohn, das andere Mal mit der erzeugten Wertmenge; ersteres ist das Maß für den lohnabhängig Arbeitenden, letzteres das Maß für den, der lohnabhängig arbeiten *läßt*, – für den Kapitalisten.

Aber ist denn das nicht Marx, Marx' Theorie des Verhältnisses von Lohnarbeit und Kapital? Wir lesen bei Smith:

„Auf der untersten Entwicklungsstufe gehört der gesamte Ertrag der Arbeit dem Arbeiter, und die Menge Arbeit, die gemeinhin geleistet wird, um ein Gut zu erwerben oder zu erzeugen, ist das einzige Richtmaß, nach dem man die Menge Arbeit bestimmen kann, gegen die es üblicherweise gekauft, beansprucht oder getauscht werden sollte. Sobald sich nun aber *Kapital* in den Händen einzelner gebildet hat, werden es einige von ihnen natürlich dazu verwenden, um arbeitsame Leute zu beschäftigen, denen sie Rohmaterialien und Unterhalt bieten, um einen *Gewinn aus dem Verkauf ihres Produktes* zu erzielen, genauer gesagt, aus dem Verkauf dessen, was deren Arbeit dem Material an Wert hinzufügt. Ganz gleich, ob man nun das fertige Erzeugnis gegen Geld, Arbeit oder andere Güter tauscht, es muß einen Erlös erbringen, der über den Materialkosten und den Arbeitslöhnen liegt und der ausreicht, um den Gewinn des Unternehmers, der sein Kapital mit diesem Einsatz aufs Spiel setzt, abzudecken. Der Wert, den ein Arbeiter dem Rohmaterial hinzufügt, läßt sich daher in diesem Falle in zwei Teile zerlegen, mit dem einen wird der Lohn gezahlt, mit dem anderen der Gewinn des Unternehmers, der ja das gesamte Kapital für Materialien und Löhne vorgestreckt hat. Er würde nämlich sonst kein Interesse an einem solchen Wagnis haben, wenn er nicht etwas mehr als das aus dem Verkauf der Ware erwarten könnte, was eben ausreicht, sein Kapital zu ersetzen." (ebenda, S. 42 f.)

Es ist wohl eindeutig, daß Smith die gesellschaftlich objektiv-reale Funktion des Kapitalisten – im Gegensatz zum lohnabhängig beschäftigen – auf den Begriff gebracht hat und daß mit „der Menge Arbeit, über die einer verfügen kann', insbesondere die Verfügung des Kapitalisten gemeint ist. Dazu noch ein weiterer Beleg:

„Reichtum ist Macht, wie Hobbes meint, doch jemand, der ein großes Vermögen erwirbt oder erbst, erlangt oder erbt damit nicht unbedingt auch irgendwelche politische Macht, sei es zivile, sei es militärische. Sein Vermögen mag ihm vielleicht die Mittel liefern, um beides zu erlangen, aber der bloße Besitz dieses Vermögens überträgt sie nicht zwangsläufig auf ihn. Was er an Macht sofort und unmittelbar erhält, ist eine gewisse Macht kaufen zu können oder eine gewisse Verfügung über alle Arbeit oder alle Produkte aus Arbeit, die zu dieser Zeit auf dem Markte sind." (ebenda, S 28 f)

Doch einerlei, ob die lohnabhängig verrichtete Arbeit oder aber die gekaufte Arbeit, die einer lohnabhängig verrichten *läßt*, Maß für den Wert der Waren ist, – existiert denn ein eindeutiger, objektiv-realer und des näheren kausaler Zusammenhang zwischen dem Maß der Arbeit und dem Tauschwert einer Ware auf dem Markte? Smith hat dies verneint mit Gründen, mit guten Gründen, auf die wir unten noch kommen werden. Zunächst aber ist hier der Punkt, an dem Ricardo und mit ihm Marx die Kritik an Smith angesetzt haben.

1.2 Die zur Produktion einer Ware erforderliche Arbeit, des näheren die durchschnittlich erforderliche gesellschaftliche Arbeit als Maß für den Wert einer Ware: Ricardo und Marx

Wir zitieren zunächst aus dem Hauptwerk Ricardos, den „Principles of Political Economy and Taxation ' (1817, 1821.₃, dt.: Grundsätze der politischen Ökonomie und der Besteuerung (übers. v. H. Waentig, hrsg. v. F. Neumark, Frankfurt 1972)), aus Kapitel I, Über den Wert, den Grundtext der ersten vier Abschnitte:

1. „Der Wert eines Gutes oder die Menge irgendeines anderen, für welches es sich austauschen läßt, hängt von der verhältnismäßigen Menge der zu seiner Produktion erforderlichen Arbeit ab und nicht von der größeren oder geringeren Vergütung, die für diese Arbeit bezahlt wird." (S. 35)
2. „Verschieden qualifizierte Arbeit wird verschieden vergütet, was jedoch keine Ursache für eine Veränderung im verhältnismäßigen Wert von Gütern ist." (S. 41)
3. „Nicht bloß die unmittelbar auf die Güter verwendete Arbeit beeinflußt deren Wert, sondern auch die in den Gütern, Werkzeugen und Gebäuden, welche dieser Arbeit dienen, enthaltene." (S. 43)
4. „Der Grundsatz, daß die auf die Produktion von Gütern verwendete Arbeitsmenge deren verhältnismäßigen Wert bestimmt, wird durch die Anwendung von Maschinen und anderen stehenden und dauerhaften Kapitalien wesentlich modifiziert." (S. 48)

Marx' Darlegungen über den Wert einer Ware lesen sich wie ein Kommentar zu den Grundsätzen Ricardo's; allerdings betont Marx stärker den „gesellschftlichen" Charakter der Arbeit, worunter er (i) die Teilung der Arbeit und (ii) den durch ein Soziales System oder ein Gesellschaftssystem gegebenen Gesamtrahmen versteht innerhalb dessen alle arbeitsteilig verrichteten Arbeiten Teil der Gesamtarbeitssumme sind. Wir wollen sehen, ob Marx auf dieser Basis, die der Sache nach natürlich bei Ricardo ebenso wie bei Smith vorliegt, die Grundthese der Arbeitswertlehre einsichtig machen kann, nach welcher die zur Produktion einer Ware erforderliche Arbeitsmenge eine direkte Bestimmung des Wertes dieser Ware ermöglicht. Wir orientieren uns am 6. Kapitel von: Lohn, Preis und Profit (1965, abgedr. in: Marx/Engels-Werke, Bd. 16 (Berlin 1968), S. 101 ff.).

ad 1: Die Arbeitsmenge als direktes Maß für den Wert einer Ware: „Was ist die gemeinsame *gesellschaftliche Substanz* aller Waren? Es ist die *Arbeit*. Um eine Ware zu produzieren, muß eine bestimmte Menge Arbeit auf sie verwendet oder in ihr aufgearbeitet werden. Dabei sage ich nicht bloß *Arbeit*, sondern *gesellschaftliche Arbeit*. Wer einen Artikel für seinen eigenen unmittelbaren Gebrauch produziert, um ihn selbst zu konsumieren, schafft zwar ein *Produkt*, aber keine *Ware*. Als selbstwirtschaftender Produzent hat er nichts mit der Gesellschaft zu tun. Aber um eine *Ware* zu produzieren, muß der von ihm produzierte Artikel nicht nur irgendein *gesellschaftliches* Bedürfnis befriedigen, sondern *seine Arbeit selbst muß Bestandteil und Bruchteil der von der Gesellschaft verausgabten Gesamtarbeitssumme bilden*. Seine Arbeit muß unter die *Teilung der Arbeit innerhalb der Gesellschaft* subsumiert sein. . . .
‚Waren als Werte', d. i. „unter dem einzigen Gesichtspunkt der in ihnen *vergegenständlichten, dargestellten* oder, wenn es beliebt, *kristallisierten gesellschaftlichen Arbeit*" betrachtet, „können . . . sich nur *unterscheiden* durch die in ihnen repräsentierten größeren oder kleineren Arbeitsquanta, wie z. B. in einem seidenen Schnupftuch eine größere Arbeitsmenge aufgearbeitet sein mag als in einem Ziegelstein. Wie aber *mißt* man *Arbeitsquanta*? Nach der *Dauer der Arbeitszeit*, indem man die Arbeit nach Stunde, Tag etc. mißt. *Um dieses Maß anzuwenden, reduziert man natürlich alle Arbeitsarten auf durchschnittliche oder einfache Arbeit als ihre Einheit.* Wir kommen daher zu folgendem Schluß. Eine Ware hat *Wert*, weil sie *Kristallisation gesellschaftlicher Arbeit* ist. Die *Größe* ihres Wertes oder ihr relativer Wert hängt ab von der größeren oder geringeren Menge dieser in ihr enthaltenen gesellschaftlichen Substanz: d. h. von der zu ihrer Produktion notwendigen relativen Arbeitsmasse. Die *relativen Werte der Waren* werden daher bestimmt durch die *respektiven in ihnen aufgearbeiteten, vergegenständlichten, dargestellten Quanta* oder *Mengen von Arbeit*. Die *korrelativen* Warenquanta, die in *derselben Arbeitszeit* produziert werden können, sind *gleich*. Oder der Wert einer Ware verhält sich zum Wert einer andern Ware wie das Quantum der in der einen Ware dargestellten Arbeit zu dem Quantum der in der anderen Ware dargestellten Arbeit." (S. 123 f.)

Zu eben diesem Schluß kam auch Ricardo. Doch hat Marx nicht gegenüber Ricardo ein neues Argument, so daß er auch auf einem neuen und vielleicht besser begründetem Weg zu Ricardo's Resultat gekommen ist? Sehen wir zu: Marx setzt an beim gesellschaftlichen Charakter der Arbeit, also der Arbeitsteilung, den darin gegründeten Tauschverhältnissen und dem darauf basierenden Wert- und Warencharakter der arbeitsteilig produzierten Dinge. Das ist eine unstrittig ebenso richtige wie wichtige Einsicht (/- Wetzel, Gesellschaft als System, A.1.4.1.). Daß dann jede arbeitsteilig verrichtete Arbeit Teil der Gesamtarbeitssumme im jeweiligen arbeitsteiligen System ist, ist gleichfalls richtig. *Wie groß* der Wert aber einer bestimmten, zur Produktion dieser Ware aufgewandten Arbeit sowohl absolut für sich als auch relativ zum Wert einer anderen, zur Herstellung einer anderen Ware verrichteten Arbeit ist, ist daraus jedoch *in keiner Weise* ersichtlich und zwar weder aus dem Tatbestand der Arbeitsteilung (i) noch aus der Größe der Gesamtarbeitssumme (ii). *Und auch nicht nach Marx!* Vielmehr ist nach Marx eine doppelte Reduktion aller zur Produktion unterschiedlichster Waren erforderlichen Arbeiten vorzunehmen und zwar (I) auf die *Arbeitszeit* und (II) auf eine *durchschnittliche oder einfache Arbeit als qualitative Arbeitseinheit*. Die Frage ist, ob und wie dies *überhaupt* möglich ist. *Keine* Frage ist aber, daß der gesellschaftliche, arbeitsteilige etc. etc. Charakter der Arbeit selbst, d. i. für sich allein kein Maß für einen so bestimmten Wert der Waren hergibt und zwar weder absolut noch relativ. Marx erweckt zunächst und vielfältig den Anschein, als sei der gesellschaftliche Charakter der Arbeit das gesuchte Maß für den Wert der Waren; er weiß es dann jedoch besser. Richardo's erster Grundsatz ist hiermit durch Marx zwar gesellschaftswissenschaftlich beleuchtet, aber nicht begründet.

ad 2, 3 und 4: Ricardos Grundsätze 2 bis 4 sind „Modifikationen" des ersten zentralen Grundsatzes, jedoch nicht im Sinne einer Einschränkung der Gültigkeit, sondern im Sinne einer Erweiterung des Anwendungsbereiches und einer Berücksichtigung zusätzlicher Strukturen: diesbezügliche Ausführungen finden sich bei Marx ebenda S. 125–127.

Aber vielleicht ist ja die arbeitsteilig verrichtete Arbeitsmenge als Maß für den Wert einer Ware auf der Basis des Ricardoschen Ansatzes überhaupt nicht einsichtig zu machen! Wenn dem so ist, könnte es dann nicht vielmehr sein, daß die bereits von Smith konstatierte radikale Asymmetrie zwischen Kapitalisten und Lohnabhängigen in der „Verfügung" über Arbeit heranzuziehen ist, um das gesuchte Wertmaß zu finden? Genau das ist Marx' These, Marx' *Generalthese* zur Grundlegung der politischen Ökonomie und miit ihr ist auch der wissenschaftsgeschichtliche Fortschritt bezeichnet, den Marx über Smith und Ricardo hinaus getan hat: *Marx hat Smith's Theorie der kapitalbestimmten Lohnarbeit mit Ricardos Arbeitswertlehre zusammengebracht.*[1] Zunächst soll das „Wie" dieses Zusammenbringens näher betrachtet werden.

1.3 Die Produktion des Mehrwerts durch die Betätigung der menschlichen Arbeitskraft und die Bestimmung des Wertes derselben aus dem Erfordernis ihrer Reproduktion: Marx

Der Tauschwert einer Ware wird nach Smith an der Arbeit gemessen, deren „Besitz" den Kauf einer Ware ermöglicht; das Maß selbst, das die Arbeit verkörpert, ist jedoch ein verschiedenes, je nachdem, ob es sich um selbst verrichtete Arbeit oder aber um gekaufte Arbeit handelt. Woher rührt die Differenz im Wertmaß und wie ist sie ggf. zu bestimmen? Marx versucht eine Antwort, indem er *Ricardos Lehre vom arbeitsbestimmten Wertmaß einer Ware auf die ausgezeichnete Ware ‚Arbeitskraft' selbst anwendet* und nach dem Wert *der* Arbeit fragt, die jetzt zur Bestimmung des Tauschwertes der Ware ‚Arbeitskraft' und d. h. zur Reproduktion derselben erforderlich ist. Marx erläutert im 8. Kapitel von „Lohn, Preis und Profit" das Prinzip an einem einfachen Beispiel:

„Der *Wert* der Arbeitskraft ist bestimmt durch das zu ihrer Erhaltung oder Reproduktion notwendige Arbeitsquantum, aber die *Nutzung* dieser Arbeitskraft ist nur begrenzt durch die aktiven Energien und die Körperkraft des Arbeiters. Der Tages- oder Wochen*wert* der Arbeitskraft ist durchaus verschieden von der täglichen oder wöchentlichen *Betätigung* dieser Kraft, genauso wie das Futter, dessen ein Pferd bedarf, durchaus verschieden ist von der Zeit, die es den Reiter tragen kann. Das Arbeitsquantum, wodurch der *Wert* der Arbeitskraft des Arbeiters begrenzt ist, bildet keineswegs eine Grenze für das Arbeitsquantum, das seine Arbeitskraft zu verrichten vermag. Nehmen wir das Beispiel unseres Spinners. Wir haben gesehen, daß er, um seine Arbeitskraft täglich zu reproduzieren, täglich einen Wert von 3 sh. reproduzieren muß, was er dadurch tut, daß er täglich 6 Stunden arbeitet. Dies hindert ihn jedoch nicht, 10 oder 12 oder mehr Stunden am Tag arbeiten zu können. Durch die Bezahlung des Tages- oder Wochen*werts* der Arbeitskraft des Spinners hat nun aber der Kapitalist das Recht erworben, diese Arbeitskraft während *des ganzen Tages oder der ganzen Woche* zu nutzen. Er wird ihn daher zwingen, sage 12 Stunden täglich zu arbeiten. *Über* die zum Ersatz seines Arbeitslohns oder des Werts seiner Arbeitskraft erheischten 6 Stunden *hinaus* wird er daher noch 6 *Stunden* zu arbeiten haben, die ich Stunden der *Mehrarbeit* nennen will, welche Mehrarbeit sich vergegenständlichen wird in einem *Mehrwert* und einem *Mehrprodukt*. Wenn unser Spinner z. B. durch seine tägliche sechsstündige Arbeit der Baumwolle einen Wert von 3 sh. zusetzt, einen Wert, der exakt ein Äquivalent für seinen Arbeitslohn bildet, so wird er der Baumwolle in 12 Stunden einen Wert von 6 sh. zusetzen und *ein entsprechendes Mehr an Garn* produzieren. Da er seine Arbeitskraft dem Kapitalisten verkauf hat, so gehört der ganze von ihm geschaffene Wert oder sein ganzes Produkt dem Kapitalisten, dem zeitweiligen Eigentümer seiner Arbeitskraft. Indem der Kapitalist 3 sh. vorschießt, realisiert er also einen Wert von 6 sh., weil ihm für den von ihm vorgeschossenen Wert, worin 6 Arbeitsstunden kristallisiert sind, ein Wert zurückerstattet wird, worin 12 Arbeitsstunden kristallisiert sind. Durch tägliche Wiederholung desselben Prozesses wird der Kapitalist täglich 3 sh. vorschießen und täglich 6 sh. einstecken, wovon eine Hälfte wieder auf die Zahlung des Arbeitslohnes geht und die andere Hälfte den *Mehrwert* bildet, für den der Kapitalist kein Äquivalent zahlt. Es ist *diese Art Austausch zwischen Kapital und Arbeit*, worauf die kapitalistische Produktionsweise oder das Lohnsystem beruht und die ständig in der Reproduktion des Arbeiters als Arbeiter und des Kapitalisten als Kapitalist resultieren muß." (ebenda, S. 133 f)

Was ist nun mit dieser paradigmatischen, den Kern des Verhältnisses von Lohnarbeit und Kapital betreffenden Argumentation demonstriert und was nicht? Demonstriert ist hiermit gleichsam der *volkswirtschaftliche Ort der Wertschöpfung* und damit zugleich die qualitative Ursache für die Differenz im Wertmaß, das die Arbeit für den Lohnarbeiter einesteils und für den Kapitalisten anderenteils verkörpert. Das ist die große, volkswirtschafts- und gesellschaftstheoretische Einsicht von Marx; sie ist bis heute gültig.

Doch mit dem Aufweis der Herkunft der Differenz zweier, in ein und demselben Prozeß wirksamen Wertmaße ist die Beschaffenheit dieser Wertmaße selbst noch keineswegs geklärt und kann auch gar nicht geklärt sein. Warum nicht – das soll im folgenden in einem eigenen Abschnitt nochmals im Zusammenhang dargestellt werden.

1.4 Die Wertmaße als Resultat gesellschaftlicher Setzungen, Auseinandersetzungen und Übereinkünfte, insbesondere im Machtkampf und Tausch: Kritik der Arbeitswertlehre I

In 1.2 wurde gezeigt: Aus dem gesellschaftlichen, d. i. arbeitsteiligen Charakter der Arbeit folgt noch gar nicht, daß die Anzahl der Zeiteinheiten durchschnittlicher, einfacher Arbeit, die zur Produktion einer bestimmten Ware erforderlich ist, ein Maß für den Wert, für den Tauschwert eben dieser Ware hergibt. Dies müßte vielmehr erst *beschlossen* werden – was unter gewissen, näher spezifizierenden Bedingungen in sozialistischen Gesellschaftssystemen geschieht – oder aber die Tauschenden auf dem Markte müßten *übereinkommen*, so zu verfahren. Beides, sowohl die Beschlüsse – sagen wir eines Zentralkomitees und/oder Politbüros – als auch die Übereinkünfte sind aber keineswegs objektiv notwendig; sie folgen nicht aus bestimmten objektiven Gesetzen und Anfangsbedingungen zu einer bestimmten Zeit t_1 einfach zu einer späteren Zeit t_2 so wie in einem mechanistischen System, sondern sind vielmehr Resultat der *Praxis von Subjekten*, die freilich unter gewissen Systembedingungen steht, aber nur im *Grenzfall* vollständiger Determination „objektiv" aus den Systembedingungen folgt. Eine derartige vollständige Determination als *Regelfall* muß die Arbeitswertlehre aber unterstellen; daß sie es tut – und wenn auch nur stillschweigend oder implizit –, liegt daran, daß die klassisch-politische Ökonomie (ebensowenig wie die neuere und Neue (/- 3.4)) keine allgemeine Gesellschaftstheorie als Einheit von System- und Handlungstheorie entwickelt hat, keine Dialektik systemtheoretisch begreifbarer Handlungsbedingungen und individueller Handlungsentwürfe (/- Wetzel, Gesellschaft als System, A.2.4. (z. Zt. noch A.2.1.4.))

Aber trifft diese Kritik denn überhaupt *Marx* und nicht vielmehr nur *Ricardo*? Hat nicht gerade Marx im Rückgriff auf Smith beim Verhältnis Lohnarbeit-Kapital angesetzt und dabei den Wert der *Arbeitskraft* zu Grunde gelegt? In der Tat – nur hier ist die Situation im Prinzip die gleiche: Wie hoch der Wert der Arbeitskraft zu veranschlagen ist, d. h. wie hoch der „*Wert der Lebensmittel*, die zur Produktion, Entwicklung, Erhaltung und Verewigung der Arbeitskraft erheischt sind" (Marx, ebenda, S. 132), das ist genausoviel und genausowenig aus der organisch-materiellen, psychischen und sozialen Beschaffenheit der Arbeitskraft und der instrumentellen Art ihrer Betätigung ersichtlich wie die Anzahl der Zeiteinheiten durchschnittlicher, einfacher Arbeit für die Produktion einer Ware aus der Struktur und Gestalt der Arbeitsteilung folgt. *Daß* eine Arbeitskraft so und so viel wert ist, ist genau Resultat einer *Setzung*, einer *Festsetzung* wie dies, *daß* diese komplizierte Arbeit so und so viel Einheiten durchschnittlicher, einfacher Arbeiten ausmacht. Marx macht mit der ausgezeichneten Ware ‚Arbeitskraft' denselben Fehler wie Ricardo mit den Waren üblicher Art. Hier hat Smith im Prinzip bereits richtig gesehen:

„Auch wenn die Arbeit das wirkliche Maß für den Tauschwert aller Waren ist, so wird doch ihr Wert gewöhnlich nicht mit ihrer Hilfe geschätzt. Oft fällt es nämlich schwer, das Verhältnis zweier verschiedenen Arbeitsmengen zueinander zu ermitteln. So kann die Zeit allein, die auf zwei verschiedene Arten von Arbeit verwendet wird, nicht immer dieses Verhältnis ausdrücken. Man muß auch die Unterschiede der aufgewandten Mühe und geistigen Anstrengung auf gleiche Weise berücksichtigen. So kann in einer anstrengenden Tätigkeit von einer Stunde mehr Arbeit stecken als in einer leichten Beschäftigung von zwei Stunden oder in einer einstündigen Ausübung eines Berufes, der zehn Jahre Ausbildung voraussetzt, mehr als in einer einfachen und leichten Beschäftigung in einem ganzen Monat. Es ist indes nicht leicht, irgendein akurates Maß für die Schwere oder die geistige Anstrengung zu finden. Tatsächlich werden beide in gewisser Weise berücksichtigt, wenn man verschiedene Produkte verschiedenartiger Arbeit gegeneinander tauscht. *Das geschieht aber nicht nach einem exakten Maß, sondern in einem Aushandeln und Feilschen auf dem Markt*, ein zwar grober Interessenausgleich, aber, obwohl nicht exakt, immerhin ausreichend, um die Geschäfte im täglichen Leben abwickeln zu können." (Smith, ebenda, S. 29)

Mit anderen Worten: Es bedarf der Setzung und Übereinkunft und dazu des Aushandelns und Feilschens und oft genug des Machtkampfes mit allen erlaubten und auch nicht erlaubten Mitteln, um sagen zu können, diese Arbeit A_1, verrichtet über die Zeitspanne Δt_1 auf der Basis einer Ausbildung B_1 über j_1 Jahre, ist so und so vielmal mehr oder weniger wert als eine Arbeit A_2 über die Zeitspanne Δt_2 mit der Ausbildung B_2 über j_2 Jahre.

Und daß der Wert einer Arbeitskraft – und sei's reduziert auf die Reproduktionskosten derselben – ebenso das Resultat einer Einschätzung und Festsetzung ist, zeigen alle Lohnverhandlungen und Lohnkämpfe zwischen den verbandsmäßigen Organisationen der Lohnabhängigen und der Eigentümer von Produktionsmittel. Diesen Wert, also den Wert der ausgezeichneten Ware ‚Arbeitskraft' etwa auf den Wert der durch ihre Betätigung produzierten Waren über eine Reduktion auf Einheiten einfacher Arbeiten zu reduzieren, ist natürlich ebenso zirkulär – im schlechten Sinne – wie umgekehrt die Rückführung der Arbeitswertverhältnisse auf die Reproduktionskosten.

Eines darf allerdings bei aller Kritik der Arbeitswertlehre nicht übersehen werden. Die Unmöglichkeit einer objektiven *quantitativen* Zurückführung des Wertes von Waren auf den Wert der zu ihrer Produktion erforderlichen Arbeiten wie auch der Rückführung dieses Wertes auf den Wert der in dieser Produktion sich betätigenden Arbeitskraft (Reproduktionskosten!) beeinträchtigt in keiner Weise die grundsätzliche Richtigkeit der Marxschen Einsicht in den *qualitativen*, d. i. den prinzipiellen Charakter der Wertschöpfung und damit der Entstehung von Mehrwert bzw. Profit in kapitalistischen Systemen. Die positivistisch, szientistisch verbrämte Kritik der „bürgerlichen" Ökonomie an Marx, gemäß welcher aus der Unmöglichkeit der quantitativen Reduktion – sprich: der *Meßbarkeit!* – die Nicht-Existenz der arbeitsmäßig bedingten Wertschöpfung selbst folgen soll, ist daher ebenso zurückzuweisen wie umgekehrt die nicht minder erbärmlichen Versuche jener Marx-Positivisten, die – weil sie von ihrer positivistischen Wissenschafts-Sozialisation nicht loskommen – aus der Schwierigkeit und überhaupt der *bisherigen* Erfolglosigkeit einer quantitativen Reduktion den Schluß ziehen, die Arbeitswertlehre sei ja noch nicht widerlegt. Das erinnert verdammt an *die* Christen, die „ihren Glauben" damit rechtfertigen, daß ja noch niemand die Nicht-Existenz Gottes, die Unwahrheit der biblischen Berichte über die Wunder etc. etc. „bewiesen" habe. Wer hat hier die Beweislast! Wer nimmt hier das Recht einer Glaubenszumutung an andere für sich in Anspruch![2]

2. *Konsumtionswertlehre*

2.1 Die Relativität des ökonomischen Charakters eines Gutes und des Wertes desselben, des Güterwertes, zu der Abhängigkeit der Befriedigung menschlicher Bedürfnisse von diesem Gut: Carl Menger

Menger geht aus von der Nützlichkeit, d. i. der „Tauglichkeit eines Dinges, der Befriedigung menschlicher Bedürfnisse zu dienen" (Grundsätze der Volkswirtschaftslehre (Wien 1871, in Ges. Werke I, Tübingen 1968), S. 84). Allein – dieser Umstand macht ein Ding noch nicht zu einem ökonomischen Gut; vielmehr muß die Befriedigung menschlicher Bedürfnisse durch dieses Ding *nicht nur möglich*, sondern *von* der Verfügung über dieses Ding auch *abhängig* sein. Erst dadurch wird ein Ding zu einem ökonomischen Gut und unterscheidet sich somit von einem nicht-ökonomischen Gut, von dem die Befriedigung eines Bedürfnisses nur abhängig sein *kann*, nicht aber tatsächlich auch abhängig *ist* (ebenda, S. 84 f). In dem Maße nun, in dem eine solche Abhängigkeit der Befriedigung von Bedürfnissen von einem Ding bzw. von einem Gut tatsächlich vorliegt, hat ein solches Ding/Gut einen *Wert* (ebenda, S. 84, 86, 119) und je nachdem, ob das ökonomische Gut *ohne* Tausch *direkt* zur Befriedigung oder aber *über* einen Tausch *indirekt* zur Befriedigung eines Bedürfnisses dient, ist der Wert ein *Gebrauchswert* oder ein *Tauschwert* (ebenda, S. 83, 213 ff).

Die Relativität des ökonomischen Charakters eines Gutes zu der tatsächlichen Abhängigkeit der Befriedigung eines Bedürfnisses von der Verfügung über dieses Gut und ebenso die Relativität des Wertes eines solchen Gutes im Hinblick auf das Ausmaß der Befriedigung und die Wertschätzung derselben veranlassen Menger, vom „subjektiven" Charakter des Wertes und des Wertmaßes (ebenda, S. 119) zu sprechen; auf Grund der in den Einleitenden Bemerkungen aufgezählten möglichen Mißverständnisse dieses Begriffsgebrauchs sprechen wir hier statt von „subjektivem Wert" von „Konsumtionswert".

Menger weiß die Relativität des ökonomischen Charakters eines Gutes, also seines Wertes und seines Wertmaßes zu der Abhängigkeit der Bedürfnisbefriedigung von demselben an Hand einer Reihe anschaulicher Beispiele zu schildern, die zugleich die „Aktualität" des bedürfnisbezogenen Wertcharakters sichtbar machen:

„Wenn der Bewohner eines Urwaldes über einige hunderttausend Baumstämme verfügt, während er doch nur etwa zwanzig Baumstämme jährlich zur vollen Deckung seines Holzbedarfes benötigt, so wird er sich in der Befriedigung seiner Bedürfnisse keineswegs geschädigt erachten, wenn durch einen Waldbrand etwa tausend dieser Baumstämme zu Grunde gehen würden, insolange er eben mit dem Reste derselben seine Bedürfnisse so vollständig, wie früher, zu befriedigen in der Lage ist. Von der Verfügung über einen einzelnen Baumstamm hängt demnach unter solchen Verhältnissen die Befriedigung keines seiner Bedürfnisse ab und hat ein solcher für ihn deshalb auch keinen Wert. Würden sich dagegen im Urwalde auch zehn wilde Obstbäume befinden, deren Früchte das obige Subjekt genießt, und wäre das Verhältnis eines solchen, daß die ihm verfügbare Menge von Baumfrüchten nicht größer wäre, als sein Bedarf an diesem Gute, so könnte allerdings kein einzelner dieser letzteren Bäume zu Grunde gehen, ohne daß er infolge dieses Umstandes Hunger leiden, oder sein Bedürfnis nach Baumfrüchten doch nur minder vollständig, als bis dahin, befriedigen könnte, und jeder einzelne dieser Obstbäume hätte daher für ihn Wert.

Wenn die Bewohner eines Dorfes täglich tausend Eimer Wasser benötigen, um ihren Bedarf an diesem Gute vollständig zu decken, und über einen Bach verfügen, der täglich hunderttausend Eimer Wasser führt, so hat für dieselben eine konkrete Teilquantität dieses Wassers, z. B. ein Eimer keinen Wert, weil sie ihr Bedürfnis nach Wasser auch dann noch ebenso vollständig befriedigen können, wenn diese Teilquantität ihrer Verfügung entzogen, oder dieselbe überhaupt ihre Güterqualität einbüßen würde. Ja, sie werden täglich viele tausend Eimer dieses Gutes dem Meere zufließen lassen, ohne um dessentwillen in der Befriedigung ihrer Bedürfnisse nach Wasser irgendwie geschädigt zu werden. Es wird demnach, solange das den nicht ökonomischen Charakter des Wassers begründende Verhältnis erhalten bleibt, die Befriedigung keines ihrer Bedürfnisse von der Verfügung über einen Eimer Wasser in der Weise abhängig sein, daß diese Bedürfnisbefriedigung nicht erfolgen würde, wofern sie über jenes Gut nicht verfügen könnten und dies der Grund, warum eine solche Quantität Wasser für dieselben keinen Wert hat. Würde dagegen die Quantität Wasser, die jener Bach führt, in Folge einer außergewöhnlichen Dürre, oder eines anderen Naturereignisses bis auf fünfhundert Eimer täglich sinken, und wäre den Bewohnern des Dorfes, von dem wir hier sprechen, keine andere Bezugsquelle von Wasser zugänglich, so zwar, daß die gesamte denselben verfügbaren Quantität nicht ausreichen würde, um ihr Bedürfnis nach Wasser vollständig zu befriedigen, so würden dieselben keinen irgendwie praktisch bedeutenden Teil der ihnen dann noch verfügbaren Quantität, z. B. einen Eimer, sich entgehen lassen dürfen, ohne in der Befriedigung ihrer Bedürfnisse geschädigt zu sein und jeder konkrete Teil dieser ihnen verfügbaren Quantität würde dann allerdings für sie Wert haben." (ebenda, S. 82 f)

Die Aktualität dieser für Menger typischen Beispiele (ein weiteres ähnlich gelagertes Beispiel s. ebenda S. 100 ff) liegt auf der Hand: Wenn sich für die Erhaltung von hundert Bäumen, ja vielleicht für die Erhaltung eines einzigen Baumes in einer Großstadt eine Bürgerinitiative bildet, wenn die Verschmutzung der Flüsse und der Meere zunehmend auch Behörden, ja ganze eigens eingesetzte Verhandlungskommissionen beschäftigt, dann offenbar doch deshalb, weil das Grün der Bäume und die damit verkoppelte Sauerstoffproduktion und erst recht das Trinkwasser zumindest in dem Maße knapp zu werden drohen, daß die Befriedigung lebensnotwendiger Bedürfnisse in Frage gestellt sein kann oder gar schon ist.
Die hierin zum Vorschein kommende Struktur ökonomischen Handelns wird allgemein unter dem Begriff des „*Grenznutzens*" diskutiert; Menger und mit ihm praktisch gleichzeitig, aber doch unabhängig voneinander W. Stanley Jevons und Léon Walras haben sie als erste auf den Begriff gebracht. Man versteht darunter – fürs erste kurz gesagt – *den Nutzen derjenigen Teilqualität einer Gesamtquantität, die gerade noch zur Befriedigung eines Bedürfnisses erforderlich ist* (vgl. Menger ebenda, S. 98 f).

2.2 Nutzen, Grenznutzen und Tausch bei Jevons

2.3 Grenznutzen (= Seltenheit) bei Walras und Wahlhandlung bei Pareto

2.4 Kritik der Konsumtionswertlehre und der Grenznutzenslehre I

Allgemeine Bemerkung zu 2.2 bis 2.4: Eine Behandlung der Konsumtionswertlehre, die an Ausführlichkeit der vorangehenden Behandlung der Arbeitswertlehre vergleichbar ist, erfordert eine Darstellung der Thematik dieser drei Abschnitte. Dies konnte in dem Rahmen, in welchem dieser Beitrag entstanden ist, nicht geleistet werden, ist jedoch schon aus „Gleichgewichtsgründen" sehr wünschenswert, ja gefordert.[3]

Die im folgenden vorzunehmende vergleichende Darstellung und Kritik II der *beiden* Wertlehren ist daher insoweit unvollständig, als erst eine *gleichermaßen detaillierte* Behandlung der *beiden* Wertlehren auch die Basis für eine umfassende Gegenüberstellung ergeben kann.

3. *Vergleich der beiden Wertlehren und Kritik II*

3.0 Die Komplementarität der beiden Wertlehren oder die komplementäre, d. i. wechselseitig beschränkte Gültigkeit derselben überhaupt

Die beiden Wertlehren verhalten sich zueinander wie die zwei Seiten einer Medaille; jede ignoriert und/oder hält für unwichtig, was der jeweils anderen am Herzen liegt. Während nach Marx und übrigens ebenso schon nach Smith nicht einmal die Arbeit überhaupt, sondern allein die *produktive* Arbeit Werte erzeugt und bestimmt, ist nach Menger *jede Form* der Arbeit für den Wert eines ökonomischen Gutes irrelevant; genau umgekehrt verhält es sich zwischen Marx und Menger mit dem aus der tatsächlichen Befriedigung unserer Bedürfnisse resultierenden Wert der Waren/ökonomischen Güter. Die beiden folgenden Textstellen mögen zur Illustration gegenübergestellt werden:

„Was *produktive Arbeit* ist oder *nicht*, ein Punkt, worüber viel gestritten worden ist hin und her, seit *Adam Smith*[4] diese Unterscheidung machte, muß sich aus der Auseinanderlegung der verschiedenen Seiten des Kapitals selbst ergeben. *Produktive Arbeit* ist bloß die, die *Kapital* produziert. Ist es nicht roll, fragt z. B. (wenigstens ähnlich) Herr Senior, daß der Klaviermacher ein *produktiver Arbeiter* sein soll, aber der *Klavierspieler* nicht, obgleich doch ohne den Klavierspieler das Klavier ein Nonsens wäre? Aber so ist es exakt. Der Klaviermacher reproduziert *Kapital*; der Klavierspieler tauscht seine Arbeit nur gegen Revenue aus. Aber der Klavierspieler produziert Musik und befriedigt unsern Tonsinn, produziert ihn auch gewissermaßen? In fact so tut er: seine Arbeit produziert etwas; darum ist sie nicht *produktive Arbeit* im *ökonomischen* Sinn; so wenig als die Arbeit des Narren produktiv ist, der Hirngespinste produziert. *Produktiv ist die Arbeit nur, indem sie ihr eigenes Gegenteil produziert* ((nämlich Kapital)). Andre Ökonomen lassen daher den sogen. improduktiven Arbeiter indirekt produktiv sein. Zum Beispiel der Klavierspieler gibt Stimulus zur Produktion; teils indem er unsre Individualität tatkräftiger, lebensvoller stimmt, oder auch in dem gemeinen Sinne, daß er ein neues Bedürfnis erweckt, zu dessen Befriedigung mehr Fleiß in der unmittelbaren materiellen Produktion angewandt wird. Darin ist schon zugegeben, daß nur die Arbeit, die Kapital produziert, produktiv ist. . . . Andre Ökonomen sagen, der Unterschied von produktiv und unproduktiv müsse nicht auf die Produktion, sondern auf die Konsumtion bezogen werden. Quite the contrary. Der Tabakproduzent ist produktiv, obgleich der Tabakkonsum improduktiv ist. Die Produktion für unproduktive Konsumtion is quite as productive as that for productive consumption; always supposed that it produces or reproduces capital." (Marx, Grundrisse der Kritik der politischen Ökonomie 1857/58, Berlin 1953, S. 212 f. Fußnote)

„Der Wert, welchen ein Gut für ein wirtschaftendes Individuum hat, ist der Bedeutung jener Bedürfnisbefriedigung gleich, rücksichtlich welcher das betreffende Individuum von der Verfügung über das in Rede stehende Gut abhängig ist. Ob und welche Quantitäten von Arbeit, oder von anderen Gütern höherer Ordnung zur Hervorbringung des Gutes, dessen Wert in Frage ist, verwendet wurden, hat mit der Größe dieses letzteren keinen notwendigen und unmittelbaren Zusammenhang. Ein nicht ökonomisches Gut (z. B. eine Quantität Holz in einem Urwalde) gewinnt deshalb keinen Wert für den Menschen, weil große Quantitäten von Arbeit, oder von sonstigen ökonomischen Gütern zur Hervorbringung desselben verwandt wurden, und ob ein Diamant zufällig gefunden, oder mit einem Aufwande von tausend Arbeitstagen in einer Diamantengrube gewonnen wurde, ist für seinen Wert gänzlich gleichgültig, wie denn überhaupt im praktischen Leben niemand nach der Geschichte der Entstehung eines Gutes fragt, sondern bei Beurteilung des Wertes desselben lediglich die Dienste im Auge hat, welche ihm dasselbe leisten *wird*, und deren er entbehren müßte, wofern er über das betreffende Gut nicht verfügen könnte. Es haben demnach nicht selten Güter, auf die viel Arbeit verwendet wurde, keinen, andere, auf welche keine Arbeit verwandt wurde, einen großen, solche, auf welche viel und andere, auf welche wenig oder keine Arbeit verwandt wurde, einen gleichen Wert für die wirtschaftenden Menschen, und es können somit die auf die Herstellung eines Gutes verwandten Quantitäten von Arbeit, oder von sonstigen Produktionsmitteln, nicht das maßgebende Moment seines Wertes sein. Wohl zeigt uns die Vergleichung des Wertes des Produkts mit dem Werte der zur Hervorbringung desselben verwandten Produktionsmittel, ob und wie weit die Produktion desselben, also ein der *Vergangenheit* angehörender Akt menschlicher Tätigkeit, ein zweckmäßiger, ein ökonomischer war; auf den Wert des Produkts selbst haben die auf seine Hervorbringung verwandten Güterquantitäten aber weder einen notwendigen, noch auch einen unmittelbar maßgebenden Einfluß." (Menger, ebenda, S. 120)

Die radikale Verschiedenheit, ja die extreme Gegensätzlichkeit dieser beiden Ansätze einesteils, ebenso aber das unleugbare, wenn auch nur je partielle Recht der beiden darin zum Ausdruck kommenden Wertlehren anderenteils erfordern eine eingehendere Beantwortung folgender Fragen:

- Wo und wie begrenzen sich die Geltungsbereiche der beiden Wertlehren?
- Gibt es ein Drittes, in dem die beiden Wertlehren übereinkommen, oder zu dem die beiden Wertlehren wenigstens gemeinsam vorstoßen?
- In welchem Verhältnis stehen überhaupt die kategorialen Rahmen der beiden Wertlehren zueinander?

Diese Fragen sollen im folgenden in vier Schritten beantwortet werden und zwar

1. bezüglich Sozialer Systeme, nämlich einfacher Warentauschverhältnisse (/- 3.1)
2. bezüglich „klassischer" kapitalistischer Gesellschaftssysteme, d. i. im wesentlichen ohne staatliche Steuerung (/- 3.2)
3. bezüglich staatlich gesteuerter Wirtschaftssysteme und zwar (a) kapitalistischen und (b) sozialistischen Typs (/- 3.3)
4. bezüglich fundamentaler Formen sozialen/gesellschaftlichen Handelns überhaupt, insbesondere in Bezug auf (a) politisches Handeln und (b) weltanschaulich motiviertes Handeln (/- 3.4); dabei geht es vor allem um den Universalitätsanspruch der beiden Wertlehren.

Anmerkungen

1 Vgl. hz. auch Claudio Napoleoni, Ricardo und Marx (hrsg. u. eingel. v. Christina Pennawaja, dt. Frankfurt 1974), bes. S. 60 ff. und 106 f.; ferner: Hofmann, Soz. ök. Studientexte, Bd. I.

2 Vgl. zum bisherigen auch insgesamt die Unterscheidung zwischen unzutreffender und zutreffender Kritik der Marxschen Wertlehre bei Hofmann, Soz. ök. Studientexte Bd. I, S. 105 ff.

3 Textauszüge und Kommentar zu Jevons, Walras und Pareto in Hofmann, Soz. ök. Studientexte, Bd. I.

4 S. Smith, ebenda, S. 272 ff.

Wulf D. Hund

Homo Socio-Oeconomicus

Die Konstitution der bürgerlichen Gesellschaft bei Adam Smith[1]

1. Das Problem: Homo oeconomicus und homo sociologicus oder Das Dilemma des doppelten Menschen

Ökonomie und Soziologie teilen nicht nur das Los arbeitsteiliger Tätigkeit. Zwar bezahlen auch sie vermehrtes Detailgeschick mit einem Verlust an Übersicht, d. h. der wachsenden Unfähigkeit zur Analyse gesellschaftlicher Totalität. Darüber hinaus haben sie sich aber auch zu Disziplinen entwickelt, die nichtmals mehr einen gemeinsamen Gegenstand benennen. Homo oeconomicus und homo sociologicus scheinen gänzlich verschiedene Spezies.[2]

Als homo oeconomicus, der Mensch der Wirtschaftslehre, „der für sich allein steht und von nichts anderem beherrscht ist als von dem Streben nach seinem Nutzenmaximum",[3] ringt er mit der Natur, um sie seinen Zwecken sich dienstbar zu machen. Als homo sociologicus, der Mensch der Gesellschaftslehre, „der . . . als Träger sozial vorgeformter Rollen . . . (a)m Schnittpunkt des Einzelnen und der Gesellschaft steht",[4] ringt er mit den Erwartungen anderer, um ihnen sein Verhalten anzupassen.

Freilich kann gezeigt werden, wie, insbesondere in historischer Abfolge, homo oeconomicus und homo sociologicus gleichsam eine Persönlichkeitsentwicklung durchgemacht haben. Hinzu tritt, daß sie auf den einzelnen Entwicklungsstufen in unterschiedlichen Entwürfen mit variierenden Charaktereigenschaften ausgestattet wurden. Dabei verdankt sich der allgemeine Wandel beider Modelle der Entfaltung der kapitalistischen Gesellschaftsformation. Homo oeconomicus hatte sich beim Übergang zum Imperialismus den Bedingungen des Monopols und dem Funktionswandel des Staates anzupassen.[5] Homo sociologicus mußte mit der Konstitution des Proletariats zur Klasse das Verhältnis von Lohnarbeit und Kapital endgültig integrationistisch reflektieren.[6]

Gleichwohl hat solcher Wandel die Grundmuster beider Modelle nicht geändert. Hofmann[7] hat gezeigt, wie die zunehmende Verflechtung der Märkte und der Umstand, daß der einzelne „die Daten seines Vorteil-Nachteil-Kalküls in wachsendem Maße fertig vorfindet", nicht dazu geführt haben, „die Konstruktion des homo oeconomicus preiszugeben. In der Tat ist das Element seiner Unfreiheit schon in den homo oeconomicus selbst hineingenommen: es besteht darin, daß er kalkulieren muß." Willms[8] hat in seinem Versuch, die Rollentheorie als Erbin der Vertragstheorie zu charakterisieren, auf die beiden gemeinsame Grundlage der Trennung von Individuum und Gesellschaft verwiesen, welche zunächst in der abstrakt bestimmten subjektiven Freiheit die „Bastion ... (sc. des) Individuum(s) gegen die Sozietät, gegen die Gesellschaft, gegen den Staat behaupte(te)", um hernach „in der Rollenauffassung nicht einzelne Subjekte ..., sondern ‚Rollenträger' ... und ‚Gesellschaft'" gegenüberzustellen.

Für die Analyse des gesellschaftlichen Lebensprozesses nehmen so die unterschiedlichsten Erscheinungsformen von homo oeconomicus und homo sociologicus die Aufgabe wahr, dessen doppelte Grundlage, daß die Menschen weder existieren können, ohne sich die Natur anzueignen, noch ohne miteinander in Beziehung zu treten, in getrennte Modelle zu fassen. Sie versuchen damit, den Verhältnissen einer Gesellschaft gerecht zu werden, in der sich nach den Worten eines ihrer Verehrer „Ungleichheit und Freiheit angemessen vereinigen" bzw. wo „die gesellschaftliche Ungleichheit ihre dialektische Entsprechung in der staatsbürgerlichen Gleichheit habe".[9]

Der Notwendigkeit, Ungleichheit mit Freiheit zu vereinigen, hat sich die moderne bürgerliche Wissenschaft von der Gesellschaft[10] dadurch enthoben, daß sie den herrschaftlich bestimmten Prozeß der Naturaneignung einer von der Untersuchung des gesellschaftlichen Miteinanders getrennten Analyse unterzieht. Sie führt damit theoretisch aus, was bereits die französischen Bürger in ihrer großen Revolution praktisch empfunden haben, indem sie sich als unabhängige Privateigentümer respektvoll bourgeois und als zusammengehörige Staatsbürger leutseelig citoyen riefen.[11]

Habermas hat dem elementaren Kern solcher Vorgehensweise für die gegenwärtige Diskussion populären Ausdruck verliehen.[12] In kategorialer Konfrontation behauptet er einen „Dualismus von Arbeit und Interaktion".[13] Naturaneignung und Vergesellschaftung treten auseinander. Auf der einen Seite steht der Mensch als Bedürftiger und Arbeitender, der die Natur zu eigenem Nutzen umformt. Auf der anderen Seite steht der Mensch als Sozialer und Kommunizierender, der mit seinesgleichen um soziale Anerkennung interagiert.

Damit ist das Dilemma des doppelten Menschen beschrieben, in den der bürgerlichen Gesellschaftswissenschaft ihr an sich einheitlicher Gegenstand auseinanderfällt. Kirchhoff-Hund[14] hat es knapp zusammengefaßt: „Homo sociologicus ist der Mensch der Interaktionstheorie. Robinson sein Gegenspieler. Beider Existenz verdankt sich der Reduktion menschlicher Praxis auf ein ausschließlich natürliches Verhältnis einerseits und die Beziehung der Subjekte zu sich selbst andererseits. Aus dem Zerreißen der Einheit und Doppelbestimmung des Arbeitsprozesses resultiert das gedoppelte Subjekt der bürgerlichen Anschauung. Während das Dasein des Robinson von jeglichem gesellschaftlichen Prozeß unberührt erscheint, ist das des homo sociologicus der Auseinandersetzung mit der Natur enthoben. Seine Tätigkeit ist ausschließlich auf gesellschaftliches Handeln, auf die Interaktion mit dem anderen reduziert."

Die Persönlichkeitsspaltung, die sie ihrem Gegenstand mit der robinsonistischen Existenz des homo oeconomicus und dem sozialen Dasein des homo sociologicus zugefügt haben, wurde von zahlreichen Vertretern der Ökonomie wie der Soziologie durchaus immer wieder schmerzhaft empfunden. Wiewohl sie daraus nicht die vom Herausgeber der Sozialökonomischen Studientexte[15] geforderte Konsequenz zogen, Soziales durch Soziales zu erklären,[16] haben sie im Begriff der Sozialökonomie doch ihren Anspruch angemeldet, die getrennten Dasein von homo oeconomicus und homo sociologicus miteinander auszusöhnen. Nicht nur in dem nach wie vor größtangelegten Versuch in dieser Richtung, dem Grundriß der Sozialökonomik,[17] wird dabei auf dem Weg ad fontes erwogen, ob nicht bereits die Klassiker eine Einheitlichkeit des analytischen Ansatzes vorgetragen hätten, die zwischenzeitlich verfälscht worden und verloren gegangen sei und erst mühsam wieder erneuert werden müsse: „Die klassischen Meister haben die Volkswirtschaft immer in den Schranken von Recht und Sitte gebunden gedacht und sie haben für das Individuum in der Volkswirtschaft nur unter der Voraussetzung Bewegungsfreiheit gefordert, daß der Staat und die anderen maßgebenden gesellschaftlichen Organisationen für den Schutz von Recht und Sitte Sorge tragen."[18] Ungleich weniger vorsichtig heißt es neuerdings in Würdigung Adam Smiths, er habe „niemals übersehen, daß jede Analyse *ökonomischer* Phänomene nur *einen* Gesichtspunkt menschlicher Tätigkeit in der Gemeinschaft erfaßt, so daß ganz bestimmte Annahmen soziologischer und psychologischer Art gemacht werden müssen, wenn die analytischen Resultate für das Verstehen und Gestalten der Wirklichkeit relevant sein sollen."[19] Es müsse daher der Reichtum der Nationen zusammen mit der Theorie der ethischen Gefühle gelesen werden. Sie zeigten sich dann als „eine einmalige Analyse der menschlichen Natur, . . . eine Analyse des moralischen und ökonomischen Verhaltens des einzelnen in der Gemeinschaft, und eine Analyse der Auswirkung dieses Verhaltens auf die sozialen und politischen Einrichtungen, also den Staat."[20]

Stellt sich mithin die Trennung von homo oeconomicus und homo sociologicus letztlich der als den Defiziten epigonaler Theoriebildung entsprungen? Ist in den klassischen Analysen eine ganzheitliche Betrachtungsweise der Individuen und ihres gesellschaftlichen Lebens enthalten, die es nur wieder zu entdecken gilt? Hat Adam Smith, weit davon entfernt, verantwortlich für jenen egoistischen Robinson zu sein, dessen Vaterschaft ihm heute noch angehängt wird,[21] in Wahrheit das Modell eines homo socio-oeconomicus entworfen, welches erlaubt, wirtschaftliches und soziales Handeln in wechselseitiger Abhängigkeit zu begreifen?

2. Das Programm: Moralphilosophie und Nationalökonomie oder Das Adam-Smith-Problem

Smith dachte unter besten Voraussetzungen. Er ist jenem Kreis der schottischen Moralphilosophie[22] zuzurechnen, der in der zweiten Hälfte des 18. Jahrhunderts eine Gesellschaftsauffassung entwickelte, die mancher Rückblick als so bemerkenswert modern[23] einschätzt, daß hier „die Begründer der modernen Soziologie westlichen Gepräges"[24] vermutet werden.

1723 in der kleinen schottischen Marktstadt Kirkcaldy geboren, trat Smith nach dem Besuch einer anerkannt guten Schule als Vierzehnjähriger in die Universität Glasgow ein. Die moralphilosphischen Lektionen Hutchesons sollten ihn dort bleibend beeinflussen.[25] Die Kritik, die Smith an rationalistischen wie egoistischen Moralkonzeptionen üben wird,[26] hatte Hutcheson bereits vorbereitet.[27]

Ähnliche Anregungen blieben nach dem 1740 vollzogenen Wechsel zur Universität Oxford aus. „Mit Erstaunen mußte Smith feststellen, daß man in der ruhmreichen Universität fast nichts lehrte und nichts lernen konnte. Die ungebildeten Professoren, fast alles anglikanische Geistliche, befaßten sich nur mit Intrigen, Polikasterei und Bespitzelung der Studenten."[28] Daß er diese Bedingungen sechs Jahre lang ertrug, mag an seinem mit 40 £ gut dotierten Stipendium[29] gelegen haben.

Die antischottische Stimmung nach dem gescheiterten Aufstand von Anhängern der Stuarts erzwang 1746 Smiths Rückkehr in die Heimat. Diese war, nach der Konstituierung der Union von England und Schottland zum Königreich Großbritannien im Jahre 1707, Bestandteil der „größte(n) Freihandelszone der damaligen Welt"[30] und erlebte einen raschen wirtschaftlichen Aufschwung. Vor dieser Kulisse entwickelte Smith noch vor seiner Berufung zum Professor für Logik 1751 bzw. für Moralphilosophie 1752 an die Universität Glasgow seine Auffassung von den Vorzügen der Handelsfreiheit.[31]

Diese Überlegungen wurden nicht isoliert vorgetragen. Wie schon ihre Vordenker, weit davon entfernt, sich von der Wissensexplosion der Renaissance und der Aufklärung einschüchtern zu lassen, auf der Ordnung der Dinge bestanden und entsprechend versuchten, den Zusammenhang der auseinanderstrebenden Disziplinen ihrer Erkenntnis in diversen Klassifikationssystemen zu benennen, hielten auch Smith und seine Zeitgenossen nicht nur die Verbindung der Wissenschaften untereinander für gegeben, sondern bewegten sich auch kompetent auf deren unterschiedenen Gebieten.

Für Smith lagen die großen Ordnungsversuche von Bacon[32] und Locke[33] lange schon vor. Letzterer hatte zu physica als der Lehre von den Dingen und logica als der Lehre von den Zeichen pracitica als die Lehre von den Handlungen gesellt. Sie galt ihm als „die Kunst, unsere eigenen Kräfte und Tätigkeiten richtig anzuwenden, um Gutes und Nützliches zu erreichen". Als ihr zentraler Zweig wurde die Ethik betrachtet, welcher die „Ermittlung derjenigen Regeln und Maßstäbe der menschlichen Handlungen, die zur Glückseligkeit führen" sowie die „Erfindung von Mitteln, um dementsprechend zu handeln",[34] oblägen.

Der bedeutsamste Versuch, der je angestellt wurde um das Wissen der Zeit ordnend zusammenzufassen, spielte sich unter Smiths Augen ab. Dabei „wurden in dem Artikel ‚Die Wissenschaft , der in der ‚Enzyklopädie' veröffentlicht war, alle Kenntnisse in naturwissenschaftliche und in humanitäre aufgeteilt . . . Die humanitären Wissenschaften . . . w(u)rden in Logik (die Wissenschaft vom Denken) und Ethik (die Wissenschaft von der Gesellschaft oder eine ‚Moralphilosophie') unterteil."[35]

Smith selbst entwickelte neben der grundsätzlichen Unterscheidung von Naturwissenschaft (natural philosophy) und Gesellschaftswissenschaft (moral philosophy)[36] eine Differenzierung der Moralphilosophie in natural theology, ethics, jurisprudence und economics.[37] Die Frage nach dem Zusammenhang seiner beiden zentralen Werke, der Theorie der ethischen Gefühle von 1759 und des Reichtums der Nationen von 1776, ist von hier her zu beantworten.

Nach zwölfjähriger Tätigkeit gab Smith seinen Lehrstuhl in Glasgow auf, um eine durch 300 £ nicht nur doppelt so hoch honorierte, sondern auch mit einer Altersrente verbundene Stelle als Erzieher eines jungen Herzogs anzunehmen.[38] Im Frühjahr 1764 begleitete er diesen auf eine zweieinhalbjährige Auslandsreise, die ihn unter anderem nach Paris, Toulouse und Genf führte. Sie brachte nicht nur ein Wiedersehen mit seinem Freund Hume, sondern auch die Bekanntschaft einiger der produktivsten Geister der Epoche. Smith „lernte . . . die ideologischen Führer des Bürgertums kennen, die Enzyklopädisten vor allem und die Physiokraten. Holbach und Quesnay, Helvetius und d'Alembert, Turgot und zahlreiche andere gehörten zu seinen Bekannten."[39]

Er konnte von ihnen als Gleicher unter Gleichen begrüßt werden, hatte die Theorie der ethischen Gefühle ihn doch mit einem Schlag auch über die Grenzen Großbritanniens hinaus populär gemacht und schrieb ihm Hume noch kurz vor seiner Abreise nach Frankreich: „The Baron d'Holbac, whom I saw at Paris, told me, that there was one under his Eye that was translating your Theory of moral Sentiments; and desird me to inform you of it".[40] Mehr noch als zu geben aber war zu nehmen. Quesnay hatte sein tableau économique bereits 1758 vorgelegt.[41] Turgot, dessen gelehriger Schüler mit dem praktischen Sinn, formulierte gerade seine Réflexions sur la formation et la distribution des richesses, die 1766 erscheinen sollten.[42] Schon seit 1750 waren Diderot und d'Alembert mit der Herausgabe der Enzyklopädie beschäftigt.[43]

Derlei Umgang wird später helfen, das Adam-Smith-Problem zu begründen.[44] Es soll vor allem daher zu verstehen sein, „daß zwischen die Herausgabe seiner ‚Theory of moral sentiment' von 1759 mit ihrer in der ‚Sympathy' vorgewiesenen Grundlage und die seiner nationalökonomischen ‚Inquiry' von 1776 mit ihrem ‚Selfinterest' sein Aufenthalt in Frankreich fällt."[45]

Smith, 1766 zunächst nach London und danach nach Kirkcaldy zurückgekehrt, arbeitete insgesamt zwölf Jahre an der Fertigstellung des Reichtums der Nationen. 1764 hatte er in einem Brief an Hume beiläufig bemerkt: „Ich habe begonnen, ein Buch zu schreiben, um mir die Zeit zu vertreiben".[46] 1776 endlich konnte das Werk erscheinen. „Der Widerspruch, den die meisten Nationalökonomen zwischen den beiden Hauptwerken Smiths zu finden glaubten, lag in Folgendem: Die Theory of moral sentiments hatte offenbar die Sympathie zur Grundlage der Ethik gemacht und damit . . . den Menschen als im tiefsten Grund altruistisch hingestellt. Nun erschien . . . der Inquiry into the nature and causes of the wealth of nations und hier w(u)rd(e) nun deutlich der Egoismus als Grundmotiv alles menschlichen Handelns angenommen".[47]

Eine Reihe verunsicherter Interpreten versuchte sich des damit bezeichneten Problems durch die Umschwungstheorie zu entledigen.[48] Der Autor des Reichtums der Nationen habe eben sein Menschenbild nach der Abfassung der Theorie der ethischen Gefühle grundsätzlich verändert. Beide Arbeiten seien auf gänzlich verschiedene Ausgangsüberlegungen gegründet. Nicht erst heute wird diesem Erklärungsversuch vorgehalten, in ihm hätten wir es mit einem in der Wissenschaftsgeschichte seltenen Fall „einfältiger oder bösartiger Kritik“[49] zu tun, sei doch „(t)he so-called ‚Adam Smith problem‘ . . . a pseudo-problem based on ignorance and misunderstanding.“[50]

Wer einerseits mit Recht gegen die Umschwungstheorie vorbringt, sie übersehe den systematischen Zusammenhang der Theorie der ethischen Gefühle und des Reichtums der Nationen in Smiths Konzept der Moralphilosophie, ist damit allerdings nicht der Rechenschaftspflicht darüber enthoben, in wieweit sich die in beiden Arbeiten unterschiedlich gewählten Bezugspunkte Egoismus und Sympathie widerspruchslos vereinbaren lassen. Ergänzen sich beide zu einer ganzheitlichen sozialökonomischen Analyse des gesellschaftlichen Lebens? Oder trägt die vermeindliche Konstruktion eines homo socio-oeconomicus die ungleichen Zwillinge homo oeconomicus und homo sociologicus schon in sich?

3. Die Lösung: Egoismus und Sympathie oder Die Segnungen der unsichtbaren Hand

Im Reichtum der Nationen singt Smith einleitend das hohe Lied der Arbeitsteilung.[51] Um diese gruppiert er die beiden ihm zentralen Charaktereigenschaften des wirtschaftenden Menschen: die Neigung zum Tausch und den Wunsch zur Verbesserung der Lebensbedingungen. Beide werden individualistisch interpretiert. Der Wunsch zur Verbesserung der Lebensbedingungen dient dabei zur Erklärung des Mehrprodukts als Voraussetzung der Arbeitsteilung. Diese wird zunächst von der vorgängigen Ansammlung von Kapital abhängig gemacht:[52]

"In that rude state of society in which there is no division of labour, in which exchanges are seldom made, and in which every man provides every thing for himself, it is not necessary that any stock should be accumulated or stored up beforehand in order to carry on the business of the society. Every man endeavours to supply by his own industry his own occasional wants as they occur. . . .

But when the division of labour has once been thoroughly introduced, the produce of a man's own labour can supply but a very small part of his occasional wants. The far greater part of them are supplied by the produce of other mens labour, which he purchases with the produce, or, what is the same thing, with the price of the produce of his own. But this purchase cannot be made till such time as the produce of his own labour has not only been compleated, but sold. A stock of goods of different kinds, therefore, must be stored up somewhere sufficient to maintain him, and to supply him with the materials and tools of his work till such time, at least, as both these events can be brought about. . . .

As the accumulation of stock must, in the nature of things, be previous to the division of labour, so labour can be more and more subdivided in proportion only as stock is previously more and more accumulated" (WN, S. 276 f.).

Smiths Robinson lebt ersichtlich nicht auf lichter Insel. Mag dies zwar in einem rude state of society möglich gewesen sein, wo every man endeavours to supply by his own industrys his own occasional wants, so bleibt es doch ganz ausgeschlossen, wo unter den Bedingungen der Arbeitsteilung solche Bedürfnisse are supplied by the produce of other mens labour. Es ist daher kein Widerspruch, wenn Robinson in der Gesellschaft anderer lebt, sondern gehört vielmehr zu seinen vornehmsten Kennzeichen. Nicht daß dem einzelnen seine Gesellschaft abhanden gekommen sei, macht ihn zum Robinson. Sondern daß er in der Gesellschaft seine Lebensprobleme alleine zu bewältigen hat, macht diese zu einer Gesellschaft von Robinsonen.

Auch die Grundlagen der Arbeitsteilung sind auf diese Weise zu schaffen. Um sich der Fertigung eines speziellen Produkts widmen zu können, muß der einzelne derweil nicht etwa von anderen unterhalten werden, sondern vielmehr, sich selbst versorgend, store up a stock of goods of different kinds. Wie aber kann solche accumulation of stock, welche die division of labour allererst möglich macht, erfolgen? Smith nennt ein bis heute als probat betrachtetes Mittel und verschweigt auch nicht dessen Abkunft:[53]

"Capitals are increased by parsimony, and diminished by prodigality and misconduct. . . . Parsimony, and not industry, is the immediate cause of the increase of capital. Industry, indeed, provides the subject which parsimony accumulates. But whatever industry might acquire, if parsimony did not save and store up, the capital would never be greater. . . .

(T)he principle which prompts to save, is the desire of bettering our condition, a desire which . . . comes with us from the womb, and never leaves us till we go into the grave. . . . An augmentation of fortune is the means by which the greater part of men propose and wish to better their condition" (WN, S. 337 u. 341).

Nicht aus Geiz, sondern getrieben von dem Wunsch to better their condition, sparen die kapitalistischen Epikureer. Gezielte Sparsamkeit soll sich auszahlen in besserem Leben. Daher sei erstrebenswert, durch parsimony eine augmentation of fortune zu erreichen, wie Smith in seiner Sprache, die ihm beherzt für Glück und Vermögen nämliches Wort zur Verfügung stellt, eingängig formulieren kann.

Der Wunsch nach Verbesserung der Lebensverhältnisse schafft die Bedingungen der Möglichkeit von Arbeitsteilung. Damit sie nun aber tatsächlich stattfinde, bedarf es einer weiteren fundamentalen menschlichen Regung. Erklärungsbedürftig ist, warum nicht „every man must have procured to himself every necessary and conveniency of life which he wanted."[54] Davor bewahre ihn „the disposition to truck, barter and exchange" („die Neigung oder Anlage zum Tauschen und Handeln").[55] Ihr sei letztlich die Entwicklung arbeitsteiliger Produktion zu danken:[56]

"This division of labour . . . is not originally the effect of any human wisdom, which foresees and intends that general opulence to which it gives occasion. It is the necessary, though very slow and gradual consequence of a certain propensity in human nature which has in view no such extensive utility; the propensity to truck, barter, and exchange one thing for another. . . .

It is common to all men, and to be found in no other race of animals, which seem to know neither this nor any other species of contracts. . . . In almost every other race of animals each individual, when it is grown up to maturity, is intirely independent, and in its natural state has occasion for the assistence of no other living creature. But man has almost constant occasion for the help of his brethren, and it is in vain for him to expect it from their benevolence only. He will be more likely to prevail if he can interest their self-love in his favour, and shew them that it is for their own advantage to do for him what he requires of them. . . . It is not from the benevolence of the butcher, the brewer, or the baker, that we expect our dinner, but from their regard to their own interest. We address ourselves, not to their humantiy but to their self-love, and never talk to them of our own necessities but of their advantages" (WN, S. 25 ff.).

Der Versuch robinsonistischer Vergesellschaftung schein also geglückt. Wieder ist es kein isoliert gedachter einzelner, der ihn vollzieht, sondern der Mensch mit seiner constant occasion for the help of his brethren. Wieder helfen diese Brüder aber nur dem, der sich zuvor selbst geholfen hat. So nützte es diesem denn auch nicht, an deren benevolence zu appellieren. Die er von sich kennt, self-love, spricht er vielmehr bei jenen an, um ihren regard to their own interest zu schärfen.

In der Theorie der ethischen Gefühle vermeint man gleich eingangs ganz andere Töne zu hören. Eingestimmt wird nicht auf die Melodie vom selbstischen Robinson, sondern auf die vom einfühlsamen Mitmenschen. Auch jenen, die den Menschen für noch so „selfish" halten, wird mitgeteilt, daß „there are evidently some principles in his nature, which interest him in the fortune of others, and render their happiness necessary to him, though he derives nothing from it except the pleasure of seeing it."[57] Doch dem, der gelernt hat, Zwischentöne zu hören, klingt hier nicht Selbstlosigkeit gegen Egoismus an. Der interest des einen an der happiness des anderen mündet nicht in tätige Fürsorge, sondern verharrt kontemplativ in der pleasure of seeing.

Der Grund hierfür wird im folgenden nicht verschwiegen. Er bestehe darin, daß „(e)very man is, . . . by nature, first and principally recommended to his own care . . . Every man, therefore, is much more deeply interested in whatever immediately concerns himself, than in what concerns any other man".[58] Er ist deswegen berechtigt, im Wettlauf nach Reichtum und Ehre alles daran zu setzen, seine Konkurrenten auszustechen. Allerdings darf er diese an selbem Vorhaben nicht hindern, will er sich nicht einer „violation of fair play"[59] schuldig machen.

So wie an diesem race for wealth and honours jeder beteiligt ist, schaut ihm auch jeder zu. Als Mitläufer versucht er zu siegen. Als Zuschauer wacht er, daß keine violation of fair play ihn daran hindere. Werden die Regeln beachtet, kann er freilich auch dem Konkurrenten seinen Erfolg nicht neiden. Die pleasure of seeing ist die des Betrachters eines im ehrlichen Kampf errungenen Erfolgs.

Vor diesem Hintergrund entwickelt Smith sein Konzept vom unparteiischen Zuschauer. Es beruht auf der menschlichen Fähigkeit zur Sympathie:[60]

"As we have no immediate experience of what other men feel, we can form no idea of the manner in which they are affected, but by conceiving what we ourselves should feel in the like situation. . . .

Sympathy . . . may . . . be made use of to denote our fellow-feeling with any passion whatever. . . .

(O)ur sympathy with the grief or joy of another, before we are informed of the cause of either, is always extremely imperfect. . . . Sympathy, therefore, does not arise so much from the view of the passion, as from that of the situation which exites it. . . .

(T)hat there may be some correspondence of sentiments between the spectator and the person principally concerned, the spectator must, first of all, endeavour, as much as he can, to put himself into the situation of the other . . . After all this, however, the emotions of the spectator will still be very apt to fall short of the violence of what is felt by the sufferer. . . . In order to produce . . . concord, as nature teaches the spectators to assume the circumstances of the person principally concerned, so she teaches this last in some measure to assume those of the spectators . . . As their sympathy makes them look at it, in some measure, with his eyes, so his sympathy makes him look at it, in some measure, with theirs" (TMS, S. 9 ff., 21 f.).

Sympathy will ersichtlich mit benevolence nicht verwechselt sein. Schon gar nichts gemein hat sie mit Altriusmus. Unser fellow-feeling mit anderen wird von Smith durch seine ganze Konstruktion davor geschützt, in den auch nur geringsten Verdacht der Selbstlosigkeit zu geraten.

Schon die Quelle der Sympathie gewährleistet, daß sie über kein Ziel hinausschießt. Es ist nicht das Gefühl des anderen, auf das der eine sich einzulassen hätte. Vielmehr kann es nur um die Vorstellung dessen gehen, was er selbst should feel in the like situation.

Weiter bringt der Bezugspunkt der Sympathie mit sich, diese in Grenzen zu halten. Wird sie doch nicht angerührt durch Betrachtung of the passion, sondern durch solche of the situation. Weder die Wehklage noch der Freudenausbruch des anderen sind es, mit denen der eine sich zu identifizieren hätte. Er muß sich vielmehr in die Situation zu versetzen trachten, die beim anderen derlei Affekte hervorruft. Solcher Situationsbezug der Sympathie gibt dieser eine stark normativ-strukturelle Prägung, die spätere rollentheoretische Entwürfe schon ahnen läßt. Daß wir „sympathize even with the dead",[61] zeigt nicht nur, wie wenig es die tatsächlichen Gefühle der Betroffenen sind, in die wir uns versetzen, sondern vor allem auch, wie sehr wir uns dabei auf spezifisch strukturierte Situationen beziehen, die uns z. B. mit einem anderen Empfindungen haben lassen, der selbst ganz empfindungslos ist. Daß wir „sometimes feel for another, a passion of which he himself seems to be altogether incapable",[62] zeigt ebenfalls nicht nur, wie wenig es die tatsächlichen Gefühle der Betroffenen sind, in die wir uns versetzen, sondern vor allem auch, wie sehr wir dabei spezifische Normen aktualisieren, die uns z. B. Scham für das ungebührliche Benehmen eines anderen empfinden lassen, der selbst ganz schamlos handelt.

Schließlich ist Sympathie, um nicht überzuschäumen, in einem denkwürdigen Sinne reziprok. Habe doch die Natur nicht nur die Zuschauer gelehrt to assume the circumstances of the person principally concerned, sondern auch jenen Betroffenen to assume those of the spectators.

Aus diesen Überlegungen das Elementarmodell sozialen Verhaltens zu destillieren, bedarf nurmehr einfacher Abstraktion:[63]

"The principle by which we naturally either approve or disapprove of our own conduct, seems to be altogether the same with that by which we exercise the like judgments concerning the conduct of other people. We either approve or disapprove of the conduct of another man according as we feel that, when we bring his case home to ourselves, we either can or cannot entirely sympathize with the sentiments and motives which directed it. And, in the same manner, we either approve or disapprove of our own conduct, according as we feel that, when we place ourselves in the situation of another man, and view it, as it were, with his eyes and from his station, we either can or cannot entirely enter into and sympathize with the sentiments and motives which influenced it. We can never survey our own sentiments and motives, we can never form any judgment concerning them; unless we remove ourselves, as it were, from our own natural station, and endeavour to view them as at a certain distance from us. But we can do this in no other way than by endeavouring to view them with the eyes of other people, or as other people are likely to view them. Whatever judgment we can form concerning them, accordingly, must always bear some secret reference, either to what are, or to what, upon a certain condition, would be, or to what, we imagine, ought to be the judgment of others. We endeavour to examine our own conduct as we imagine any other fair and impartial spectator would examine it. If, upon placing ourselves in his situation, we thoroughly enter into all the passions and motives which influenced it, we approve of it, by sympathy with the approbation of this supposed equitable judge. If otherwise, we enter into his disapprobation, and condemn it" (TMS, S. 109 f.).

Nicht als wechselseitig an sozialer Aktion Beteiligte befragen die gesellschaftlichen Individuen einander ob der ethischen Qualitäten ihrer Handlungen. So kann auch der einzelne an keinen anderen sich wenden, um sein eigenes Verhalten beurteilen zu lassen. Da wir aber gleichwohl einer certain distance from us bedürfen, nur durch some secret reference to the judgment[64] of others klären können, inwieweit unser Tun und Lassen sympathisch sei, benötigen wir jenen impartial spectator, der uns, indem wir uns in ihn versetzen um durch seine Augen unser Handeln zu betrachten, zum equitable judge darüber aufwirft.

Daß, wie u. a. Habermas[65] betont, am Anfang der Soziologie, d. h. auch in der „Soziologie der Schotten", „Gesellschaft *als ganze* in den Blick" tritt, zeigen die Skizzen Robinsons wie des unparteiischen Zuschauers. Egoismus und Sympathie schließen bei Smith einander nicht aus. Im Zentrum aller menschlichen Tätigkeit steht das Streben nach Wohlstand. Ökonomisch betrachtet entspringt es dem Wunsch nach Verbesserung der Lebensbedingungen und mündet in materiellen Reichtum. Nämlichen Ursprung hat es sozial gesehen und führt zu erhöhtem sozialen Prestige.[66] Was dem einen nützt, macht ihn dem anderen sympathisch – hinter dieser Faustregel sozialen Handelns steht das ganze Pathos eines aufstrebenden Bürgertums, das mit der industriellen Revolution gerade erst in die Hochphase seiner Entwicklung eingetreten ist.

Gleichwohl kann die Frage, ob ein solcher homo socio-oeconomicus eins mit sich sei, nicht bejaht werden. Allerdings macht nicht, daß der Verfasser des Reichtums der Nationen jenem der Theorie der ethischen Gefühle widerspräche, ein Adam-Smith-Problem aus. Dies muß vielmehr gerade darin gesehen werden, wie die Zusammenfassung beider Perspektiven gelingt: in der Klammer der Moralphilosophie.

Sie allein erlaubt jene spezifische Konstruktion, in der Irrlitz das Grundmuster der klassischen bürgerlichen Ethik sieht. „Das bürgerliche Individuum ist egoistisch, wo es real agiert. Es ist irreal, ein ideelles Individuum, wenn es sozial ist. Das ideelle Individuum wird als das moralische Subjekt gefaßt. Moralität ist also die ideelle Form, in die das Individuum flüchtet, wenn es aus der antagonistischen Realität herauswill . . . Die Moralität des Subjekts ist die Aufhebung der antagonistischen Realität unter der Bedingung, daß sie erhalten bleibt".[67] Die Individualität von Naturaneignung und Eigentumsbildung und die Sozialität gemeinschaftlichen Umgangs werden nur deswegen einer Zusammenschau zugänglich, weil sie sich unter den Auspizien der Moralphilosophie auf unterschiedenen Ebenen ansiedeln lassen.

Weil er das bürgerliche Individuum als Arbeiter in der sensuellen und als Zuschauer in einer intelligiblen Welt agieren lassen kann, muß es dem klassischen Meister Smith nicht in einen lediglich egoistisch wirtschaftenden homo oeconomicus einerseits und einen allein sozial interagierenden homo sociologicus andererseits auseinandertreten. Trotzdem leidet sein homo socio-oeconomicus bereits unter jener Persönlichkeitsspaltung, die später seine ungleichen Teile beziehungslos wird entzweifallen lassen. Daß sie noch zusammenhalten, liegt vor allem daran, daß Smith von einem noch nicht als Klasse konstituierten, sich erst entwickelnden Proletariat nicht daran gehindert wird, die Mitglieder der bürgerlichen Gesellschaft einheitlich als bürgerliche Charaktere zu reflektieren.[68]

Allerdings muß aus dieser Perspektive, wo Hofmann darauf besteht, es sei „Smith ... keineswegs jener hemdsärmelige ‚Manchesterliberalist' des brutalen Eigennutzes gewesen", sondern habe vielmehr „(i)n seiner Lehre von der Verwirklichung des Gemeininteresses durch die individuelle Vorteilssuche ... die große gesellschaftliche Hoffnung des frühen Bürgertums"[69] ausgedrückt, hinzugefügt werden, daß er dabei die spezifischen Beschränkungen des bürgerlichen Charakters nicht aufheben konnte. Einerseits wird der bürgerliche Mensch mit dem realen Egoismus seines individuellen Bereicherungsstrebens erfaßt. Andererseits wird hierin nicht der formationsspezifische Ausdruck kapitalistischer Warenproduktion gesehen, sondern dadurch verschleiert, daß er naturalisiert als Tauschtrieb erscheint.[70] Einerseits wird der bürgerliche Mensch mit der imaginierten Sympathie seiner zwischenmenschlichen Beziehungen erfaßt. Andererseits wird hierin nicht der formationsspezifische Ausdruck der Trennung von Staat und Gesellschaft bzw. des politischen Zusammenhangs der ökonomisch konkurrierenden bürgerlichen Subjekte gesehen, sondern dadurch verschleiert, daß er idealisiert als Mitgefühl erscheint.[71]

Es gehört mit zur Größe des Smithschen Werks, daß in ihm die Grenzen seiner eigenen Analyse bezeichnet werden. Auch nämlich, wo die Gemeinschaft der Robinsone sich unter den wachsamen Augen ihrer selbst als unbeteiligter Zuschauer der Mehrung ihres je persönlichen Wohlstandes in Achtung aller Regeln des fair play widmet, erfolgt die Erfüllung ihrer wechselseitigen Interessen nicht durch bewußte Aktion, sondern durch die Wirkungen einer unsichtbaren Hand. Mit ihr hat Smith eine erste, noch metaphorische Vorstellung des Wertgesetzes umschrieben.[72] Wo der einzelne „intends only his own gain" und dabei doch geführt wird „by an invisible hand to promote and end which was no part of his intention": „the public interest",[73] ist weder im Reichtum der Nationen noch in der Theorie der ethischen Gefühle die Rede von sozialer Gerechtigkeit. Daß die Besitzenden unter den Bedingungen privaten Eigentums „are led by an invisible hand to make nearly the same distribution of the necessaries of life, which would have been made, had the earth been divided into equal portions among all its inhabitants",[74] verweist auf keine kommunistische Idylle, sondern auf den äquivalenten Tausch der kleinen Warenproduzenten aus Smiths gesellschaftlicher Urzeit, wo „the proportion between the quantities of labour necessary for acquiring different objects seems to be the only circumstance which can afford any rule for exchanging them for one another."[75]

4. Der Hintergrund: Ursprüngliche Akkumulation und bürgerliche Revolution oder Private Laster als öffentliche Tugenden

Der homo socio-oeconomicus in Smiths Gesellschaftsanalyse skizziert das Grundmuster des bürgerlichen Charakters. Er erklärt es allerdings weder, noch zeigt er seine Herkunft. Gleichwohl verweist die Konstitution der bürgerlichen Gesellschaft durch Egoismus und Sympathie ebenso auf den Hintergrund, vor dem homo socio-oeconomicus überhaupt nur agieren kann, wie sie auch auf die Mechanismen hindeutet, die solchen Hintergrund sorgsam zu verbergen helfen. Ist doch der Egoismus, mit dem homo socio-oeconomicus als Robinson wirtschaftet, nicht nur die ins Psychologische übersetzte Verwertungsgesetzmäßigkeit des Kapitals. Er verbirgt vielmehr auch dessen Geburtsstunde, die nicht von den unbestechlichen Regeln des Marktes regiert wurde sondern von der Gewalt des Raubes. Und ist doch die Sympathie, mit der homo socio-oeconomicus als unparteiischer Zuschauer waltet, nicht nur das ins Psychologische übersetzte ideelle Gesamtinteresse der bürgerlichen Wirtschaftssubjekte an der Beachtung von Recht und Gesetz. Sie verbirgt vielmehr auch deren Kern, die Trennung dieser Subjekte durch das Prinzip der Konkurrenz und ihr Wohlbefinden durch das Prinzip der Ausbeutung.

Was so verborgen bleiben soll, hat sich aber real entwickelt. Die Geschichte gibt daher die Geheimnisse des homo socio-oeconomicus preis. In der ursprünglichen Akkumulation zeigt sich der Egoismus als Gewalt einer Klasse zur Erringung und Verteidigung ökonomischer Herrschaft. In der bürgerlichen Revolution zeigt sich die Sympathie als Gewalt einer Klasse zur Erringung und Verteidigung politischer Macht.

In der ursprünglichen Akkumulation als der über Gewalt vermittelten Aufhäufung großer Vermögen und Herstellung doppelt freier Lohnarbeiter werden die Grundelemente kapitalistischer Produktion entwickelt.

Was die Herstellung doppelt freier Lohnarbeiter anbelangt, umschließt der Prozeß der ursprünglichen Akkumulation vor allem die Trennung der Bauern von den landwirtschaftlichen Produktionsmitteln. Sie ist unter dem Begriff Einhegungen in die Wirtschaftsgeschichten eingegangen, der die feudalherrlich-bürgerliche Wegnahme bäuerlichen Landes und insbesondere der Allmenden umschreibt.

In England fiel die erste Phase der Einhegungen in die Zeit vom 15. bis zum 17. Jahrhundert. Sie resultierte aus einem Wandel der agrarischen Verhältnisse durch steigenden Nahrungsmittelbedarf auf Grund raschen Bevölkerungswachstums einerseits und zunehmenden Wollbedarf durch Ausdehnung der Textilproduktion andererseits. Es war die Zeit, in der die Schafe Menschen fraßen.[76] Diese wurden von ihren Reproduktionsbedingungen getrennt und zahlreich auf die Straße geworfen. Landstreicherei und Bettelei wuchsen rapide. Reaktion waren drakonische Strafen und Arbeitszwang. „Lohnarbeit und die Armengesetze (Poor Law) sind gleichzeitig entstanden und haben sich gegenseitig ergänzt. Die harten Strafen, denen arbeitsfähige Bettler seit dem .. 16. Jh. ausgesetzt waren, sollten Untätige zur Arbeit zwingen."[77]

Eine noch ungleich gewaltigere Welle der Enteignung und Freisetzung von Landbevölkerung brachte die zweite Phase der Einhegungen vom 18. bis in die Mitte des 19. Jahrhunderts. Allein in der zweiten Hälfte des 18. Jahrhunderts wurden über 1500 Einhegungsgesetze erlassen und mit ihrer Hilfe mehr als 2,5 Millionen acres eingehegt.[78] Mit den yeomen, unabhängigen Bauern, verschwand eine ganze soziale Schicht. Wer allein die Verhältnisse zu Beginn und am Ausgang des 18. Jahrhunderts betrachtete, meint Toynbee, und „mit der Geschichte Englands im dazwischenliegenden Zeitraume nicht bekannt wäre, müßte annehmen, es hätte ein verheerender Krieg, eine gewaltsame soziale Umwälzung stattgefunden, die die Verschiebung des Grundeigentums von einer Klasse an eine andere bewirkt hätte."[79] In ihrer Folge standen zehntausende enteigneter und verarmter potentieller Lohnarbeiter.

Was die Aufhäufung großer Vermögen anbelangt, umschließt der Prozeß der ursprünglichen Akkumulation vor allem die räuberische und kriegerische Akzession fremden Besitzes. Die neben den Einhegungen wichtigsten Erwerbsmethoden waren Kolonialismus, Seeräuberei, Krieg und Sklavenhandel.

Hinsichtlich der Errichtung kolonialer Herrschaft durch die „Inbesitznahme des gesamten Reichtums der eroberten Gesellschaft als Beutegut"[80] flossen aus den Plünderungen Mittelamerikas und Indiens unermeßliche Reichtümer nach Europa. Allein zwischen Beginn des 16. und Mitte des 17. Jahrhunderts schleppten die Spanier fast 200 000 kg Gold und 16 Millionen kg Silber aus Amerika fort, Reichtümer, die, wie Galeano bildreich formuliert, auch England zugute kamen: „Die Spanier hatten die Kuh, aber andere waren es, die die Milch tranken."[81] In Indien mochte sich England mit bloß mittelbarem Nutzen nicht begnügen. Mandel hält es für „nicht übertrieben, wenn man den Wert der britischen Plünderungen in Indien während der Periode 1750–1800 mit 100 bis 150 Millionen Goldpfund angibt".[82]

Auch der koloniale Handel der diversen englischen Kaufmannsgesellschaften bot Möglichkeiten gewaltiger Bereicherung. Brentano teilt mit, daß der russischen Kompanie der Handel mit Persien in der zweiten Hälfte des 16. Jh. Gewinne von 300 bis 400 Prozent einbrachte, daß die 1581 gegründete levantinische Kompanie an 300 Prozent Gewinn gewöhnt war und daß 40 bis 60 Prozent Gewinn im Vergleich zu dem der afrikanischen Kompanie als gering angesehen wurden.[83] Nach Kulischer brachte die ostindische Kompanie im 17. Jh. bei ihren ersten Expeditionen einen durchschnittlichen Gewinn von 171 Prozent ein und handelte die Hudsonbay Kompanie zu Beginn des 18 Jh. gar mit 2000 Prozent Gewinn.[84]

Außer den Engländern mußten auch die Spanier, Portugiesen, Franzosen, Niederländer u. a. ihre Beute wenigstens vorübergehend dem Meer anvertrauen. Entsprechend lukrativ erschien die Seeräuberei. Sie „bildete ein in allen Schichten der englischen Gesellschaft verbreitetes Gewerbe",[85] zu dem nach Rühles Schilderung die Staatsmänner die Pläne entwarfen, für das die Handelskapitalisten die Schiffe ausrüsteten und in dessen Gewinn sich Königshaus, Hofgesellschaft, Ausrüster und Freibeuter teilten.[86] Francis Drakes großer Raubzug von 1577/80 z.B. brachte den Aktionären des Unternehmens, zu denen auch Königin Elisabeth gehörte, 4700 Prozent Gewinn.[87] Während Elisabeths Regierungszeit sollen die englischen Piraten insgesamt um 12 Millionen £ erbeutet haben.[88]

Neben den privaten der Seeräuber sicherten die staatlichen Kriege der Armee den Reichtum der Nation. Mit den Spaniern im 16. Jh. den Niederländern im 17. Jh. und den Franzosen im 18. Jh. wurden die gefährlichsten Konkurrenten um die koloniale Beute entscheidend geschwächt. Ein Jahr vor Smiths Reise nach Frankreich hatte England mit dem Frieden von Paris seine koloniale Vorherrschaft endgültig besiegelt: „Das Ergebnis war der größte Triumph, der je von einem Staat errungen wurde: die faktische Monopolstellung unter den europäischen Mächten in überseeischen Kolonien".[89]

Unter diesen Bedingungen sprudelte eine der perfidesten und ergiebigsten Einnahmequellen immer reichhaltiger – der Sklavenhandel. Forster gibt an, daß er zwischen 100 und 1000 Prozent Gewinn einbrachte.[90] Schon im 16. Jh. machte ihn John Hawkins zum einträglichen Geschäft. Er wurde dafür geadelt und wählte als Helmzeichen einen gefesselten Schwarzen. Im 17. Jh. erwirtschaftete die afrikanische Kompanie durch das Sklavenhandelsmonopol ihre enormen Gewinne. Zu ihren Aktionären gehörte ‚selbst der Philosph der angeborenen Freiheit und Gleichheit der Menschen, John Locke." Im 18. Jh. erreichte der Sklavenhandel seine größte Ausdehnung. In den hundert Jahren vor Erscheinen des Wealth of Nations sollen allein englische Schiffe nahezu 3 Millionen Sklaven nach den Kolonien Spaniens, Frankreichs und Englands gebracht haben. Ganz Städte erblühten auf diesem Handel: „Großbritannien war im 18. Jahrhundert der Mittelpunkt des Sklavenhandels, und in England selbst stellte Liverpool wiederum seine Hauptstätte dar."[91] Auf seinen Schiffen wurden z. B. in den zehn Jahren nach 1783 über 400 000 Sklaven transportiert, die einen jährlichen Gewinn von nahezu 300 000 £ brachten.[92]

Dem Prozeß der ursprünglich Akkumulation fehlt offensichtlich das Gleichgewicht von Egoismus und Sympathie. Den Wunsch, ihre Lebensbedingungen zu verbessern, setzen die an ihm Beteiligten brachial durch. Der auf ihre eigenen Interessen läßt keinen Blick zu auf diejenigen der enteigneten Landbevölkerung und der ausgeplünderten und versklavten Kolonialvölker. Daß sich trotzdem, wie Mandeville[93] hintersinnig formuliert, private Laster als öffentliche Tugenden erweisen, zeigt deren Charakter als Klassentugenden.

Hiergegen scheint Smith einen anderen Egoismus zu vertreten.[94] Als Triebfeder geblieben, soll er unter Wahrung der Spielregeln sich äußern. Nicht mehr auf Kosten anderer dürfe der eigene Vorteil verfolgt werden. Wo Mandeville vorgearbeitet hat,[95] reinigt Smith das Konzept des Egoismus von den Spuren der ursprünglichen Akkumulation.[96] Die trüben Quellen des bürgerlichen Reichtums verschwinden im Dunkel der Vorgeschichte. An die Stelle der Einheger, Kolonialisten, Seeräuber und Sklavenhändler tritt der genügsame Sparer. In unbefleckter Empfängnis erblickt der bürgerliche Reichtum das Licht der Welt. Einmal vorhanden, muß er vor Antastung sicher sein. Ob sie nun Boden, Kapital oder Arbeit besitzen, haben sich alle gleichermaßen zum Eigentum zu verhalten: sie versuchen das eigene zu mehren, respektieren das fremde und tauschen ihres gegen anderes nach den Gesetzen des Marktes.

Indem Smith alle an diesem Prozeß beteiligten als bürgerliche Wirtschaftssubjekte behandelt,[97] kann er die Konstruktion eines homo socio-oeconomicus durchhalten. Das er in ihr nicht zu entziffern vermag, das Problem der unbezahlten Mehrarbeit, legt in dieser Konstruktion aber bereits jene Spaltung an, die sie später sprengen wird.

Wie der Egoismus in Smiths Version den Prozeß der ursprünglichen Akkumulation verbirgt und sich als den doch klassenmäßig unterschiedenen Teilhabern an der auf Aneignung unbezahlter Mehrarbeit beruhenden Akkumulation gemeinsamer bürgerlicher Charakterzug ausgibt, so verbirgt Smiths Konzeption der Sympathie den Prozeß der bürgerlichen Revolution und will eine den doch klassenmäßig geschiedenen Akteuren im politischen Überbau der kapitalistischen Gesellschaftsformation gemeinsame bürgerliche Charaktereigenschaft sein.

In der bürgerlichen Revolution als der über Gewalt vermittelten Aufhebung feudaler Willkür und Etablierung bürgerlicher Macht mit abstrakter Rechtsgleichheit werden die dem Kapitalverhältnis adäquaten Strukturen geschaffen.

Was die Aufhebung feudaler Willkür anbelangt, so verläuft der Machtwechsel in Etappen und zeigt, daß das Bürgertum seine Revolution nicht allein, sondern nur mit Unterstützung und getrieben durch die Volksmassen durchzuführen vermag. Dabei vollzieht sich, wie Kossock und Markov hervorheben, „(i)m Verlauf der bürgerlichen Revolution ein Prozeß der doppelten Differenzierung: Einerseits und primär zwischen Bourgeoisie und Volksbewegung . . .; . . . (a)ndrerseits . . . (im Sinne von Fraktionierung) innerhalb der Bourgeoisie selbst.“[98]

Auch in England lief dieser Prozeß vom Beginn des ersten Bürgerkriegs 1642 bis zur glorreich genannten Revolution 1688/89 ab: „Schon bei der beginnenden Radikalisierung verließen 1642 die konstitutionellen Monarchisten die Seite des Parlaments. Es folgten 1645, unter dem Druck der aufsteigenden Independenten unter Oliver Cromwell, der konservative Flügel der Parlamentsmehrheit . . . Die Independenten warfen ihrerseits 1647/48 die überwiegend kleinbürgerliche, radikaldemokratische Bewegung der Leveller gewaltsam nieder, . . während sich die Leveller ihrerseits weiter links von den Agrarkommunisten unter Whinstanley, den Diggers, distanzierten.“[99]

Hierin spiegelte sich politisch die ökonomische Existenz der verschiedenen an der Revolution beteiligten Klassen und Schichten.[100] Grundsätzlich antagonistisch waren dabei die Interessenlagen des Bündnisses der Bourgeoisie mit dem neuen Agraradel und der plebejischen und frühproletarischen Schichten in Stadt und Land. Zwischen diesen Blöcken stand ambivalent das Kleinbürgertum der Freibauern, Kleinhändler und Handwerker. Unter den einzelnen Schichten des herrschenden Bündnisses traten ebenfalls Widersprüche zutage. Von ihrem ökonomischen Dasein unter das Gesetz der Konkurrenz gestellt, waren sie nicht in der Lage, im wechselseitigen gesellschaftlichen Verkehr gemeinsame Interessen zu formulieren. Die Unterschiedlichkeiten in ihrer Interessenlage machten sie vielmehr in der Formierung widerstreitender Parteien (Whigs und Tories) deutlich. Um ihr gemeinsames Interesse zum Ausdruck zu bringen, mußten sie eine von ihrer Konkurrenz im gesellschaftlichen Bereich getrennte politische Instanz schaffen, den bürgerlichen Staat. Er wurde mit der konstitutionellen Monarchie von 1688, der Rechtssicherheit durch die Bill of Rights von 1689 und der durch den Triennial Act von 1694 und den Act of

Settlement von 1700 gesicherten Gewaltenteilung[101] als Resultat der Revolution errichtet.

Was diese Etablierung bürgerlicher Macht mit abstrakter Rechtsgleichheit anbelangt, zeigte sich schon im Verlauf der Revolution deren Klassencharakter. Das Gleichheitspostulat war nichts als die politisch-juristische Umsetzung der Marktäquivalenz. Die Stimme derer, die Gleichheit als soziale verstanden wissen wollten, wurde zum Schweigen gebracht.[102]

Um „Ungleichheit und Freiheit angemessen vereinigen" zu können, reflektierte der bürgerliche Verstand von Anfang an menschliche Existenz in dualistischer Perspektive. In der Periode der frühbürgerlichen Revolutionen trat das Ergebnis zunächst noch in religiöser Larve hervor. Von der Freiheit eines Christenmenschen schrieb Luther:[103] „Ein Christenmensch ist ein freier Herr über alle Ding und niemand untertan. Ein Christenmensch ist ein dienstbar Knecht aller Ding und idermann untertan. . . . Diese zwo widerständige Rede der Freiheit und Dienstbarkeit zu vernehmen, sollen wir gedenken, daß ein iglich Christenmensch ist zweierlei Natur, geistlicher und leiblicher." Die Gleichheit der Geister vor Gott sollte von der Ungleichheit der Leiber auf Erden sorgsam geschieden bleiben: „Denn die Taufe macht nicht Leib und Gut frei, sondern die Seelen."[104] Schon weltlich gewendet, fand sich diese Auffassung wieder in der Souveränitätslehre von Bodin:[105] „Der Begriff der Souveränität beinhaltet die absolute und dauernde Gewalt eines Staates . . . (D)ie Inhaber der Souveränität . . . geben den Untertanen Gesetze". Die untertänige Gleichheit vor dem Gesetz des Souveräns sollte freilich nicht hindern, daß man sozialer Ungleichheit versichert war: „Die Auffassung, die Fürsten seien Herren über alles, bezieht sich auf Herrschaft und Souveränität und beläßt jedem einzelnen sein Privateigentum."[106] Daß soziale Ungleichheit in der bürgerlichen Gesellschaft nur durch Rechtsgleichheit zu sichern war,[107] formulierte Hobbes:[108] „Ohne die bürgerlichen Gesetze weiß niemand, was sein ist und was eines anderen Menschen. Eigentum also gibt es erst seit der Gründung des Staates." Daß, was der Schutz der Gesetze sicherte, auch rechtmäßig erworben ward, begründete Locke:[109] „Was immer . . . (sc. der Mensch) jenem Zustand entrückt, den die Natur vorgesehen und in dem sie es belassen hat, hat er mit seiner Arbeit gemischt und hat ihm etwas hinzugefügt, was sein eigen ist – es folglich zu seinem Eigentum gemacht." Aus welcher Grundüberlegung mit dem ganzen Selbstbewußtsein und der ganzen Chuzpe des aufstrebenden Bürgertums gefolgert wurde: „Das Gras, das mein Pferd gefressen, der Torf, den mein Knecht gestochen, das Erz, das ich an irgendeinem Ort gegraben, . . . werden demnach mein Eigentum . . . Meine Arbeit . . . hat mein Eigentum an ihnen bestimmt."[110] Die Gleichheit vor dem Gesetz gehörte zur bürgerlichen Gesellschaft wie die Ungleichheit von Herr und Knecht. Auch schien dem Herrn selbstverständlich, daß des Knechtes Arbeit tatsächlich seine eigene war; hatte der dessen Arbeitskraft doch zuvor ordnungsgemäß erworben.

Im Prozeß der bürgerlichen Revolution bilden Egoismus und Sympathie ersichtlich keine harmonische Einheit. Die verschiedenen Schichten des Bürgertums beteiligen sich an ihm mit gegenseitigem Argwohn. Verrat und Konspiration mit konterrevolutionären Kräften sind an der Tagesordnung. Eine Fraktion vertreibt die andere mit bewaffneter Macht aus dem Parlament. Radikalen Demokratisierungsbestrebungen wird mit Gesetzesbeugung und Gewalt begegnet. Mit innerer Befreiung geht äußere Unterdrückung problemlos einher. Wählerstimmen und Parlamentssitze werden ge- und verkauft. Zwischenzeitlich erlaubt eine Militärdiktatur die ungestörte Betätigung des Erwerbsfleißes.

Hiergegen scheint Smith mit dem Konzept der Sympathie einen anderen Zustand zu beschreiben. Sein revolutionärer Ursprung bleibt ebenso verborgen wie die in ihm enthaltenen antagonistischen und widersprüchlichen Interessen. Deren Organisation wird entsprechend als von Übel zurückgewiesen.[111] Die gesellschaftlichen Individuen sympathisieren als je isolierte miteinander. Sie können dies, weil sie als gleiche gelten – nicht nur politisch vor dem Gesetz, sondern auch wirtschaftlich im gerechten Tausch.

Die Gleichheit der Ungleichen ist das Rätsel des homo socio-oeconomicus. Solange es bewahrt werden kann, werden die Armen sogar dazu gebracht, mit den Reichen zu sympathisieren.[112] Ohne zu sehen, daß es auf diesem Weg gelöst werden wir, beschreibt ihn Smith bereits, wo es um die Verteilung des Reichtums der Nationen geht: Lohnarbeit und Kapital stehen sich mit unterschiedenen Interessen gegenüber und schließen sich zu deren besserer Durchsetzung zusammen.[113] Noch wächst allerdings eine Arbeiterbewegung erst heran, so daß ihre ersten Koalitionsversuche nicht von Bestand sind.[114] Doch schon 1799, noch kein Jahrzehnt nach Smiths Tod, macht das Parlament im Combination Act[115] die Unhaltbarkeit der Konstruktion des homo socio-oeconomicus deutlich. Länger kann nicht verheimlicht werden, daß sich die Mitglieder der bürgerlichen Gesellschaft als Klassen feindlich gegenüberstehen. Die sozialen Klassen sind in Wirklichkeit der doppelte Mensch der Gesellschaftwissenschaften.

Anmerkungen

1 Im folgenden werden die beiden Hauptwerke von Adam Smith nach der kritischen Glasgower Ausgabe zitiert – A. Smith: The Theory of Moral Sentiments. (Edited by D. D. Raphael and A. L. Macfie) Oxford 1976; A. Smith: An Inquiry into the Nature and Causes of the Wealth of Nations. (Edited by R. H. Campbell, A. S. Skinner and W. B. Todd) 2 vol., Oxford 1976. Ausführlichere Belegstellen werden jeweils direkt im Text nachgewiesen. Dabei meint TMS die Theorie der ethischen Gefühle und WN den Reichtum der Nationen. Die beigegebenen deutschsprachigen Versionen richten sich nach A. Smith: Theorie der ethischen Gefühle. (Übersetzt und herausgegeben von W. Eckstein) Hamburg 1977 (Nachdruck der Ausgabe Leipzig 1926); A. Smith: Der Wohlstand der Nationen. (Übersetzt und herausgegeben von H. C. Recktenwald) München 1978 (revidierte Fassung der Ausgabe München 1974). Die Abkürzungen entsprechen denen der Originale, TMS/Ü und WN/Ü.

2 Es versteht sich, daß, obwohl in vulgärökonomischen und vulgärsoziologischen Versuchen homo oeconomicus und homo sociologicus oftmals empiristisch in ihrer angeblich realen Existenz beschrieben worden sind, in beiden tatsächlich lediglich Modelle zur Optimierung der spezifisch wirtschaftlichen bzw. gesellschaftlichen Strategien der Menschen entworfen sind. Gleichwohl ist in dieser Einsicht jene beschlossen, es nicht mit platonischen, sondern mit Modellen zu tun zu haben, die vor dem verdeckten Hintergrund eines spezifischen Menschenbildes präsentiert werden. Also gilt es, an diesen Palimpsesten das nur vordergründig reine Modell sorgfältig abzuschichten, um seines ideologischen Gehalts gewahr zu werden.

3 G. Schmölders: Geschichte der Volkswirtschaftslehre. Reinbek bei Hamburg 1962, S. 31.
4 R. Dahrendorf: Homo Sociologicus. Opladen 1972 (11. Aufl.), S. 20.
5 Vgl. die Studie von R. Hilferding: Das Finanzkapital. Frankfurt und Wien 1968. Eine knappe Skizze der unterschiedenen Interpretationen des Imperialismus liefert W. J. Mommsen: Imperialismustheorien. Göttingen 1977.
6 Vgl. die Darstellung von D. Lindenlaub: Richtungskämpfe im Verein für Sozialpolitik. (Beihefte 52 und 53 der Vierteljahrschrift für Sozial- und Wirtschaftsgeschichte) Wiesbaden 1967.
7 W. Hofmann: Rationalismus und Irrationalismus im ökonomischen Denken der Gegenwart. Der Wandel der Vorstellungen vom homo oeconomicus und seine Bedingungen. In: ders., Universität, Ideologie, Gesellschaft – Beiträge zur Wissenschaftssoziologie. Frankfurt 1968, S. 88 (ohne die Hervorhebungen).
8 B. Willms: Gesellschaftsvertrag und Rollentheorie. In: Jahrbuch für Rechtssoziologie und Rechtstheorie, 1, 1970, S. 279 und S. 293.
9 E. Forsthoff: Der Staat der Industriegesellschaft. München 1971, S. 22 und S. 23. Nicht anders äußerte sich bereits Boissy d'Anglas nach dem 9. Thermidor des Jahres II: „Ihr müßt das Eigentum der Reichen garantieren . . . Die staatsbürgerliche Gleichheit, das ist alles, was ein vernünftiger Mensch verlangen kann . . . Die absolute Gleichheit ist ein Hirngespinst" (zit. n. W. Markov, A. Soboul: 1789 Die Große Revolution der Franzosen. Berlin 1975, S. 400).
10 Der Begriff der bürgerlichen Wissenschaft wird hier nicht verwandt, um die ideologische Position einzelner Wissenschaftler zu charakterisieren. Er dient vielmehr der Bezeichnung des Systems wissenschaftlicher Arbeit in der bürgerlichen Gesellschaft.
11 In seinen Jenaer Vorlesungen von 1805/06 hat Hegel diesem Verhältnis wissenschaftliche Fassung gegeben – vgl. G. W. F. Hegel: Jenaer Realphilosophie. In: ders., Frühe politische Systeme, hrsg. v. G. Göhler. Frankfurt, Berlin und Wien 1974, S. 266: „Derselbe sorgt für sich und seine Familie, arbeitet, schließt Verträge usf. und ebenso arbeitet er auch für das Allgemeine, hat dieses zum *Zwecke.* Nach jener Seite heißt er *bourgeois,* nach dieser *citoyen.*"
12 Nicht von ungefähr hat er dabei auf Hegels Jenaer Vorlesungen zurückgegriffen. Vgl. J. Habermas: Arbeit und Interaktion. Bemerkungen zu Hegels Jenenser ‚Philosophie des Geistes'. In: ders., Technik und Wissenschaft als ‚Ideologie'. Frankfurt 1968, S. 9–47.
13 J. Habermas: Technik und Wissenschaft als ‚Ideologie'. In: ders., Technik und Wissenschaft als ‚Ideologie', a. a. O., S. 80 (im Original hervorgehoben).
14 B. Kirchhoff-Hund: Rollenbegriff und Interaktionsanalyse. Soziale Grundlagen und ideologischer Gehalt der Rollentheorie. Köln 1978, S. 159.
15 Vgl. W. Hofmann (Hg.): Sozialökonomische Studientexte. Bd. 1: Wert- und Preislehre. Berlin 1964; Bd. 2: Einkommenstheorie. Berlin 1965; Bd. 3: Theorie der Wirtschaftsentwicklung. Berlin 1966.
16 Vgl. W. Hofmann: Grundelemente der Wirtschaftsgesellschaft. Reinbek bei Hamburg 1969, S. 20.
17 Die Grobgliederung des Grundrisses der Sozialökonomik umfaßte die fünf Bereiche „Grundlagen der Wirtschaft (Wirtschaft und Wirtschaftswissenschaft, Die natürlichen und technischen Beziehungen der Wirtschaft, Wirtschaft und Gesellschaft)", „Spezifische Elemente der modernen kapitalistischen Wirtschaft", „Die einzelnen Erwerbsgebiete in der kapitalistischen Wirtschaft und die ökonomische Binnenpolitik im modernen Staate (Güterverkehr, Güterproduktion, Versicherungswesen)", „Kapitalistische Weltwirtschaftsbeziehungen und äußere Wirtschafts- und Sozialpolitik im modernen Staate", „Die gesellschaftlichen Beziehungen des Kapitalismus und die soziale Binnenpolitik im modernen Staate".
18 F. Frh. v. Wieser: Theorie der gesellschaftlichen Wirtschaft. In: Grundriß der Sozialökonomik, I. Abteilung – Wirtschaft und Wirtschaftswissenschaft. Tübingen 1914, S. 235.
19 H. C. Recktenwald: Würdigung des Werkes. In: WN/Ü, S. XXXV.
20 A. a. O., S. LXXVIII.
21 Vgl. z. B. J. Robinson: Die Gesellschaft als Wirtschaftsgesellschaft. München 1971, S. 111.
22 Vgl. L. Schneider (Ed.): The scottish moralists on human nature and society. Chicago 1967.
23 Vgl. A. Swingewood: Origins of Sociology: the case of the scottish enlightenment. In: The British Journal of Sociology, 21, 1970, S. 164–180, hier S. 165.

24 W. Sombart: Die Anfänge der Soziologie. In: ders., Noo-Soziologie. Berlin 1956, S. 20.
25 Vgl. zu F. Hutcheson die entsprechenden §§ in D. D. Raphael (Ed.): British Moralists. 2 Bde., Oxford 1969.
26 Vgl. TMS, S. 293 (gegen Clarke und Wollaston) sowie S. 308 ff. (gegen Mandeville). (TMS/Ü, S. 489 und S. 513 ff.).
27 Vgl. D. D. Raphael und A. L. Macfie: Introduction. In: TMS, S. 11 f.
28 A. W. Anikin: Ökonomen aus drei Jahrhunderten. Frankfurt 1974, S. 191.
29 Vgl. H. C. Recktenwald: Würdigung des Werkes, a. a. O., S. XIX.
30 Ch. Hill: Von der Reformation zur industriellen Revolution. Sozial- und Wirtschaftsgeschichte Englands 1530–1780. Frankfurt und New York 1977, S. 180. Vgl. auch C. R. Fay: Adam Smith and the Scotland of His Day. Cambridge 1956.
31 Vgl. M. Dobb: Wert- und Verteilungstheorien seit Adam Smith. Frankfurt 1977, S. 48.
32 Vgl. F. Bacon: Das neue Organon. Berlin 1962 und ders.: Essays. Leipzig 1967 (3. Aufl.).
33 Vgl. J. Locke: Über den menschlichen Verstand. 2 Bde., Berlin 1962.
34 A. a. O., Bd. 2, S. 438.
35 B. M. Kedrow: Klassifizierung der Wissenschaften. Bd. 1. Köln 1975, S. 92 f.
36 Vgl. TMS, S. 313 f. (TMS/Ü, S. 522 f.).
37 Vgl. T. D. Campbell: Adam Smith's Science of Morals. London 1971, S. 18. Siehe auch W. Eckstein: Einleitung des Herausgebers. In: TMS/Ü, S. XXVf.: „Als Professor der Moralphilosophie hatte Smith einen Vorlesungskurs über das gesamte Gebiet der Ethik zu halten, und dieser Kurs bildete die Grundlage von Smith wissenschaftlichen Werken. Nach dem Bericht John Millars, eines Schülers von Smith . . ., umfaßte dieser Vorlesungskurs vier Teile: Natürliche Theologie, Ethik im engeren Sinn, Rechtswissenschaft (vom historischen und, wie wir heute wohl sagen würden ‚soziologischen' Gesichtspunkt aus dargestellt) und schließlich Volkswirtschaftspolitik."
38 Vgl. H. C. Recktenwald: Würdigung des Werkes, a. a. O., S. XXIII.
39 J. Kuczynski: Zur Geschichte der bürgerlichen Politischen Ökonomie. Berlin o. J., S. 85.
40 Zit. n. D. D. Raphael und A. L. Macfie: Introduction, a. a. O., S. 30.
41 Vgl. F. Quesnay: Ökonomische Schriften. Bd. 1 (in 2 Hlbbden) (1756–1759). Berlin 1971.
42 Vgl. A. R. J. Turgot: Betrachtungen über die Bildung und Verteilung des Reichtums. Frankfurt 1946 (Sozialökonomische Texte, H. 3).
43 Vgl. J. L. d Alembert: Einleitung zur Enzyklopädie (1751). Hamburg 1975 (2., durchgesehene Aufl.). Siehe auch J. Lough (Ed.): The Encyclopédie of Diderot and d'Alembert. Cambridge 1954.
44 Vgl. A. Oncken: Das Adam Smith-Problem. In: Zeitschrift für Socialwissenschaft, 1, 1898, S. 25–33, 101–108, 276–287.
45 K. Knies: Die politische Oekonomie vom geschichtlichen Standpuncte. Braunschweig 1883, S. 266.
46 Zit. n. J. Kuczynski: Zur Geschichte der bürgerlichen Politischen Ökonomie, a. a. O., S. 85.
47 W. Eckstein: Einleitung des Herausgebers, a. a. O., S. LIII.
48 Vgl. v. a. W. v. Skarzyński: Adam Smith als Moralphilosoph und Schöpfer der Nationalökonomie. Berlin 1878.
49 H. C. Recktenwald: Würdigung des Werkes, a. a. O., S. XXXV.
50 D. D. Raphael und A. L. Macfie: Introduction, a. a. O., S. 20.
51 Vgl. WN, S. 13 ff. (WN/Ü, S. 9 ff.).
52 „In einem wenig entwickelten Land, ohne Arbeitsteilung und ohne regen Tauschhandel, in dem sich jeder mit allem selbst versorgt, ist es nicht erforderlich, irgendein Kapital anzusammeln oder zuvor einen Vorrat anzulegen, um die Wirtschaft in Gang zu halten. Jeder befriedigt seine Bedürfnisse durch persönlichen Einsatz, so, wie sie gerade auftreten. . . . Ist aber die Arbeitsteilung überall einmal eingeführt, so kann der einzelne seinen täglichen Bedarf nur noch teilweise aus dem Ertrag eigener Arbeit decken. Den weitaus größeren Teil stellen dann andere her. Er kauft ihn mit Gütern, die er selbst anfertigt, oder, was das gleiche ist, mit deren Preis. Der Kauf kann aber erst dann erfolgen, nachdem das eigene Produkt nicht nur gefertigt, sondern auch verkauft ist. Er muß daher einen Vorrat an verschiedenen Gütern anlegen, der ihn mit Rohstoffen und Werkzeugen für seine Arbeit versorgt und von dem er zumindest solange leben kann, bis das Gut hergestellt und abgesetzt ist. . . Da nun, natur- oder sachbedingt, Kapital vor der Arbeitsteilung angehäuft sein muß, kann die Arbeit nur dann, nach und nach, weiter aufgeteilt werden, wenn vorher entsprechend Kapital gebildet worden ist" (WN/Ü, S. 227).

53 „Kapital wird durch Sparsamkeit erhöht und durch Verschwendung und Mißwirtschaft vermindert. . . . Sparsamkeit und nicht Erwerbsfleiß ist die unmittelbare Ursache für das Anwachsen des Kapitalbestandes. Tatsächlich schafft erst der Erwerbsfleiß, was durch Sparsamkeit angesammelt wird, doch was immer auch mit Fleiß erreicht werden mag, ohne Ersparnis kann der Kapitalbestand niemals größer werden. . . .
Das Motiv zum Sparen liegt . . . in dem Wunsch, die Lebensbedingungen zu verbessern, ein Verlangen, das uns . . . ein ganzes Leben lang begleitet, von der Geburt bis zum Tode. . . . Die meisten Menschen sehen in der Vergrößerung ihres Vermögens einen Weg, um ihr Los zu verbessern" (WN/Ü, S. 278 f. und S. 282).

54 WN, S. 29. (WN/Ü, S. 18).

55 Ebenda.

56 „Die Arbeitsteilung . . . ist in ihrem Ursprung nicht etwa das Ergebnis menschlicher Erkenntnis, welche den allgemeinen Wohlstand, zu dem erstere führt, voraussieht und anstrebt. Sie entsteht vielmehr zwangsläufig, wenn auch langsam und schrittweise, aus einer natürlichen Neigung des Menschen, zu handeln und Dinge gegeneinander auszutauschen. . . Jene Eigenschaft ist allen Menschen gemeinsam, und man findet sie nirgends in der Tierwelt, wo es im übrigen weder einen Austausch noch eine andere Form gegenseitigen Übereinkommens zu geben scheint . . . Fast jedes Tier ist völlig unabhängig und selbständig, sobald es ausgewachsen ist, und braucht in seiner natürlichen Umgebung nicht mehr die Unterstützung anderer. Dagegen ist der Mensch fast immer auf Hilfe angewiesen, wobei er jedoch kaum erwarten kann, daß er sie allein durch das Wohlwollen der Mitmenschen erhalten wird. Er wird sein Ziel wahrscheinlich viel eher erreichen, wenn er deren Eigenliebe zu seinen Gunsten zu nutzen versteht, indem er ihnen zeigt, daß es in ihrem eigenen Interesse liegt, das für ihn zu tun, was er von ihnen wünscht . . . Nicht vom Wohlwollen des Metzgers, Brauers und Bäckers erwarten wir das, was wir zum Essen brauchen, sondern davon, daß sie ihre eigenen Interessen wahrnehmen. Wir wenden uns nicht an ihre Menschen- sondern an ihre Eigenliebe, und wir erwähnen nicht die eigenen Bedürfnisse, sondern sprechen von ihrem Vorteil" (WN/Ü, S. 16 f.).

57 TMS, S. 9. („Mag man den Menschen für noch so egoistisch halten, es liegen doch offenbar gewisse Prinzipien in seiner Natur, die ihn dazu bestimmen, an dem Schicksal anderer Anteil zu nehmen, und die ihm selbst die Glückseligkeit dieser anderen zum Bedürfnis machen, obgleich er keinen anderen Vorteil daraus zieht, als das Vergnügen, Zeuge davon zu sein". TMS/Ü, S. 1).

58 TMS, S. 82 f. („(J)edermann ist von der Natur in erster Linie und hauptsächlich seiner eigenen Obsorge anvertraut worden . . . Daher liegt jedermann weit mehr an demjenigen, was ihn selbst unmittelbar betrifft, als an dem, was einen anderen angeht". TMS/Ü, S. 122).

59 Vgl. TMS, S. 83: „In the race for wealth, and honours, and preferments, he may run as hard as he can, and strain every nerve and every muscle, in order to outstrip all his competitors. But if he should justle, or throw down any of them, the indulgence of the spectators is entirely at an end. It is a violation of fair play, which they cannot admit of". („In dem Wettlauf nach Reichtum, Ehre und Avancement, da mag er rennen, so schnell er kann und jeden Nerv und jeden Muskel anspannen, um all seine Mitbewerber zu überholen. Sollte er aber einen von ihnen niederrennen oder zu Boden werfen, dann wäre es mit der Nachsicht der Zuschauer ganz und gar zu Ende. Das wäre eine Verletzung der ehrlichen Spielregeln, die sie nicht zulassen könnten". TMS/Ü, S. 124).

60 „Da wir keine unmittelbare Erfahrung von den Gefühlen anderer Menschen besitzen, können wir uns nur so ein Bild von der Art und Weise machen, wie eine bestimmte Situation auf sie einwirken mag, daß wir uns vorzustellen suchen, was wir selbst wohl in der gleichen Lage fühlen würden. . . .
Das Wort ‚Sympathie' kann . . . dazu verwendet werden, um unser Mitgefühl mit jeder Art von Affekten zu bezeichnen. . . .
(U)nsere Sympathie mit der Freude oder dem Kummer eines anderen wird immer äußerst unvollkommen sein, solange wir nicht mit den Ursachen dieser Affekte bekannt sind. . . . Sympathie entspringt also nicht so sehr aus dem Anblick des Affektes, als vielmehr aus dem Anblick der Situation, die den Affekt auslöst. . . .
Damit eine gewisse Übereinstimmung der Empfindungen zwischen dem Zuschauer und dem zunächst Betroffenen zustande komme, muß der Zuschauer . . . vor allem sich bemühen, so sehr er kann, sich in die Lage des anderen zu versetzen . . . Indessen werden auch

nach allen diesen Bemühungen die Gefühle des Zuschauers weit hinter den heftigen Gemütsbewegungen zurückbleiben, wie sie der zunächst Betroffene empfindet. . . Um . . . Harmonie zustande zu bringen, hat die Natur die Zuschauer gelehrt, sich in Gedanken in die Lage des zunächst Betroffenen zu versetzen, und ebenso hat sie diesen letzteren gelehrt, sich wenigstens bis zu einem gewissen Grade in jene der Zuschauer hineinzudenken . . . Wie ihre Sympathie sie veranlaßt, seine Lage gewissermaßen mit seinen Augen zu betrachten, so veranlaßt ihn seine Sympathie, seine Lage gewissermaßen mit ihren Augen anzusehen" (TMS/Ü, S. 2, 4, 6, 23 ff.).

61 TMS, S. 12. (Vgl. TMS/Ü, S. 8).

62 Ebenda. (Vgl. TMS/Ü, S. 7).

63 „Das Prinzip, nach welchem wir unser eigenes Verhalten natürlicherweise billigen oder mißbilligen, scheint ganz dasselbe zu sein, wie dasjenige, nach dem wir die gleichen Urteile über das Betragen anderer Leute fällen. Wir billigen oder mißbilligen das Verhalten eines anderen Menschen auf die Weise, daß wir uns in seine Lage hineindenken und nun unsere Gefühle darauf prüfen, ob wir mit den Empfindungen und Beweggründen, die es leiten, sympathisieren können oder nicht. Und in gleicher Weise billigen oder mißbilligen wir unser eigenes Betragen, indem wir uns in die Lage eines anderen Menschen versetzen und es gleichsam mit seinen Augen und von seinem Standort aus betrachten und nun zusehen, ob wir von da aus an den Empfindungen und Beweggründen, die auf unser Betragen einwirken, Anteil nehmen und mit ihnen sympathisieren könnten oder nicht. Niemals können wir unsere Empfindungen und Beweggründe überblicken, niemals können wir irgendein Urteil über sie fällen, wofern wir uns nicht gleichsam von unserem natürlichen Standort entfernen, und sie gleichsam aus einem gewissen Abstand von uns selbst anzusehen trachten. Wir können dies aber auf keine andere Weise tun, als indem wir uns bestreben, sie mit den Augen anderer Leute zu betrachten, das heißt so, wie andere Leute sie wohl betrachten würden. Demgemäß muß jedes Urteil, das wir über sie fällen können, stets eine gewisse unausgesprochene Bezugnahme auf die Urteile anderer haben, und zwar entweder auf diese Urteile, wie sie wirklich sind, oder, wie sie unter bestimmten Bedingungen sein würden, oder, wie sie unserer Meinung nach sein sollten. Wir bemühen uns, unser Verhalten so zu prüfen, wie es unserer Ansicht nach irgendein anderer gerechter und unparteiischer Zuschauer prüfen würde. Wenn wir uns erst in seine Lage versetzen und wir dann immer noch an allen Affekten und Beweggründen, die unser Verhalten bestimmten, durchaus inneren Anteil nehmen, dann billigen wir dieses Verhalten aus Sympathie mit der Billigung dieses gerechten Richters, den wir in Gedanken aufgestellt haben. Fällt die Prüfung anders aus, dann treten wir seiner Mißbilligung bei und verurteilen unser Verhalten" (TMS/Ü, S. 166 f.).

64 In der Ausgabe letzter Hand, der 6. Aufl. der Theorie der ethischen Gefühle von 1790, hat Smith konsequent die vorherigen „sentiments of others" in ein „judgment of others" verwandelt und damit dem Richteramt des unparteiischen Zuschauers noch klarer Ausdruck verliehen – vgl. TMS, S. 110.

65 J. Habermas: Kritische und konservative Aufgaben der Soziologie. In: ders., Theorie und Praxis. Frankfurt 1971 (4., durchgesehene, erw. u. neu eingel. Aufl.), S. 297 f.

66 Vgl. TMS, S. 50: „From whence . . . arises that emulation which runs through all the different ranks of men, and what are the advantages which we propose by that great purpose of human life which we call bettering our condition? To be observed, to be attended to, to be taken notice of with sympathy, complacency, and approbation, are all the advantages which we can propose to derive from it." („Woher entsteht . . . jener Wetteifer, der sich durch alle die verschiedenen Stände der Menschen hindurchzieht, und welches sind die Vorteile, die wir bei jenem großen Endziel menschlichen Lebens, das wir ‚Verbesserung unserer Verhältnisse' nennen, im Sinne haben? Daß man uns bemerkt, daß man auf uns Acht hat, daß man mit Sympathie, Wohlgefallen und Billigung von uns Kenntnis nimmt, das sind alle Vorteile, die wir daraus zu gewinnen hoffen dürfen". TMS/Ü, S. 71).

67 G. Irrlitz: Die Problemlage der klassischen bürgerlichen Ethik. In: Deutsche Zeitschrift für Philosophie, 7, 1976, S. 831.

68 Freilich bewahrt sie diese gemeinsame Natur nicht davor, auch von Smith in unterschiedliche Klassen gegliedert zu werden – vgl. H. Lehmann: Die Betrachtung der Klassenstruktur in der klassischen politischen Ökonomie des Bürgertums. In: Deutsche Zeitschrift für Philosophie, 9, 1977, S. 1082 ff.

69 W. Hofmann (Hg.): Wert- und Preislehre. Sozialökonomische Studientexte, Bd. 1, a. a. O., S. 39 f.

70 Vgl. W. Haack, H. Lauterbach, E. Rossade, G. Söder und H.-D. Tautz: Mensch und Wirtschaft. Zur Kritik der Auffassung des Menschen in der bürgerlichen politischen Ökonomie. Berlin 1967, S. 26.

71 Vgl. G. Irrlitz: Die Problemlage der klassischen bürgerlichen Ethik, a. a. O., S. 832 f.

72 Vgl. u. a. A. W. Anikin: Ökonomen aus drei Jahrhunderten, a. a. O., S 201: „Die ‚unsichtbare Hand' ist das elementare Wirken der objektiven ökonomischen Gesetze"; u. W. Hofmann: Wert- und Preislehre, a. a. O., S. 38: „Die geheimnisvolle Kraft aber, welche den ökonomischen Streit schlichtet und die Marktwelt vermittels des Gleichgewichts disparater Elemente im Lote hält, Smith ‚invisible hand', ist das *Wertgesetz.*"

73 WN, S. 456. („Tatsächlich fördert . . . (sc. der einzelne) in der Regel nicht bewußt das Allgemeinwohl, . . . (sc. sondern) strebt . . . lediglich nach eigenem Gewinn. Und er wird . . . (sc. dabei) von einer unsichtbaren Hand geleitet, um einen Zweck zu fördern, den zu erfüllen er in keiner Weise beabsichtigt hat". WN/Ü, S. 371).

74 TMS, S. 184 f. („Von einer unsichtbaren Hand werden . . . (sc. die Reichen) dahin geführt, beinahe die gleiche Verteilung der zum Leben notwendigen Güter zu verwirklichen, die zustandegekommen wäre, wenn die Erde zu gleichen Teilen unter alle ihre Bewohner verteilt worden wäre". TMS/Ü, S. 316).

74 WN, S. 65. („Auf der untersten Entwicklungsstufe eines Landes, noch bevor es zur Kapitalbildung kommt und der Boden in Besitz genommen ist, ist das Verhältnis zwischen den Mengen Arbeit, die man einsetzen muß, um einzelne Gegenstände zu erlangen, offenbar der einzige Anhaltspunkt, um eine Regel für deren gegenseitigen Austausch ableiten zu können". WN/Ü, S. 42).

76 So jedenfalls wird sie von Thomas Morus in seinem 1515 verfaßten „Utopia" kritisiert, wo er von den Schafen schreibt, „die so sanft und genügsam zu sein pflegten, jetzt aber, wie man hört, so gefräßig und bösartig werden, daß sie sogar Menschen fressen, Felder, Gehöfte und Dörfer verwüsten und entvölkern. Denn überall, wo . . . feinere und daher bessere Wolle erzeugt wird, da sind hohe und niedere Adlige, ja auch heilige Männer, wie einige Äbte, nicht mehr mit den jährlichen Einfkünften und Erträgnissen zufrieden, die ihren Vorgängern aus den Landgütern erwuchsen. Es genügt ihnen nicht, müßig und üppig zu leben, der Allgemeinheit nicht zu nützen, sofern sie ihr nicht sogar schaden; sie lassen kein Stück Land zur Bebauung übrig, sie zäunen alles als Weide ein, reißen die Häuser ab, zerstören die Dörfer und lassen gerade noch die Kirchen als Schafställe stehen, und . . . verwandeln . . . alle Ansiedlungen und alles, was es noch an bebautem Lande gibt, in Wüsten." Th. Morus: Utopia. In: Der utopische Staat, hg. v. K. J. Heinisch. Reinbek bei Hamburg 1960, S. 26.

77 Ch. Hill: Von der Reformation zur industriellen Revolution, a. a. O., S. 34.

78 Vgl. L. Brentano: Eine Geschichte der wirtschaftlichen Entwicklung Englands. Bd. 2. Jena 1927, S. 405.

79 Zit. bei J. Kulischer: Allgemeine Wirtschaftsgeschichte des Mittelalters und der Neuzeit. Bd. 2. München, Wien 1965 (3. Aufl.), S. 67.

80 D. S. Landes: Der entfesselte Prometheus. Technologischer Wandel und industrielle Entwicklung in Westeuropa von 1750 bis zur Gegenwart. Köln 1973, S. 47.

81 E. Galeano: Die offenen Adern Lateinamerikas. Wuppertal 1978 (5. Aufl.), S. 34. Die Zahlenangaben finden sich auf S. 33.

82 E. Mandel: Marxistische Wirtschaftstheorie. Frankfurt 1970, S. 455.

83 Vgl. L. Brentano: Eine Geschichte der wirtschaftlichen Entwicklung Englands a. a. O.. S. 181 ff.

84 Vgl. J. Kulischer: Zur Entwicklungsgeschichte des Kapitalzinses. In: Jahrbücher für Nationalökonomie und Statistik, 3. Folge, Bd. 18, 1899, S. 340.

85 J. Kulischer: Allgemeine Wirtschaftsgeschichte des Mittelalters und der Neuzeit, a. a. O., S. 388

86 Vgl. O. Rühle: Die Revolutionen Europas. Bd. 1. Dresden 1927, S. 208 ff.

87 Vgl. L. Brentano: Eine Geschichte der wirtschaftlichen Entwicklung Englands, a. a. O., S. 183.

88 Vgl. E. Mandel: Marxistische Wirtschaftstheorie, a. a. O., S. 115.

89 E. J. Hobsbawn: Industrie und Empire I. Britische Wirtschaftsgeschichte seit 1750. Frankfurt 1968, S. 49.

90 Vgl. W. Z. Foster: The Negro People in American History. New York 1976 (4. Aufl.). S. 26. Vgl. zu den folgenden Angaben und dem Zitat L. Brentano: Eine Geschichte der wirtschaftlichen Entwicklung Englands, a. a. O., S. 181, S. 308, S. 310. Siehe auch D. P. Mannix: Black Cargoes. A History of Atlantic Slave Trade, 1518–1865. New York 1962.

91 J. Kulischer: Allgemeine Wirtschaftsgeschichte des Mittelalters und der Neuzeit, a. a. O., S. 264.

92 Vgl. L. Brentano: Eine Geschichte der wirtschaftlichen Entwicklung Englands. Bd. 3. Jena 1928, S. 107.

93 Vgl. B. Mandeville: Die Bienenfabel. Berlin 1957. Der Originaltitel dieser Arbeit lautete ab der 2. Aufl. von 1714 ,,The Fable of the Bees: or, Private Vices. Publick Benefits".

94 Vgl. H. C. Recktenwald: Würdigung des Werkes, a. a. O., S. XLI: ,,Es handelt sich . . . um einen *geläuterten*, einen *aufgeklärten* und einen sozialen und rechtlichen *Regeln unterworfenen* Egoismus."

95 Vgl. F. B. Kaye: Introduction. In: B. Mandeville, The Fable of the Bees, 2 Bde., Oxford 1924, Bd. 1, S. CXL: ,,Man, said Mandeville, is a mechanism of interacting selfish passions. Fortunately, however, these passions . . . are so composed and arranged that under the influence of society their apparent discords harmonice to the public good. . . . It should be noted . . ., that Mandeville's exposition of the individualistic position was incomparably the most brilliant, the most complete, the most provocative, and the best known until Adam Smith made the *laissez-faire* position classic in the *Wealth of Nations.*"

96 Vgl. P. Thal: Adam Smith. In: A. Smith, Eine Untersuchung über das Wesen und die Ursachen des Reichtums der Nationen. Bd. 1, Berlin 1963, S. XV: ,,In dem Maße, wie die für den reiferen Kapitalismus typische Akkumulationsquelle, die Ausbeutung des Proletariats, erschlossen wurde und sowohl in quantitativer als auch qualitativer Beziehung die ursprüngliche Akkumulation in den Hintergrund drängte, kam es in immer größerem Umfang zur Formulierung von Thesen, die ausgehend von einem Vergleich mit den Naturgesetzen eine objektive, gewissermaßen ebenfalls naturgesetzlich geregelte Wirtschaftsentwicklung behaupteten."

97 Mit am deutlichsten wird diese Vorgehensweise, wo Smith die regulative Funktion des Marktes behandelt. Grundbesitzer, Kapitalbesitzer und Arbeitbesitzer kalkulieren und handeln nach den nämlichen Prinzipien. Vgl. WN, S. 74 f. (WN/Ü, S. 50).

98 M. Kossock und W. Markov: Zur Methodologie der vergleichenden Revolutionsgeschichte der Neuzeit. In: Studien zur vergleichenden Revolutionsgeschichte 1500–1917, hg. v. M. Kossock. Berlin 1974, S. 22.

99 I. Geiss: Bürgerliche und proletarische Revolution. Skizze zu einem vergleichenden sozialgeschichtlichen Überblick. In: Aus Politik und Zeitgeschichte, 42, 1975, S. 15.

100 Vgl. zur englischen Revolution insgesamt u. a. D. Jones: The English Revolution. London 1952; Ch. Hill: The Century of Revolution. London 1961; G. Schilfert: Bürgerliche Revolution und Reform in England. In: Studien zur vergleichenden Revolutionsgeschichte 1500 1917, a. a. O., S. 53–73.

101 Vgl. dazu im einzelnen K. Loewenstein: Der britische Parlamentarismus. Reinbeck bei Hamburg 1964, S. 61 ff.

102 Vgl. G. Winstanley: The Law of Freedom. (Hg. v. Ch. Hill). London 1973.

103 M. Luther: Von der Freiheit eines Christenmenschen. In: Hutten, Müntzer, Luther, Werke in zwei Bänden. Bd. 2. Berlin und Weimar 1978, S. 113.

104 M. Luther: Wider die räuberischen und mörderischen Rotten der Bauern. In: Hutten, Müntzer, Luther, Werke in zwei Bänden, a. a. O., S. 258.

105 J. Bodin: Über den Staat. Stuttgart 1976, S. 19 und S. 24 f.

106 A. a. O., S. 37.

107 Vgl. allgemein C. B. Macpherson: Die politische Theorie des Besitzindividualismus. Frankfurt 1973.

108 Th. Hobbes: Leviathan. Reinbek bei Hamburg 1965, S. 192.

109 J. Locke: Über die Regierung. Stuttgart 1974, S. 22.

110 A. a. O., S. 23.

111 Vgl. TMS, S. 155 f.: ,,A true party-man hates and despises candour; and, in reality, there is no vice which could so effectually disqualify him for the trade of a party-man as that single virtue. The real, revered, and impartial spectator, therefore, is, upon no occasion, at a greater distance than amidst the violence and rage of contending parties. To them, it may

be said, that such a spectator scarce exists any where in the universe." („Ein wahrer Parteimann haßt und verachtet die Ehrlichkeit und es gibt tatsächlich kein Laster, das einen Menschen zu dem Geschäft eines Parteimannes so völlig unfähig machen würde, wie diese eine Tugend. Der wahre, verehrte und unparteiische Zuschauer ist darum bei keiner Gelegenheit in weiterer Ferne und niemals weniger leicht anzutreffen als inmitten der Gewalttätigkeit und des Tobens feindlicher Parteien. Ja, man könnte sagen, für sie gibt es kaum irgendwo im Weltall einen solchen unparteiischen Zuschauer". TMS/Ü, S. 233).

112 Vgl. TMS, S. 50 f.: „It is because mankind are disposed to sympathize more entirely with our joy than with our sorrow, that we make parade of our riches, and conceal our poverty. ... Nay, it is chiefly from this regard to the sentiments of mankind, that we pursue riches and avoid poverty. ... The poor man ... is ashemed of his poverty. ... The man of rank and distinction, on the contrary, is observed by all the world. Every body is eager to look at him, and to conceive, at least by sympathy, that joy and exultation with which his circumstances naturally inspire him." („Weil die Menschen geneigt sind, aufrichtiger mit unserer Freude zu sympathisieren als mit unserem Leid, pflegen wir gewöhnlich mit unserem Reichtum zu prunken und unsere Armut zu verbergen. ... Ja, es kommt hauptsächlich von dieser Rücksicht auf die Gefühle der Menschen, daß wir den Reichtum anstreben, und daß wir der Armut zu entrinnen trachten. ... Der Arme ... schämt sich seiner Armut. ... Dagegen wird der Mann von Rang und Distinktion von aller Welt beobachtet. Jedermann ist begierig, nach ihm zu schauen und wenigstens durch Sympathie jene Freude und jene Heiterkeit nachzuempfinden, mit welcher seine glücklichen Verhältnisse ihn naturgemäß erfüllen müssen". TMS/Ü, S. 70 ff.).

113 Vgl. WN, S. 83: „What are the common wages of labour depends every where upon the contract usually made between those two parties, whose interests are by no means the same. The workmen desire to get as much, the masters to give as little as possible. The former are disposed to combine in order to raise, the latter in order to lower the wages of labour." („Was üblicherweise Arbeitslohn ist, hängt überall von dem Vertrag ab, den beide Parteien gewöhnlich miteinander vereinbaren, wobei die Interessen der beiden keineswegs die gleichen sind. Der Arbeiter möchte soviel wie möglich bekommen, der Unternehmer so wenig wie möglich geben. Die Arbeiter neigen dazu, sich zusammenzuschließen, um einen höheren Lohn durchzusetzen, die Unternehmer, um ihn zu drücken". WN/Ü, S. 58).

114 Vgl. E. P. Thompson: The Making of the English Working Class. Harmondsworth 1968.

115 Vgl. S. u. B. Webb: Die Geschichte des britischen Trade Unionismus. Stuttgart 1906 (2. Aufl.), S. 55 f. M. Vester: Die Entstehung des Proletariats als Lernprozeß. Frankfurt 1970, S. 141 charakterisiert das Verbindungsverbot von 1799 folgendermaßen: „die industriellen Gewerkschaften wurden sein Hauptopfer – aber damit auch sein Hauptgegner und ironischerweise auch sein Produkt. Indem die Koalitionsgesetze Klassenverhältnisse definierten, erzeugten sie auch ein Bewußtsein derselben."

Norbert Aust

Sozialwissenschaftliche Forschung im Studienbetrieb*

Durch den Modellversuch „Sozialökonomischer Studiengang" erhält die Hochschule die Chance, nicht nur ihren Studenten eine bessere Ausbildung als bisher zu geben, sondern darüber hinaus und damit verbunden, ein neues Konzept zur sozialwissenschaftlichen Forschung zu entwickeln, das der Aufgabe der Hochschule für Wirtschaft und Politik, eine wissenschaftliche Hochschule zu sein, Rechnung trägt.

Der Fortschritt der Wissenschaft ist nicht zu trennen von der Entwicklung der Institutionen, an denen Wissenschaft betrieben wird. Diese Entwicklung ist seit Gründung der Bundesrepublik dadurch gekennzeichnet, daß sich aus der traditionellen Universität, die so klein war, daß die Kommunikation zwischen den Wissenschaftlern verschiedener Fachbereiche und zwischen Wissenschaftlern und Studenten ungeachtet disziplinärer Unterschiede möglich war, solche Hochschulen entwickelt haben, die, lassen Sie mich dieses böse Wort gebrauchen, Lernfabriken mit zehntausenden von Studenten geworden sind, an der die Kommunikation eingeschränkt, formalisiert und weitgehend durch Verwaltungsprozesse geprägt ist.
Die Folgen sind allgemein bekannt und beklagt:

1. geraten Forschung und Lehre immer weiter auseinander; die Hochschulen werden tendenziell zu reinen Lehranstalten; Forschung wird oft ausgelagert in eigene Institute oder Sonderforschungsbereiche,
2. mit der für den Massenbetrieb notwendigen Standardisierung von Lehrinhalten wurden diese auch leider zunehmend praxisfremder,
3. ist der Universitätsbetrieb häufig so weit entfernt von den anderen gesellschaftlichen Arbeitsprozessen, daß den Absolventen der Hochschule sehr schnell der Kontakt zur Hochschule verloren geht, akademische Berufspraxis sich also zunehmend weniger am wissenschaftlichen Fortschritt oder auch nur an der Weiterentwicklung der Lehre der Universitäten orientiert.

Die Hochschulen sind dadurch zunehmend in eine gesellschaftliche Isolierung geraten und gleichzeitig in das Kreuzfeuer politischer Kritik. Aber nicht nur allein die Hochschulen tragen dafür die Verantwortung, sondern diese Entwicklung geht zurück auf die Einsparungen im Bildungsbereich, Kapazitätsverordnung und Überlastprogramme, die den Hochschulen aufgebürdet sind. Diese Überlast zum Nulltarif, die die Hochschulen aus gesellschaftlicher Verantwortung übernommen haben, hat natürlich auch ihre Auswirkungen gehabt. Über diese Überlast ist in der Vergan-

* Dem Beitrag liegt ein Vortrag anläßlich des Hochschultages der Hochschule für Wirtschaft und Politik am 5. Juni 1980 zugrunde.

genheit viel geklagt, über die Alternativen zu wenig nachgedacht worden, insbesondere in der trügerischen Hoffnung auf das Ende der Überlast, die Überwindung des sogenannten Studentenbergs. Ich bin sicher, daß es solche aus heutiger Sicht fast paradiesische Zustände wie vor der Überlast nicht mehr geben wird, dafür werden die Finanzminister schon sorgen.

Was die Hochschulen über die Lösung ihrer Tagesprobleme hinaus versäumt haben, ist eine umfassende Analyse ihrer eigenen Situation, eine Reflektion ihres Funktionswandels derart zu vollziehen, daß neue Konzepte einer Hochschulausbildung entstehen konnten. Gesamthochschulen waren ein Ansatz. Was daraus geworden ist, weiß jeder. Die Hochschulen haben sich häufig rein defensiv zurückgezogen auf die Freiheit der Wissenschaft und versucht, sich dadurch gegen Kritik zu immunisieren. Die Autonomie der Wissenschaft wurde zum Ziel an sich, dabei besteht im wissenschaftlichen Kommunikationsprozeß keineswegs Einigkeit darüber, was nun eigentlich Wissenschaftlichkeit sei. In der Regel wird dieser Begriff – natürlich von Wissenschaftlern – so definiert, daß er alles abdeckt, was professionelle Wissenschaftler an den Hochschulen zustande bringen. Damit ist der Zirkel geschlossen und die beanspruchte Autonomie der Wissenschaft rechtfertigt sich durch die Ausübung der Autonomie. Diese doch allzu egoistische Auffassung von „Wissenschaft" wird aber den Intentionen von Art. 5 Abs. 3 des Grundgesetzes kaum gerecht. Denn auch diese Bestimmung des Grundgesetzes gewinnt ihre besondere Bedeutung erst in einer Abwägung der gesamten Wertprinzipien unserer Verfassung, nicht in einer isolierten Einzelbetrachtung. Danach ist Wissenschaft keineswegs frei von gesellschaftlicher und politischer Verantwortung. Wissenschaft ist insbesondere auch gesellschaftliches Instrument zur Lösung bestimmter Probleme. Wissenschaftsfreiheit in diesem Sinne meint, daß die Lösung dieser Probleme frei von politischen Einflüssen, also frei von politischer Herrschaft erarbeitet werden soll.

Diese Instrumentalisierung der Wissenschaft für die Probleme der Gesellschaft schließt jedoch nicht die Forderung ein, Hochschulen sollen Auftragsforschung derart betreiben, daß sie vorgefertigte Fragestellungen lediglich zu beantworten haben, ohne dabei die Bedingungen der Entstehung dieser Fragestellungen und die politischen Konsequenzen aus ihrer Beantwortung mit zu reflektieren. Noch weniger kann Wissenschaft dafür in Anspruch genommen werden, Entscheidungen, die vor allem im politischen Bereich gefällt worden sind, lediglich zu legitimieren. Die Kompetenz der Hochschulen ist eine wissenschaftliche und keine politische. Nur so ist die Aufrechterhaltung vom Autonomieanspruch der Wissenschaft möglich.

Die Autonomie der Wissenschaft ist aber keine unbegrenzte. Die Idee, die Wissenschaft gebäre in einem immerwährenden Prozeß der Selbstentfaltung immer neue Probleme und entdecke immer neue Forschungshorizonte, zu denen sie dann ungehindert durch gesellschaftliche und politische Einschränkungen, also frei, vorstoßen könne, ist schon immer ein Traum idealistischer Wissenschaftler gewesen, nie die Realität.

Schon immer, und das wissen wir spätestens seit den Untersuchungen Kuhns über die Struktur der wissenschaftlichen Revolution, war es so, daß Überlegenheit von bestimmten wissenschaftlichen Schulen nicht nur durch ihre erkenntnistheoretische Überlegenheit, sondern vor allem durch das Arrangement wissenschaftlicher Qualifikation und politischem Durchsetzungsvermögen demonstriert wurde. Das gilt vor allem dann, wenn die Mittel zur Realisierung von Erkenntnisinteressen beschränkt sind. Die Entscheidung darüber, welche Forschungsbereiche welche Priorität erhalten sollen, ist eine politische und wird auch im politischen Raum entschieden. Insoweit ist die Freiheit der Wissenschaft von vornherein eine begrenzte. Aufgabe der Wissenschaft selbst bleibt es jedoch zu zeigen, welche sozialen Konsequenzen die Entscheidungen für bestimmte Forschungsziele mit sich bringen.

Diese Überlegungen gehen zurück auf ein Modell in der Wissenschaftstheorie, das Anfang der 70er Jahre wenn auch noch sehr theoretisch formuliert worden ist. Ein Konzept für die Aufhebung der Autonomie der Wissenschaft soweit wie notwendig bei gleichzeitiger Behauptung des Wahrheitsanspruchs der Wissenschaft, der ja ursprünglich die Forderung nach Autonomie begründete. Es ist das Modell des Starnberger Max-Planck-Instituts zur Erforschung der Lebensbedingungen der wissenschaftlich-technischen Welt. Die Überschrift der zentralen Publikation des Instituts, heißt „Gesellschaftliche Orientierung des wissenschaftlichen Fortschritts" und genau das ist auch gemeint. Nämlich die Steuerung der Wissenschaft durch die Gesellschaft. Die Notwendigkeit für diese Steuerung ist in doppelter Weise begründet. Einmal wie schon eben gesagt, durch die Knappheit der zur Verfügung stehenden Mittel. Zweitens durch die Bedeutung der Wissenschaft als „Strategische Ressource für die post-industrielle Gesellschaft", so wie es Daniel Bell formuliert hat. Diejenige Gesellschaft, die den Prozeß der Wissenschaftsproduktion am besten organisiert, ist anderen tendenziell überlegen.

Worum es hier geht, kann nicht die Diskussion der wissenschafts-theoretischen Bedeutung des Starnberger Modells sein, dieses ist nach wie vor umstritten, sondern um die wissenschaftspraktische Konsequenz des Postulats der Finalisierung der Wissenschaft. Es geht hier um die Anbindung der wissenschaftlichen Forschung an gesellschaftliche Zwecke. Dies klingt einleuchtend und relativ unproblematisch, ist aber in Wirklichkeit von vielen Faktoren abhängig und birgt Widersprüche in sich. Das betrifft nicht nur die erkenntnistheoretische Problematik, daß sich die realen Gegenstände gegenüber den in den einzelnen Wissenschaftsdisziplinen erarbeiteten Methoden gegenüber äußerst starr verhalten, sondern meint vor allem die institutionelle und organisatorische Problematik einer Praxisorientierung der Wissenschaft, die diesen Namen auch verdient.

Die Hochschule für Wirtschaft und Politik hat seit ihrer Gründung versucht, im Bereich der Forschung diesen Bedingungen Rechnung zu tragen. Hier soll nur eines der ersten Forschungsprojekte erwähnt werden, das der damalige Leiter der Akademie, Helmut Schelsky, 1950–1952 zur „Arbeitslosigkeit und Berufsnot der Jugend" durchgeführt hat und die Hamburger Lehrlingsstudie, an der zahlreiche Wissenschaftler der HWP mitgewirkt haben. Eine Einbeziehung des besonderen Forschungsgegenstandes oder daß diese Forschung gar zum Gegenstand der Ausbildung gemacht wurde, entsprach ebensowenig der Praxis wie an anderen Hochschulen. Um aber im sozialwissenschaftlichen Bereich dem politischen Anspruch der Wissenschaft, so wie er oben versucht wurde, allgemein darzustellen, zu realisieren, bedarf es gerade dieser Einbeziehung. Um konkrete Probleme lösen zu können, muß in der Wissenschaft die Einheit in der Lehre, Forschung und Berufspraxis so weit realisiert werden, daß zwischen denjenigen, die forschen und lehren, sowie denen, die in den Berufen ausserhalb der Hochschule stehen oder stehen werden, kommunikative Brüche soweit wie möglich vermieden werden. Diese geforderte Einheit muß keine Interesseneinheit sein; Professoren, Studenten und Berufstätige außerhalb der Hochschule haben aufgrund ihrer jeweiligen Positionen verschiedene Interessen; worauf es ankommt, ist diese Verschiedenheit zu reflektieren und zum Ausgangspunkt gemeinsamer Arbeit zu machen.

Diese Zusammenarbeit darf sich dabei nicht reduzieren auf die Formulierung von Themenkatalogen, die beide Seiten vorlegen. Hier besteht leicht die Gefahr eines wechselseitigen Dienstleistungsverhältnisses, bei dem einerseits der Wissenschaftler lediglich von Dritten definierte Forschungsziele einlöst, auf der anderen Seite die Kooperation mit der Berufspraxis nur den Zugang zu den Daten erleichtert. Es muß vielmehr bereits bei der Bestimmung der Forschungsgegenstände des Forschungsumfangs und der Forschungsziele eine intensive und systematische Zusammenarbeit mit der Berufspraxis außerhalb der Hochschule bestehen, allerdings unter der Voraussetzung der Reflektion der gemeinsamen oder gegensätzlichen Interessen.

Wissenschaft muß es sich dann allerdings gefallen lassen, nicht nur theoretische Zusammenhänge darstellen zu können, sondern sie muß sich befragen lassen können auf verwendbare Inhalte. Der Begriff dafür heißt Theorie der Praxis und gemeint ist, daß Wissenschaft sich nicht nur auf die theoretischen Zusammenhänge selbst konzentrieren, sondern ihre Methode, konkrete Inhalte und Handlungsalternativen vermitteln soll.

Das inhaltliche Konzept des neuen Studiengangs an der Hochschule für Wirtschaft und Politik ist an dieser Idee orientiert: Versucht wird nicht, eine neue Wissenschaftsdisziplin aus der Taufe zu heben, sondern die Wissensvorräte der bestehenden Disziplinen für die Bearbeitung realer Problemsituationen fruchtbar zu machen. Um es noch deutlicher zu betonen, wir wollen unsere Studenten nicht für neue Berufe ausbilden, sondern wir wollen sie nur für bestehende Berufsfelder noch besser ausbilden.

Das hat auch organisatorische Konsequenzen. Um in sozialen Problemfeldern agieren zu können, braucht es noch keine große Forschungsvorhaben oder die Apparatur großer Forschungsinstitute. Im Gegenteil: Die Forschungseinheiten müssen, wenn wir auf der hier angesprochenen Ebene erfolgreich sein wollen, klein und flexibel sein. Klein, aber so interdisziplinär besetzt, daß sie mit der interdisziplinären Wirklichkeit fertig werden. Wissenschaftsbetrieb ist in der Vergangenheit immer mehr umgestellt worden auf das sogenannte big-science-Konzept. Im sozialwissenschaftlichen Bereich muß es jedoch darum gehen, eine Wiederherstellung von little-science in dem eben gemeinten Sinne zu erreichen. Also kleine interdisziplinär besetzte Forschergemeinschaften, die sich zu einem gemeinsamen wissenschaftlichen Interesse zusammenfinden. Die Hochschule für Wirtschaft und Politik hat dabei eine gute Chance. An ihr sind vier sozialwissenschaftliche Disziplinen vertreten und sie ist so klein, daß eine solche interdisziplinäre Arbeit über den persönlichen Kontakt noch organisiert werden kann.

Im Vergleich zu Großprojekten bedarf es finanzieller Mittel von wenigen Tausend DM, die für die jeweiligen Projektbereiche zur Verfügung gestellt werden müssen. Allerdings ist ein schneller Zugriff auf diese Mittel ohne große Antragsverfahren wie sonst üblich, z. B. aus einem Forschungspool, notwendig. Solche Absichten, Wissenschaft und Praxis einander anzunähern sind freilich nicht ohne Risiko. Auf der einen Seite ist die Gefahr der Degradierung der wissenschaftlichen Einrichtung zu bloßen Service-Organisationen, die, ich habe das schon oben erwähnt, lediglich Legitimationen liefern sollen oder Auftragsforschung im schlechten Sinne des Wortes betreiben. Auf der anderen Seite steht die Gefahr, daß die Vorurteile, die ja durch solche Vorhaben gerade beseitigt werden sollen, noch vertieft werden und zwar aus zwei Gründen. Erstens weil sich Wissenschaft weigern könnte, konkret zu werden und andererseits zweitens die notwendige Komplexität mancher wissenschaftlichen Aussage von der Praxis als bloße Besserwisserei verstanden wird.

Wie das Konzept praktisch aussehen kann, zeigt die Hochschule in dem Modellversuchsantrag an mehreren Stellen. Wir haben solche Projektbereiche vorgesehen, in denen nach Auffassung der Hochschule die Begegnung von Berufspraxis und Wissenschaft dringend erforderlich ist. Ich will sie hier nicht alle nennen, als Beispiel nur Regionalstruktur, Arbeitsmarkt, Erwachsenenbildung etc. Aber wir haben auch schon konkrete Projekte, die in diese Bereiche einzugliedern wären. Wie Sie wissen, läuft zur Zeit ein Projekt über Leistungslohn und Rationalisierung, über eine Regionalstrukturanalyse Nordfrieslands und in Vorbereitung ist, gemeinsam mit dem Berufsförderungswerk und dem Berufsbildungswerk, ein Projekt über die soziale Lage der Behinderten. Schließlich will ich noch erwähnen ein Projekt gemeinsam mit der TU-Harburg über die Situation im Maschinenbau in der Region Hamburg.

Diese Konzeption steht und fällt jedoch für die HWP mit der Realisierung des Sozialökonomischen Studiengangs. Erfahrungen aus den letzten Semestern haben nämlich gezeigt, daß zwar solche Projekte auch jetzt schon möglich, aber die Reibungsverluste so groß sind, daß sie für Studenten ebenso wie Professoren schwer zumutbar sind. Aus den bisher vorliegenden Projektbereichen läßt sich ablesen, daß die Vorbereitung für die Studierenden aber auch für die Professoren wesentlich intensiver sein muß als bei anderen Lehrveranstaltungen. Es ist natürlich oft einfacher, eine traditionelle Lehrveranstaltung durchzuführen und ihr zuzuhören, als mit Wissenschaftlern anderer Fachgebiete und mit den gewiß nicht unkritischen Studenten der HWP ein Projekt durchzuführen, an dem sich nicht nur wissenschaftliche Inhalte, sondern auch die Kompetenz des einzelnen Wissenschaftlers sich an der stets widerborstigen Realität bewähren müssen.

Trotzdem will die Hochschule diesen Studiengang, und zwar nicht nur, um formal gleichzuziehen mit der Ausbildung an der Universität, sondern insbesondere wegen der Resultate, die in den Projekten erarbeitet werden können. Das Risiko des Scheiterns einiger Projekte ist dabei notwendigerweise einkalkuliert. Resultate dieser Projekte können dabei sein: 1. eine Weiterentwicklung der wissenschaftlichen und der Lehrinhalte im bezug auf die Berufspraxis, zu der wir ja gesetzlich verpflichtet sind, 2. eine wissenschaftlich fundierte Politikberatung und zwar begrenzt auf die regionale Ebene, 3. Entwurf und Ausgangspunkt für größere Forschungsprojekte, bei denen die Vorbereitungsphase hier geleistet werden kann und bekanntlich oft die schwierigste ist und 4. eine Weiterentwicklung des Praxisbezuges des Studiums und zwar nicht nur in der Form traditioneller Praktika oder Planspiele, sondern durch die wissenschaftliche Reflexion einer professionellen Praxis in den o. g. Problemfeldern.

Ich glaube, daß dieses Konzept nicht nur für die Hochschule interessant ist. In der Diskussion der vergangenen Monate sah es oft so aus, als würde die Hochschule etwas fordern und nichts bieten wollen. Eigentlich hätte es so sein müssen, daß Hamburg ein solches Konzept von der Hochschule fordert. Deswegen bin ich auch sicher, daß ein solcher Studiengang mindestens die Chance haben wird, ausprobiert zu werden. Der Auswertung dieses Probelaufs wird sich die Hochschule stellen, aber sie kann es erst dann, wenn dieser Studiengang erprobt ist und nicht vorher.

Wulf Damkowski

Projektorientiertes Studium an der Hochschule für Wirtschaft und Politik – dargestellt am Problem „Rationalisierung in der öffentlichen Verwaltung"

Vorwort

Mit dem folgenden Beitrag wird ein kompaktes Konzept für eine Veranstaltungseinheit in Form des projektorientierten Studiums vorgelegt. Dieses Konzept ist entstanden aufgrund der Erfahrungen mit zwei projektähnlichen Seminarveranstaltungen an der Universität Hamburg zu leicht variierten Problemstellungen im Bereich von Rationalisierung und Innovation in der öffentlichen Verwaltung. Insofern ist das Konzept bereits zum Teil erprobt und dies wohl auch erfolgreich angesichts der beachtlichen Arbeits- und Lernmotivation, wie sie während der erwähnten Veranstaltungen bei den beteiligten Studenten beobachtet werden konnte.

Das Veranstaltungskonzept ist weiterentwickelt worden für Zwecke einer in der Hochschule für Wirtschaft und Politik geplanten Projektveranstaltung, und zwar zunächst unter der Voraussetzung, daß eine solche Veranstaltung im Rahmen eines herkömmlichen, nicht in Projektform organisierten Studiengangs angeboten wird. Diese Voraussetzung hat sich inzwischen an der Hochschule für Wirtschaft und Politik zum Teil in einer für das Projektstudium günstigen Richtung verändert, so daß die Chance besteht, das Veranstaltungskonzept in die Projektphase eines reformierten (sozialökonomischen) Studiengangs an der Hochschule für Wirtschaft und Politik systematisch einzubeziehen.

Der nachfolgende Beitrag ist an die Studienreform*praxis* adressiert und erhebt insofern absichtlich keine weitgesteckten wissenschaftstheoretischen und hochschuldidaktischen Ansprüche; vielmehr will er Hochschulen und Hochschullehrern, die mit der Verwaltungsausbildung betraut sind, ein operationalisiertes und daher unmittelbar umsetzbares Veranstaltungskonzept an die Hand geben.

A. Projektstudium

I. Einführung in die Theorie und Praxis des Projektstudiums

Studien in Form von Projekten wurden in der Bundesrepublik Deutschland Ende der Sechziger Jahre von verschiedenen Seiten, insbesondere von studentischer Seite, als eine Arbeitsweise angesehen, durch die deutlich sichtbare Mängel der herkömmlichen akademischen Ausbildung überwunden werden sollten.

Von studentischen Vorstellungen geprägt, verstand man damals unter Projektstudium eine Arbeitsweise im Studium, in der kritische, sich selbst reflektierende Wissenschaft und bewußtes politisches Handeln eine Einheit darstellten.

Die Forderung nach Politisierung der Wissenschaft fand eine (unter vielen) Reaktion(en) darin, sich von der Unterwerfung unter die Ordinarienherrschaft und die Inhalte bürgerlicher Wissenschaft zu lösen. In selbstorganisierten Seminaren wurden Analysen und Einsichten verarbeitet und diese über die Grenzen der Universitäten hinaus in die Bevölkerung getragen.

Diese Projekt*arbeit* der Studentenbewegung sollte letztlich exemplarische, gesellschaftsverändernde Praxis sein; es handelte sich bei dieser Idee somit nicht um eine primär didaktisch begründete Form wissenschaftlicher Qualifizierungsprozesse für existente Berufe. In den Diskussionen zur Übernahme der Projektstudienidee in die offizielle Programmatik einzelner Reformuniversitäten (z. B. Bremen, Kassel) fand dann eine deutliche Veränderung der zentralen Begründung für studentische Projektarbeit statt. Die Idee der Verbindung von universitärem Wissenschafts- und Ausbildungsprozeß mit unmittelbarer politischer Praxis wurde abgelöst von der Idee des Projekt*studiums* als langfristiger Strategie der Qualifizierung von Studenten für eine politische Berufspraxis im Rahmen vorhandener Ausbildungsinstitutionen.

Im weiteren Verlauf entstand dann die heutige, sichtbare Verlagerung der unmittelbaren Projektziele aus der gesellschaftlichen Praxis heraus auf die Studenten als Zielgruppe von Qualifizierungsprozessen.

Mit dieser Verlagerung ging eine bedeutende Veränderung von Art, Umfang und Funktion des Praxiskontaktes im Projekt einher. Einige Stichworte mögen dieses erhellen:

- ‚Erkundung' gesellschaftlicher Bereiche statt praktischer Tätigkeit,
- Ermittlung notwendiger beruflicher Qualifikationen statt exemplarischer Einübung in berufliches Handeln, und
- Motivierung für berufsbezogenes Studium statt wissenschaftliche Erkenntnisgewinnung im Vollzug praktischer Tätigkeiten.

Praxis wurde (und wird) also von einem Tätigkeitsfeld über ein Übungsfeld zu einem Erkundungs- oder Beobachtungsfeld. Wenn heute über die Möglichkeiten von Projektstudien diskutiert wird, so geschieht dies fast nur noch unter dem Aspekt, die Praxisferne der universitären Wissenschaften zu überwinden bzw. zu verkürzen (ein ernstgemeintes berufsbezogenes Studium), ohne auf den wissenschaftlichen Anspruch in der Ausbildung zu verzichten.

Dennoch können Projektstudien – so ernsthaft und verbindlich sie auch immer betrieben werden – nicht Antizipation der Praxis sein. Sie können aber dem in der Ausbildung Stehenden zeigen, wie Praxis ist, sein kann oder sein könnte.

II. Merkmale des Projektstudiums – mögliche Vorteile des Projektstudiums

1. Allgemein lassen sich Projekte als terminierte Arbeitsvorhaben mit expliziten Erwartungshaltungen definieren, bei denen eine Gruppe von Hochschulmitgliedern wissenschaftlich zusammenarbeitet, um Beiträge zur Realisierung der konstitutiven Ziele der Hochschule, nämlich von Lehre, Studium, Forschung und sozialen Diensten zu leisten. Dabei sollte ein Projekt möglichst so ausgewählt und organisiert sein, daß es Beiträge für die Erfüllung aller vier Ziele leisten kann.

Unter diesem formal-organisationellen Aspekt können unter einem Projekt verstanden werden:
- Mehrere Veranstaltungen zu einem inhaltlichen Themenbereich (z. B. Parlamentarismuskritik der politischen Linken, die Kritik des Faschismus am parlamentarischen System usw.)
- mehrere Arbeitsgruppen zu einem inhaltlichen Themenbereich;
- die Kombination von Veranstaltungen und Arbeitsgruppen zu einem inhaltlichen Themenbereich.

Dabei sind Veranstaltungen dadurch charakterisiert, daß sie regelmäßig unter Bekanntgabe von Ort und Zeit stattfinden, während Arbeitsgruppen in lockerer Form organisiert sind und ihre Arbeitstermine und Arbeitsräume fallweise bekanntgegeben werden.

Organisatorisch werden in der Hochschule mehrere Projekte zu einem Projektbereich (z. B. Parlamentarismus) zusammengefaßt. Mehrere Projektbereiche wiederum bilden eine fachliche Einheit (z. B. Politologie).

Materiell-inhaltlich kann das Projekt durch drei Merkmale charakterisiert werden:
1. muß es problemorientiert ausgewählt und organisiert sein, so daß es eine intra- und interdisziplinäre Zusammenarbeit der Hochschulmitglieder erforderlich macht. Das bedeutet, daß seine Problemstellung die Aspekte mehrerer Fachrichtungen tangieren und daher die Mitarbeit von Vertretern verschiedener Fachrichtungen notwendig machen muß.
2. Sollte die Problemstellung des Projekts berufsbezogen bzw. gesellschaftlich relevant sein, d. h. das Projekt sollte einen klaren Bezug zu Fragen potentieller Berufsfelder der Auszubildenden haben bzw. sich mit solchen Problemen gesellschaftlicher Praxis beschäftigen, die von den zuständigen Gremien der Hochschule als relevant erachtet werden.
   Berufsfeldbezogenheit und Orientierung an relevanten gesellschaftlichen Problemen erfordern,
3. daß das Projekt auf eine enge Kooperation mit den betreffenden Stellen der Praxis angelegt ist und in ihm nach Möglichkeit auch Vertreter der betroffenen Praxisbereiche mitarbeiten.

Eine derart definierte und organisierte wissenschaftliche Projektarbeit bietet Leistungsvorteile sowohl unter den Gesichtspunkten wissenschaftlicher und sozialer Effizienz als auch unter dem der ökonomischen Effizienz.

2. Unter dem Aspekt der wissenschaftlichen Effizienz läßt sich für Projektarbeit folgende Begründung anführen:

In Projekten kann die Integration der konstitutiven Ziele der Hochschule, d. h. von Lehre, Studium, Forschung und sozialen Diensten realisiert werden, indem Studierende, Lehrende, Forschende und Praktiker problembezogen zusammenarbeiten und aus ihren spezifischen Erfahrungshorizonten und ihrer jeweiligen Interessenperspektive ihre Problemsicht darstellen und Lösungsbeiträge erbringen. Insbesondere die Durchführung sozialer Dienstleistungen erfordert in der Regel die Zusammenarbeit mit anderen Institutionen der Praxis. Da der Hochschulbetrieb nur vorübergehend aktiv werden und sich nicht als Hauptinstitution für dauerhafte Leistungen anbieten sollte, empfiehlt sich eine Zusammenarbeit von Hochschulbetrieb und diesen Institutionen der Praxis in Zeitabschnitten, an deren Ende die Notwendigkeit einer weiteren Beteiligung des Hochschulbetriebes erörtert wird. Projektarbeit ist deshalb für den Verbund zwischen der Hochschule und den Stellen der Praxis die geeignete organisatorische Lösung: Für die einzelnen Zeitabschnitte werden dann bestimmte Arbeitsprogramme beschlossen, die Vorgaben für die Durchführung enthalten und an denen der Arbeitsstand überprüft werden kann.

Die wissenschaftlichen Aktivitäten in der Hochschule lassen sich außerdem in Projekten besser koordinieren; Mehrfachbearbeitung von gleichliegenden Problemen durch voneinander isolierte Wissenschaftler kann leichter vermieden werden. Ganze Problemfelder können unter Berücksichtigung der Probleminterdependenzen in Projektbereichen, zu denen sich mehrere Projekte zusammenschließen, bearbeitet werden. Dadurch entstehen in den Projektgruppen und zwischen diesen geregelte Kommunikationsnetze, wie sie für eine rationale Wissenschaftsplanung unerläßlich sind. Die Arbeit isolierter Wissenschaftler entbehrt demgegenüber solcher Kommunikationsmuster und ist hinsichtlich von Übersetzungs- und Übertragungsfehlern außerordentlich anfällig. Außerdem ist der einzelne Wissenschaftler durch komplexere Problemfelder, die die Berücksichtigung einer Reihe verschiedener fachlicher und methodischer Aspekte notwendig machen, bei weitem überfordert. Seine fachliche, aber auch seine Informations- und Wertverarbeitungskapazität sind hier völlig unzureichend. Geht man demgegenüber davon aus, daß Gruppen komplexere Probleme besser erfassen und bearbeiten können, so wird durch die Projektarbeit und durch die Mitbestimmung der Hochschulmitglieder in Projekten insgesamt das Leistungspotential der Hochschule höchstmöglich ausgeschöpft.

Auch für die Ausbildung in der Hochschule bietet die Projektorganisation eine Reihe von Vorzügen. Die theoretische wie praktische Beschäftigung mit gesellschaftlichen Problemfeldern führt zur Vermittlung nicht nur von Wissen und Fertigkeiten, sondern insbesondere auch zur Vermittlung von Fähigkeiten, Probleme zu erkennen und geeignete Problemlösungsstrategien zu entwerfen. Forschendes Lernen, Lernen des Lernens, Theoriebildung durch Praxis und Praxisveränderung durch Umsetzung von Theorie stellen die geeigneten Ausbildungstechniken dar, um den Studierenden dazu zu befähigen, daß er auch Situationen bewältigt die für ihn zunächst unbekannt sind. Diese Qualifikation wird für eine Gesellschaft mit laufendem sozialen Wandel immer wichtiger. Nicht die Vermittlung eines Kanons von Kenntnissen und

Fertigkeiten sollte deshalb allein die Ausbildung ausmachen, sondern auch die Einübung von Lernfähigkeit. Diese wird gefördert, wenn das einzelne Hochschulmitglied gleichberechtigt u. a. bei der Gruppenarbeit auf die Auswahl der Problemfelder, die in der Hochschule bearbeitet werden sollen, Einfluß nehmen und seine Ausbildung an dem jeweiligen Stand seiner Kenntnisse und Erfahrungen ausrichten kann. In der Auseinandersetzung mit anderen Hochschulmitgliedern und verschiedenen gesellschaftlichen Problemen erhöht sich auf diese Weise die Chance, daß jedes Hochschulmitglied seine Fähigkeiten entsprechend seinen Anlagen entwickeln kann und sie so einzusetzen lernt, daß sie der Gruppenleistung zugutekommen.

Nicht zuletzt wird die wissenschaftliche Effizienz durch Projekte auch dadurch gesteigert, daß diese terminierte Arbeitsvorhaben sind, bei denen die Erwartungshaltungen bezüglich des Arbeitsergebnisses expliziert sind. Dadurch ist es möglich, anhand von Terminüberwachung sowie Fortschritts- und Schlußberichten zu kontrollieren, ob Zwischenergebnisse und Ergebnisse den anfänglich formulierten Erwartungshaltungen entsprechen. Dies erleichtert die Entscheidung darüber, ob ein Projekt abgebrochen, fortgesetzt werden, oder ob ihm ein Anschlußprojekt folgen soll.

3. Neben der wissenschaftlichen Effizienz wird auch die soziale Effizienz in der Hochschule durch Projektarbeit gefördert. Wegen der laufenden Veränderung ökonomischer und gesellschaftlicher Problemlagen entstehen immer komplexere Arbeitsfelder, die nicht mehr durch Einzelleistung, sondern nur noch durch Zusammenarbeit in Gruppen bewältigt werden können. Als Voraussetzung für Zusammenarbeit sollte deshalb Sozialverhalten eingeübt werden, d. h. die Einbringung von Einzelleistungen zur Förderung der Gruppenleistung, der Umgang mit Gleichgestellten oder auch weniger qualifizierten Gruppenmitgliedern, kollektive Durchsetzung von Arbeitsvorgaben unter Zeitdruck und beschränkten Mitteln und möglichst rationale Austragung von Konflikten, die auf Grund unterschiedlicher Interessenlagen verursacht werden. Die Zusammenarbeit der Hochschulmitglieder in Gruppen bietet die Chance der Artikulation, Information, Teilnahme und Kontrolle für alle Beteiligten und sollte deshalb Prinzip der Arbeitsorganisation im Wissenschaftsbetrieb der Hochschule sein.

Das gegen Projektarbeit am häufigsten geäußerte Argument, die Motivation des Wissenschaftlers werde durch Regelungen und Reglementierungen beeinträchtigt und dies wirke sich leistungshemmend aus ist nicht überzeugend, wenn Wissenschaft sich komplexen Problemen widmen soll, um sich weiter zu entwickeln. Sollen nicht nur Probleme gelöst werden, die so eingeschränkt sind, daß sie auch von einem einzelnen Wissenschaftler bearbeitet werden können, so kann die Bewältigung auch komplexerer Probleme durchaus die Motivation der Wissenschaftler auf Grund des gemeinsamen Gruppenerfolges fördern. Gruppenarbeit bedarf verschiedener Arbeitsrollen, die unterschiedliche Qualifikationen verlangen. Sie nivelliert deshalb nicht, sondern funktionell begründete Positionsunterschiede, z. B. infolge von speziellen Begabungen, Arbeitserfahrung und Problemsensibilität bleiben bestehen.

Projektarbeit bietet sich also insbesondere zur Einübung kooperativen Sozialverhaltens und kritischer Lernfähigkeit an. Anhand ausgewählter praktischer Probleme können fachspezifische Terminologien, Methodologien und Fakten erlernt und Verhaltensweisen für die Durchsetzung gemeinsam bestimmter Ziele erworben werden. Damit werden Voraussetzungen dafür geschaffen, daß Hochschulabsolventen einerseits nach dem Hochschulabschluß in der Berufspraxis ohne zusätzliche Weiterbildung verwendbar sind, und andererseits die Funktion von Agenten sozialen Wandels wahrnehmen können.

4. Durch Projektarbeit kann jedoch nicht nur die wissenschaftliche und soziale Effizienz, sondern auch die ökonomisch-technische Effizienz der Hochschulverwaltung gesteigert werden. Die Organisationseinheit „Projekt" stellt für die Hochschulplanung eine geeignete Bezugsgröße dar. Durch sie wird eine überschaubare und planbare Zuordnung und Zurechnung von Problemen und Ressourcen zum einzelnen Projekt möglich. Auf diese Weise kann der Ressourceneinsatz in der Hochschule im Projektverbund koordiniert und die Auslastung der Ressourcen auf Grund gemeinsamer Nutzung durch mehrere Projekte gewährleistet werden. Wegen der terminlichen Festlegung des Projektablaufs kann auch die Überwachung der Ressourcennutzung einfacher praktiziert werden.

B. Zeitliche Abfolge des Projekts – Feingliederung des Projektproblems – Didaktische Überlegungen

I. Zeitliche Abfolge des Projekts: Rationalisierung in der öffentlichen Verwaltung (R. in der ö. V.)

Der zeitliche Rahmen des Projektthemas ist durch die Begrenzung auf zwei Semester festgelegt. Da vier Wochenstunden für die Erarbeitung bzw. für das Thema zur Verfügung stehen, ergibt sich eine Gesamtstundenzahl für beide Semester von 112 Stunden.

Diese Stundenzahl ist aufzuteilen für (Vgl. dazu Anlage I):

1. – Die Einführung bzw. Information in bzw. über Projektarbeit,
   – das Erarbeiten der Grundlagen für das Projektthema,
   – die Diskussion und das Erfassen des Projektthemas,
   – das Zusammenfinden von Kleingruppen aufgrund spezieller Interessen und die anschließende Aufteilung der Teilthemen auf die gebildeten Gruppen,
   – das Zusammenlegen von Teilthemen in Themenblöcke und ihre Einordnung in den zeitlichen Rahmen.

Die hierfür zur Verfügung stehende Zeit von 12 Stunden ist bei Bedarf auf 16 Stunden aufzustocken (hierzu Anlage I).

2. Nach dieser Vorarbeit sind den Projektteilnehmern (den Studenten) 8 bzw. 12 Wochenstunden (entspr. 2 bzw. 3 Wochen) zur Erarbeitung von Grundlagenwissen zur freien Verfügung zu überlassen. Insbesondere die Gruppe, die sich mit dem 1. Themenkomplex (vgl. Anlage II) befaßt, benötigt diese Zeit zur Vorbereitung ihres Themas, zur Abfassung ihrer Thesen und zur Bereitstellung von Material zur Diskussion des 1. Themenkomplexes.

3. Hieran schließt sich dann das in der Anlage I beschriebene Ablaufverfahren an. Es wäre jedoch zu überlegen, ob es nicht sinnvoll erscheint, nach Bearbeitung des 1. und 2. Themenkomplexes eine Phase (evtl. 4 Wochenstunden) der kritischen Überlegung zum bisherigen Ablauf der Projektarbeit und zur Zusammenarbeit unter den Beteiligten einzuschieben.
4. Im Anschluß an die Projektarbeit sollte eine vierstündige Veranstaltungskritik stattfinden, um allen Beteiligten Gelegenheit zur kritischen Stellungnahme, insbesondere zum Austausch persönlich gemachter Erfahrungen, zu geben.

II. Feingliederung des Projektthemas

Wenn in der Feingliederung (s. dazu eingehend Anlage II) ein ziemlich starres System von Praxis und Theorieanteilen auftaucht, so sollten diese Anteile dennoch flexibel gehalten werden, um Raum für notwendige Verschiebungen zu haben. Insbesondere ist die Aufteilung der Themen nicht als gegeben anzusehen, sondern sollte sich aus den ersten Diskussionen mit allen Beteiligten ergeben, was besagt, daß die ,vorgegebene Feingliederung nur ein erster Anhaltspunkt sein soll.

Die vorgenommene Aufteilung unterstellt, daß sich eine Mindestzahl von 16 Studenten zur Bearbeitung des Themas meldet. Diese Zahl gliedert sich in vier Gruppen zu je drei und eine Gruppe zu vier Teilnehmern (vgl. Anlage II). Bedingung ist demnach bei einer Anzahl von 13 Teilthemen, daß sich die jeweiligen Gruppen mit mehreren Themen befassen (vgl. Anlage II).

Bei einer geringfügigen Unterschreitung bzw. Überschreitung der Mindestanzahl (16) können (müssen?) Einzelthemen gekürzt bzw. die Gruppenzahl erhöht werden, was angesichts der Komplexität der Einzelthemen sogar wünschenswert oder erforderlich wäre.

Bei erheblicher Unterschreitung bzw. Überschreitung der Mindestanzahl müßten ganze Themen gestrichen bzw. neue gebildet oder die vorhandenen geteilt werden.

III. Didaktische Überlegungen

1. Allgemeine Vorbemerkungen

Als Vorüberlegung zur Bearbeitung des Themas R. in der öV. in der Form projektorientierten Studiums muß allen Beteiligten, insbesondere den Betreuern des Projektes, deutlich sein, daß es sich bei diesem Thema nicht um ein Projektstudium im engeren Sinne handelt; m. a. W., daß es sich bei der Realisierung dieses Themas nicht um die Durchführung eines Projekts im Rahmen eines bereits in der Form des Projektstudiums organisierten Studiengangs handelt, sondern um eine im Rahmen eines herkömmlichen Studienganges durchgeführte *einzelne* Sonderveranstaltung.

Aus dieser Erkenntnis heraus sind Folgerungen für die Planung und Durchführung dieser Veranstaltung zu ziehen.

Es geht hier nicht in erster Linie um die Neuorganisation des Studiums in der Art, daß die Kenntnisse und Fertigkeiten für die jeweilige Berufspraxis erworben werden sollen, denn dieser Anspruch würde eine einzelne Ausbildungsveranstaltung bei weitem überfordern.

Damit ist es auch nicht (und kann es nicht sein) Ziel dieser Veranstaltung, den Zusammenhang der Studienveranstaltungen im Gesamtstudium im Hinblick auf die Bewältigung von Problemen der *zukünftigen Berufspraxis* der teilnehmenden Studenten herzustellen.

Diese Veranstaltung kann deshalb nur das Ziel verfolgen, dem Studenten theoretisches Wissen zu vermitteln, das auf seine Praxisrelevanz bzw. Anwendbarkeit zu hinterfragen ist.

Insofern kann auch bei den didaktischen Überlegungen nicht ohne weiteres auf Erfahrungen zurückgegriffen werden, die in anderen Projektstudien i. e. S. erzielt worden sind. Die Reichweite eines solchen Projekts für die Studienreform ist also begrenzt, sein Vorteil liegt darin, daß es auch in herkömmlichen Studiengängen relativ problemlos zu realisieren sein dürfte.

2. *Didaktische Prinzipien*

2.1 Allgemeine Überlegung

Wie erwähnt (vgl. oben I.), wird von einer vierstündigen Veranstaltung als Regelveranstaltung ausgegangen (entspr. 3 Zeitstunden).

Diese zeitliche Festlegung empfiehlt sich sowohl für die Aufbereitung der theoretischen Grundlagen der Teilthemen als auch für die Diskussionen im Plenum, während für Exkursionen in die Praxis (Aufsuchen bestimmter Betriebe, Dienststellen, Gespräche mit Arbeitnehmern) nach Lage des Einzelfalles ein anderer zeitlicher Rahmen bestimmt werden muß. (Eine Unterschreitung der 4 Stunden für letzteres ist kaum anzunehmen)

2.2 Das Prinzip des „forschenden Lernens“ als eine der Leitideen des Projektstudiums ist als didaktisches Prinzip deshalb überzeugend, weil Lernen wohl dann am erfolgreichsten ist, wenn bereits bestimmte Erkenntnisinteressen vorhanden sind, die dann in der Praxis verfolgt und geprüft werden können, wobei naturgemäß das Problem der Gewichtung auftritt (dazu unten 3.5).

Als weiteres didaktisches Mittel dient das Lernen in kleinen selbstorganisierten Arbeitsgruppen.

Diese Gruppen sollten i.d.R. nicht weniger als drei und nicht mehr als fünf Mitglieder haben, um zeitlichen Abstimmungsschwierigkeiten (außerhalb der gemeinsamen Veranstaltungen) zu entgehen.

Auch lassen sich gruppendynamische Probleme, unter denen die Arbeitsmotivation und Effizienz leiden könnten, in kleinen Gruppen leichter lösen.

Um selbstorganisierte Lernprozesse zu fördern, ist es jedoch erforderlich, diese Arbeitsgruppen in ihrer Zusammensetzung bis zum Ende der Projektarbeit nicht mehr zu ändern. Unter dieser Bedingung entgeht man wahrscheinlich dem Verschleißen gruppendynamischer Lernmotivation und auftretenden Frustrationserscheinungen – bezogen auf die Lernerwartungen der Studenten – eher.

Beherrschende Strukturierung *einer* Veranstaltung (4 Stunden) sollte eine Ergebnisdarstellung der Arbeitsgruppe und ein anschließender Wechsel zwischen Kleingruppenarbeit und Plenumsdiskussion sein (nicht zu verstehen i. S. eines starren Schemas).

Um den oben aufgezeigten Gefahren zu begegnen, wäre es wünschenswert, wenn die Kleingruppen mit den Arbeitsgruppen personenidentisch wären; hier sollten die Vorstellungen der Studenten nach Zusammensetzung der Kleingruppen ausschlaggebend sein.

2.3 Zur Funktion des Projektleiters ist zu bemerken, daß er für die ständigen Arbeitsgruppen zumindest als Experte und Informant zur Verfügung stehen müßte, soweit die Arbeitsgruppen hierauf Wert legen.

In der Plenararbeit hingegen wird seine Funktion stärker durch Betreuungs- und Strukturierungsleistungen bestimmt sein.

3. Die Ablaufplanung im einzelnen

3.1 Die erste Zusammenkunft aller an dem Projekt (Thema) Interessierten sollten zunächst in gelockerter Atmosphäre erfolgen und nicht zu stark auf den Sachverhalt konzentriert sein.

Wichtig erscheint, daß die Beteiligten sich persönlich kennenlernen und ein gelöstes Kommunikationsklima vorherrscht. Dazu kann eine Vorstellung aller Beteiligten durch Nennung ihrer Vor- und Nachnamen und eine Darstellung der jeweiligen Interessen dienen. Eventuell kann eine Diskussion über das Rollenverhältnis und -verständnis nützlich sein, wobei es u. U. vorteilhaft wäre, wenn auch der Projektleiter seine Rolle in dieser Projektarbeit definieren würde.

Anschließend kann den Studenten überlassen werden, wie sie an das Thema herangehen wollen, welche Teilthemen sie bilden und welche Arbeitsform sie wählen wollen. Die Gewährung von Freiraum für die Studenten in diesem Stadium erscheint sinnvoll, um sie nicht von vornherein in eine defensive Rolle zu pressen, die sich durch eine zu starke Beteiligung (insbesondere in Form einer straffen Strukturierung) des Projektleiters ergeben könnte.

Ergebnis des ersten Zusammentreffens sollte jedoch mindestens sein, daß die Studenten ihr Interesse an dem Thema bekunden und konkretisieren.

Möglicherweise ist es sinnvoll, in der ersten Woche nur eine jeweils zweistündige Veranstaltung durchzuführen mit dem Ziel, den Studenten bis zur nächsten zweistündigen Veranstaltung Überlegungszeit für die Arbeitsstruktur (Bildung von Arbeitsgruppen) zu geben. In der möglichen zweiten Veranstaltung sollte dann als Ergebnis zumindest die Bildung von Arbeitsgruppen feststehen.

Ferner sollten die Studenten Überlegungen zu den Zielen ihrer Arbeit anstellen, möglicherweise bereits erste Problemschwerpunkte herausfinden und benennen.

3.2 Die folgenden zwei Veranstaltungen (vgl. Anlage I, Punkt 2) dienen der gemeinsamen Erarbeitung der Teilthemen, der zeitlichen Abfolge der Themen, der Überlegungen hinsichtlich der einzusetzenden Mittel und des Hinzuziehens von sog. Experten anderer Fachbereiche (FB).

U. U. sind bereits Vorstellungen bei den Studenten vorhanden, wie das theoretisch erworbene Wissen auf seine Praxisrelevanz hin überprüft werden könnte.

Erfahrungsgemäß bereitet die Einstiegsphase in das Projekt den Studenten erhebliche Schwierigkeiten, die sowohl aus dem sachlichen als auch persönlichen Bereich resultieren.

Nach einer kurzen Diskussion im Plenum bietet sich hier die Bildung von Kleingruppen an (zu je 4 Personen; nicht zu verwechseln mit den ständigen Arbeitsgruppen!), die mit vagen oder schon bestimmten Problemansätzen in eine Erörterung eintreten (zeitlicher Rahmen: 1/2 bis 1 Stunde). Die Kleingruppen sollten – sofern möglich – auch räumlich voneinander getrennt sein.

Der Betreuer kann in dieser Zeit als Beobachter fungieren oder an den Diskussionen in den Kleingruppen mitwirken. Nach der festgelegten Zeit treten alle Kleingruppen wieder zusammen und erörtern ihre Vorstellungen im Plenum.

Vorteile der Bildung von Kleingruppen bereits in dieser Phase bestehen darin, daß

- möglicherweise bestehende Schwellenängste (z. B Angst, vor einer größeren Anzahl von Personen zu sprechen) abgebaut werden,
- die Studenten leichter persönlichen Kontakt untereinander aufnehmen,
- die anstehenden Probleme intensiver diskutiert werden.

Diese sog. ‚Planungsveranstaltungen' sind problematische Phasen des Projekts, die mit viel Geschick des Betreuers (vielleicht sollte ein weiterer Betreuer – Soziologe – hinzugezogen werden) gemeistert werden müssen.

Sollten die Studenten in dieser Phase überfordert sein, was insbesondere dadurch zum Ausdruck kommen kann, daß die Studenten ergebnislos ‚herumdiskutieren' oder nur Vorschläge unterbreiten, die neben der Sache liegen, müßte der Projektleiter eingreifen und seine Vorstellungen über Gliederung und Planung des Projekts darlegen.

Diese Strukturierung des Betreuers muß zurückhaltend geschehen.

Entscheidend in dieser Phase des Projekts ist nämlich, daß der Betreuer den Studenten nicht „das Heft aus der Hand nimmt", sondern sie tatsächlich maßgeblich an der Planung des Projekts beteiligt, u. a. auch durch offene Diskussion zwischen Studenten und Hochschullehrern.

Das Ergebnis dieser Veranstaltungen sollte darin bestehen, daß

- Teilthemen gebildet und auf die ständigen Arbeitsgruppen verteilt werden,
- Lernziele (soweit möglich) definiert werden,
- genaue Vorstellungen über die einzusetzenden Mittel vorhanden sind und
- ein Plan besteht, wie der Praxisbezug herzustellen ist.

3.3 Nach diesen Abschnitten sollte den Studenten zwei oder drei Wochen freie Beschäftigungszeit gewährt werden.

Dies erscheint insbesondere mit Blick auf die Gruppe, die den 1. Themenkomplex zu bearbeiten hat, sinnvoll. Um eine Phase ziemlich unproduktiver Tätigkeit – die Studenten müßten während der Veranstaltung Grundlagenwissen über ihr Thema erarbeiten – zu überbrücken, sollten sie in selbstorganisierter Arbeitsweise ihr eigenes Thema bearbeiten.

Es ist jedoch darauf hinzuweisen, daß die 1. Gruppe zumindest vier Tage vor Beginn der Diskussion über ihr Thema ein ausgearbeitetes Konzept bzw. Thesenpapier bei dem Projektleiter hinterlegt. Die anderen Teilnehmer sollten dieses Informationspapier dort frühzeitig abholen und durcharbeiten können.

3.4 Die bearbeitende Gruppe hält zu Beginn der nächsten gemeinsamen Veranstaltung ein mündliches Referat, in dem sie ihre Thesen erläutert und ihre Lernziele definiert.

Im Anschluß daran sollten Kleingruppen, zu denen sich ein ‚Experte' aus der bearbeitenden Gruppe gesellt, gebildet werden. Die Kleingruppen setzen sich aus den schon bestehenden Arbeitsgruppen zusammen oder werden neu gebildet (z. B. durch Abzählen oder nach der Sitzfolge) Die gelieferten Grundinformationen und Thesen sollten diskutiert und alternative Vorschläge erarbietet werden. Hierfür muß ausreichend Zeit (ca. 1/2 bis 1 Stunde) zur Verfügung stehen. Dem Projektleiter steht es hier wieder frei, ob er sich als Diskussionpartner einer Kleingruppe anschließt oder mehr eine beobachtende Rolle einnimmt. Ungünstig erschiene es, wenn der Projektleiter durch eine bestimmte Verhaltensweise in den Gruppen das Gefühl aufkommen ließe, daß sie ständig unter Beobachtung stünden.

An die Kleingruppendiskussion schließt sich eine Diskussion im Plenum an, in die zunächst die Ergebnisse der Kleingruppen eingebracht werden.

Falls es zu einem Verlust der Ergebnisorientierung unter den Studenten kommen sollte, ist es Aufgabe des Betreuers fördernd einzugreifen.

Im Anschluß an die Plenumsdiskussion stellt die bearbeitende Gruppe ihre *Grund*these auf, die sie in einer der nächsten Veranstaltungen auf ihre Praxisrelevanz hin überprüfen wird (vgl. Anlage I).

Zu überlegen wäre, ob zur Diskussion des 1. und 2. Themas Dozenten aus anderen FB en – z. B. Soziologie und Betriebswirtschaftslehre – hinzuzuziehen sind, die als Experten Informationen und Ursachenzusammenhänge klarer verdeutlichen können, als es den Studenten in dieser Phase möglich ist.

Der Projektleiter müßte jedoch zunächst mit diesen Dozenten klare Absprachen über ihre Funktion (Rolle) in der Projektarbeit treffen, um Divergenzen im „Lehrerverhalten" auszuschließen.

3.5 Durch eine kontinuierliche Arbeit in den ständigen Arbeitsgruppen – allgemeiner Konsens aller Beteiligten vorausgesetzt – ist es möglich, daß die Gruppe für das 2. Thema am Ende der Diskussion über das 1. Thema ihr Konzept (Thesen und Grundinformationen) ausgibt, mit dem sich die anderen Teilnehmer bis zur nächsten Veranstaltung beschäftigen.

Es erscheint sinnvoll, daß sich die Gruppe des 1. und 2. Themas bereits frühzeitig konkrete Gedanken darüber macht, in welcher Form sie ihre Thesen in der Praxis überprüfen will. Hierzu ist es u. U. erforderlich, daß ein schriftliches Konzept erstellt wird, das in einer der ersten Veranstaltungen (am Ende, ca. 1 Stunde) im Plenum diskutiert werden sollte. Eine Diskussion über die Art und Weise der Praxisüberprüfung entfiele nur dann, wenn sich diese Gruppe bereits in der freien Zeit (s. Anlage I 3) über konkrete Schritte (Anschreiben bestimmter Personen oder Betriebe) geeinigt hat. Das Zeitmoment entwickelt sich insofern für die Gruppe, die den 1. Themenkomplex zu bearbeiten hat, zum Problem, als die Zeitspanne zwischen den Veranstaltungen und der Einladung bestimmter Personen bzw. dem Besuch in einem bestimmten Betrieb zu kurz ist.

Bei den weiteren Gruppen tritt dieses Problem nicht mehr auf, da sie längerfristig planen können.

Sollte sich eine Überprüfung des 1. Themenkomplexes in der Praxis nicht mehr bewerkstelligen lassen, sollte angeregt werden, diese Überprüfung mit dem 2. Themenkomplex zusammenzulegen (s. Anlagen I und II).

4. Die unter Punkt III.3 angestellten Überlegungen ziehen sich wie ein roter Faden durch die gesamte Planung, insofern mag hier ein Bezug auf die weiteren Teilthemen ausreichen (zur Beteiligung weiterer Personen aus verschiedenen Bereichen vgl. Anlage I).

Anlage I

Zeitablaufplan für die Projektarbeit

Es stehen 28 Wochen mit jeweils 4 Wochenstunden zur Verfügung, demgemäßt umfaßt das Projekt insgesamt 112 Stunden

1.	Einführung; Erläuterung des Zieles des Projektes und der Projektthemen (Proj. Th'en); evtl. Diskussion (Aufspaltung in zwei Veranstaltungen á 2 Std. möglich)	4 Stunden
2.	Erarbeiten der Grundlagen: Begriff und Phänomen der R. in der ö V ; Hinzuziehen eines Soziologen	8 Stunden
3.	Freie Zeit zum Erarbeiten des 1. Proj. Th s (alle weiteren Gruppen arbeiten bereits an ihren Themen)	8 Stunden
4.	Darstellung eines Thesenpapiers bzw. einer These zum 1. Proj. Th.; Diskussion in Kleingruppen und anschließend im Plenum (diese Arbeitsform empfiehlt sich bei allen Proj. Th'en, also durchlaufende Strukturierung)	4 Stunden
5.	Darstellung des 2. Proj. Th's.	4 Stunden
6.	Praxisforschung zum Proj. Th. mit dem Ziel, die aufgestellten Thesen zu überprüfen (zumindest geeignet für das 1. Proj. Th.)	4 Stunden
6a.	Kritische Überprüfung der bisherigen Arbeit	4 Stunden
7.	Auswertung des in der Praxis gefundenen Materials (oder Ergebnisses) mit anschließender Diskussion im Plenum	4 Stunden
8.	Aufbereitung der Proj. Th'en 3, 4 und 5	8 Stunden
9.	Erforschung der Praxis – insbesondere durch Exkursionen in Praxisfelder	4 Stunden

10.	Auswertung und Diskussion des in der Praxis gefundenen Ergebnisses (insbes. unter Hinzuziehen eines Psychologen, Mediziners, Betriebssoziologen)	4 Stunden
11.	Aufbereitung der Proj. Th'en 6, 7 und 8 Formulieren von Thesen (Thesenpapiere)	8 Stunden
12.	Überprüfen der Thesen durch Diskussion unter Beteiligung mindestens zweier Praktiker aus den jeweiligen Bereichen und eines Gewerkschafters; wenn möglich, betroffene Bürger (Es empfiehlt sich hier keine Exkursion, wenn bereits Exkursionen zu den Proj. Th'en 3–5 durchgeführt wurden)	8 Stunden
13.	Thesen zu den Proj. Th'en in 9 und 10 (insbes. durch theoretische Aufarbeitung)	4 Stunden (evt. weitere 4 Stunden)
14.	Überprüfen der Thesen in Diskussion, möglicherweise unter Beteiligung von Experten anderer FB'e und Praktiker	4 Stunden
15.	Aufbereitung der Proj. Th'en 11–13 (mehr theoriebezogen)	8 Stunden
16.	Diskussion über die Thesen unter Hinzuziehen eines Juristen, Gewerkschafters, Praktikers	8 Stunden
17.	Veranstaltungskritik (Art und Weise sollten den Studenten überlassen bleiben)	4 Stunden
		100 Stunden (108 Stunden)
Rest:		4 Stunden

Anlage II

Projektthema: Rationalisierung in der öffentlichen Verwaltung
Aufteilung in Einzelthemen (Feingliederung)

O. Begriff und Phänomen der R. i.d.ö.V.
(Dieses Thema wird in Zusammenarbeit aller Beteiligten – als Grundlage des Projektes – erarbeitet).

I. Typische Verwaltungsbereiche und -aufgaben als Gegenstand der R.
II. Gesellschaftliche, ökonomische und soziale Ursachen für R. i.ö.V.
(Reihenfolge der Themen müßte eventuell geändert werden)
Anzahl der Bearbeiter: 3

III. Zum Zusammenhang zwischen R. sowie Isolation, Angst und Entfremdung der Betroffenen.
IV. Zum Einfluß von R. auf Arbeitsstreß sowie Über- und Unterforderungssituationen.
V. Auswirkungen der R. auf Arbeitszufriedenheit, -motivation und -produktivität
(unter Berücksichtigung des Begriffes der Effizienz)
Anzahl der Bearbeiter: mindestens 3

VI. R. aus der Sicht der öffentlichen Arbeitgeber
VII. R. aus der Sicht der öffentlichen Bediensteten
VIII. Auswirkungen der R. i.d.ö.V. auf die Bürger
(Reihenfolge der Themen abänderbar)
Anzahl der Bearbeiter: 3

IX. Alternative Arbeitsinhalte, -bedingungen und -organisationen in der ö.V.
X. Möglichkeiten der Verbesserung von Arbeitssituationen in typischen R-Bereichen der ö.V.
Anzahl der Bearbeiter: 3

XI. Rechtliche Restriktionen der Einführung alternativer Arbeitsformen und -inhalte.
XII. Tatsächliche Restriktionen der Einführung alternativer Arbeitsformen und -inhalte. (Reihenfolge abänderbar)
XIII. Implementationsstrategien im Rahmen des geltenden Dienstrechtes
Anzahl der Bearbeiter: mindestens 4

Zusatzthema:
XIV. Arbeitsmarktpolitische Konsequenzen der R. im öffentlichen Dienst
Anhang:
Bei der Bearbeitung des Projektthemas wird demnach von einer Mindestzahl von 16 Teilnehmern ausgegangen. Sollten sich 20 oder mehr Teilnehmer für das Projekt interessieren, so kann jedem Themenkomplex (zwanglos) ein weiterer Bearbeiter zugeteilt werden. Bei einer Anmeldung von 25 Teilnehmern müßte ein weiterer Themenkomplex geschaffen werden – vgl. dazu Thema XIV –, für den eine Bearbeitungszeit von 8 Stunden zur Verfügung stünde (vgl. dazu Zeitablaufplan).

Anlage III

Literatur

A. Zum Projektstudium allgemein

- H. Klages, Thesen zur universitäten Forschungsplanung, in: Kollognium über Forschungsplanung (Hrsg. Deutsche Forschungsgemeinschaft), Wiesbaden 1971, 138 ff.
- E.-B. Berndt u. a., Erziehung der Erzieher, Reinbek 1972, 186 ff.
- Bruns, Gedanken zur Studienreform und zum Projektstudium, Deutsche Universitätszeitung 1972, 238 ff.
- J. Wildt, Plädoyer für eine Projektdidaktik, Informationen zur Hochschuldidaktik 1976, Heft 16, 483 ff.
- H. Gubitsch, Probleme des „Praxisbezugs" im Projektstudium, in: Interdisziplinäres Zentrum für Hochschuldidaktik der Universität Hamburg (Hrsg.), Projektorientiertes Studium II, Hamburg 1975, 59 ff.

B. Zum Projektthema

I. Zu den Themen 0–II.

  - Fuhrmann, Rationalisierung in der Verwaltung. EVA Köln, Frankfurt 1977
  - Projektgruppe Automation und Qualifikation: Automation in der BRD, 2. A.; in: Das Argument, Sonderband 7, Berlin 1975
  - Briefs, Der Wandel in den Büros – Auswirkungen von Krise und Arbeitslosigkeit auf die Angestellten und Büroarbeit; in: WSJ Mitteilungen 1977, Nr. 4, S. 223 ff..
  - Brinkmann, Grimmer u. a., Verwaltungsautomation. 1974
  - ÖTV, Recht bei Grundbuch- und Katasterämtern. in: Das Magazin, Nr. 3 1978, S. 29
  - Grauhan, Rationalisierung Bürokratisierung – gesellschaftlicher Fortschritt? aus: Politik und Zeitgeschichte, Bd. 3/75, S. 3 ff.
  - Nemitz u. a., Forschung, Entwicklung und Einsatz neuer Technologien in der Text- und Datenerfassung und -verarbeitung, Bielefeld 1978
  - Lohmann, Organisation und Rationalisierung der Verwaltung. RKW-Schriftenreihe Nr. 23, Heidelberg 1971.
  - Düll, Sauer u. a., Öffentliche Dienstleistung und technischer Fortschritt. Bd'e I.II, Frankfurt, München 1976
  - Lutz, Düll u. a., Rationalisierung und Mechanisierung im öffentlichen Dienst. München 1970

– Oehl, Rationalisierung in Büro und Verwaltung.
in: Die Quelle 1977, Nr. 2
– Der Spiegel, Nr. 51 1976, S. 87 ff., „Moderne Elektronik schafft Arbeitslosigkeit . . ."
– Noth u. a., Angestellte – bevorzugte Objekte der neuen Rationalisierungswelle.
in: Gewerkschaftliche Monatshefte 1977, Nr. 6
– Grüning, Auf dem Weg zur Verwaltungsfabrik.
RKW, S. 1–27, Frankfurt 1978

II. Zu den Themen III.–V.
– Grüning, a.a.O., S. 54 ff. und 105 ff.
– Bode, Arbeit und Qualifikation, 2. A., München 1978
– Fuhrmann, s. o.
– Hoos, Automation im Büro. Frankfurt 1966
– Jaeggi, Wiedemann, Der Angestellte im automatisierten Büro. Stuttgart 1963
– Kern, Schauer, Rationalisierungs- und Besitzstandssicherung in der Metallindustrie.
Gewerkschaftliche Monatshefte, Nr. 5/1978
– Pöhler u. a., Humanisierung des Arbeitslebens.
Frankfurt 1973
– Brinkmann, in: RUP 1977, Heft 2, S. 68 ff.
– Müller, Bildschirmarbeit – ein neues Arbeitsfeld mit vielen Problemen.
in: Angestellten-Magazin 1977 Juni-Heft
– Nemitz, Waldhubel, Wenk, Forschung, Entwicklung und Einsatz neuer Technologien in der Text- und Datenerfassung und -verarbeitung. Bielefeld 1978.
– Bosetzky, Über das Ausmaß von Entfremdung in der öffentlichen Verwaltung. DÖV 1973, S. 302 ff.
– ÖTV, Fachkräfte sind keine ‚Gehilfen',
in: Das Magazin Nr. 7/1977, S. 14 f.
– Pohlmann, Rationalisierung – auf wessen Kosten?,
in: DDB (Zeitschrift des Deutschen Gewerkschaftsbundes) 1978, Hefte 8, 9
– Frankfurter Rundschau vom 17.4.1978: „Arbeitsplätze an Bildschirmgeräten . . ."
– Penth, Thieme, Arbeitsplatzvernichtung im öffentlichen Dienst,
in: Rationalisierung, Arbeitslosigkeit, Gegenwehr. Reihe Betrieb und Gewerkschaften, S. 48 ff.

III. Zu den Themen VI.–VIII.
– Bundesministerium des Inneren (Hrsg.),
Aktionsprogramm zur Dienstrechtsreform, Bonn 1976
Arbeitsprogramm zur Verbesserung der Verwaltungsorganisation. Bonn 1978
– DAG: Automation, Hamburg 1965
– Grische, Rationalisierung – für wen?,
in: DDB 1976, Heft 1
– DGB, Rationalisierung im Büro, Düsseldorf 1977
– DGB, Humanisierung im Büro, Düsseldorf 1977
– Hoos, a.a.O.
– Pohlmann, a.a.O.
– Lindner, Aspekte zur Theorie und Praxis von Wirtschaftlichkeitserwägungen und Kontrollen,
in: DV 1977, S. 409 ff.
– Lutz, Düll u. a., Rationalisierung und Mechanisierung im öffentlichen Dienst, München 1970
– Senatsamt für den Verwaltungsdienst Hamburg, Bildung von Betriebseinheiten,
Auftrag vom 2.3.1974, Hamburg 1975
– Denso u. a., Verwaltungseffizienz und Motivation,
Schriften der Kommission für wirtschaftlichen und sozialen Wandel, Göttingen 1976
– Gellermann, Motivation und Leistung, Düsseldorf 1972

– Lawler III, Motivierung in Organisationen, Bern, Stuttgart 1977
– Luhmann, Mayntz u. a., Personal im öffentlichen Dienst – Eintritt und Karrieren – Studienkommission für die Reform des öffentlichen Dienstrechts, Bd. 7, Baden-Baden 1973
– Neuberger, Theorien der Arbeitszufriedenheit, Stuttgart 1974
– Nick, Management durch Motivation, Stuttgart 1974

IV. Zu den Themen IX.–XIII.

– Bihl, Von der Mitbestimmung zur Selbstbestimmung, München 1973
– Brandt (DAG), „Viel Zeit bleibt nicht mehr", In: Manager-Magazin 1978, Nr. 6
– Bosetzky, a.a.O.
– Bosetzky, Das Verdrängen bürokratischer Elemente als Organisationsnotwendigkeit, in: DV 1974, S. 23 ff.
– Hinterhuber, Der Weg zu neuen Formen der Arbeitsorganisation, in: ZfO 1975, S. 425 ff.
– DAG, „Arbeit am Bildschirm begrenzen", in: Standpunkte, Heft 79, Oktober 1978
– Jaeggi, Wiedemann, a.a.O.
– Lepper, Teams in der öffentlichen Verwaltung, in: DV 1972, S. 141 ff.
– Likert, Die integrierte Führungs- und Organisationsstruktur, Frankfurt/New York 1975
– Schmidt, Kommunikation und Kooperation in der öffentlichen Verwaltung, in: Arch. Komm. Wiss. 1973, S. 306 ff.
– Weinert, Arbeitsanreiz als Motivationsfaktoren, in: ZfO 1973, S. 437 ff.
– Scharpf, Politische Durchsetzbarkeit innerer Reformen, Göttingen 1974
– Kern, Schumann, Der soziale Prozeß bei technischen Umstellungen, Frankfurt 1972
– Bihl, a.a.O.
– ÖTV Hessen, Grundsätze für ein Rationalisierungsschutzabkommen
– Dullin, Neue Technik in der Druckindustrie, Köln 1977
– Pausenberger, Kritik und Weiterentwicklung der hierarchischen Organisation, in: Hamb. Jahrb. für Wirtschafts- und Gesellschaftspolitik 1973, S. 201 ff.
– Thieme, Stellungnahme zu den ASJ-Thesen zur Verwaltungspolitik, in: RuP 1975, Heft 4, S. 213 ff.

Anlage IV

Bereiche der öffentlichen Verwaltung, in denen bereits Rationalisierungsmaßnahmen durchgeführt wurden bzw. werden oder in denen Untersuchungen für Rationalisierungsmaßnahmen stattfinden (bezogen auf Hamburg).

1. Aus dem Bereich der Justizverwaltung
   – Umorganisation der Geschäftsstellen (eine Untersuchung mit Unterstützung des Forschungsministeriums)
   – Einrichtung eines zentralen Schreibdienstes beim LG-Hamburg
   – Untersuchung der Organisation der hamburgischen Amtsgerichte (1973)
2. Aus dem Bereich der Innenbehörde
   – Anfertigung einer Vorstudie über die weitere Automation des Einwohnerwesens/Beauftragte Fa. IBM u. Siemens (1972)
   – Polizeireform – Raum-, Funktions- und Ausstattungsprogramm (1973) (Stichwort: Zusammenlegung der Polizeireviere)
   – Meßzahlen für den Personalbedarf in den Sozialdienststellen der Bezirksämter (1975)

3. Aus dem Bereich der Baubehörde
   - Möglichkeiten der Rationalisierung und Leistungsentlohnung im Klär- und Pumpenbetrieb (1972), daran anschließend:
   - Rationalisierung der Anlagenerhaltung im Klär- und Pumpwerkbetrieb (1973)
   - automatische Ermittlung von Abfuhrplänen fü System-Müllfahrzeuge (1972)
   - Rationalisierung durch Einführung moderner Kippwagen bei der Stadtreinigung
4. Aus dem Bereich der Behörde für Wissenschaft und Kunst (Universität)
   - Bildung von Textverarbeitungszentralen und Verwaltungssekretariaten in den FB'en Wirtschaftswissenschaften und Psychologie (1973)
5. Aus den Bezirksämtern
   - Organisation der Bauprüfabteilungen der Bezirksämter (1972) anschließend:
   - Entwicklung eines Systems für die Bemessung des Personalbedarfs (quantitativ/qualitativ) und für die Arbeitsverteilung in den Bauprüfdienststellen der Bezirksverwaltung (1974)
   - Ausgliederung der Jugendarbeit aus der BSJB (Aufgrund des neuen Bezirksverwaltungsgesetzes) und Zusammenfassung der Betreuungsdienste bei den Bezirksämtern (z. Zt).

Norbert Aust/Reiner Schilling

Regionalanalytische und hochschuldidaktische Probleme im Rahmen des Projektstudiums

Eine Analyse der Erfahrungen mit dem Projekt „Strukturprobleme und Organisation gewerkschaftlicher Arbeit in Nordfriesland" (STROGANOF)

Einleitung

Neben einer ersten Analyse der praktischen Erfahrungen im Projektstudium insbesondere bezogen auf den Themenbereich Regionalstrukturanalyse soll zugleich ein allgemeines Raster entwickelt werden, das die erzielten Ergebnisse skizziert, die verwendeten regionalanalytischen Methoden enthält und als Anleitung künftiger regionaler Strukturanalyse im Rahmen des Projektstudiums dienen könnte.

Im Hinblick auf den Modellversuch eines Sozialökonomischen Studiengangs an der Hochschule für Wirtschaft und Politik ist im Wintersemester 1979/80 und im Sommersemester 1980 aus dem Projektthemenbereich Regionalstrukturanalyse das Projekt „Strukturprobleme und Organisation gewerkschaftlicher Arbeit in Nordfriesland" durchgeführt worden. Durch die Zusammenlegung der Kurse „Regionale Strukturpolitik" aus dem Fachgebiet Volkswirtschaftslehre (Kursleiter: Schilling) und „Rechtliche Grundlagen der Regionalplanung' aus dem Fachgebiet Recht (Kursleiter: Aust) standen pro Semester für das Projekt 8 Wochenstunden Unterrichtszeit zur Verfügung. Die Erprobung des Projekts mußte einerseits die Bedingungen der bisherigen Prüfungsordnung hinsichtlich Dauer des Projekts, Leistungsnachweise usw. berücksichtigen, gleichzeitig sollten, soweit wie möglich, die Anforderungen des geplanten Projektstudiums eingehalten werden. Auf diese Anforderungen, die nach der Studienordnung im Rahmen des Sozialökonomischen Studiengangs an Einzelprojekte gestellt werden, wie Interdisziplinarität, Praxisbezug, Empiriebezug und Exemplarität, soll hier nicht eingegangen werden[1]. Es ist jedoch auch ohne genauere Prüfung ersichtlich, daß die gestellten Anforderungen beim Projekt STROGANOF durchweg erfüllt wurden. Die in diesem Projekt gemachten Erfahrungen sowohl auf seiten der Projektleitung als auch auf seiten der Studierenden dürften nicht nur für den hier ausgewählten Themenbereich gelten, sondern auch auf andere Projektbereiche übertragbar sein. Allerdings waren die Bedingungen für dieses Projekt insofern noch besonders günstig, als der Kooperationspartner, der DGB Kreis Nordfriesland, dessen Vorsitzender selbst Absolvent der Hochschule und von daher mit der Einrichtung vertraut ist, dieses Projekt ebenso großzügig unterstützt hat wie auch die Hans-Böckler-Stiftung.

Das verwendete Konzept verbindet herkömmliche regionale Analysemethoden im Rahmen der Aktionsforschung mit der Lehre und versucht gleichzeitig, eine kommunikative Forschungspraxis mit den Gewerkschaften und sonstigen Vertretern des Kreises Nordfriesland in Gang zu bringen. Wegen der beschränkten Zeit lag der Schwerpunkt der Untersuchung vor allem auf der Regionalanalyse. Der zweite Untersuchungsschwerpunkt, die Untersuchung der Organisation der gewerkschaftlichen Arbeit im ländlichen Raum, muß einem erweiterten Forschungsprojekt vorbehalten bleiben. Die sich bisher abzeichnenden Ergebnisse des Projektes dürften für viele ländliche Räume mit schwacher Industriestruktur und einem gewissen Wachstum des Fremdenverkehrs exemplarisch sein. Ebenfalls exemplarische Bedeutung für andere Projekte dürfte der methodisch-didaktische Ansatz mit der Kombination „Praktika/forschendes Lernen" haben.

1. Didaktische und methodische Probleme im Projektstudium

Mehr noch als bei traditionellen Lehrveranstaltungen bedurfte es bei der Durchführung dieses Projektes einer langen Vorlaufzeit und einer intensiven Vorbereitung. Dies geschah durch ausführliche Gespräche der Projektteilnehmer mit dem Kooperationspartner im Sommersemester 1979. Es war unbedingt erforderlich, daß der Umfang und die Fragestellung des Projekts mit dem Kooperationspartner gemeinsam in intensiver Diskussion formuliert wurde. Das Interesse des Kooperationspartners führte zunächst zu einer sehr allgemeinen und zu umfassenden Fragestellung, die schon in der Vorbereitungsphase eingegrenzt werden mußte. Es war daher angebracht, mögliche Handlungsalternativen oder Lösungsmöglichkeiten der Probleme zu skizzieren, um die Erwartung des Kooperationspartners auf ein einlösbares Forschungskonzept zu begrenzen. Zu berücksichtigen war dabei, daß es sich bei diesem Forschungsvorhaben um ein Studienprojekt handelt, das nicht mit den Maßstäben und Erwartungen der üblichen Auftragsforschung belastet werden durfte, sondern daß es in erster Linie um ein Erprobungsfeld für forschendes Lernen von Studierenden und die Integration von praktischen und theoretischen Bezügen ging. Die Fragestellung im Projekt mußte also möglichst zugleich „Modellcharakter" besitzen, um einer praxisorientierten Ausbildung für Berufsfelder entsprechen zu können.

Darüber hinaus mußte das geplante Projekt in den von der derzeitigen Studienordnung vorgegebenen Rahmen von zwei Semestern passen. Ebenfalls durch die geltenden Studien- und Prüfungsordnung vorgegeben waren die zu erbringenden Leistungsnachweise. So schlossen im Wintersemester 1979/80 vier Studenten das Semester mit einer Klausur ab, die übrigen sechzehn am Projekt beteiligten Studenten wählten je zur Hälfte „Kleine Hausarbeiten" (von sieben Seiten Umfang) und „Mittlere Hausarbeiten ' (von fünfzehn Seiten Umfang). Im Sommersemester 1980 wurden als Leistungsnachweise nur Hausarbeiten geschrieben. Diese Leistungsform ist für Projekte sinnvoller als Klausuren, da die auf einen bestimmten Teilaspekt zugeschnittene Projektarbeit des Studenten so besser geprüft werden konnte und weil durch die Hausarbeiten die Ergebnisse dieser Arbeit festgehalten und den anderen Projektbeteiligten zugänglich gemacht werden konnten.

Im zweiten Semester konnten die in den Hausarbeiten des ersten Projektsemesters dargestellten Ergebnisse und offenen Fragen als Diskussions- und Arbeitsgrundlage erfolgreich verwertet werden. So konnten bei den wöchentlich stattfindenden Plenumssitzungen wichtige Hinweise auf Urmaterial, Literatur oder kompetente Experten bestehende Schwierigkeiten einzelner Gruppen oftmals direkt lösen oder lösen helfen.

Die Hausarbeiten ergaben auch für die Projektleitung eine gute Kontrolle und einen notwendigen Überblick über den effektiven Stand der Projektarbeit. Deshalb ist zu empfehlen, im Rahmen des Sozialökonomischen Studiengangs nur Hausarbeiten als Leistungsnachweise vorzusehen und die Klausuren allenfalls als „Kann-Regelung" in die zugehörige Prüfungsordnung aufzunehmen. Nach der bisher geltenden Prüfungsordnung schließen die Studenten das Studium nach dem 6. Semester mit der Abschlußarbeit ab. Dies führt gegenwärtig (Oktober 1980) dazu, daß die neun im Rahmen des Projekts entstandenen Abschlußarbeiten nicht mehr im Projekt koordiniert werden können, sondern daß der eigentliche Abschlußbericht, der zwangsläufig auf diesen Ergebnissen aufbaut, erst im Rahmen eines anschließenden Forschungsprojekts der Projektleiter erstellt werden kann.

Da der Abschlußbericht daher auch noch nicht mit dem Kooperationspartner diskutiert werden konnte, sind die hier gemachten Überlegungen auf den eigentlichen Projektablauf konzentriert. Über Publikation, Resonanz und Umsetzung der Ergebnisse der Analyse kann daher noch nicht berichtet werden.

Daß sich aus derartigen Studienprojekten unter Umständen Fragestellungen ergeben, die nur im Rahmen größerer Forschungsprojekte behandelt werden können, kommt dem Forschungsinteresse der beteiligten Wissenschaftler nur entgegen, weil bereits konkrete Erfahrungen gesammelt werden konnten und dadurch die bei größeren Forschungsprojekten meist sehr schwierige Startphase leichter überwunden werden kann.

Neben der Formulierung der Konzeption im intensiven Diskussionsprozeß weit vor Beginn des Projektes ist die Zusammenarbeit mit dem Kooperationspartner während der Durchführung von entscheidender Bedeutung. Diese Zusammenarbeit darf sich nicht beschränken auf einen allgemeinen Kontakt zwischen Projektleitung und dem Kooperationspartner, sondern einer kommunikativen Forschungspraxis entspricht die ständige Diskussion mit allen Teilnehmern. Für alle Projekte gilt die Notwendigkeit, daß der Kooperationspartner aktiv mitarbeitet und eine Mittlerfunktion einnimmt, zumal er leichter bestimmte Daten beschaffen und den Zugang zu den maßgeblichen Institutionen eröffnen sowie oft die Lösung sachlicher Probleme durch die Kenntnis der örtlichen Verhältnisse wesentlich beschleunigen kann. Wünschenswert, aber in der Regel nicht realisierbar, wäre eine formelle Einbeziehung in das Projekt am Beispiel im Rahmen eines Lehrauftrages. Dadurch wären die oft zu befürchtenden Schwierigkeiten der mangelnden Praxiseinbindung im engeren Untersuchungsfeld und die Isolierung der Projektteilnehmer am besten zu verhindern. In dem hier beschriebenen Projekt bestand wegen der aktiven Mitwirkung des DGB und der Praktika im Untersuchungsgebiet, aber auch durch ein dreitägiges Seminar in Sankt Peter-Ording mit allen Projektteilnehmern und ca. 20 Verantwortlichen aus

Gewerkschaft, Kreistag und anderen Organisationen, eine intensive Rückkopplung in die Region, durch die nicht zuletzt wegen der zahlreichen Presseberichte die praktische Arbeit im Projekt erleichtert wurde.[2]

Die Beschaffung von Datenmaterial aus der Region wurde im August/September 1979 noch vor Projektbeginn und im März/April 1980 in der vorlesungsfreien Zeit zwischen den Projektsemestern von jeweils vier Praktikanten im Rahmen eines Praktikums beim DGB-Nordfriesland übernommen. Dieses Praktikum wurde von der Hans-Böckler-Stiftung finanziert und personell und sachlich vom DGB Kreis Nordfriesland unterstützt. Zusammen mit in Hamburg und Kiel beschafftem Material bildeten diese Daten die wichtigste Grundlage für die Projektarbeit in beiden Semestern. Ergänzt wurde das Material durch intensive Befragung und Interviews von politisch Verantwortlichen durch die Projektteilnehmer. Neben der eigentlichen Materialbeschaffung für das Projekt konnten so die Studenten die Praxis der Gewerkschaftsarbeit, aber auch die Probleme der Behörden in ländlichen Gebieten studieren.

Unabhängig von der Praxisanbindung bedarf jedes Studienprojekt einer hinreichenden theoretischen Fundierung. Die Erarbeitung des theoretischen Fundaments erfordert eine umfangreiche Vorbereitung, da bei derartigen interdisziplinären Projekten regelmäßig Theoriestücke aus verschiedenen Fachdisziplinen aufeinander abgestimmt und im Projekt zusammengefügt werden müssen, wobei sich häufig erst im Laufe der Untersuchung die Notwendigkeit weiterer Theoriestücke ergibt, gegebenenfalls aus völlig anderen Bereichen oder Disziplinen. Da die Studienprojekte ja nicht als Planspiel mit vorhandenem Material oder als immer wiederkehrende Projekte konzipiert sind, dürfte die geeignete Auswahl der Literatur und die entsprechende Vorbereitung, beziehungsweise Erarbeitung eine der schwierigsten Aufgaben für die Projektleiter sein. Andererseits liegt der wissenschaftliche Reiz eines solchen Projektes in der relativ offenen Forschungssituation, da Projektleiter und Studenten ständig neuen Situationen gegenüberstehen und bei auftauchenden Problemen sich nicht, wie bei traditionellen Lehrveranstaltungen auf vorher ausgewählte Lehrbücher und vorbereitete Skripten zurückziehen können. In Projekten gilt dies höchstens für einzelne Theorieteile. Diese werden häufig aber erst bei der Bearbeitung der jeweiligen Probleme herangezogen werden können. Grundlage für die eigentliche Arbeit im Projekt sind in erster Linie Einzeluntersuchungen, Sondergutachten, Fragebogen und Diskussionsprotokolle. Dieses Sammeln von Daten ist besonders vor Ort erforderlich und verlangt die Bereitschaft der Mitarbeit vieler Institutionen wie im hier beschriebenen Projekt, von Arbeitsämtern, Kammern, Statistischem Landesamt, Wirtschaftsverbänden und einzeln politisch Verantwortlichen.

Die umfangreiche Datensammlung, die bereits vor Beginn des Projektes zur Verfügung stand und den Fortgang des Projektes wesentlich beschleunigte, ermöglichte ein relativ frühzeitiges Vertrautwerden der Studenten mit der Problematik und erleichterte die Aufteilung in Arbeitsgruppen. Dadurch konnte einerseits das Studieninteresse des Einzelnen berücksichtigt, aber andererseits frühzeitig mit der eigentlichen Projektarbeit begonnen werden. Im Rahmen des Gesamtkonzeptes wurden für die einzelnen Studenten schon nach vier Wochen spezielle Arbeitsgebiete abgesteckt.

Von einer solch günstigen Situation wird allgemein nicht ausgegangen werden können. Erst während der Bearbeitung im Projekt wird oft festzustellen sein, welche Daten vorhanden oder in welcher Zeit zu erhalten sind, so daß der einzelne entweder das Risiko des Fehlens des für die Arbeit erforderlichen Materials eingehen oder sich einem neuen Bereich zuwenden muß, zumal bei einer praxisorientierten Kleinforschung im Projekt ohnehin oft die Gefahr der Kollision mit dem Datenschutz besteht. Zur Sicherung des Projekterfolges ist es notwendig, daß die in den Einzelarbeiten erbrachten Leistungen regelmäßig rückgekoppelt und ausgetauscht werden. Dies gilt sowohl innerhalb der jeweiligen Arbeitsgruppe als auch zwischen diesen. Erst die Diskussion des Projektes mit den Betroffenen aus dem Untersuchungsbereich ermöglicht die Überprüfung der im Projekt gewonnenen Erkenntnisse in der Praxis.

2. Zur Projektkonzeption

Im Rahmen dieses interdisziplinären Projektes werden die regionalen, branchenstrukturellen und arbeitsmarktpolitischen Probleme der Region Nordfriesland analysiert. Ziel der Untersuchung ist es, die regionalen Arbeitsmarktprobleme detailliert darzustellen und eine Prognose der Beschäftigungsentwicklung bis zum Jahre 1990 zu erstellen. Sie soll auf der Basis der Analyse der voraussichtlichen Entwicklung der wichtigsten Branchen; Industrie, Landwirtschaft, öffentlicher Dienst, Bauindustrie und des Fremdenverkehrs erfolgen und auch die voraussichtliche Bevölkerungsentwicklung sowie die Binnenwanderungen einschließen. Daneben soll die Gliederung des Zentralen-Orte-Systems dargestellt, die Verteilung der regionalen Infrastruktureinrichtungen beschrieben und die Wirkung und Problematik regionaler Förderungsmittel geschätzt werden. Neben der allgemeinen Arbeitsmarktentwicklung und der besonderen Analyse der regionalen Strukturen werden die Beschäftigungsprobleme Jugendlicher bei Eintritt in das Erwerbsleben besonders erforscht. Diese Schwerpunktsetzung erfolgte nicht zuletzt, weil der DGB-Nordfriesland bis dahin keine aufgearbeiteten Daten über Arbeitslosigkeit, Beschäftigung und branchenstrukturelle Entwicklung für den Kreis Nordfriesland zur Verfügung hatte. Dies beruht darauf, daß sich der Arbeitsmarkt Nordfriesland zwar mit den politischen Grenzen des Landkreises Nordfriesland im wesentlichen deckt, daß aber für diesen Bereich verschiedene Arbeitsamtsbezirke zuständig sind, für die jeweils getrennt Daten vorliegen. Zu Semesterbeginn wurde sowohl mit der Aufarbeitung des von den Praktikanten beschafften Materials begonnen als auch parallel eine Einführung in die rechtlichen Grundlagen der Regionalplanung und der regionalen Strukturpolitik vorangestellt. Dabei wurden die wichtigsten regionalen Entwicklungstheorien (neoklassische Gleichgewichtstheorie, Wachstumspoltheorie, Theorie der Entwicklungszentren und -achsen, Zentrale-Orte-Theorie, Exportbasistheorie und sektorale Entwicklungstheorien) behandelt. Ziel der Analysen im ersten Semester war im wesentlichen die Feststellung und Beschreibung der Entwicklung auf dem Arbeitsmarkt, in den wichtigsten Branchen und die regionale Gliederung in den siebziger

Jahren. Im zweiten Semester des Projektes wurden einerseits die theoretischen Grundlagen der Regionalentwicklung erweitert und die Methodik der Shift-Analyse erarbeitet. Ein Teil der im ersten Semester gewonnenen Daten und Entwicklungen für Nordfriesland wurde dann mit Hilfe der Shift-Analyse mit den entsprechenden Zeitreihen für Schleswig-Holstein und der Bundesrepublik verglichen. So konnten die regionalspezifischen Eigenheiten Nordfrieslands besonders gut herausgearbeitet werden. Durch Rückkoppelung mit den verschiedenen Institutionen in Nordfriesland und durch die Unterstützung der Gewerkschaften wurde stets neben der theoretischen, analytischen und empirischen Arbeit versucht, die Einschätzungen der Gewerkschaften Nordfrieslands in die Analyse mit einzubeziehen.

3. Regionalökonomische Theorie und empirische Regionalforschung

Bisher existiert kein wissenschaftliches allgemein anerkanntes Paradigma zur Erforschung von Regionalstrukturen. Im Rahmen des Projekts wurde deshalb versucht, auf der Basis eines modifizierten wachstumspoltheoretischen Konzeptes eine praxisorientierte Strukturanalyse zu entwickeln.[3] Ein wesentlicher Kernpunkt der Wachstumspoltheorie ist die Existenz oder das Ansiedeln von motorischen Industrien in einer Region. Es wird angenommen, daß dann von dieser Industrie Wachstumsimpulse ausgehen, die die regionale Entwicklung beschleunigen und die so mithelfen, eine rückständige Region schneller zu entwickeln. Die motorische Industrie dient gleichsam als Wachstumspol, von dem die Entwicklung der gesamten Region günstig beeinflußt wird. Bei dieser – etwas verkürzten – Betrachtungsweise wird die Entwicklung der motorischen Industrie oder motorischen Branche gleichgesetzt mit einer günstigen Entwicklung der gesamten Region. Dies ist insofern eine Vereinfachung, weil unterstellt wird, daß die Wachstumsimpulse sich vorwiegend innerhalb der Region, die sich geographisch gesehen im Umfeld des Wachstumspols befindet, ausbreiten. Neuere Untersuchungen zur Wachstumspoltheorie haben jedoch gezeigt, daß dies keineswegs der Fall zu sein braucht. Damit wird auch eine einfache auf industrielle Ansiedlung zielende regionale Entwicklungsstrategie dann fragwürdig, wenn Industrien angesiedelt werden, die ihre Wachstumsimpulse vorwiegend über die Regionsgrenzen hinweg ausstrahlen. Aufgrund dieser Überlegungen empfiehlt es sich daher, getrennt die branchenstrukturellen und die regionalstrukturellen Impulse der vorhandenen oder der anzusiedelnden Industrien zu untersuchen. Es wurden deshalb im Rahmen des Projekts zunächst zwei getrennte Arbeitsgruppen gebildet.

Die Gruppe Branchenstruktur untersuchte einmal für die einzelnen Branchen den Anteil und die Gewichtung der Branchen im Rahmen der Gesamtwirtschaft und zum zweiten die Entwicklungsaussichten der einzelnen Branchen selbst. Bei dieser Betrachtungsweise liegt die Vorstellung zugrunde, daß die einzelnen Branchen relativ unterschiedlich zur gesamtwirtschaftlichen Entwicklung beitragen und daß sich die Branchen selbst in unterschiedlichen Entwicklungsphasen befinden. Es sollte für jede Branche abgeschätzt werden, ob sie sich in einer Experimentier-, in einer Expansions-, in einer Ausreifungs-, Rückbildungs- oder Stagnationsphase befindet. Geht man davon aus, daß eine Region um so besser dasteht, je mehr Branchen sich innerhalb der Region in einer Expansionsphase befinden, so wird sofort die Strukturschwäche oder die Strukturstärke einer Region deutlich.

Die Gruppe Regionalstruktur sollte vor allem die infrastrukturellen Voraussetzungen für Industrieansiedlungen prüfen. Dabei darf nicht nur die Ausstattung der einzelnen Orte untersucht werden, sondern es ist entscheidend, wie die Anbindung an das überörtliche Kommunikations- und Verkehrsnetz gestaltet ist. Eine weitere Aufgabe der Gruppe war es, die Verteilung der Bevölkerung im Raum zu analysieren. Das heißt also, es mußte das Städtesystem der betreffenden Region und seine Entwicklungsfähigkeit erforscht werden. Dabei kam es nicht nur auf die Anordnung der zentralörtlichen Einrichtungen und die Versorgung der Region mit Wachstums- und Entwicklungspolen an, sondern vor allem auch auf die Untersuchung der Beziehungen der wichtigsten Wachstumszentren der Region mit den zugehörigen Oberzentren und sonstigen Entwicklungszentren des Landes. Dieser letztgenannte Aspekt schien zum Teil wichtiger zu sein für die Entwicklung peripherer Regionen als die detaillierte Analyse der Stadt-Umland-Verflechtungen und der Einzugsbereiche der zentralen Orte innerhalb der untersuchten Region. Dabei soll nicht verkannt werden, daß die Kenntnis der Stadt-Umland-Verflechtungen innerhalb der analysierten Region wichtige Hinweise auf die Schaffung von Knotenpunkten wirtschaftlicher Verflechtung liefern kann, und an sich für eine Regionalanalyse unverzichtbar ist. Die Analyse der Stadt-Umland-Verflechtungen und die Analyse der Einzugsbereiche der zentralen Orte erscheint vor allem dann wichtig, wenn die Versorgung der Bevölkerung im Mittelpunkt der Untersuchung steht. Beabsichtigt man jedoch, vor allem die Entwicklungsaussichten auf dem Arbeitsmarkt zu beurteilen, so erscheint es wichtiger, die Entwicklungsaussichten der wichtigsten zentralen Orte aufgrund der in ihnen angesiedelten Branchen zu beurteilen. Denn aufgrund dieser Aussage können die regionalen Arbeitsplatzdefizite am ehesten erkannt werden. Die Einbeziehung dieser Überlegungen ist vor allem in ländlichen Gebieten mit großer Fläche und relativ dünner Besiedelung wichtig, da unter Umständen wegen der großen Entfernungen und wegen der Insellage eines Teiles der zentralen Orte ein reibungsloser Ausgleich von Angebot und Nachfrage nach Arbeitsplätzen nicht unbedingt erfolgen muß. Die gesondere Analyse der Regionalstruktur erscheint schon deshalb gerechtfertigt, weil neue Sozial- und Wirtschaftsformen eine genauere Analyse der funktionalen Zusammenhänge des sich ständig wandelnden Urbansystems erfordert.[4] Die Verbindung der Branchenstrukturanalyse und der Regionalanalyse des Urbansystems kann über die betriebliche Ebene erfolgen, d. h. es müssen die Branchen aufgegliedert werden nach Betrieben, die Betriebe dann innerhalb der Region lokalisiert und den einzelnen Städten zugeordnet werden. Eine solche Vorgehensweise und an sich wünschenswerte Verbindung von Branchen- und Regionalanalyse läßt sich jedoch nur dann vergleichsweise einfach durchführen, wenn entweder nur relativ wenige große Betriebe die Industriestruktur und die sonstige Branchenstruktur prägen, oder wenn die vielfältigen Branchen auf wenige Orte konzentriert sind. In ländlichen Räumen ist es jedoch häufig so, daß der Anteil der Industrie am Bruttosozialprodukt oder an den Beschäftigten nur relativ gering ist und eine Vielzahl kleiner und mittlerer Betriebe die Wirtschaftsstruktur prägt. In diesem Fall ist es in der Regel zu aufwendig, die Branchen- und Regionalstruktur über die Betriebsebene miteinander zu verkoppeln. Eine gewisse Verbindungsmöglichkeit der Branchen- und Regionalstrukturanalyse ergibt sich auch durch die Analyse des Arbeitsmarktes. Es war daher erforderlich, eine eigene Arbeitsgruppe einzusetzen, die sich mit den Problemen des Arbeitsmarktes beschäftigt, da hier am ehesten Sekundärmaterialien von den Arbeitsämtern zu bekommen waren. Für eine detailliertere Analyse waren jedoch unbedingt die Daten der Arbeitsamtsnebendienststellen erforderlich.

4. *Gesamtwirtschaftliche Ausgangslage und die Prognosen der Arbeitsmarktentwicklung bis zum Jahre 1990*

Die durch die größte Rezession der Nachkriegszeit Mitte der 70er Jahre entstandenen Arbeitsmarktprobleme sind in fast allen Industrieländern noch längst nicht überwunden. Die in der Bundesrepublik Deutschland registrierten ca. 1 Million Arbeitslosen und die ca. 600.000 nicht erfaßten Arbeitslosen haben bisher nur zum kleinen Teil vermindert werden können. Der Beschäftigungseinbruch wurde bisher nicht ausgeglichen, neue Arbeitsplätze für nachrückende geburtenstarke Jahrgänge konnten erst in jüngster Zeit in bescheidenem Umfang angeboten werden. Bei der Prognose der längerfristigen Perspektiven des gesamtwirtschaftlichen Arbeitsmarks sind die Arbeitsplatzentwicklung und die Zahl der Arbeitsplätze nachfragender Erwerbspersonen entscheidend, da diese Defizit oder Überschuß an Arbeitsplätzen bestimmen.

Im engeren Sinne hängt die zukünftige Arbeitsmarktentwicklung von der Branchenentwicklung, der regionalen Entwicklung in den einzelnen Landesteilen, dem gesamtwirtschaftlichen Wachstum und den Produktivitätsfortschritten, der Bevölkerungsentwicklung und anderen Einflußgrößen ab. Untersuchungen[5] der längerfristigen Arbeitsmarktperspektiven kommen – wenn auch mit graduellen Abweichungen – zu in der Tendenz ähnlichen Ergebnissen, nach denen bis zum Jahre 1990 ca. 1 Million Arbeitsplätze fehlen werden, wenn nicht ein grundlegender Wandel in der Arbeitsmarktentwicklung eintritt bzw. durch arbeitsmarktpolitische Maßnahmen das Arbeitsplatzangebot beträchtlich vermehrt werden kann.

Im Vergleich zu den letzten 15 Jahren vollzieht sich auf dem Arbeitsmarkt zur Zeit ein grundlegender Tendenzwandel. Die Abnahme der Erwerbspersonen um ca. 2 Millionen in diesem Zeitraum kommt nun zum Stillstand und durch die geburtenstarken Jahrgänge der 50er und 60er Jahre wird nun wiederum die Zahl der Erwerbstätigen beträchtlich ansteigen. Bis zum Jahre 1990, so schätzt die Prognose des IAB (Institut für Arbeitsmarkt- und Berufsforschung), dürften bei wachsender Erwerbsneigung der Frauen und trotz einer im allgemeinen verlängerten Ausbildungszeit und vorgezogener Ruhestandsmöglichkeiten im Jahre 1990 ca. 1 Million Deutsche mehr in das Erwerbsleben eintreten als zu diesem Zeitpunkt ausscheiden. Ab 1990 dürfte sich dann der starke Geburtenrückgang der letzten Jahre auswirken und die Zahl der in das Erwerbsleben dann neu Eintretenden wieder rückläufig sein.

Die Prognostiker der langfristigen Arbeitsmarktentwicklung gehen von dem Erfordernis eines konsequenten und beträchtlichen Strukturwandels aus, der allerdings, da die regionalen Strukturprobleme meist sogar noch vernachlässigt werden, unterschätzt wird: „Denn der notwendige Strukturwandel der Wirtschaft vollzieht sich zu einem beachtlichen Teil relativ problemlos über den Generationswechsel. Immerhin wird z. B. jeder Zweite von den Erwerbspersonen des Jahres 1970 bis zum Jahre 1990 aus dem Erwerbsleben ausgeschieden sein. Die auf diese Weise freiwerdenden Arbeitsplätze werden häufig nicht mehr besetzt, sondern die neu ins Erwerbsleben Eintretenden gelangen sofort auf andere Arbeitsplätze“[6]. Hierbei ist zu vermuten, daß die strukturschwachen Regionen im Zuge dieses Umsetzungsprozesses einen beachtlichen Teil ihres Bestandes an Arbeitsplätzen verlieren werden. Dieser regionale Umverteilungseffekt dürfte sich aber eher noch verstärken: Wachsen nun später schwächere Jahrgänge nach und *steht die Alterspyramide kopf*, so muß der notwendige Strukturwandel über mehr Umsetzungen oder Arbeitsplatzänderungen bei den Erwerbspersonen mittleren und höheren Alters bewältigt werden. Erfahrungsgemäß nimmt die Fähigkeit und Bereitschaft zur Mobilität mit wachsendem Bildungsniveau zu, so daß dieser Prozeß des Strukturwandels durch den Ausbau der Erwachsenenbildung im besonderen und der Verbesserung der Bildung insgesamt erleichtert werden kann.

„Versäumnisse bei der Ausbildung der Jugendlichen heute dürften daher später teuer zu stehen kommen, sofern sie überhaupt noch wieder gutzumachen sind. Die Frage, die sich angesichts der auszubildenden geburtenstarken Jahrgänge stellt, lautet: Was ist langfristig das größere Risiko sowohl für den Einzelnen als auch für die gesamte Volkswirtschaft, die eventuelle Gefahr längerfristiger oder kürzerfristiger Überqualifikation im Sinne einer ‚Ausbildung auf Vorrat‘ oder die Gefahr einer kaum noch nur mit großem Aufwand nachträglich auszugleichenden Unterqualifikation?“[7]

In den strukturschwachen, dünnbesiedelten Regionen nimmt die Zahl der in das Erwerbsleben eintretenden Jugendlichen besonders stark zu, gleichzeitig sind in diesen Regionen unter Status quo-Bedingungen die Verluste bei den Arbeitsplätzen besonders groß.[8,9] Die Probleme des Jugendarbeitsmarktes in Nordfriesland werden später noch genauer untersucht.[10]

5. *Der regionale Arbeitsmarkt in Nordfriesland*

Nach dem Bundes-Raumordnungs-Programm von 1975 gilt der Kreis Nordfriesland als Teil des Schwerpunktraums 1, als ein Gebiet mit Strukturschwächen in der Erwerbs- und Infrastruktur[11] und wird als ländlich geprägte Gebietseinheit charakterisiert[12]. Durch die Wirtschaftskrise ab 1973 und ihre Folgewirkungen wurden ländliche Regionen und Randgebiete besonders schwer von Beschäftigungsproblemen und Arbeitslosigkeit betroffen.

Wie aus (Abb. 1) – die Daten sind in der 1. Phase von den Projektteilnehmern ermittelt und ausgewertet worden – ersichtlich wird, trifft dies auch für den Arbeits-

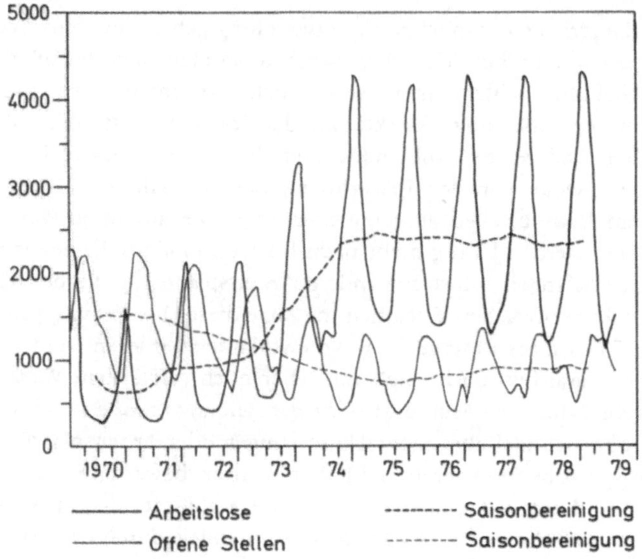

Abb. 1: Arbeitslose und Offene Stellen im Kreis Nordfriesland 1970–79
Gesamt: Frauen u. Männer

markt Nordfrieslands zu[13]. Seit 1973 klaffen das Angebot an offenen Stellen und die in den hohen Arbeitslosenquoten sichtbar werdende Nachfrage nach Arbeitsplätzen weit auseinander, ohne daß bisher eine grundlegende Tendenzwende erkennbar geworden ist. Zentrales Anliegen des Projektes ist es daher, durch spezielle Untersuchungen zur Männer-, Frauen- und Jugendarbeitslosigkeit und durch die Analyse der Struktur und Dauer der Arbeitslosigkeit Grundlagen für gezielte Maßnahmen der Arbeitsmarktpolitik zu erarbeiten.

Die in Abb. 1 erkennbaren starken saisonalen Schwankungen der Arbeitslosenquoten ergeben einen ersten Ansatzpunkt für regionale Förderungsmaßnahmen.

5.1 Kennzeichnung des nordfriesischen Arbeitsmarktes

Bund und Länder haben 1974 im Rahmen ihrer „Gemeinschaftsaufgabe zur Verbesserung der regionalen Wirtschaftsstruktur (GRW)“ 178 regionale Arbeitsmärkte geschaffen.[14] Kreisgrenze und Arbeitsmarktgrenze stimmen in Nordfriesland überein[15], so daß eine Arbeitserleichterung für das Projekt gegeben war.

Als ein Hindernis bei der Beschaffung und Auswertung von Arbeitsmarkt-Daten erwies sich die Aufteilung NF's in verschiedene Arbeitsamtsbezirke. Die Arbeitsamtsnebendienststellen Husum, Niebüll, Westerland und Wyk a. Föhr gehören zum Bezirk Flensburg, während die Nebendienststelle Tönning zum Bezirk Heide gehört[16].

Die hier registrierten Arbeitslosen sind nach dem Arbeitsförderungsgesetz (AFG) alle Personen, die „vorübergehend nicht in einem Beschäftigungsverhältnis stehen, oder nur kurzzeitige Beschäftigung ausüben", und der „Arbeitsvermittlung zur Verfügung stehen" (§§ 101–103 AFG).

Als Offene Stellen gelten „die den Arbeitsämtern gemeldeten Arbeitsplätze im Bundesgebiet einschl. Berlin (West) . . ., die in den nächsten 3 Monaten . . . besetzt werden" sollen[17]. Für den Zeitraum 1970–1979 ergibt sich für Nordfriesland folgende Statistik der Arbeitslosigkeit und der Offenen Stellen:

Tabelle 1: Arbeitslosigkeit und offene Stellen in Nordfriesland und Arbeitslosigkeit im Vergleich zu Schl.-Holst. und BRD (1970–79) (JD = Jahresdurchschnitt)

	Nordfriesland					Schl.-Holst.	BRD
	Arbeitslosigkeit				Offene Stellen	Arbeitslosigkeit	
Jahr	JD – abs.	JD – %	Höchstquote	Tiefstquote	J JD – abs.	JD – %	JD – %
1970	841	1,8	4,9	0,6	1460	1,0	0,7
1971	701	1,5	3,6	0,7	1503	1,1	0,8
1972	962	1,9	4,6	0,8	1315	1,5	1,1
1973	1189	1,9	4,8	1,1	1155	1,7	1,2
1974	1984	4,1	6,8	2,3	896	3,2	2,6
1975	2429	5,2	9,2	3,1	775	5,2	4,7
1976	2363	5,1	9,0	3,0	795	5,2	4,6
1977	2438	5,3	9,3	2,8	893	5,1	4,5
1978	2384	5,1	9,2	2,8	872	4,8	4,3
1979	2416	5,2	9,4	2,5	886	4,2	4,0

Quellen: (18)

Bereits in Zeiten guter konjunktureller Lage, Anfang der 70er Jahre, war die Jahresdurchschnittliche Arbeitslosenquote[19] in Nordfriesland höher als entsprechende Zahlen in Schleswig-Holstein oder im gesamten Bundesgebiet mit Ausnahme von 1975/76, wo das Niveau insgesamt sehr hoch war; dies ist bis heute so geblieben.

Der Bestand an Arbeitslosen erhöhte sich von 841 im JD 1970 auf 2416 im JD 1979 und machte teilweise größere Sprünge; so war von 1974 auf 1974 ein Zuwachs von 66,1 % im JD zu registrieren.

Auch die Abweichung der Quote Nordfrieslands von der Quote Schleswig-Holsteins und der Bundesrepublik war zunehmend. Nur von 1974–1976 konnten wohl arbeitspolitische Maßnahmen ein stärkeres Auseinanderklaffen verhindern[20]. Nach 1976 jedoch drifteten die Quoten wieder stark auseinander.

Betrachtet man die absoluten Zahlen, wird das Ausmaß der Arbeitslosigkeit noch deutlicher. So schwankten die Zahlen in den letzten Jahren im Sommer mit 1.100 AL = 2,5 % zum Winter mit 4.300 AL = 9,4 %. Gleichzeitig ist eine Tendenz festzustellen, daß seit 1975 die Differenz zwischen Höchst- und Tiefstständen von 6,1 Prozentpunkte auf 6,9 Prozentpunkte zunahm.

Um die Arbeitsmarktproblematik in Nordfriesland genauer beschreiben und analysieren zu können, müssen die 5 untergeordneten Arbeitsmärkte Nordfrieslands für den gleichen Zeitraum untersucht werden. Dies geschah durch eine Datenerhebung und Interviews in den 5 Nebendienststellen. Folgende Statistik konnte dadurch aufgestellt werden:

Tabelle 2: Die Arbeitslosen der AA-Nebendienststellen Nordfrieslands 1970–1979 (JD)

	Husum		Niebüll		Westerland		Wyk a. F.		Tönning		NF
Jahr	abs.	%	abs.	%	abs.	%	abs.	%	abs.	%	%
1970	438	2,8	135	1,6	48	0,4	31	0,8	189	3,1	1,8
1971	271	1,7	123	1,4	82	0,8	33	0,9	192	3,1	1,5
1972	419	2,2	161	1,7	121	1,4	46	1,4	215	3,4	1,9
1973	509	2,7	226	2,3	170	1,9	70	2,0	214	3,3	2,6
1974	814	4,3	412	4,2	308	3,4	116	3,2	334	5,2	4,1
1975	1048	5,5	517	5,3	362	3,9	159	4,5	343	6,9	5,2
1976	1077	5,6	482	5,0	352	3,7	146	4,0	306	6,2	5,1
1977	1107	5,8	457	4,1	159	4,4	159	4,4	337	6,9	5,3
1978	1023	5,3	424	4,4	429	4,6	150	4,2	358	7,3	5,1
1979	1100	5,7	380	4,0	457	5,1	131	3,6	348	7,3	5,2

Quelle: (21)

Im Bereich der einzelnen Dienststellen sind die Schwankungen der JD-Werte erheblich (z. B. 1979: 3,6 % in Wyk und 7,3 % in Tönning). Die saisonale Schwankung beträgt in Tönning 1,1 % im Sommer und 15,7 % im Winter; entsprechende Zahlen für Wyk zeigen 0,9 % und 8,3 %; d. h. die Differenz liegt bei 14,6 bzw. 7,4 Prozentpunkte. (Vgl. auch Abb. 2)

Die einzelnen AA-Dienststellen lassen sich wie folgt charakterisieren: HUSUM hat am Arbeitslosenaufkommen den größten Anteil mit ca. 45 % an der Gesamtarbeitslosigkeit Nordfrieslands (Abb. 3). 1979 erreichte Husum mit einer Arbeitslosenquote von 5,7 % (= 1.100 AL) im JD einen unwesentlich geringeren Stand als 1977 (Tab. 2). Der Höchst/Tiefstand liegt 1979 bei 9,2 % bzw. 3,8 %[22].

Der AA-Bezirk NIEBÜLL ist, bedingt durch seine Randlage, dünn besiedelt. Die Arbeitslosenquoten bewegen sich auf Bundesniveau (Tab. 2). 1977 kam es durch Firmengründungen und Bundeswehraktivitäten zu einem Arbeitslosigkeitsabbau. Trotz der relativ günstigen Quoten ist die Diskrepanz Offene Stellen/Arbeitslose hier am höchsten. Nur für ca. jeden 20sten Arbeitslosen steht im Winter eine Offene Stelle zur Verfügung[23].

Der AA-Bezirk WESTERLAND wird deutlich durch den Fremdenverkehr in den Sommermonaten geprägt. Im Winter 1979 lag der Höchststand der Arbeitslosenquote bei 10,4 % und im Sommer bei 1,1 %, d. h. es liegt eine Differenz von 9,3 Prozentpunkten vor[24].

Der AA-Bezirk WYK a. Föhr hat im JD die geringsten Arbeitslosenquoten (Tab. 2). Die Saisonabhängigkeit durch Fremdenverkehr ist nicht ganz so stark ausgeprägt wie in Westerland[25].

In den letztgenannten Bezirken liegen typische Beispiele von saisonaler Arbeitslosigkeit vor[26].

Der AA-Bezirk TÖNNING ist die Teilregion mit der schlechtesten Arbeitsmarktlage der untersuchten Bereiche. Die Arbeitslosenquote ist mit 7,3 % im JD 1979 ungewöhnlich hoch (Tab. 2). Noch kritischer für den Arbeitsmarkt ist der Höchststand mit 15,7 %[27]. Wesentliche Impulse für den Arbeitsmarkt wurden nur durch ABM (z. B. Deichbau) erreicht[28]. Leider muß aber festgestellt werden, daß der Trend zur steigenden Arbeitslosigkeit noch anhält[29].

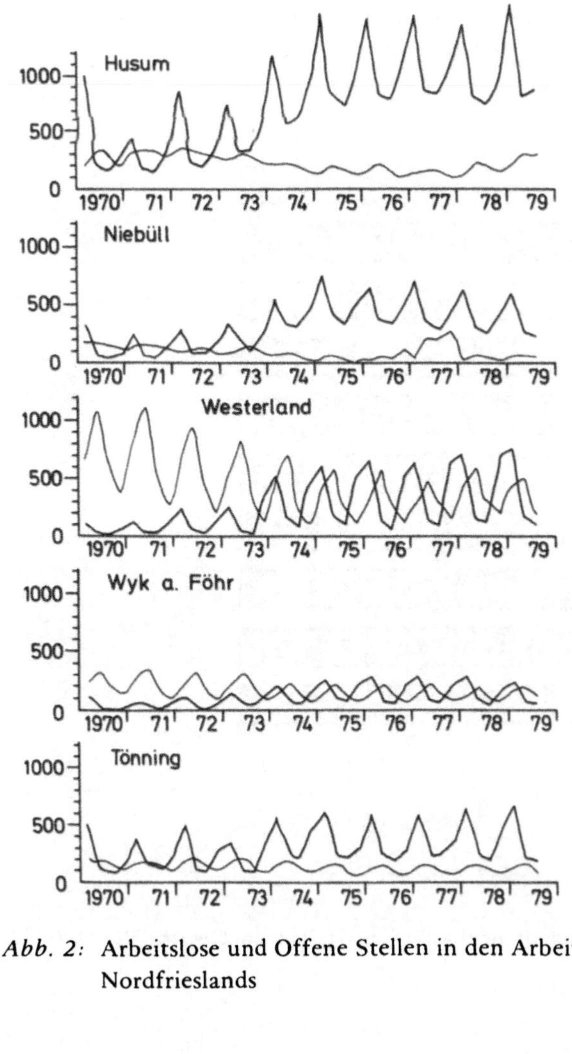

Abb. 2: Arbeitslose und Offene Stellen in den Arbeitsamtsnebenbezirken Nordfrieslands

Die unterschiedlichen Entwicklungen der einzelnen AA-Nebendienststellen werden in den Abb. 2, 3 und 4 deutlich. Während die Statistik für Westerland und Wyk die saisonale Abhängigkeit aufzeigt, wird für die anderen 3 Bezirke eine ungünstige Gesamtstruktur des Arbeitsamtsbezirkes deutlich. Der prozentuale Anteil der einzelnen AA-Nebendienststellen an der Arbeitslosigkeit hat sich jedoch seit 1972 nicht wesentlich geändert (Abb. 3).

Vergleicht man die einzelnen Nebendienststellen mit der Entwicklung Schleswig-Holsteins, so fällt auf, daß sich die Quoten in Nordfriesland seit 1971 verschlechtern und dieser Trend seit 1976 zunimmt. Ein erhebliches Abweichen vom Landesdurchschnitt ist im Bezirk TÖNNING festzustellen, (wobei sich die Differenzen ständig verstärken). Die Differenz der übrigen 4 AA-Bezirke schwankten in den letzten Jahren zwischen 1 % und 4,4 % (Abb. 4).

Nach dieser Kurzdarstellung des Arbeitsmarktes in Nordfriesland soll eine getrennte Erfassung der Arbeitslosigkeit von Männern, Frauen und Jugendlichen die Situation in Nordfriesland noch näher verdeutlichen.

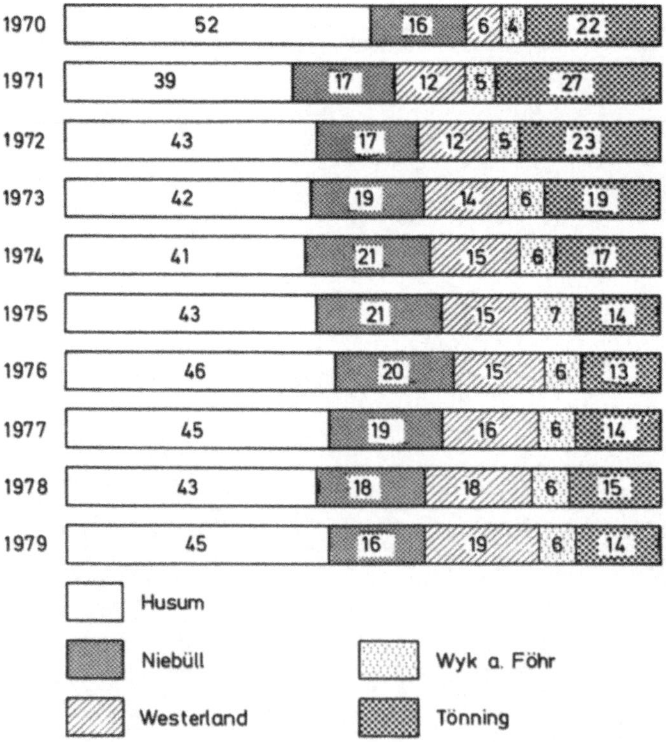

Abb. 3: Anteiligte Arbeitslosigkeit der AA-Dienststellen an Gesamt-NF 1970–79 in Prozent (JD)

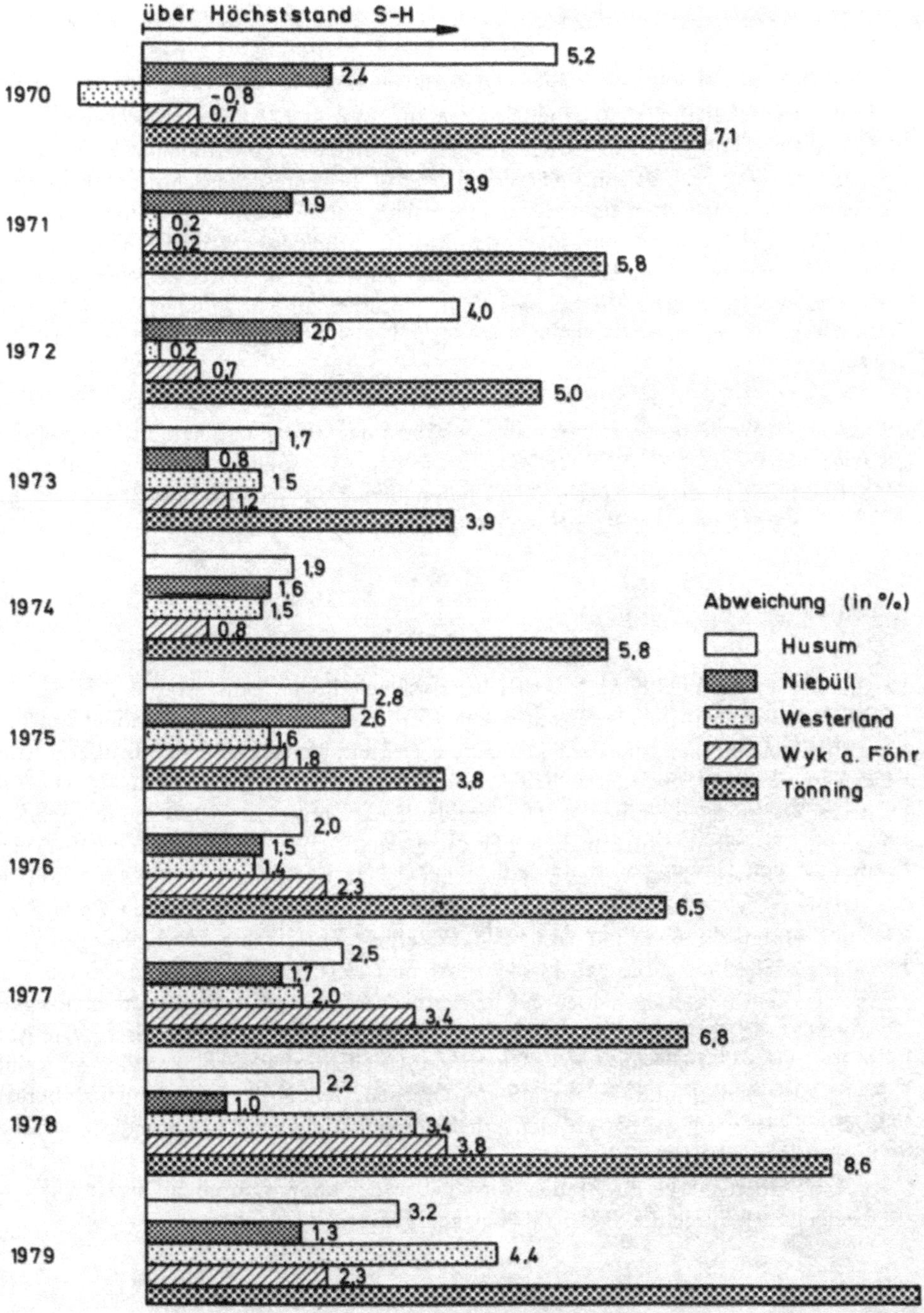

Abb. 4: Abweichung des Höchststandes der Arbeitslosenquoten der einzelnen AA-Dienststellen Nordfrieslands vom Höchststand Schleswig-Holsteins (1970–1979)

5.2 Männerarbeitslosigkeit

Die Quoten der Männerarbeitslosigkeit für den Kreis Nordfriesland nahmen 1970 mit durchschnittlich 580 arbeitslosen Männern und 773 Offenen Stellen bis 1974 mit durchschnittlich 1264 arbeitslosen Männern und 336 Offenen Stellen der Männer ständig zu[30]. Das günstige Verhältnis, daß im Jahresdurchschnitt (JD) mehr Offene Stellen angeboten als Arbeitsplätze nachgefragt wurden, kehrte sich um.

AWb 1974 kam im Jahresdurchschnitt auf 3 arbeitslose Männer eine Offene Stelle. Die starken „Ausschläge" der Arbeitslosenwerte im Winter zeigen deutlich an, wie saisonabhängig der Arbeitsmarkt in Nordfriesland ist[31]. Gleichzeitig läßt sich feststellen, daß sich die Sockelarbeitslosigkeit seit 1974/75 mehr als verdoppelt hat[32].

Ab 1975, mit dem JD-Höchststand von 1473 arbeitslosen Männern, nehmen die absoluten Werte bis 1978 zwar ab, die Werte der Offenen Stellen blieben jedoch in etwa konstant (1978 JD-Wert 385)[33]. Die Abb. 5 (arbeitslose Männer und Offene Stellen) zeigen dieses Auseinanderscheren bereits für die zweite Hälfte 1973. Erst 1979 war das Verhältnis kurzfristig ausgeglichen.

5.3 Frauenarbeitslosigkeit

Die seit 1973 anhaltende Massenarbeitslosigkeit in der Bundesrepublik zeigt sich deutlich in den Arbeitslosenstatistiken Nordfrieslands. Überproportional stark betroffen sind Frauen, die zwar nur ca. ein Drittel aller Erwerbstätigen, aber mittlerweile über die Hälfte aller Arbeitslosenstellen ausmachen (vgl. Tabelle 4). Die Zahl der erwerbstätigen Frauen in Nordfriesland hat von 1974–1978 kaum zugenommen und liegt durchschnittlich bei ca. 14.000[35]. Der Anteil der erwerbstätigen Frauen an den Gesamterwerbstätigen betrug im 1. Quartal 1974 38,3 % und im 1. Quartal 1979, 38,5 %[36]. Seit 1970 ist die Zahl der arbeitslosen Frauen von 3.048 (Jahresergebnis) auf 14.016 (Jahresergebnis) im Jahre 1978 gestiegen[37]. Im Jahresdurchschnitt (JD) gab es 1970 261 und 1978 1198 arbeitslose Frauen[38]. In diesem Zeitraum stieg jedoch der prozentualeAnteil an der Gesamtarbeitslosigkeit von 30,9 % (JD 1970) über 37,1 % (JD 1973) bis auf 49,4 % (JD 1978). Die Konjunkturkrise läßt sich in Abb. 5 durch ein Auseinanderscheren der Zahl von weiblichen Arbeitslosen und der Anzahl von Offenen Stellen erkennen, wobei zu berücksichtigen ist, daß die Anzahl der Arbeitslosen ständig steigt, während die Offenen Stellen im JD eher stagnieren.

Der Arbeitsmarkt für Frauen wird neben der konjunkturellen Entwicklung besonders stark durch die Saisonabhängigkeit geprägt[40].

Tabelle 3: Männerarbeitslosigkeit im JD in NF (1970–1978)

	1970	1971	1972	1973	1974	1975	1976	1977	1978
Gesamtarbeitslose JD	841	701	962	1189	1984	2429	2363	2438	2384
abs. ALM in NF	580	434	605	794	1264	1473	1252	1237	1186
% von der Gesamt. AL	69,1	61,9	62,9	62,8	63,8	60,7	53,0	50,8	59,6

Quelle: (34)

Tabelle 4: Frauenarbeitslosigkeit im JD in NF (1970–1978)

	1970	1971	1972	1973	1974	1975	1976	1977	1978
Gesamtarbeitslose (JD)	841	701	962	1189	1984	2429	2363	2438	2384
Anteil Frau % (JD)	30,9	38,1	37,1	37,2	36,2	39,3	47,0	49,2	49,4
Frauenarbeitslosigkeit (JD)	261	261	357	473	720	956	1111	1120	1198

Quelle: (41)

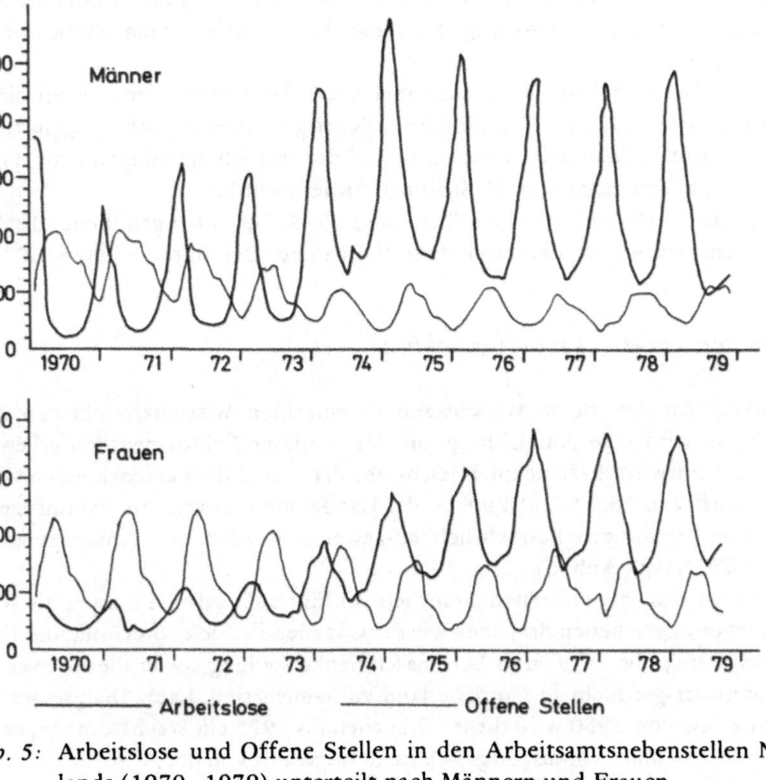

Abb. 5: Arbeitslose und Offene Stellen in den Arbeitsamtsnebenstellen Nordfrieslands (1970–1979) unterteilt nach Männern und Frauen

5.4 Jugendarbeitslosigkeit (arbeitslose Jugendliche unter 20 Jahren)

Der nicht mehr wie in den frühen 70er Jahren ohne größere Reibungen gegebene Übergang vom Bildungs- in das Beschäftigungssystem ist auch für die Jugendlichen in Nordfriesland zu einem schwerwiegenden Problem geworden[42].

Um in ihrem Rahmen für eine gewisse „Besserung" zu sorgen, wurden durch Schwerpunktuntersuchungen (1978/79) und durch die danach erfolgten Förderungsmaßnahmen seitens der AA erstmals in größerem Umfang Maßnahmen für diese Bevölkerungsgruppe ergriffen.

Die Statistik für 1978 und 1979 zeigt folgendes Bild für Nordfriesland: Der Jahresdurchschnitt (JD) 1978 betrug ca. 227 arbeitslose Jugendliche; der JD 1979 lag bei ca. 249[43]. Der Anstieg der Jugendarbeitslosigkeit zeigt sich ebenfalls, wenn man die Monate mit den Tiefst- und Höchstständen von Arbeitslosigkeit gegenüberstellt. Im Februar 1978 lag die Zahl bei 399 Arbeitslosen (1979: 424), im Juni 1978 betrug die Zahl 69 Arbeitslose (1979: 113)[44]. Betrachtet man die monatliche Jugendarbeitslosigkeit, fallen zwei Dinge auf:

1. Die Differenzen schwanken erheblich (zwischen 104 und 8 für 1978 sowie zwischen 139 und 5 für 1979)[45];
2. Die Arbeitslosenzahlen zeigen einen typisch saisonalen Verlauf mit Höchstständen im Winter (März) und Tiefststand im Früh-Sommer (Juni), wobei die Schulabgänger im Juli sich mit einer Zunahme der Arbeitslosenzahl sofort bemerkbar machen[46].

Die Jugendarbeitslosigkeit würde sich aber *noch* deutlicher zeigen, wenn die AA-Maßnahmen: G I, G II, G III und F-Kurse, Berufsgrundbildungsjahr, Jugendaufbauwerk und Einzelmaßnahmen, nicht einen Teil der ausbildungswilligen bzw. -fähigen Jugendlichen in den genannten Maßnahmen fördern würden.

So wurden 1978 über 50 Jugendliche und 1979 über 80 Jugendliche, die kaum zu vermitteln gewesen wären, durch diese Maßnahmen der Statistik entzogen[47]

6. Branchenstruktur und -entwicklung

Untersucht man den Beschäftigtenstand in einzelnen Wirtschaftssektoren Nordfrieslands, so wird eine Ausrichtung auf den tertiären Sektor deutlich erkennbar. Land- und Forstwirtschaft nehmen leicht ab, der Anteil des verarbeitenden Gewerbes schrumpft von 35,8 % auf 29,8 %, der Handel nimmt leicht zu, wohingegen die übrigen Dienstleistungen beträchtlich ausgeweitet werden. Ihr Anteil steigt von 40,8 auf 46,7 % (vgl. Abb. 6).

Untersucht man die einzelnen Branchen, so fällt auf, daß die derzeit als Wachstumsbranchen angesehenen Branchen wie die Chemie, die Elektrotechnik, die Kunststoffverarbeitung, die EDV- und Büromaschinenherstellung sowie die Holzverarbeitung kaum oder gar nicht in Nordfriesland vorhanden sind. Laut Analyse der Baseler Prognos AG von 1980 wird diesen Branchen bis 1995 ein Wachstum von ca. 5 % im Jahresdurchschnitt vorausgesagt; während insgesamt von der Annahme eines jah-

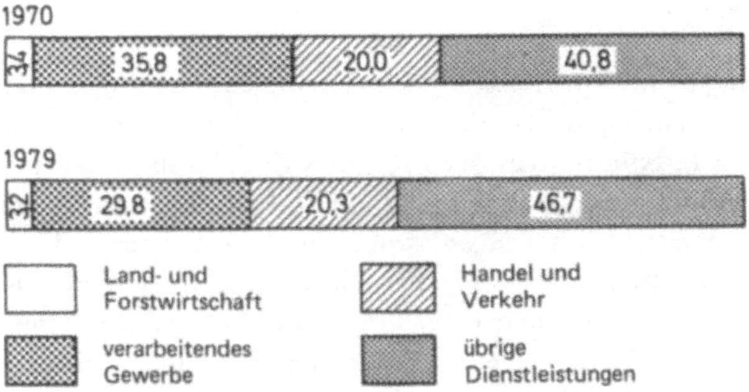

Veränderungen der Wirtschaftssektoren 1979 gegenüber 1970 in Prozent:
Rückgang (–)
Zunahme (+)
Land- und Forstwirtschaft: – 5,9 %
Verarbeitendes Gewerbe: – 16,8 %
Handel und Verkehr: + 1,5 %
Übrige Dienstleistungen: + 14,5 %

Abb. 6: Der Beschäftigtenstand in den Wirtschaftssektoren Nordfrieslands 1970 und 1979 (jeweils Juni)

1995 von real ca. 2,5 % ausgegangen wird.[48] Wesentlichste Wachstumsbranche in Nordfriesland war in den vergangenen 10 Jahren der Fremdenverkehr. Aufgrund des lückenhaften Datenmaterials läßt sich die Beschäftigungswirkung des Fremdenverkehrs nur unzureichend quantifizieren. Begründete Schätzungen gehen jedoch von einer Verdopplung der Bettenzahlen für die Gäste in Nordfriesland im Durchschnitt der letzten 10 Jahre aus, was zur Charakterisierung des Wachstums dieser Branche dienen kann[49]. Es ist zu erwarten, daß auch die Expansion des Fremdenverkehrs in Nordfriesland in den nächsten 10 Jahren, wenn auch in abgeschwächter Form, anhalten wird. Die Kapazitäten für touristische Entwicklung sind lediglich in Westerland und in abgeschränkter Form auch in St. Peter annähernd erreicht, wohingegen in den meisten anderen Feriengebieten genügend Entwicklungsmöglichkeiten gegeben sind. Ohne jetzt genau auf die einzelnen Branchen eingehen zu wollen[50], kann man jedoch sagen, daß insgesamt aufgrund der prognostizierten Entwicklung der vorhandenen Branchen eher eine Stagnation oder Abnahme der Arbeitsplätze zu erwarten ist. Deshalb ist es besonders wichtig, daß die Öffentliche Hand, und hier ist insbesondere die Bundesbahn angesprochen, einem Abbau der vorhandenen Arbeitsplätze entgegenwirkt, und Streckenstillegungen möglichst unterbleiben. Durch die Streckenstillegungen würden die künftigen regionalen Entwicklungsaussichten stark gemindert, da einmal die Mobilität der Bevölkerung, die keine Personenkraftwagen besitzt, stark eingeschränkt wird und da zum anderen die auf Eisenbahnanbindung angewiesenen Industrien keine Möglichkeit zur Ansiedlung hätten.

7. Zentralörtliche Gliederung

Die zentralörtliche Gliederung ist in Nordfriesland nicht besonders stark ausgeprägt. Unterteilt man Schleswig-Holstein in die Großstadteinflußbereiche von Hamburg, Kiel und Lübeck, so läßt sich feststellen, daß der Landkreis Nordfriesland fast ausschließlich zum Großstadteinflußbereich Hamburgs gehört[51]. Nordfriesland ist mit einem Mittelzentrum, 3 Unterzentren mit Teilfunktion eines Mittelzentrums, 3 Unterzentren und 6 ländlichen Zentralorten abgedeckt. Mittelzentrum ist die Kreisstadt Husum. Sie ist das politische, wirtschaftliche, soziale und kulturelle Zentrum des Kreises. Die Bedeutung geht jedoch über ihren Nahbereich hinaus, der am 31.3.79 20 Gemeinden mit 41.807 Einwohnern umfaßte. Die 3 Unterzentren mit Teilfunktionen eines Mittelzentrums sind Niebüll, Westerland und Tönning. Die beiden ersteren streben die Aufstufung zum Mittelzentrum an. Niebüll verweist dabei auf seine Aufgabe für die Nahbereiche Niebüll, Leck, Neuenkirchen, Süderlügum und Wyk a. Föhr mit etwa 46.000 Einwohnern. Auch Westerland bemüht sich seit 1977 um die Aufstufung zum Mittelzentrum. Dieser Ort verweist auf die Grenz- und Insellage, die weite Entfernung zum nächsten Ober- bzw. Mittelzentrum, die notwendige Berücksichtigung der „Freizeit-Zentralität" und die vielfältigen privaten und öffentlichen Einrichtungen, die eine Aufstufung durch die Landesregierung rechtfertigen. Tönning hat den Verlust des Kreissitzes im Jahre 1970 bisher strukturell nicht überwinden können. Dies zeigt schon die Entwicklung der Einwohnerzahl, die von 1970 bis 1979 um fast 10 % zurückgegangen ist. Die Förderung Tönnings als Schwerpunktort in der Gemeinschaftsaufgabe zur Verbesserung der regionalen Wirtschaftsstruktur (vgl. Achter Rahmenplan der Gemeinschaftsaufgabe „Verbesserung der regionalen Wirtschaftsstruktur" Deutsche Bundestag, Drucksache 8/2590 S. 25 ff) kann die Standortnachteile Tönnings offenbar nicht ausgleichen. Unterzentren sind die Orte Bredstedt, Leck, Wyk a. Föhr. Die ländlichen Zentralorte sind Friedrichstadt, Garding, Neukirchen und St. Peter Ording. Ebenso wie Süderlügum und Viöll haben sie als ländliche Zentralorte Grundversorgungsfunktionen zu erfüllen. Da viele ländliche Gemeinden über keine eigenen Einzelhandelsgeschäfte mehr verfügen, haben diese Zentralorte besondere Bedeutung. Eine Betrachtung der Gesamtregion ergibt, daß mit Ausnahme der Fremdenverkehrsorte St. Peter Ording, Westerland und Wyk, von denen auch wirtschaftliche Wachstumsimpulse ausgehen, bei den Zentralorten nicht von Wachstumspolen im Sinne einer Ansammlung von expandierenden wirtschaftlichen Aktivitäten gesprochen werden kann. Diese Orte haben jedoch Bedeutung als Versorgungszentren. Inwieweit sie auch in Zukunft diesen Aufgaben nachkommen können, wird entscheidend von der Bevölkerungsentwicklung abhängen.

8. Bevölkerungsentwicklung und Bevölkerungsstruktur

Der Kreis Nordfriesland zähle 1978 160 106 Einwohner, davon waren 78 098 Männer und 82 008 Frauen[52]. Der sich hier ergebende Frauenüberschuß hat seine Ursache in den beiden Weltkriegen. Teilt man die Bevölkerung in Altersklassen von je 5 Jahren ein, so ist die Gruppe der 10–14jährigen mit absolut 8.254 Jungen und 7.613 Mädchen mit 10,6 bzw. 9,3 % am stärksten vertreten. Dies ist sozusagen der „Gipfel der geburtenstarken Jahrgänge". Aus dieser Tatsache wird deutlich, daß in den nächsten Jahren geburtenstarke Jahrgänge auf den Arbeitsmarkt drängen werden, die einen Ausbildungsplatz suchen. Der danach einsetzende Geburtenrückgang ist so stark, daß die Gruppe der 0–4jährigen nur 3.825 Jungen und 3.535 Mädchen umfaßt mit jeweils 4,8 bzw. 4,3 % der Bevölkerung. Dies ist also weniger als die Hälfte der Klasse der 10–14jährigen.

Die Altersstruktur des Kreises Nordfriesland unterscheidet sich 1978 kaum von jener von 1972. Insgesamt ergeben sich nur relativ geringe Abweichungen von der Bevölkerungsstruktur Schleswig-Holsteins und der des Bundes.

Die in einigen Teilen Nordfrieslands erkennbare Überalterung[53] kann für die gesamte Region nicht bestätigt werden. Der gesamte Anteil der über 65jährigen Bewohner stieg zwar von 13,8 % auf 15,2 % 1978; dieser Anstieg entspricht jedoch weitgehend der Entwicklung im Bundesgebiet, wo die Werte von 13,7 % auf 15,4 % gestiegen sind. Eine ähnliche Entwicklung ergibt sich auch für Schleswig-Holstein, wo die Altersklassen der über 65-jährigen von 14,9 % 1972 auf 16,7 % 1978 gestiegen ist.

Anhand der Altersstruktur Nordfrieslands läßt sich die Entwicklung der natürlichen Bevölkerungsbewegung prognostizieren. Doch hiermit sind nicht die gesamten Bevölkerungsbewegungen erfaßt, da Wanderungsgewinne oder -verluste unberücksichtigt bleiben. Legt man die bisherige Entwicklung zugrunde, so werden ohne die Berücksichtigung von Wanderungen bereits im Jahre 1983 15.867 Jugendliche potentielle Bewerber für einen Ausbildungsplatz sein.

Bis 1988 wird das Erwerbspersonal weiterhin wachsen und 26 774 junge Erwachsene betragen. Insgesamt scheiden bis dahin jedoch nur 14 477 Personen aus. Damit wächst die Zahl der 15–64jährigen von 101 677 im Jahre 1978 um 12 297 Personen auf 113 974 im Jahre 1988. Hier wird deutlich, daß eine erhebliche Zunahme der Arbeitsplätze in Nordfriesland erforderlich ist, wenn nicht ein Großteil der heranwachsenden Bevölkerung gezwungen sein soll abzuwandern.

9. Schlußbemerkungen

9.1 Regionalanalytische Probleme

9.1.1 Probleme der Arbeitsmarktstatistik

Die ausgewiesenen Arbeitslosenquoten, die in den letzten Jahren in Nordfriesland zwischen 5 und 6 % lagen, geben das Ausmaß der sich in der Zukunft stellenden Arbeitsmarktprobleme nur unvollständig wieder[54].

– Es wird die „stille Reserve" nicht erfaßt; in die Quote gehen nur die gemeldeten Arbeitslosen ein. Arbeitskräfte, die zur Abwanderung gezwungen wurden, weil sie keinen Arbeitsplatz in Nordfriesland gefunden haben, werden also durch die Arbeitslosenquoten nicht erfaßt.

- Die gerade in Nordfriesland relativ umfangreichen Maßnahmen der Arbeitsbeschaffung „verfälschen" die Arbeitslosenquote, da die in Arbeitsbeschaffungsmaßnahmen stehenden Arbeitnehmer nicht als arbeitslos registriert werden.
- Die Entlastung der Arbeitslosenquoten in Nordfriesland durch ABM hat bewirkt, daß die Arbeitslosenquote um ca. 1 % gesenkt wurde. Sie hatte im Jahre 1978 den Wert von ca. 1,5 %. Ohne diese Entlastung hätte der Wert rein rechnerisch über 6 % gelegen, denn auf 476 Beschäftige im ABM im Jahresdurchschnitt 1978 kamen jahresdurchschnittlich 2.384 Arbeitslose in Nordfriesland.
- Die Entlastung des Arbeitsmarktes Nordfriesland durch Arbeitsbeschaffungsmaßnahmen ist mit ca. 20 % (1978) wesentlich stärker als in der Bundesrepublik Deutschland mit 6 % (1978). Der Vergleich dieser Quoten zeigt deutlich das Gewicht der Arbeitsbeschaffungsmaßnahmen in Nordfriesland.

9.1.2 Folgerungen

Die Verwendung der Arbeitslosenquote als Indikator für Arbeitsmarktentwicklung ist bedenklich, da sie ländliche Peripherräume benachteiligt und da sie die starken Schwankungen der Arbeitslosenzahlen nicht wiedergibt, also saisonale Aspekte vernachlässigt.

- Nordfriesland wurde nicht in das arbeitsmarktpolitische Programm der Bundesregierung vom Mai 1979 einbezogen, da nur die im Jahre 1978 mit über 6 % ausgewiesenen Arbeitsamtsbezirke einbezogen wurden.
- Bei der Neuabgrenzung der regionalen Fördergebiete, für die bisher nur ein Einkommens- und ein Beschäftigungsindikator verwendet wurde, soll zukünftig zu der prognostizierten Arbeitskraftreserve die Arbeitslosenquote berücksichtigt werden. Dies ist aus den oben genannten Gründen abzulehnen. Es besteht dann die Gefahr, daß ähnlich wie beim arbeitsmarktpolitischen Programm der Bundesregierung vom Mai 1979 Nordfriesland und andere Räume Schleswig-Holsteins aus der Förderung herausfallen. Im „Mai-Programm", das im August 1979 angelaufen ist, wurde kein Arbeitsamtsbezirk in Schleswig-Holstein gefördert.
- Vor allem kann von der momentanen Arbeitsmarktsituation nicht auf die zukünftige Entwicklung geschlossen werden. Das Ausmaß der Defizite erscheint zu klein, der Zwang zur Abwanderung kommt nicht genügend zur Geltung. Dieser wird durch den Indikator „prognostizierte Arbeitsplatzreserve" wesentlich klarer zum Ausdruck gebracht.
- Der Arbeitsmarkt Nordfrieslands wird durch zwei Arbeitsamtsbezirke zerschnitten; die Berechnung der Arbeislosenzahlen für diesen Arbeitsmarkt erfordert die Umrechnung der Werte der Arbeitsamtsnebenstellen, was insbesondere bei Sonderuntersuchungen (Jugendliche, Frauen) wegen abweichender Erhebungsmethoden – wie die Projektgruppe erfahren mußte – äußerst kompliziert und aufwendig ist. Besonders, wenn man nur die auf den ersten Blick relativ unbedeutenden

Abweichungen der nordfriesischen Arbeitslosenquoten vom Landes- und Bundesdurchschnitt betrachtet (vgl. Abb. 7), wird das reale Ausmaß der Arbeitsmarktprobleme stark untertrieben.

Die Analyse ergibt, daß in den nächsten zehn Jahren in Nordfriesland über 5.000 neue Arbeitsplätze geschaffen werden müßten, damit niemand zur Abwanderung gezwungen sein sollte und damit sich die Arbeitslosenzahlen auf gegenwärtigem (allerdings hohem) Niveau stabilisieren. Dies ist umso erstaunlicher, weil sich ein Strukturgefälle der Arbeitsmarktsituation von Südwestdeutschland mit günstigen Arbeitsmarktbedingungen nach dem Norden mit ungünstigen ergibt und ein zweites Gefälle von den zentralen Wirtschaftsräumen zu den Peripheriegebieten nachweisen läßt[55]. Nordfriesland wird auch in den kommenden Jahren zu den Regionen mit „hartnäckiger Arbeitslosigkeit" zu zählen sein.

9.1.3 *Ergebnis*

Die inzwischen erfolgten Feinanalysen der Berufsgruppen und der Teilarbeitsmärkte, die in den vorstehenden Ausführungen noch nicht berücksichtigt werden konnten, verwenden neueste empirische Untersuchungsmethoden zur Typisierung der Teilarbeitsmärkte und ist einzigartig in der regionalen Arbeitsmarktforschung. Eine ähnliche Feinanalyse auf der Basis der Arbeitsamtsnebendienststellen wurde unseres

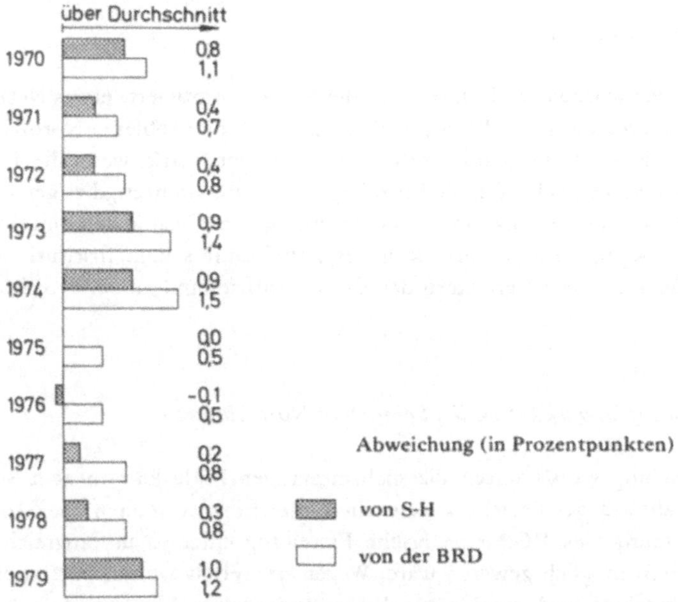

Abb. 7: Abweichung der Arbeitslosenquote Nordfrieslands von der Arbeitslosenquote Schleswig-Holsteins und der Bundesrepublik (JD) 1970–1979

Wissens bisher nicht veröffentlicht. Der Landkreis Nordfriesland ist damit einer der Kreise, für den Dimension und Struktur der Arbeitslosigkeit am genauesten untersucht wurden. Analysemethode und theoretische Fundierung lassen sich leicht für andere Regionen nutzen und sind daher von grundsätzlicher Bedeutung. Das differenzierte Ergebnis hat für eine erfolgreiche Regionalpolitik die Voraussetzungen geschaffen. Es können auf dieser Basis neue Wege der Regionalpolitik beschritten werden, die in peripheren Regionen Arbeitslosigkeit wirkungsvoller bekämpfen.

9.2 Didaktische Probleme

9.2.1 Projektarbeit zwingt zum interdisziplinären Arbeiten

In den üblichen Fachkursen werden immer weniger reale Probleme unmittelbar behandelt; es werden vielmehr „Modelle" oder andere „vorfabrizierte" Denkstrukturen ausgearbeitet, die „isoliertes" Fachwissen beinhalten. Im Projektstudium mußten hingegen unmittelbar praktische sozialökonomische Fragestellungen formuliert und in ihrer umfassenden Interdependenz bearbeitet werden. Die Projektarbeit zwang die Teilnehmer, in einem Arbeitsgang statistische, methodische, regionalökonomische, juristische und andere Wissenschaftsgebiete zur interdisziplinären Einheit zusammenzufügen und für die praktische Arbeit nutzbar zu machen.

9.2.2 Projektarbeit motiviert

Die Projektteilnehmer wurden stark durch das Bewußtsein motiviert, etwas Nützliches zu leisten, das dazu beiträgt, die regionalen Entwicklungsprobleme Nordfrieslands zu lösen. Die Projektarbeit motivierte dann besonders stark, wenn die Teilnehmer mit den Vertretern des Kreises die Einzelergebnisse abstimmten, dies geschah entweder beim dreitägigen Seminar in St. Peter-Ording, bei Gesprächen einzelner Studenten mit den kompetenten Vertretern des Arbeitsamtes u. a. Institutionen oder durch die Teilnahme von Vertretern des DGB-Nordfriesland an der Projektarbeit in der HWP.

9.2.3 Materialbeschaffung und Praktika beim DGB-Nordfriesland

Die Materialbeschaffung wurde durch die mehrmonatigen Praktika von acht Studenten vor und während des Projektes wesentlich erleichtert, wie auch überhaupt ohne die Unterstützung des DGB eine rasche Erstellung einer so umfangreichen Datensammlung kaum möglich gewesen wäre. Wegen der relativ weiten Entfernung zum Untersuchungsgebiet und zum zuständigen Statistischen Landesamt in Kiel gestaltete sich die Materialbeschaffung im allgemeinen und speziell die Erhebung von Primärdaten als zum Teil recht aufwendig. Deshalb waren die Möglichkeiten, während des Semesters zusätzliches Material aus dem Untersuchungsgebiet zu beschaffen, wegen der hohen Reisekosten relativ gering. Sie beschränkte sich auf einzelne Besuche und auf das Material, das noch vom DGB-Nordfriesland nachgesandt wurde. Bei der Materialbeschaffung unterstützt und beraten wurden wir zum Teil durch die Forschungsstelle für Regionale Landeskunde an der Pädagogischen Hochschule Flensburg.

9.2.4 Methoden, Analysetechniken, Grundlagen

Die vorwiegend im 2. Semester durchgeführte Vergleichsanalyse der wirtschaftlichen Entwicklung Nordfriesland mit derjenigen von Schleswig-Holstein und der Bundesrepublik Deutschland erforderte das Erarbeiten der Shift-Analyse und das Programmieren und Rechnen mit dem Kleincomputer. Dies hat relativ viel Zeit gekostet. Für zukünftige Projekte wäre es nützlich, wenn schon vor dem eigentlichen Projekt auf diesem Gebiet umfangreichere Grundkenntnisse erworben werden könnten. Das gleiche gilt für den Bereich der regionalen Strukturtheorie und für die rechtlichen Grundlagen der Regionalpolitik, die nur sehr knapp dargestellt werden konnten. Allerdings haben sich einige Teilnehmer speziell mit dieser grundlegenden Materie beschäftigt. Deren Hausarbeiten und Klausuren konnten dann als Informationsbasis für die übrigen Arbeiten verwendet werden.

9.2.5 Kooperation mit dem DGB

Die Vorbereitung und Unterstützung des Projekts durch den DGB und durch einzelne Gewerkschaftsmitglieder, bei denen die Praktikanten auch während ihres Praktikums günstig wohnen konnten, hat vor allem in der ersten Phase das Projekt sehr stark gefördert. Das gleiche gilt für die finanzielle Unterstützung durch den DGB und die Hans-Böckler-Stiftung. Eine abschließende Würdigung der Kooperation ist zum gegenwärtigen Zeitpunkt noch nicht möglich, da das Projekt noch nicht vollständig abgeschlossen ist. Aufarbeitung und Diskussion der Ergebnisse sowie deren Veröffentlichung stehen noch aus. Es ist jedoch geplant, in den nächsten Wochen bei einem Seminar mit dem DGB-Nordfriesland, die erarbeiteten Ergebnisse abschließend zu diskutieren und in Husum eine Dokumentation zu errichten, die das gesammelte Urmaterial, die geschriebenen Hausarbeiten und einen Abschlußbericht enthält. Aus der Region haben die Projektleiter schon zahlreiche Anfragen von Journalisten, Lehrern und Politikern erhalten, die an den Ergebnissen der Analyse interessiert sind. Es ist daher zu erwarten, daß die Untersuchungsergebnisse nicht nur für die Gewerkschaften Nordfrieslands von großem Interesse sein werden, sondern auch von der interessierten Öffentlichkeit genutzt werden können.

9.3 Lösungsmöglichkeiten

Bei der abschließenden Projektbesprechung mit dem DGB sollen u. a. folgende Ansätze zur Strukturverbesserung diskutiert werden:

- Förderung der „mittleren Technologie" zur Erhaltung und zum Ausbau des vorhandenen mittelständischen Gewerbes unter stärkerer Einbeziehung der Arbeitnehmer und deren Organisationen (vor allem auch in den zentralen Orten auf dem Festland)
- Ausgewogener Ausbau des Fremdenverkehrs vor allem zur Erhaltung und zur Verbesserung des Arbeitsplatzangebots für Frauen
- Maßnahmen zum Erhalt der „natürlichen Umwelt" und Berücksichtigung ökologischer Aspekte beim Deichbau
- „Mehr Frauen in Männerberufe", um die besonderen Schwierigkeiten der Mädchen bei der Ausbildungsplatzsuche zu mildern
- Anwendung und Förderung der Nutzung regionaler Energiequellen (Wind, Sonne, Biogasanlagen) Forschungsförderung der Kleinbetriebe, die auf diesem Gebiet arbeiten
- Zusammenlegung des öffentlichen Busverkehrs und des Schulbusverkehrs im Rahmen eines Verkehrsverbundes und Maßnahmen zur Erhaltung des bisherigen Streckennetzes der Bundesbahn

Die genannten Ansatzpunkte für eine verbesserte Strukturpolitik sind nur eine Auswahl der im Rahmen des Projekts skizzierten und erörterten und können bei diesem kurzen (von didaktischen Problemen ausgehenden) Bericht nicht erschöpfend behandelt werden. Zum ersten Mal liegen aber für Nordfriesland detaillierte Untersuchungen über die Arbeitsmarkt- und Wirtschaftsstruktur vor, die eine sichere Auswahl wünschenswerter Entwicklungsperspektiven ermöglichen.

In diesem Sinne wird das Projekt seinen Wert auch dann behalten, wenn durch bisher nicht vorhersehbare Entwicklungen, wie sich möglicherweise abzeichnende Erdölfunde im südlichen Teil des Wattenmeers, gänzlich neue Wachstumsperspektiven ergeben sollten.

Anmerkungen

1 Vergleiche den Antrag für einen Modellversuch, Sozialökonomischer Studiengang, Hamburg 1980.

2 Vergleiche die Presseberichte in: Nordfriesland Tagblatt vom 1.9.1979; Husumer Nachrichten vom 1.9.1979; Kieler Nachrichten vom 25.2.1980; Flensvorg Avis vom 26.2.1980; Husumer Nachrichten vom 26.2.1980.

3 Vergleiche zur Wachstumspoltheorie: Kuklinski, R., Antoni: Growth Poles and Growth Centres in Regional Planning (Hrsg.) Mouton 1972, Buttler, F./Gerlach, K./Liepmann, P.: Grundlagen der Regionaökonomie, Hamburg 1977, Schilling-Kaletsch, I.: Wachstumspole und Wachstumszentren – Untersuchungen zu einer Theorie sektoral und regional polarisierter Entwicklung, Hamburg 1976 und Friedmann, John/Weaver, Clide: Territory and Function the Evolution of Regional Planning, London 1979.

4 Weigand, Karl: Stadt- Umlandverflechtungen und Einzugsbereiche der Grenzstadt Flensburg und anderer zentraler Orte im nörlichen Landesteil Schleswig, Kiel 1966 und Peter Dahms, Axel Priebs: Die Gemeinde Leck und ihre Beziehungen zum Umland, Kiel 1980.

5 Klauder, W., Kühlewind, G., Schnur, P., Thon, M.: Mittel- und längerfristige Arbeitsmarktprojektionen des IAB, in: Beiträge zur Arbeitsmarkt- und Berufsforschung, Band 16, Nürnberg 1977, zitiert nach „Wirtschaftsdienst" Heft X, 1979.
6 Ebenda S. 500.
7 Ebenda S. 500.
8 Vgl. Raumordnungsbericht 1978, Bundestagsdrucksache 8/2278 vom 11.12.1978, S. 11.
9 Brinkmann, Mieke: Die regionale Verteilung der Problemgruppen bei den Arbeitslosen, in: Information zur Raumentwicklung (1980) 3/4, S. 119.
10 Vgl. Kapitel 5.4.
11 BROP 1975, S. 47.
12 Bundesministerium für Arbeit und Soziales. Die Standortwahl der Industriebetriebe in der BRD und Berlin (West 1972–1975, Bonn 1977, S. 18.
13 Die Entwürfe zu den folgenden Abbildungen und Tabellen wurden von der Projektgruppe „Arbeitsmarkt" erstellt.
14 Vgl. Klemmer, P./Krämer, D.: Regionale Arbeitsmärkte – Ein Abgrenzungsvorschlag für die Bundesrepublik Deutschland, Bochum 1975, S. 38 ff.
15 Vgl. Klemmer/Krämer, a. a. O. S. 148 ff.
16 Vgl. Monatsbericht des LAA Schleswig-Holstein, Jan. 1980.
17 ANBA, H. 2, 1977, S. 125 f.
18 Amtliche Nachrichten der BfA (ANBA), Monatsberichte des LAA Schl.-Holstein/Hamburg Jan. 1980, Angaben der 5 Arbeitsamtnebendienststellen und eigene Berechnungen.
19 Vgl. Kann, A.: Theoretische Statistik, Stuttgart 1973, S. 171 ff. und Karr, W.: Probleme der Saisonbereinigung bei trendabhängiger Saisonkomponente, in: Mitt. AB, H. 3, 1975 S. 225.
20 Vgl. LAA Schl.-Holst./Hamburg: Die Entwicklung des Arbeitsmarktes in Schleswig-Holstein und Hamburg, Kiel 1978, S. 66 ff.
21 Angaben der SAA-Nebendienststellen und eigene Berechnungen.
22 Angaben der AA-Nebendienststelle Husum, 1980 (Frühjahr).
23 Angaben der AA-Nebendienststelle Niebüll, 1980 (Frühjahr).
24 Angaben der AA-Nebendienststelle Westerland, 1980 (Frühjahr).
25 Angaben der AA-Nebendienststelle Wyk, 1980 (Frühjahr).
26 Vgl. Maneval, H.: Die Arbeitslosigkeit, in WiST, H. 2, 1979, S. 56 f.
27 Angaben der AA-Nebendienststelle Tönnings 1980 (Frühjahr).
28 Vgl. LAA Schl.-Holstein/Hamburg, a. a. O., S. 70.
29 Monatsberichte des LAA Schl.-Holst./Hamburg und eigene Berechnungen.
30 Angaben der 5 AA-Nebendienststellen und eigene Berechnungen.
31 Vgl. Schilling, R.: Massenarbeitslosigkeit und regionale Wirtschaftspolitik, in: Arbeitsmarktpolitik – Jahrbuch für Sozialökonomie und Gesellschaftstheorie, Hamburg 1978, S. 117.
32 Vgl. Cramer, U.: Zur regionalen Entwicklung der Arbeitslosigkeit seit 1970, in: Mitt AB, M. 1, 1978, S. 16.
33 Angaben der 5 AA-Nebendienststellen u. eigene Berechnung.
34 Angaben der AA-Heide und Flensburg und eigene Berechnungen.
35 Sonderuntersuchung der Arbeitsämter Heide und Flensburg über sozialversicherungspflichtige Arbeitnehmer, März 1978.
36 Statistisches Landesamt Schleswig-Holstein 1980.
37 Angaben der AA-Heide und Flensburg 1979.
38 Angaben der 5 AA-Nebendienststelle NF's und eigene Berechnungen.
39 Berufsgruppenstatistik der AA-Heide und Flensburg und eigene Berechnungen.
40 Gesprächsprotokolle mit den Nebendienststellenleitern in NF, März 1980.
41 Angaben der AA-Heide und Flensburg und eigene Berechnungen.
42 Überlegungen II zu einer vorausschauenden Arbeitsmarktpolitik. Hrsg. Bundesanstalt für Arbeit, Nürnberg 1979, 2. Aufl., S. 167 ff.
43 Angaben der AA-Nebendienststellen, Frühjahr 1980.
44 Siehe 7.
45 Siehe 7.
46 Siehe 7.
47 Eigene Erhebungen, Daten der JAW Hörnum und Niebüll. Vgl. Autorengemeinschaft: Der Arbeitsmarkt in der Bundesrepublik Deutschland 1979, in: MiHAB, H 1, 1979, S. 25 f. Vgl. Winkler, D.: Die Qualität von Arbeitsmarktstatistiken, in: Wirtschaftsdienst, H 7, 1978, S. 367.

48 Prognos AG, Basel: Report über die Entwicklung der Bundesrepublik Deutschland bis 1995, Basel 1979 zitiert nach WISU-Magazin 5/79, S. 219.
49 Vgl. hierzu Wilfried Wichert: Tourismus und Wirtschaftswachstum – eine Analyse der Entwicklung des Fremdenverkehrs in Nordfriesland, Abschlußarbeit an der HWP, im SS 1980, S. 3 ff.
50 Insgesamt wurden folgende Branchen genauer untersucht: Landwirtschaft, Bauindustrie, Industrie, Handwerk, Öffentl. Dienst, Fremdenverkehr und Molkereien. Die Entwicklungsaussichten der Husumer Werft wurden anläßlich einer Betriebsbesichtigung der Projektgruppe mit dem Betriebsleiter diskutiert.
51 Meinke, Dieter: Großstadt-Einflußbereiche Würzburg, Wien 1979, S. 67.
52 Bevölkerung nach Alter und Familienstand 1978, Fachserie A, Reihe 1,3, Statistisches Bundesamt, Wiesbaden.
53 Die Bevölkerungsentwicklung innerhalb des Kreises war zum Teil sehr unterschiedlich. Während die Nahbereiche Westerland, Wyk und St. Peter hohe Zuwachsraten hatten, nahm die Bevölkerung in den Nahbereichen Garding, Neukirchen und Tönning ab.
54 Gauser, Karl: Die Arbeitslosenquote als Indikator erwerbsstruktureller Benachteiligungen, in: Informationen zur Raumentwicklung 1980, 3/4 S. 135 f.
55 Schliebe, Klaus: Gebiete hartnäckiger Arbeitslosigkeit im Konjunkturverlauf seit 1967, in: Informationen zur Raumentwicklung (1980) 3/4, S. 105 ff.

Verzeichnis der verwendeten Tabellen und Abbildungen

Bärbel Pusback/Reiner Schilling

Ausländische Studierende an der HWP

Einleitung

In der Bundesrepublik leben seit ca. 20 Jahren ausländische Arbeitskräfte, die zunächst *nur* als vorübergehende Gastarbeiter angeworben wurden, inzwischen aber in der zweiten Generation hier arbeiten und in fast allen Lebensbereichen z. T. aus ökonomischen z. T. aus infrastrukturellen Gründen benachteiligt sind. Eines der wichtigsten Probleme ist die Ausbildung der zweiten Generation, deren Zukunft z. T. noch ungewiß ist, mit Sicherheit aber belastet wird durch die doppelte kulturelle Zugehörigkeit und die Unklarheit darüber, wo sie leben und beruflich Fuß fassen werden. Der Tatbestand, daß ausländische Schüler die deutschen Schulen oft nicht einmal mit dem Hauptschulabschluß verlassen, bzw. daß später gekommene Familienangehörige, die in ihren Heimatländern eine Schulbildung abgeschlossen haben, auf dem deutschen Arbeitsmarkt benachteiligt sind, ist bekannt. Daß sich daraus ein langfristiges sozialpolitisches Problem aufbaut, ist auch schon ins politische Bewußtsein eingedrungen.[1]

Ungefähr eine halbe Million ausländischer Schüler besuchen zur Zeit deutsche Schulen und an den deutschen Universitäten studieren ca. 50 000 (5,6%)[2] Ausländer, die aber meistens ihre Hochschulreife in den Heimatländern erworben haben und damit nicht zu den Angehörigen der hier normalerweise lebenden ausländischen Arbeitskräfte zu rechnen sind.

In den letzten fünf Jahren hat an der HWP ein Strukturwandel unter den ausländischen Studierenden stattgefunden, in dem der Übergang zur zweiten Gastarbeitergeneration deutlich wird.

Mit unserer Studie wollen wir diesen Strukturwandel für die HWP untersuchen und zugleich auf mögliche Konsequenzen für die Studienreform aufmerksam machen.

Um das leisten zu können, wollen wir die Sozialstruktur, die Studienprobleme und den Studienerfolg ehemaliger und gegenwärtig Studierender untersuchen. Dafür haben wir die Studentenkartei der HWP, in der alle Studierenden erfaßt sind, ausgewertet und im Januar 1980 die ausländischen Studierenden des 36.–41. Lehrgangs nach ihren Studienproblemen befragt. 50% der befragten Studierenden haben ausgefüllte Antwortbögen zurückgegeben. Die Analyse der Studentenkartei setzt mit dem 24. Lehrgang ein, weil an der HWP als Institution des Zweiten Bildungsweges bis Mitte der 60er Jahre kaum Ausländer studiert haben. Erst seit dem 21. Lehrgang, d. h. mit dem Studienjahr 1968 gibt es regelmäßig in fast allen Lehrgängen ausländische Studierende. Der 24. Lehrgang wurde als Erster in der Untersuchung ausgewertet, weil seit diesem Lehrgang Studenten mit Fachhochschulreife an der HWP studieren und seitdem die Abschlüsse der Studierenden in Bezug auf die Schulbildung vergleichbar sind.

1. *Empirische Analyse der Sozialstruktur der ausländischen Studierenden seit dem 24. Lehrgang*

a) Gesamtentwicklung

Da die HWP als Akademie für Gemeinwirtschaft nach dem Krieg gegründet worden war, um solchen deutschen Bewerbern offen zu stehen, ,,die durch die sozialen und wirtschaftlichen Verhältnisse oder durch die besonderen Zeitumstände bisher von einer Hochschulbildung ausgeschlossen waren"[3], haben naturgemäß in den ersten Jahren an der Akademie kaum Ausländer studiert. Andererseits haben auch an den Universitäten bis in die 50er Jahre hinein nur wenige Ausländer studiert.[4] Erst als seit Anfang der 60er Jahre die Entwicklungshilfe auch als bildungspolitisches Problem begriffen wurde, expandierten die Studentenzahlen an den Universitäten, und auch der damalige Leiter der Akademie, Heinz-Dietrich Ortlieb, stellte Überlegungen an, ob und wieweit die Akademie für Wirtschaft und Politik in den Dienst dieser Aufgabe gestellt werden könnte.[5]

Tabelle 1: Ausländer an der HWP insgesamt

Studienbeginn	Lg.	ges.	Ausl.	v.H.	männl. ges.	männl. Ausl.	v.H.	weibl. ges.	weibl. Ausl.	v.H.
1. 4.1971	24.	149	1	0,7	140	1	0,7	9	–	–
1.10.1971	25.	150	3	2,0	134	3	2,2	16	–	–
1. 4.1972	26.	150	2	1,3	127	2	1,6	23	–	–
1.10.1972	27.	153	4	2,6	130	4	3,1	23	–	–
1. 4.1973	28.	151	–	–	127	–	–	24	–	–
1.10.1973	29.	150	6	4,0	128	5	3,9	22	1	4,5
1. 4.1974	30.	150	5	3,3	116	4	3,4	34	1	2,9
1.10.1974	31.	150	3	2,0	118	3	2,5	32	–	–
1. 4.1975	32.	151	4	2,6	121	4	3,3	30	–	–
1.10.1975	33.	150	7	4,7	111	7	6,3	39	–	–
1. 4.1976	34.	150	4	2,7	104	4	3,8	46	–	–
1.10.1976	35.	153	4	2,6	111	3	2,7	42	1	2,4
1. 4.1977	36.	152	7	4,6	111	7	6,3	41	–	–
1.10.1977	37.	158	8	5,1	100	4	4,0	58	4	6,9
1. 4.1978	38.	158	6	3,8	110	4	3,6	48	2	4,2
1.10.1978	39.	249	9	3,6	168	7	4,2	81	2	2,5
1. 4.1979	40.	173	8	4,6	101	5	4,9	72	3	4,2
1.10.1979	41.	249	11	4,4	159	9	5,7	90	2	2,2

Deshalb nahmen im Jahre 1960 fünf Tunesier als Gäste am Akademiestudium teil. Sie sollten feststellen, wie weit dieses Studium als Ausbildungshilfe für Studenten aus Entwicklungsländern geeignet sei.

Im 21. und 22. Lehrgang studierten jeweils 4 Ausländer, die alle aus europäischen Ländern kamen. Bis zu Beginn der 70er Jahre haben nur verhältnismäßig wenige Ausländer das Studium an der HWP aufgenommen, zumal bis dahin alle Studienbewerber die Aufnahmeprüfung ablegen mußten, die ein großer Teil der ausländischen Bewerber – insbesondere wegen Sprachschwierigkeiten – nicht bestand. Erst seit Fachoberschüler und Abiturienten ohne Aufnahmeprüfung das Studium aufnehmen konnten, hat sich die Zahl der ausländischen Studierenden kontinuierlich leicht erhöht. Mit der Zulassungsordnung von 1972 wurde die 5%-Klausel für die Zulassung ausländischer Studienbewerber eingeführt.[6] Seitdem studieren ca. 35 bis 50 ausländische Studenten gleichzeitig an der HWP. Für das WS 1980/81 ist die Erhöhung der Zulassungsquote auf 10% geplant. Wenn in allen sechs Lehrgängen diese Quote ausgefüllt sein wird, bedeutet das, daß die Zahl der Ausländer bis auf ca. 150 steigt.

Damit erfüllt die HWP ihren klassischen Bildungsauftrag auch für ausländische Studierende, die in ähnlicher Weise wie deutsche Studienbewerber im normalen Bildungswesen benachteiligt sind.

b) Persönliche Merkmale (Alter, Geschlecht, Familienstand)

Bis Mitte der 70er Jahre waren die ausländischen Studierenden überwiegend männliche Europäer, Afrikaner und Asiaten. Erst seit Mitte der 70er Jahre ist der Anteil der weiblichen Studierenden größer geworden. Gruppiert man die 18 untersuchten Lehrgänge in 3 Untergruppen von jeweils 6 Lehrgängen, ergibt sich folgende Verteilung:

Tabelle 2: Anteil der männlichen und weiblichen Studierenden

Lg.	Zahl der Ausländer		männl. Ausländer		weibl. Ausländer	
24.–29.	16	100 %	15	93,7 %	1	6,3 %
30.–35.	27	100 %	25	92,6 %	2	7,4 %
36.–41.	49	100 %	36	73,5 %	13	26,5 %
gesamt	92	100 %	76	82,6 %	16	17,4 %

Die Entwicklung der Verteilung von männlichen und weiblichen Studierenden verläuft ähnlich wie bei den deutschen. Bis zu Beginn der 70er Jahre war die HWP eine Domäne männlicher Studierender. Seitdem hat sich der Anteil der weiblichen Studierenden von 3–5% auf nunmehr 35–40% erhöht. Die Steigerung des Anteils der weibl. Studierenden an den ausl. Studierenden ist zwar nicht so groß, aber gerade in den letzten Lehrgängen beachtlich.

Die Altersstruktur der ausländischen Studierenden entspricht in etwa der der deutschen: In den letzten Jahren ist das Durchschnittsalter aller Studierenden leicht gestiegen. Es liegt für alle Studierenden zwischen 25 und 26 Jahren. Das Durchschnittsalter aller ausländischen Studierenden liegt bei 25,9 Jahre.

Auch der Tatbestand, daß die weiblichen ausländischen Studierenden meistens in einem etwas höheren Lebensalter das Studium beginnen als ihre männlichen Kommilitonen, entspricht einer ähnlichen Erfahrung mit den deutschen weiblichen Studierenden. Auch die zeitliche Entwicklung verlief ähnlich: Seit Mitte der 70er Jahre beginnen ausländische wie deutsche Studierende das Studium in einem vergleichsweise höheren Lebensalter als in früheren Jahren.

Tabelle 3: Alter der Studierenden zu Beginn des Studiums

a) männlich

Lehrgänge	19–21 J.		22–26 J.		27–32 J.		33 J. u. ä.		ges.	
24.–29.	3	20 %	6	40 %	6	40 %	–		15	100 %
30.–35.	2	8 %	16	64 %	7	28 %	–		25	100 %
36.–41.	3	8,3 %	19	52,8 %	8	22,2 %	6	16,7 %	36	100 %
ges.	8	10,5 %	41	53,9 %	21	27,6 %	6	7,9 %	76	100 %

(Durchschnittsalter: 25,6 Jahre)

b) weiblich

Lehrgänge	19–21 J.		22–26 J.		27–32 J.		33 J. u. ä.		ges.	
24.–29.	1	100 %	–	–	–	–	–	–	1	100 %
30.–35.	–	–	2	100 %	–	–	–	–	2	100 %
36.–41.	1	7,7 %	5	38,5 %	5	38,5 %	2	15,4 %	13	100 %
ges.	2	12,5 %	7	43,7 %	5	31,2 %	2	12,5 %	16	100 %

(Durchschnittsalter: 27,2 Jahre)

c) gesamt

Lehrgänge	19–21 J.		22–26 J.		27–32 J.		33 J. u. ä.		ges.	
24.–29.	4	25 %	6	37,5 %	6	37,5 %	–	–	16	100 %
30.–35.	2	7,4 %	18	66,7 %	7	25,9 %	–	–	27	100 %
36.–41.	4	8,2 %	24	49 %	13	26,5 %	8	16,3 %	49	100 %
ges.	10	10,9 %	48	52,2 %	26	28,3 %	8	8,7 %	92	100 %

(Durchschnittsalter: 25,9 Jahre)

Von den ausländischen Studierenden sind relativ mehr verheiratet als von den deutschen Studierenden. Auch der Anteil derjenigen, die verheiratet sind und Kinder haben, ist höher als bei den deutschen Studierenden. Daraus ergeben sich natürlich höhere Belastungen während des Studiums.

Tabelle 4: Familienstand der Studierenden

Lehrgänge	ledig mnl.	wbl.	zus.		verh. ohne Kind mnl.	wbl.	zus.		verh. mit Kind mnl.	wbl.	zus.		gesch. mnl.	wbl.	zus.	gesamt	
24.–29.	10	1	11	68,7 %	3	–	3	18,7 %	2	–	2	12,5 %	–	–	–	16	100 %
30.–35.	22	2	24	88,9 %	3	–	3	11,1 %	–	–	–	–	–	–	–	27	100 %
36.–41.	26	7	33	67,4 %	6	3	9	18,4 %	3	2	5	10,2 %	1	1	2	49	100 %

c) Regionale Herkunft

Die 92 Studierenden der untersuchten 18 Lehrgänge kommen aus 29 verschiedenen Ländern. Diese Länder konzentrieren sich im wesentlichen auf 3 Kontinente: Europa, Afrika und Asien. Aus dem anglo-amerikanischen Sprachraum kommen nur 3 Studenten davon zwei aus England und einer aus Kanada. Aus den Vereinigten Staaten, aus Australien und Neuseeland sowie aus den Ostblockstaaten gibt es keine Studenten. Überwiegend kommen die ausl. Studierenden aus europäischen Ländern, wobei sich die Streuung über 10 verschiedene Länder erstreckt mit leichtem Schwergewicht bei Österreich, den Niederlanden und Griechenland; die größte Gruppe bilden die Staatenlosen. Einen Sonderfall stellen die Türken dar: Von der offiziellen Hochschulstatistik werden sie zu Europa gerechnet, obwohl der größte Teil des Landes zu Asien gehört und verhältnismäßig viele Türken aus dem asiatischen Teil der Türkei kommen; sie werden deshalb gesondert ausgewiesen, zumal sie seit dem 36. Lehrgang die größte nationale Ausländergruppe stellen. (Ihre internen Differenzierungen können hierbei nicht berücksichtigt werden, da nicht in allen Fällen ihre türkische regionale Zugehörigkeit bekannt ist.) Aus Asien und Afrika kommen etwa gleich viele Studierende mit ebenfalls starker Streuung über die Länder der jeweiligen Kontinente, wobei Indonesien und der Iran etwas größere nationale Herkunftsgruppen stellen.

Die weiblichen ausländischen Studierenden kommen in noch größerem Ausmaß als männliche Ausländer aus europäischen Staaten, die drei Afrikanerinnen kommen alle aus dem Norden des Kontinents: Zwei aus Tunesien, eine aus Ägypten. Das bedeutet, daß sie eine europäisierte Zivilisation in ihren Heimatländern kennengelernt haben.

Tabelle 5: Regionale Herkunft der ausl. Studierenden (nach regionalen Kontingenten; Türken gesondert ausgewiesen)

a) insgesamt

Lehrgänge	Europa		Türkei		Asien		Afrika		Kanada		gesamt	
24.–29.	8	50 %	2	12,5 %	2	12,5 %	3	18,7 %	1	6,3 %	16	100 %
30.–35.	15	55 %	1	3,7 %	7	26 %	4	15 %	–	–	27	100 %
36.–41.	19	39 %	12	24 %	9	18 %	9	18 %	–	–	49	100 %
gesamt	42	46 %	15	16 %	18	10 %	16	17 %	1	1 %	92	100 %

b) männlich

Lehrgänge	Europa		Türkei		Asien		Afrika		Kanada		gesamt	
24.–29.	7	46,7 %	2	13,3 %	2	13,3 %	3	20 %	1	6,7 %	15	100 %
30.–35.	14	56,0 %	1	4,0 %	7	28 %	3	12 %	–	–	25	100 %
36.–41.	10	27,8 %	11	30,6 %	8	27,2 %	7	19,4 %	–	–	36	100 %
gesamt	31	40,8 %	14	18,4 %	17	22,4 %	13	17,1 %	1	1,3 %	76	100 %

c) weiblich

Lehrgänge	Europa		Türkei		Asien		Afrika		Kanada		gesamt	
24.–29.	1	100 %	–	–	–	–	–	–	–	–	1	100 %
30.–35.	1	50 %	–	–	–	–	1	50 %	–	–	2	100 %
36.–41.	9	69,2 %	1	7,7 %	1	7,7 %	2	15,3 %	–	–	13	100 %
gesamt	11	68,7 %	1	6,3 %	1	6,3 %	3	18,7 %	–	–	16	100 %

d) Schulbildung und Berufsausbildung

Die ausländischen Studierenden haben relativ häufiger eine bessere formale Schulbildung erreicht als die deutschen Studierenden. Das kommt insbesondere in dem niedrigen Anteil an Volksschülern und dem sehr hohen Anteil an Abiturienten zum Ausdruck. Bei den Abiturienten muß allerdings berücksichtigt werden, daß es sich dabei überwiegend um Schulabschlüsse in den Heimatländern handelt, die nicht in jedem Fall in Deutschland als Hochschulreife anerkannt werden. Das Niveau dieser Abschlüsse dürfte aber qualitativ auf jeden Fall über dem einer deutschen mittleren Reife liegen. Der Anteil der Fachoberschüler liegt etwas unter dem der deutschen Studierenden; ein großer Teil dieser Studierenden hat aber eine deutsche Fachoberschule besucht, so daß in dieser Gruppe am ehesten mit den deutschen Studierenden vergleichbare Studienverhältnisse vorhanden sind.

(Der Anteil dieser Studierenden an allen Fachoberschülern ist nicht genau zu ermitteln, da in der Studentenkartei nicht erfaßt wird, ob die Fachhochschulreife in Deutschland erworben wurde oder von der Schulbehörde aufgrund ausländischer Zeugnisse anerkannt wurde.)

Tabelle 6: Schulbildung der Studierenden

Lehrgänge	Volksschule		Mittl. Reife		Fachhochschulreife		Abitur		gesamt	
24.–29.	3	18,7 %	8	50 %	3	18,7 %	2	12,5 %	16	100 %
30.–35.	1	3,7 %	11	40,7 %	11	40,7 %	4	14,8 %	27	100 %
36.–41.	3	6,1 %	20	40,8 %	14	28,6 %	12	24,5 %	49	100 %
gesamt	7	7,6 %	39	42,4 %	28	30,4 %	18	19,6 %	92	100 %

Die meisten ausl. Studierenden mit Abitur dürften beabsichtigt haben, an einer Hochschule das Studium aufzunehmen. Deshalb ist es nicht erstaunlich, daß viele von ihnen keine abgeschlossene Berufsausbildung aufzuweisen haben. Nur knapp die Hälfte der ausl. Studierenden hat vor dem Studium eine Berufsausbildung abgeschlossen: Von den männlichen Studierenden haben im Vergleich zu den deutschen Studierenden viele eine gewerbliche Ausbildung abgeschlossen. Während von den deutschen Studierenden mehr als 2/3 in der Regel eine kaufmännische- oder Verwaltungsausbildung abgeschlossen haben, ist das nur bei 25% der ausl. Studierenden der Fall. Die weiblichen Studierenden haben in keinem Fall eine gewerbliche Ausbildung, etwas häufiger eine kaufmännische Ausbildung, aber auch seltener als deutsche Studentinnen. Der Anteil der ausl. Studentinnen ohne abgeschlossene Berufsausbildung liegt über 50%. Sowohl für die männl. wie für die weibl. Studierenden ohne abgeschlossene Berufsausbildung ist das HWP-Studium eine wichtige Möglichkeit, zu einer Berufsqualifikation zu kommen, obwohl sie im Studium mit vergleichsweise großen Schwierigkeiten zu rechnen haben, die auch für deutsche Studierende ohne abgeschlossene Berufsausbildung gelten.

Tabelle 7: Berufsausbildung der Studierenden

a) *männlich*

Lehrgänge	gewerbliche Ausbildung		kaufm./Verw. Ausbildung		techn. Ausbild.		sonstige Ausbildung		keine Ausb.		gesamt	
24.–29.	2	13,3 %	4	26,7 %	1	6,7 %	3	20 %	5	33,3 %	15	100 %
30.–35.	4	16 %	6	24 %	–	–	–	–	15	60 %	25	100 %
36.–41.	9	25 %	8	22,2 %	–	–	4	11,1 %	15	41,7 %	36	100 %
gesamt	15	19,7 %	18	23,7 %	1	1,3 %	7	9,2 %	35	46,1 %	76	100 %
b) *weiblich*												
24.–29.	–	–	1	100 %	–	–	–	–	–	–	1	100 %
30.–35.	–	–	1	50 %	–	–	–	–	1	50 %	2	100 %
36.–41.	–	–	3	23,1 %	1	7,7 %	2	15,4 %	7	53,8 %	13	100 %
gesamt	–	–	5	31,2 %	1	6,7 %	2	12,5 %	8	50 %	16	100 %
c) *zusammen*												
24.–29.	2	12,5 %	5	31,2 %	1	6,7 %	3	18,7 %	5	31,2 %	16	100 %
30.–35.	4	14,8 %	7	25,9 %	–	–	–	–	16	59,3 %	27	100 %
36.–41.	9	18,4 %	11	22,4 %	1	2 %	6	12,2 %	22	44,9 %	49	100 %
zus.	15	16,7 %	23	25,0 %	2	2,2 %	9	9,8 %	43	46,7 %	92	100 %

Tabelle 8: Soziale Herkunft der Studierenden

Lehrgänge	Beruf des Vaters: Handw./ Arbeiter		mittl./unt. Beamt./ Ang.		höh.Beamt./ Ang.,Fabrik.		kl. Selbst. Landwirte		Sonstige		gesamt	
24.–29.	4	25 %	1	6,3 %	4	25 %	5	31,3 %	2	12,5 %	16	100 %
30.–35.	8	29,6 %	2	7,4 %	12	44,4 %	5	18,5 %	–	–	27	100 %
36.–41.	21	42,8 %	5	10,2 %	7	14,3 %	14	28,6 %	2	4,1 %	49	100 %
gesamt	33	35,8 %	8	8,7 %	23	25 %	24	26,1 %	4	4,3 %	92	100 %

e) Soziale Herkunft

Die ausl. Studierenden weisen in Bezug auf ihre soziale Herkunft charakteristische Unterschiede zu den deutschen Studierenden auf: Von den deutschen Studierenden sind etwa ein drittel Arbeiterkinder, etwa ein Viertel Kinder von mittleren und unteren Angestellten und Beamten, gut 20% Kinder von leitenden Angestellten, Beamten und Fabrikanten, gut 15% sind Kinder von kleinen Selbständigen und Landwirten, ein geringer Teil von 1–3% ist nicht in diese Kategorien einzuordnen. Im Unterschied zu den deutschen Studierenden sind nur ganz wenige der ausländischen Studierenden Kinder von mittleren und unteren Beamten und Angestellten, es ist zu vermuten, daß sich Angehörige dieser Gruppe in den jeweiligen Ländern entweder kein Auslandsstudium leisten können oder gar nicht in Betracht ziehen. Andererseits ist der Anteil dieser Berufsgruppe unter den ausländischen Beschäftigten der Bundesrepublik sehr gering. Der Anteil der Arbeiterkinder hat sich in vergleichbarer Weise entwickelt wie bei den deutschen Studierenden: Dabei liegt die Vermutung nahe, daß es sich überwiegend um Gastarbeiter oder Gastarbeiterkinder handelt. Der Anteil der Kinder von Selbständigen ist wesentlich höher als bei den deutschen Studierenden, wobei ohne genauere Kenntnisse der Sozialstruktur der jeweiligen Heimatländer über die Zugehörigkeit zur oberen oder mittleren Mittelschicht keine Aussagen gemacht werden können, es ist aber zu vermuten, daß sie eher zu den oberen Schichten gehören, da sonst wohl kaum das Anspruchsniveau im Hinblick auf ein Studium – und dann noch im Ausland – entwickelt worden wäre. Der relativ hohe Anteil der Studierenden aus den Oberschichten ihrer Heimatländer entspricht den Erfahrungsdaten, die von den Universitätsstudenten bekannt geworden sind.[7] Die Arbeiterkinder kommen überwiegend aus europäischen Ländern und der Türkei. Besonders bemerkenswert ist dabei der hohe Anteil an Arbeiterkindern aus der Türkei und der Tatbestand, daß aus der Türkei keine Angehörigen der oberen Schichten kommen, während aus asiatischen und afrikanischen Ländern überwiegend Kinder von Selbständigen und anderen Oberschichtangehörigen kommen. Die weiblichen Studierenden aus diesen Ländern gehören alle der Oberschicht an; die weibl. Studierenden aus europäischen Ländern kommen zur Hälfte aus Arbeiterfamilien und zu einem Drittel aus Familien kleiner Selbständiger, bzw. von Landwirten und gar keine aus Oberschichtfamilien. Es muß aber dabei bedacht werden, daß die geringe Zahl weibl. Studierender keine weiterreichenden Aussagen erlaubt. Vergleicht man die Tabellen über die soziale und die regionale Herkunft der ausl. Studierenden, so fällt auf, daß sich insbesondere in den letzten sechs Lehrgängen eine Verschiebung in der sozialen Zusammensetzung ergeben hat. Der Anteil der Arbeiterkinder ist um etwa 50% gestiegen, während der Anteil der Kinder aus den Oberschichten um ein Erhebliches gesunken ist. Diese Verschiebung wird im wesentliche verursacht durch den gestiegenen Anteil der türkischen Studenten (vgl. Tabelle 5).

2. *Studienziele*

a) Berufsperspektiven

Die Berufsperspektiven der Studierenden vergangener Lehrgänge lassen sich nicht mehr ohne weiteres ermitteln. Einen gewissen Hinweis geben die Abschlüsse der ausländischen Studierenden, die im 24.–34. Lehrgang ihr Examen bestanden haben. Von den 39 ausl. Studierenden in diesen Lehrgängen haben 14 Betriebswirtschaftslehre, 10 Volkswirtschaftslehre und 9 Soziologie als Abschluß gewählt. 6 ausl. Studierende haben das Studium ohne Abschluß abgebrochen. Die ausl. Studierenden in den Lehrgängen 15–23 haben etwa zu gleichen Teilen BWL und VWL-Abschlüsse gemacht, Abschlüsse in Soziologie sind nicht vorhanden.

Um die Berufsperspektiven der z. Zt. an der HWP studierenden ausl. Studenten zu erfahren, wurde an diese im Wintersemester 1979/80 ein umfangreicher Fragebogen verteilt, der eine Rücklaufquote von 50% hatte.[8] Für die Einschätzung der Ergebnisse ist es wichtig, die folgenden Daten zu beachten. Die ausl. Studierenden, die diesen Fragebogen beantwortet haben, leben im Durchschnitt 9 Jahre und 3 Monate in der Bundesrepublik Deutschland. Sie haben im Durchschnitt schon 8 Jahre und einen Monat in der Bundesrepublik gewohnt, bevor sie das Studium an der HWP begannen. Die Studenten, die den Fragebogen beantwortet haben, studieren z. Zt. der Beantwortung im Durchschnitt ein Jahr und zwei Monate an der Hochschule für Wirtschaft und Politik. Dieser relativ niedrige Wert liegt wohl mit daran, daß im Zuge der Ausweitung der HWP in den unteren Semestern relativ mehr Ausländer studieren als in den höheren. (vgl. Tabelle 1) Auf die Frage: „Welche Fachrichtung wollen Sie abschließen?“ antworten drei Studierende BWL, drei Studierende Soziologie und 8 Studierende VWL. Fünf machen keine eindeutigen Angaben. 50% der Antwortenden wollen ihr Studium an einer deutschen oder ausländischen Universität fortsetzen, die andere Hälfte in den Beruf zurückkehren. Über das Berufsziel im Anschluß an das HWP- oder das Universitätsstudium bestehen folgende Vorstellungen: Etwa die Hälfte der Antwortenden hat noch keine genaue Vorstellung entwickelt. Vier wollen kaufmännische Tätigkeiten in der Wirtschaft aufnehmen, zwei wollen im Bereich der Sozialarbeit tätig werden, einer will Politologe und einer Lehrer werden. Gut ein Viertel der ausl. Studierenden will seine berufliche Tätigkeit in der Bundesrepublik fortsetzen, ebenfalls ein Viertel der Studierenden will in das Heimatland zurückkehren, ein Fünftel der Antwortenden will seine berufliche Tätigkeit im sonstigen Ausland fortsetzen, der Rest macht keine genauen Angaben. Auffallend ist bei dieser Aufstellung, daß nur eine relativ geringe Zahl der ausl. Studierenden unmittelbar in das Heimatland zwecks Berufsaufnahme zurückkehren will, obwohl die Chancen, nach dem Studium einen qualifizierten Beruf im Heimatland zu finden, relativ gut beurteilt werden. Als außerordentlich schlecht beurteilt nur ein einziger die Chancen, nach dem Studium einen qualifizierten Beruf in seinem Heimatland zu finden, 5 haben keine klaren Vorstellungen, der Rest bezeichnet die Chancen als gut oder mindestens als mittelmäßig.

b) Beurteilung des HWP-Studiums im Hinblick auf diese Perspektiven

Wohl im Zusammenhang mit den relativ günstigen Berufschancen, die im Heimatland gesehen werden, wird der Nutzen des HWP-Studiums überwiegend hoch eingeschätzt, nur drei schätzen den Nutzen des HWP-Studiums für das Heimatland der ausl. Studierenden als gering ein, sechs als groß, fünf immerhin als beachtlich, der Rest macht keine klaren Angaben. Dieses Ergebnis ist um so erstaunlicher, wenn man berücksichtigt, daß die größte Zahl der Studenten darüber klagt, daß sie bisher nicht die Möglichkeit gehabt hätten, die Probleme ihres Heimatlandes in einzelnen Kursen der Hochschule mit den betreffenden Kursleitern zu diskutieren. Nur vier Studierende bejahen die Frage nach den Möglichkeiten, die Probleme innerhalb der Kurse zu diskutieren. Hieraus läßt sich offenbar schließen, daß auch ohne länderspezifische Ausrichtung das HWP-Studium für die Heimatländer der ausl.

Studierenden von beachtlicher Relevanz ist. Zu dieser Einschätzung paßt auch die Antwort auf die Frage: „Welche zusätzlichen oder andere Kurse würden Sie vorschlagen, die im Rahmen des Sozialökonomischen Studiengangs die Interessen der ausl. Studenten aus ihrem Heimatland besser berücksichtigen könnten?". Auffallend viele Studenten, nämlich sieben, machen hier keinen Vorschlag. Möglicherweise überblicken die jüngeren Semester auch noch nicht das Kurssystem, um hier qualifizierte Angaben machen zu können. Ansonsten werden Kurse mit dem Schwerpunkt „Entwicklungsländer" gefordert (sieben Mal). Diese inhaltliche Forderung dominiert eindeutig. Weiter finden sich noch folgende mehr sporadische Vorschläge, die in den Kursen oder Projekten des Sozialökonomischen Studiengangs zu behandeln wären: Probleme der Emigration, Auslandspolitik der Bundesrepublik Deutschland, Nord-Süd-Dialog, Probleme der Resozialisierung und Technik des wissenschaftlichen Arbeitens. Gerade der letzte Punkt deutet daraufhin, daß die Ausländer ähnliche Probleme wie deutsche Studierende haben.

3. *Studienprobleme*

a) Probleme der Sprachkompetenz

Von den 92 ausl. Studierenden in den Lehrgängen 24—41 haben 19 keinerlei oder kaum Sprachprobleme, weil sie aus Österreich kommen oder als Staatenlose in Deutschland aufgewachsen sind. Bei der Befragung der Studenten im Wintersemester 1979/80 geben 1/5 ausdrücklich an, daß sie schon in ihrem Heimatland Deutsch gelernt haben. Von dem verbleibenden Teil lernte ein Fünftel Deutsch in allgemeinbildenden oder in berufsbildenden Schulen, ein weiteres Fünftel hat sich bei privaten Sprachinstituten weitergebildet, einmal werden das Studienkolleg und die Universität als Weiterbildungsmöglichkeiten angegeben. Die Studenten betonen, daß ihre Sprachkenntnisse in fast allen Fällen ausreichen, um von Anfang an in den Grundkursen der HWP aktiv teilnehmen zu können. Auf die Frage: „Lagen mehr sprachliche oder mehr inhaltliche Verständigungsprobleme vor?" antworten immerhin zwölf, daß die inhaltlichen Verständigungsprobleme überwogen haben. In drei Fällen betonen Studenten, daß sie besondere sprachliche Probleme im Grundkurs Soziologie hatten. Die relativ geringen Sprachprobleme hängen wohl damit zusammen, daß sie zum größten Teil die Aufnahmeprüfung bestehen müssen und daher bei der Aufnahmeprüfung eine hinreichende Sprachkompetenz nachweisen müssen. Weiterhin ist zu beachten, daß die übrigen Studierenden, die mit einem ausl. Abschluß das Studium aufnehmen, sich einer zusätzlichen Deutschprüfung für Ausländer unterziehen müssen, deren Bestehen Voraussetzung für die Aufnahme des Studiums an der HWP ist. Wie eingangs schon erwähnt, leben die an der HWP studierenden Ausländer im Durchschnitt über neun Jahre in der Bundesrepublik, dies dürfte jedenfalls dazu beitragen, daß sie relativ wenig Probleme mit der deutschen Sprache angeben. Unterteilt man hierbei jedoch in schriftliche und mündliche Sprachkompetenz, so ist es wahrscheinlich, daß die meisten, wie auch die Erfahrungen der Verfasser zeigen, mündlich durchaus in der Lage sind den Vorlesungen zu folgen, während bei den schriftlichen Leistungen z. T. erhebliche Mängel erkennbar sind. Die angegebene Sprachkompetenz erstreckt sich bei fast allen Befragten neben der eigentlichen Muttersprache auch auf Englisch, das fast alle sprechen.

b) Zusammenarbeit mit deutschen Studenten

50 % der Studierenden geben an, daß sie von vornherein in freiwillige Arbeitsgruppen, die neben dem Kurssystem einhergehen, integriert worden sind und in diesen Arbeitsgruppen mit deutschen Studenten zusammengearbeitet haben. Drei Viertel der Befragten geben an, daß sie keine Probleme hatten, mit deutschen Studenten ins Gespräch zu kommen; nur drei Studenten betonen, daß sie Probleme hatten mit deutschen Studenten Kontakt aufzunehmen. Aus einigen Antworten läßt sich erkennen, daß die ausl. Studenten selber die Initiative ergreifen mußten, um diese freiwilligen Arbeitsgemeinschaften ins Leben zu rufen. Die Arbeitsgruppen treffen sich im Durchschnitt regelmäßig zwei bis dreimal pro Woche. Im Gegensatz zu diesen relativ optimistischen Einschätzungen stehen die Antworten auf die Frage: „Wie könnte nach ihrer Ansicht die Integration der ausl. Studenten verbessert werden?" Denn immerhin ein Drittel der Studenten gibt an, daß durch die Hilfe der deutschen Kommilitionen die Integration verbessert werden könnte, und ein weiteres Drittel schlägt häufigere und regelmäßige Treffen der ausl. Studenten vor.

Im Gegensatz hierzu steht der Vorschlag eines ausländischen Studenten, der den Sonderstatus ausländischer Studierender überhaupt ablehnt und eine exakte Gleichbehandlung mit deutschen Studenten von vornherein verlangt. Nach der ersten Einschätzung dieser Antworten dürften die ausländischen Studenten etwa gleich oft und gleich viel mit deutschen Kommilitonen reden und arbeiten, wie dies deutsche Studenten untereinander tun.[9]

c) Die Problemfächer

Die Lern- und Leistungsprobleme verteilen sich auf relativ viele Fächer. Es werden genannt: Mathematik 7 mal, Deutsch 6 mal, Englisch 3 mal, Soziologie 3 mal und Statistik 2 mal. Weiterhin werden je 1 mal genannt: Die Grundkurse ganz allgemein, Kostentheorie und sonstige Kurse. Auffallend ist hierbei, daß die Fachkurse BWL, VWL und Recht nicht genannt werden. Dies ist besonders für das Fach Recht bemerkenswert, da nach den Erfahrungen des Verfassers sich hier Abweichungen ergeben zu den Vorstellungen der ausl. Studierenden früherer Kurse. Bei diesen Veranstaltungen wurde häufig geklagt über den Zwang zur Einarbeit in die deutschen Rechtsprobleme und die deutsche Rechtssystematik, da von vielen Studenten insbesondere aus Übersee die Notwendigkeit nicht eingesehen wurde, die deutsche Rechtssystematik zu erarbeiten, da sie für das Heimatland nur von sehr geringer Bedeutung ist. Es wurde in der Vergangenheit daher auch von den ausländischen Studenten mehrfach der Vorschlag gemacht, sie von der Pflicht der Belegung von Rechtskursen generell zu befreien.

Da offensichtlich überwiegend ausländische Studenten in jüngeren Semestern die Fragebogen ausgefüllt haben, ist es nicht erstaunlich, daß als Problemfächer die Propädeutika überwiegen. Daß Fachkurse insgesamt so relativ wenig als Probleme genannt werden, kann damit zusammenhängen, daß das Kurssystem der HWP eine relativ breite Auswahl zwischen verschiedenen Kursen bietet.

d) Wohn- und Finanzierungsprobleme, Arbeitsmöglichkeiten

Auf die Frage: „Welche Probleme hatten Sie außerhalb der Schule? a) bei der Wohnungssuche, b) mit der Aufenthaltsgenehmigung, c) mit der Jobsuche", geben vier Studenten an, daß sie keine Probleme hatten. Von den Verbleibenden geben alle mit einer Ausnahme an, daß sie die meisten Probleme bei der Jobsuche hatten, nur etwa ein Drittel nennt Probleme bei der Wohnungssuche, wobei einige auch auf die speziellen Probleme der Ausländer verweisen (man sieht meinem Mann eindeutig an, daß er Ausländer ist); von nur sehr wenigen wird das Problem der Wohnungssuche als stärkere Beeinträchtigung des Studiums genannt als das Problem der Jobsuche. Probleme mit der Aufenthaltsgenehmigung werden nicht genannt. Dies mag damit zusammenhängen, daß sie Studenten durchweg einen sicheren Studienplatz erhalten haben, oder daß sie schon sehr lange in der Bundesrepublik leben.

Studenten, deren Eltern schon länger als fünf Jahre in der Bundesrepublik leben und arbeiten, haben die Möglichkeit, ein deutsches Stipendium zu beantragen. Von den Studenten des 24.–35. Lehrgangs haben dann auch fast ein Drittel ihr Studium mit Hilfe des BaföG finanzieren können. Gut 10 % haben sonstige Stipendien erhalten, 7 % wurden von der Hans-Böckler-Stiftung gefördert. Allerdings mußten 37 % ihr Studium aus eigenen Mitteln finanzieren. Von 10 % der Studierenden liegen keine Angaben vor.[10] Bemerkenswert ist, daß alle Arbeiterkinder, von denen Angaben vorlagen (es fehlen Angaben für 3 Studienabbrecher), ihr Studium mit Hilfe von Stipendien finanzieren konnten; die Angehörigen der Oberschichten mußten ihr Studium überwiegend selbst finanzieren.

Für die Studenten des 36.–41. Lehrgangs, die im WS 79/80 noch an der Hochschule für Wirtschaft und Politik studierten, ergibt sich bzgl. der Studienfinanzierung folgendes Bild: Durchschnittlich zu 19 % werden die Studien durch ein deutsches Stipendium finanziert, zu 17 % durch Zuschüsse der Eltern oder anderer Angehöriger, zu 63 % durch eigene Arbeit und zu 1 % durch sonstige Zuwendungen. Ein Drittel der Befragten gibt an, daß es sein Studium zu 100 % durch eigene Erwerbstätigkeit finanziert. Überraschend ist, daß alle Studenten durchweg auf eigene Erwerbstätigkeit zur vollständigen oder teilweisen Finanzierung ihres Studiums angewiesen sind.

Fast zwei Drittel der ausländischen Studierenden haben ein deutsches Stipendium beantragt. Davon haben knapp die Hälfte mit ihrem Stipendienantrag Erfolg gehabt. Etwa ein Drittel der ausländischen Studierenden im WS 79/80 hat überhaupt keinen

Tabelle 9: Zusammensetzung der Studienfinanzierung der ausländischen Studenten der HWP im Januar 1980 in v. H.

Zahl der Studierenden	Eigene Arbeit	Zuschüsse der Eltern oder Angehörigen	Deutsches Stipendium	Stipendium des Heimatlandes	sonst. Zuwendung.
6	100	–	–	–	–
1	90	–	–	–	10
1	50	–	50	–	–
1	40	–	60	–	–
1	30	–	70	–	–
1	20	80	–	–	–
1	20	75	–	–	5
1	20	–	80	–	–
1	20	50	30	–	–
4	ohne Angaben				

Antrag auf ein Stipendium gestellt. Die Schwierigkeiten wurden darin gesehen, die Belege beizubringen, oder die Formulare auszufüllen. Hier zeigt sich offenbar, daß diese Formulare auf die deutschen Verhältnisse zugeschnitten sind, und daß es ausländischen Studenten offenbar sehr schwer fällt, – insbesondere den Studenten aus Entwicklungsländern – die Anforderungen, die beim Ausfüllen der Fragebögen gestellt werden, zu erfüllen.

Wie aus einigen Antworten hervorgeht, sind offenbar ausländische Studierende in höheren Maßen als Deutsche auf eigene Erwerbstätigkeit zur Finanzierung ihres Studiums angewiesen. Andererseits wird aus einigen Anmerkungen deutlich, daß die ausländischen Studenten in der Regel größere Schwierigkeiten haben, eine entsprechende Tätigkeit zu finden. Dies korrespondiert mit Erfahrungen der Fachhochschule Hamburg.[11] Auch die deutschen Studenten an der Hochschule für Wirtschaft und Politik sind auf zusätzliches Jobben (zu 87 %) angewiesen. Davon zwei Drittel sowohl während der vorlesungsfreien Zeit (Ferien) als auch während der Vorlesungszeit (Semester).[12] Von diesem Zwang zur zusätzlichen Arbeit wird das gesamte Studienverhalten wesentlich tangiert.

4. Studienbetreuung und Studienberatung

Neben der allgemeinen Studienberatung, die auch deutschen Studenten dient, stehen den ausländischen Studierenden der Vertrauensdozent der ausländischen Studenten und ein Tutor zur Verfügung. Es wird versucht, durch Erstsemesterveranstaltungen insbesondere den an der HWP neuen ausländischen Studenten Kontaktmöglichkeiten zu verschaffen und auch Fragen zu klären, die insbesondere die ausländischen Studenten betreffen. Desweiteren wird versucht, im Rahmen der Selbsthilfe über Kontakte zu anderen ausländischen und zu deutschen Studenten die Anfangsschwierigkeiten zu überwinden. Zu den Treffen der ausländischen Studenten, die zwei bis drei Mal im Semester stattfinden, werden regelmäßig Kollegen aus einzelnen Fachgebieten eingeladen und meistens auch der Präsident der Hochschule oder ein anderer Vertreter der Hochschulleitung, um auf diese Weise die Distanz zwischen Lehrenden und Lernenden und zwischen Lernenden und der Verwaltung zu kürzen. Dabei werden regelmäßig Fragen diskutiert, die von einzelnen Studenten als Probleme erkannt und vorgeschlagen wurden. Neben dieser mehr allgemeinen Art der Studienberatung finden individuelle Beratungen einzelner Studenten statt, die sich meist mit Stipendienfragen oder Fragen des Aufenthalts in der Bundesrepublik aber auch mit persönlichen Problemen befassen. Der seit einem Semester angestellte Tutor beschäftigte sich speziell mit den Lern- und Leistungsproblemen der Studenten in den propädeutischen Fächern und versucht entweder selbst, „Nachhilfeunterricht" zu geben oder durch die Vermittlung mit deutschen Studenten eine Zusammenarbeit anzuregen, mit dem Ziel, die Lernschwierigkeiten abzubauen. Die Treffen der ausländischen Studenten werden regelmäßig von etwa 50–70 % der ausländischen Studenten besucht. Mit der Ausweitung der Hochschule und dem Ansteigen der ausländischen Studenten wird eine relativ intensive auf individuelle Bedürfnisse abgestellte Betreuung dieser Studentengruppe immer schwieriger. Die individuelle Betreuung erstreckt sich heute im wesentlichen auf die Erstellung von Gutachten meistens für Stipendienzwecke, auf die Beratung bei der Auswahl der Schwerpunktfächer, auf die Möglichkeiten nachträglich bestimmte Studienleistungen zu erbringen und auf die Chancen des Übergangs zur Universität. Ein Vertrauensdozent wird in der Zukunft diese Aufgabe nicht mehr allein erfüllen können.

5. *Studienerfolg und Examensleistung*

a) Regionale Herkunft und Examensergebnisse

Insgesamt liegen die Examensergebnisse der ausländischen Studierenden etwas unter denen der deutschen Studenten: Der Anteil der Studierenden, die das Studium mit der Note „gut" abschließen, ist verhältnismäßig kleiner, und der Anteil derjenigen mit befriedigenden Abschlußnoten ist größer. Die Abbruchquote ist aber kaum höher als bei den deutschen Studierenden, die Wechslerquote ist allerdings etwas größer und besonders hoch bei den verheirateten Studierenden, die aber im Fall des Lehrgangswechsels das Studium doch erfolgreich abschließen.
Läßt man den Kanadier außer acht, der das Studium abgebrochen hat, haben die drei Türken das Studium am erfolgreichsten abgeschlossen; von den Europäern haben relativ viele das Studium abgebrochen, z. T. sogar nachdem sie den Lehrgang bereits gewechselt hatten. Afrikaner und Asiaten haben zwar hohe Wechselerquoten, aber niemand von ihnen hat das Studium abgebrochen; insofern haben sie – trotz vergleichsweise hohem Anteil mit befriedigenden Studienabschlüssen – erfolgreich an der HWP studiert. Berücksichtigt man, daß sich unter den Europäern ein gutes Drittel deutschsprachiger Studierender befand, ist der Studienerfolg der Afrikaner und Asiaten vergleichsweise noch besser zu beurteilen.

Tabelle 10: Regionale Herkunft und Examensergebnisse (24.–34. Lehrgang)

Region	Note 2				Note 3				Studium abgebrochen				Lehrgang gewechselt				Lehrgang gewechselt u. Studium abgebrochen				zusammen
	mnl.	wbl.	zus.		mnl.	wbl.	zus.		mnl.	wbl.	zus.		mnl.	wbl.	zus.		mnl.	wbl.	zus.		
Europa	11	1	12	57,1 %	4	–	4	19,1 %	5	–	5	23,8 %	3	–	3	14,3 %	2	–	2	9,6 %	21
Türkei	2	–	2	66,7 %	1	–	1	33,3 %	–	–	–	–	–	–	–	–	–	–	–	–	3
Afrika	3	–	3	42,8 %	3	1	4	57,1 %	–	–	–	–	3	–	3	42,8 %	–	–	–	–	7
Asien	3	–	3	42,8 %	4	–	4	57,1 %	–	–	–	–	3	–	3	42,8 %	–	–	–	–	7
Kanada	–	–	–	–	–	–	–	–	1	–	1	100 %	–	–	–	–	–	–	–	–	1

Tabelle 11: Soziale Herkunft und Examensergebnisse

Beruf des Vaters	Abschlußnote 2				Abschlußnote 3				Studium abgebrochen				Lehrgang gewechselt				Lehrgang gewechselt u. Stud. abgebrochen				zus.
	mnl.	wbl.	zus.		mnl.	wbl.	zus.		mnl.	wbl.	zus.		mnl.	wbl.	zus.		mnl.	wbl.	zus.		
Hw./Arb.	5	–	5	45,4 %	3	–	3	27,3 %	3	–	3	27,3 %	1	–	1	9,1 %	1	–	1	9,1 %	11
mittl. Ang.	3	–	3	100 %	–	–	–	–	–	–	–	–	–	–	–	–	–	–	–	–	3
höh.Ang./Fab.	4	–	4	28,6 %	6	1	7	50 %	3	–	3	21,4 %	6	–	6	42,8 %	1	–	1	7,1 %	14
kl.Selbst./Lw.	6	1	7	77,7 %	2	–	2	22,2 %	–	–	–	–	2	–	2	22,2 %	–	–	–	–	9
sonstige	1	–	1	50 %	1	–	1	50 %	–	–	–	–	–	–	–	–	–	–	–	–	2

Tabelle 12: Studienfinanzierung und Examensergebnisse

Art der Studienfinanzierung	Abschlußnote 2				Abschlußnote 3				Studium abgebrochen				Lehrgang gewechselt				Lehrgang gewechselt u. Stud. abgebrochen				zus.
	mnl.	wbl.	zus.		mnl.	wbl.	zus.		mnl.	wbl.	zus.		mnl.	wbl.	zus.		mnl.	wbl.	zus.		
eigene Finanz.	7	1	8	53,3 %	6	1	7	46,7 %	–	–	–	–	5	–	5	33,0 %	–	–	–	–	15
BAfög	8	–	8	72,7 %	3	–	3	27,3 %	–	–	–	–	–	–	–	–	–	–	–	–	11
Hans-Böckler-Stiftung	2	–	2	66,7 %	–	–	–	–	1	–	1	33,3 %	–	–	–	–	–	–	–	–	3
Sonstige Stip.	2	–	2	40 %	3	–	3	60 %	–	–	–	–	2	–	2	40 %	–	–	–	–	5
ohne Angaben	–	–	–	–	–	–	–	–	5	–	5	100 %	2	–	2	40 %	2	–	2	40 %	5

b) Soziale Herkunft und Examensergebnisse

Die relativ besten Examensergebnisse erzielten die Kinder kleiner und mittlerer Angestellter und kleiner Selbständiger: In den untersuchten Lehrgängen hat zudem niemand das Studium abgebrochen, während von den Arbeiterkindern doch fast ein Drittel das Studium abgebrochen hat, allerdings hat nur einer von ihnen den Lehrgang gewechselt. Die Oberschichtangehörigen erreichen relativ selten eine gute Abschlußnote, verhältnismäßig viele von ihnen wechseln den Lehrgang und/oder brechen das Studium ab, sie haben aber auch zum größten Teil ihr Studium selbst zu finanzieren: ein gewichtiges Handicap, wenn ihre Studienfinanzierung durch die Eltern nicht gesichert ist. Oberschichtangehörige aus Afrika und Asien haben das Studium häufig gewechselt. Abgebrochen allerdings haben viele von ihnen den Lehrgang nicht. Die Motivation, das Studium auf jeden Fall erfolgreich abzuschließen, ist bei ihnen doch sehr hoch.

c) Studienfinanzierung und Examensergebnisse

Das Handicap, sein Studium selbst finanzieren zu müssen, kommt deutlich in der hohen Wechslerquote und dem relativ hohen Anteil an Studierenden mit befriedigenden Abschlußnoten zum Ausdruck. Von den fünf Wechslern haben zwei mit einer guten Note und drei mit einer befriedigenden Note das Studium abgeschlossen. Ob die Selbstfinanzierung bei Oberschichtangehörigen wirklich der entscheidende Faktor für den Studienerfolg ist, oder ob andere Verhaltensweisen dafür entscheidend sind, kann auf der Basis der vorliegenden Daten nicht beurteilt werden.[13]

d) Schulbildung, Berufsausbildung und Examensergebnisse

Die wenigen Volksschüler haben das Studium vergleichsweise gut abgeschlossen, Studierende mit mittlerer Reife und Fachhochschulreife sind relativ gleich erfolgreich und haben auch etwa gleiche Wechsler- und Abbruchquoten; die Abiturienten hatten offenbar große Schwierigkeiten: obwohl sie das formal höchste Vorbildungsniveau haben, konnten zwei von ihnen nur nach einem Lehrgangswechsel das Studium erfolgreich abschließen, und zwar auch der Student mit der guten Abschlußnote. Der Student, der sein Studium ohne Lehrgangswechsel abgeschlossen hat, erreichte nur einen befriedigenden Abschluß.

Die Art der Berufsausbildung wirkt sich bei den ausl. Studierenden tendenziell ähnlich aus wie bei den deutschen Studierenden: Studierende mit einer kaufmännischen od. Verwaltungsausbildung erzielten vergleichsweise die besten Examensergebnisse, Studenten mit gewerblicher Ausbildung haben eine relativ hohe Abbrecherquote. Ein etwas anderes Bild ergibt sich für die Studierenden ohne abgeschlossene Berufsausbildung: zwar haben auch sie vergleichsweise wenige gute Studienabschlüsse erzielt, und fast ein Drittel von ihnen hat ähnlich wie die deutschen Studenten den

Tabelle 13: Schulbildung und Examensergebnisse

Schulabschluß	Note 2				Note 3				Studium abgebroch.				Lehrgang gewechs.				Lehrgang gew. u. Stud. abgebrochen				zus.
	mnl.	wbl.	zus.		mnl.	wbl.	zus.		mnl.	wbl.	zus.		mnl.	wbl.	zus.		mnl.	wbl.	zus.		
Volksschule	3	–	3	75 %	–	–	–	–	1	–	1	25 %	–	–	–	–	–	–	–	–	4
mittl. Reife	9	–	9	52,9 %	6	–	6	35,3 %	2	–	2	11,7 %	4	–	4	23,5 %	–	–	–	–	17
Fachhochschulr.	6	1	7	50 %	4	1	5	35,1 %	2	–	2	14,3 %	3	–	3	21,4 %	2	–	2	14,3 %	14
Abitur	1	–	1	25 %	2	–	2	50 %	1	–	1	25 %	2	–	2	50 %	–	–	–	–	4

Tabelle 14: Berufsausbildung und Examensergebnisse

Art der Berufsausbildung	Note 2				Note 3				Studium abgebroch.				Lehrgang gewechs.				Lehrgang gew. u. Stud. abgebrochen				zus.
	mnl.	wbl.	zus.		mnl.	wbl.	zus.		mnl.	wbl.	zus.		mnl.	wbl.	zus.		mnl.	wbl.	zus.		
Gewerbl. Ausbild.	3	–	3	50 %	1	–	1	16,7 %	2	–	2	33,3 %	1	–	1	16,7 %	–	–	–	–	6
kaufm./Verw.Ausb.	6	1	7	70 %	1	–	1	10 %	2	–	2	20 %	2	–	2	20 %	1	–	1	10 %	10
techn. Ausb.	1	–	1	100 %	–	–	–	–	–	–	–	–	–	–	–	–	–	–	–	–	1
sonstige Ausb.	2	–	2	66,7 %	1	–	1	33,3 %	–	–	–	–	–	–	–	–	–	–	–	–	3
keine Ausbildung	7	–	7	36,8 %	9	1	10	52,6 %	2	–	2	10,5 %	6	–	6	31,6 %	1	–	1	5,3 %	19

Tabelle 15: Graduierung und Examensergebnisse

Art der Graduierung	Note 2				Note 3				Studium abgebroch.				Lehrgang gewechs.				Lehrgang gew. u. Stud. abgebrochen				zus.
	mnl.	wbl.	zus.		mnl.	wbl.	zus.		mnl.	wbl.	zus.		mnl.	wbl.	zus.		mnl.	wbl.	zus.		
BWL	8	1	9	61,5 %	5	–	5	38,5 %	–	–	–	–	4	–	4	30,8 %	–	–	–	–	14
VWL	6	–	6	60 %	3	1	4	40 %	–	–	–	–	1	–	1	10 %	–	–	–	–	10
Soz.	5	–	5	55,5 %	4	–	4	44,4 %	–	–	–	–	2	–	2	22,2 %	–	–	–	–	9
ohne Angaben	–	–	–	–	–	–	–	–	6	–	6	100 %	2	–	2	33,3 %	2	–	2	33,3 %	6

Lehrgang wechseln müssen, es haben aber insgesamt sehr wenige von ihnen das Studium abgebrochen. Die Möglichkeit, an der HWP zu ihrem ersten hochqualifizierten Berufsabschluß zu kommen, scheint für die ausländischen Studierenden ein entscheidender Faktor zu sein, den Studienabschluß auf jeden Fall anzustreben, während sich deutsche Studierende eher durch schlechte Noten während des Studiums entmutigen lassen und das Studium abbrechen.

e) Fachrichtung und Examensergebnisse

Die relative Aufteilung der Schwerpunktfächer entspricht in etwa der Verteilung unter den deutschen Studierenden: Der Anteil der Betriebswirte beträgt 36 %, der der Volkswirte 27 %, der der Soziologen 23 %, abgebrochen haben 15 %. Die Examensergebnisse nach den Schwerpunktfächern unterscheiden sich nicht wesentlich: ähnlich wie bei den deutschen Studierenden erzielen die Studenten mit der Fachrichtung Betriebswirtschaftslehre etwas bessere Examensergebnisse, wechseln aber wesentlich häufiger den Lehrgang als ihre deutschen Kommilitonen. Volkswirte und Soziologen sind relativ gleich erfolgreich, von den Soziologen wechseln aber etwas häufiger Studierende den Lehrgang, bevor sie das Studium erfolgreich abschließen können.

f) Probleme des Studienabbruchs und des Lehrgangswechsels

Die bisherigen Ergebnisse bezogen sich auf die Studenten des 24.–34. Lehrgangs, die bisher das Studium endgültig abgeschlossen hatten. Für diese Studierenden konnte sich nicht mehr ermitteln lassen, zu welchen Zeitpunkten sie am häufigsten den Lehrgang gewechselt haben bzw. das Studium ganz abgebrochen haben. Um diese Frage etwas näher zu untersuchen, wurden die gegenwärtig studierenden Lehrgänge auf den schon vollzogenen Wechsel oder den Studienabbruch hin untersucht.

Tabelle 16: Studienabbruch und Lehrgangswechsel der anwesenden Lehrgänge

Lehrgang	Lehrgang gewechselt				Studium abgebroch.				Lehrgang gew. u. Stud. abgebr.			noch anwesend				zus.
	mnl.	wbl.	zus.		mnl.	wbl.	zus.		mnl.	wbl.	zus.	mnl.	wbl.	zus.		
36. 6. Sem.	3	–	3	42,8 %	1	–	1	14,3 %	–	–	–	6	–	6	85,7 %	7
37. 5. Sem.	–	1	1	12,5 %	2	2	4	50 %	–	–	–	2	2	4	50 %	8
38. 4. Sem.	1	1	2	33,3 %	–	1	1	16,7 %	–	–	–	4	1	5	83,3 %	6
39. 3. Sem.	–	–	–	–	–	–	–	–	–	–	–	7	2	9	100 %	9
40. 2. Sem.	–	–	–	–	2	–	2	25 %	–	–	–	3	3	6	75 %	8
41. 1. Sem.	–	–	–	–	–	–	–	–	–	–	–	9	2	11	100 %	11

Abweichend von den Schwellenwerten 2. und 4. Semester, die für die deutschen Studierenden die entscheidenden Klippen für Studienabbruch bzw. Lehrgangswechsel bilden, scheint sich die Hürde für die ausländischen Studierenden erst jeweils ein Semester später bemerkbar zu machen. Formal müssen zwar alle Studenten die gleichen Leistungen zur gleichen Zeit erbringen, es ist aber möglich, daß sich für die ausländischen Studierenden diese Termine verzögern, da sie oft Nacharbeiten anfertigen. Eine besondere Bedeutung kommt dabei sicher den Propädeutika zu, insbesondere dem Fach Deutsch, das bis zum letzten Semester abgeschlossen sein muß und dann noch als entscheidende Hürde vor dem Examen wirken kann.

6. Möglichkeiten zur Verbesserung der Studiensituation der ausländischen Studenten im Sozialökonomischen Studiengang

Bei der Verbesserung der Studiensituation ist zu beachten, daß ein beträchtlicher Wandel des „typischen" ausländischen Studenten im zweiten Bildungsweg der HWP stattgefunden hat. In den zur Zeit an der HWP studierenden Lehrgängen sind die Hälfte der europäischen Ausländer und zwei Drittel der Türken Arbeiterkinder, fast alle sind mehrere Jahre in der Bundesrepublik berufstätig gewesen. Dies ist ein beträchtlicher Wandel in der Struktur der Gruppe der ausländischen Studierenden an der HWP, die bis Mitte der siebziger Jahre noch überwiegend mit einer abgeschlossenen Schulausbildung aus ihren Heimatländern gekommen waren, während heute viele bereits als Kinder mit ihren Eltern in die Bundesrepublik gekommen sind und hier die Schule besucht haben.

Während der Anteil der afrikanischen und asiatischen Studenten etwa konstant geblieben ist, hat sich innerhalb der Gruppe der europäischen Studenten zugunsten der türkischen ausländischen Studierenden eine beachtliche Verschiebung ergeben. Von den europäischen männlichen Studierenden stellen die Türken mehr als die Hälfte. Hier wirkt sich aus, daß die Zahl der türkischen Gastarbeiter den relativ größten Anteil sowohl in Hamburg als auch in der Bundesrepublik am gesamten Kontinent der ausländischen Arbeitnehmer einnimmt.[15]

Hier wird offensichtlich an der HWP eine Entwicklung nachvollzogen, wie sie schon bei den allgemeinbildenden und auch bei den berufsbildenden Schulen in Hamburg sichtbar geworden ist. In diesen Schularten haben nämlich die Türken einen Anteil von ca. 50 % der ausländischen Schüler. Dies sind zur Zeit insgesamt etwa 9000.[16] Ausgehend von diesen Schülerzahlen ist anzunehmen, daß die HWP auch in Zukunft für diese Schüler Funktionen des Zweiten Bildungsweges übernehmen wird, so daß zu erwarten ist, daß die hier aufgezeigte Entwicklung keine kurzfristige bleibt. Von den gegenwärtig an der HWP studierenden Ausländern haben schon fast ein Viertel die Berufsaufbauschule besucht und ein knappes Fünftel hat sogar zusätzlich die Fachoberschule absolviert. Daraus wird deutlich, daß auch ausländische Arbeitnehmer und deren Kinder die vom deutschen Bildungswesen gebotenen Chancen wahrzunehmen beginnen. Im Hinblick darauf ist die Erhöhung der Ausländerquote für die Studierenden an der HWP nur ein kleiner Beitrag zur Lösung des Bildungsproblems der ausländischen Arbeitnehmer.

Da verhältnismäßig viele ausländische Studierende diesem neuen „Sozialisationstyp“ angehören, der seine Schul- bzw. Berufsausbildung zum Teil im Heimatland und zum Teil in der Bundesrepublik erfahren hat, wäre es eigentlich gerechtfertigt, sie nicht unter die übliche Ausländerquote zu fassen, sondern ihnen eine eigene Quote zuzugestehen.

Gerade die HWP als Institution des Zweiten Bildungsweges muß denjenigen ausländischen Studienbewerbern, die ihre Schulbildung in der Bundesrepublik begonnen haben, hinreichende Möglichkeiten und Bildungsperspektiven auch für ein Hochschulstudium eröffnen.

Berücksichtigt man das gesamte Spektrum der ausländischen Studierenden an der HWP, so kann man nicht eindeutig sagen, für welche Berufsfelder und welche Länder diese ausländischen Studierenden ausgebildet werden sollen.[17]

Anmerkungen

1 Vgl. z. B. das Memorandum des Beauftragten der Bundesregierung: Heinz Kühn: Stand und Weiterentwicklung der Integration der ausländischen Arbeitnehmer und ihrer Familien in der Bundesrepublik Deutschland, Bonn September 1979.

2 Im Wintersemester 1976/77 studierten 48 599 Ausländer an deutschen Hochschulen (inklusive Musik-, Bildende Kunst- und Fachhochschulen), das waren 5,6 % von 871 909 Studenten insgesamt. Im Wintersemester 1977/78 studierten 51 252 Ausländer in der Bundesrepublik bei einer Gesamtzahl von 913 308, das sind ebenfalls 5,6 %. Vgl. Statistisches Jahrbuch 1978 für die Bundesrepublik Deutschland, Stuttgart und Mainz 1979, S. 348 ff. Hier auch die Angaben zu den Studentenzahlen an den einzelnen Hochschularten.

3 Bedingungen für die Zulassung zum Studium an der Akademie für Gemeinwirtschaft Hamburg vom November 1953, in: Die Akademie für Gemeinwirtschaft in Hamburg – Studienführer, Hamburg 1959.

4 Björn Pätzold: Ausländerstudium in der BRD, Köln 1972, S. 101 ff

5 Heinz-Dietrich Ortlieb: Entwicklungshilfe für Afrika, in: Das Ende des Wirtschaftswunders, Wiesbaden 1962, S. 136 ff. vgl. auch: Jahresfeier der Akademie (1960) in: Mitteilungen Doppelheft 13/14 Dezember 1960.

6 Zulassungsordnung vom 12. Dezember 1972 § 2.

7 Pätzold, a. a. O., S. 107.

8 Es wurde an alle 38 ausländischen Studierenden des 36.- 41. Lehrgangs Fragebögen verschickt, von denen 19 beantwortet zurückgesandt wurden.

9 Studierende Erwachsene im Zweiten Bildungsweg, Hrsg. Harry Friebel, Braunschweig 1978, S. 160 ff.

10 Diese Daten werden am Ende des Studiums erhoben. Für Studenten, die das Studium vorzeitig abgebrochen haben, sind sie nicht zu ermitteln.

11 Hasko Fischer, Timm Kunstreich, Dieter R. Lipinski: Zur sozialen und Studiensituation der Studenten der Fachhochschule Hamburg, Hamburg 1979 S. 42 ff.

12 Studierende Erwachsene . . ., a. a. O., S. 149.

13 Pätzold, a. a. O. S. 147 ff. Zur Situation an den Studienkollegs, S. 120 ff. A. Ghanie Ghaussy: Gefährdete Ausbildungshilfe, Tübingen 1962, S. 11 ff.

14 Studierende Erwachsene . . ., a. a. O., S. 187 ff.

15 Anteil der Türken an den Gastarbeitern in der Bundesrepublik 30,6 % (1.268.300) Der Bundesminister für Bildung und Wissenschaft (Hg.): Informationen Sonderausgabe Januar 1980, S. 7.

16 Senatsdrucksache 9/2049 vom 26.3.80, große Anfrage, Betrifft: Ausländische Schüler, S. 3.

17 Es ist bemerkenswert, daß in der Bundesrepublik Deutschland nur an der Universität Marburg bisher ein ausländerspezifischer Studiengang (für Genossenschaftsökonomie) existiert. Einen gesamten Überblick über die auslandsbezogene Hochschulausbildung bieten: Hans A. Havemann, Alfred Wolf: Auslandsbezogene Hochschulausbildung, Überblicke und Einblicke im nationalen und internationalen Bereich. 2. Auflage Aachen 1980.

Wilfried Laatz

Beruf oder Studium?

Eine Studie zum Verbleib der HWP-Studenten

1. Einleitung

Informationen über den Verbleib der Absolventen der Hochschule für Wirtschaft und Politik (HWP) wurden in unregelmäßigen Abständen erhoben[1], eine institutionalisierte und auf Dauer gestellte Forschung existiert jedoch nicht. Der Studienreformdiskussion an der HWP mangelt es zumindest in dieser Hinsicht an einer soliden Informationsbasis. Um dem abzuhelfen, führt die Prüfungsabteilung der HWP in Zusammenarbeit mit der Abteilung „Empirische Sozialforschung" der Forschungsstelle[2], beginnend mit dem 34. Lehrgang, eine regelmäßige Absolventenbefragung durch, die in institutionalisierter Form in Zukunft regelmäßig den Verbleib der HWP-Absolventen verfolgen soll. Dem vorliegenden Aufsatz liegen die Ergebnisse für den 34. und 35. Lehrgang zugrunde, welche jeweils etwa ein Semester nach Verlassen der HWP ermittelt wurden[3]. Die Ergebnisse sind über den Rahmen der HWP hinaus interessant, weil sie, trotz der Sondersituation der HWP, allgemeine Entwicklungstendenzen im Verhältnis von Beschäftigungssystem und Bildungssystem widerspiegeln.

2. Die Hochschule für Wirtschaft und Politik – Eine berufsqualifizierende wissenschaftliche Institution?

Die HWP, ursprünglich unter dem Namen Akademie für Gemeinwirtschaft als Ausbildungsstätte für „künftige Funktionäre der deutschen Gemeinwirtschaft" gedacht, hat relativ früh einen Funktionswandel hin zu einer, wenn auch mit besonderen Charakteristika behafteten, allgemeinen Institution des „Zweiten Bildungswegs" durchlaufen. Teilweise ist sie, mit der Funktion einer Fachhochschule für Wirtschaft, in die neugeordnete stufige Struktur des beruflichen Bildungswesens voll integriert, teilweise hat sie, über das Institut der Aufnahmeprüfung, ihre Sonderstellung erhalten. Niemals hat sich dabei aber der Anspruch gewandelt, eine berufsqualifizierende wissenschaftliche Ausbildung anzubieten[4]. Sie unterscheidet sich in dieser Hinsicht auch nicht von der Konzeption anderer Fachhochschulen, deren ursprünglicher Bildungsauftrag auf eine akademische Berufsausbildung besonderer Art gegenüber der gleichwertig gedachten Ausbildung an Universitäten und Technischen

Hochschulen lautete. Die Fachhochschulen insgesamt, vor allem die Ingenieurschulen, wurden einem organisatorischen Wandel unterworfen, dessen Funktion die Eindämmung des Dranges in die Hochschulen sein sollte, dessen wirkliche Folgen aber die Eingliederung in ein hierarchisch eindimensional gegliedertes Ausbildungssystem als akademische Ausbildung zweiten Ranges war. Dies mit unerwarteten Nebenfolgen, nämlich dem Druck zu Öffnung der Übergangsmöglichkeiten zu den Universitäten und Technischen Hochschulen, der tatsächlichen Öffnung, dem „Ausbluten" der Fachhochschulen. Die ungewollten Nebenfolgen lösten im Gegenzug Maßnahmen zur Verschließung der Übergangsmöglichkeiten und diese als weitere ungewollte Nebenwirkung eine Rekrutierungskrise des ganzen Studienganges aufgrund schwindender Attraktivität aus[5].

In vielen Zügen hat die HWP diese Entwicklung mit vollzogen, nicht allerdings im letzten Punkt, nicht zuletzt weil es ihr gelungen ist, die Übergangsmöglichkeiten zur Universität bislang weitgehend offen zu halten. Inwiefern ist sie dabei selbst aber eine berufsvorbereitende Institution geblieben, nicht in dem Sinne der prinzipiellen praktisch-beruflichen Umsetzbarkeit des in ihr curricular vermittelten Wissens, sondern im Sinne des faktischen Verhaltens ihrer Absolventen?

Tabelle 1: Verbleib von HWP-Absolventen

Jahr	22.–26. Lg.*	34. Lg.	35. Lg.
	%	%	%
Es studieren weiter	78	67	72
Es wurden berufstätig	22	28	17
Es war noch unklar	–	5	11
Zusammen	100	100	100
Absolut	402	110	109

* Berechnet nach Dieter Koch, a.a.O., S. IV.

Die verfügbaren Daten machen deutlich, daß die HWP zur Zeit nur von einer Minderheit, nämlich allenfalls 30 % (wahrscheinlich sogar noch deutlich weniger) ihrer Absolventen, zur berufsqualifizierenden Ausbildung genutzt wird. Das gilt in ähnlicher Weise seit etwa 10 Jahren. Eine Umfrage des „Berufsfeldanalyseausschusses" ergab für den 22ten–26ten Lehrgang ein ganz ähnliches Bild, wie wir es heute beim 34ten und 35ten Lehrgang finden. Der Anteil derjenigen, die direkt nach dem HWP-Studium berufstätig wurden lag damals bei 22 %. Wahrscheinlich ist allerdings eine geringe Verzerrung zuungunsten der Berufstätigen in der Stichprobe, infolge der schlechteren Erreichbarkeit. Umgekehrt werden wahrscheinlich die meisten Absolventen des 34ten und 35ten Lehrgangs, bei denen der weitere Werdegang noch unklar war, inzwischen ein Studium aufgenommen haben. Die Differenz im Anteil der unklaren Fälle zwischen 34ten und 35ten Lehrgang ist vor allem auf eine Änderung der Fragestellung zurückzuführen.

Diese Zahlen verdeutlichen im Vergleich mit früheren Verhältnissen einen gravierenden Funktionswandel der HWP. Von den ersten 16 Lehrgängen hatten nur etwa 11 %[6] der Absolventen an der Universität weiterstudiert. Im 11ten–18ten Lehrgang nahmen noch 80 % sofort nach dem Studium einen Beruf auf. Vom 18ten–21ten Lehrgang dagegen schon nur noch 46 %[7]. Die HWP hat sich von einer fast ausschließlich berufsqualifizierenden zu einer überwiegend Hochschulreife vermittelnden Institution gewandelt. Auch die jüngsten Restriktionen über den Übergang zur Universität und die Einführung eines „Diploms" haben daran nichts Entscheidendes geändert. Nur 15 der 219 befragten Absolventen (= 7 %) gaben an, durch den Diplomtitel in ihrer Entscheidung beeinflußt worden zu sein. Dabei spielt wohl eine Rolle, daß der Gleichstellung des Zertifikats mit dem einer Universität, wohl zu Recht, eher symbolischer als faktischer Wert zugemessen wird. Zum anderen aber werden auch durch Diplome andere wesentliche Probleme der Berufsfindung nicht ausgelöscht.

3. Ursachen des Funktionswandels der HWP

Bei dem Funktionswandel der AfG/AWP/HWP spielen 3 wesentliche Bedingungskomplexe zusammen, die Veränderung der institutionellen Gegebenheiten, die Veränderung der Arbeitsmarktsituation und der Wandel der Motivstruktur der Studierenden. Dabei bedingen Verschiebungen innerhalb des einen Komplexes immer solche in den anderen mit, so daß es zu zahlreichen Verbindungen kommt.

a) Veränderungen der institutionellen Gegebenheiten

Der unmittelbare Berufszugang nach Abschluß der AfG/AWP war zunächst institutionell schon durch Restriktionen in der Vergabe der Hochschulreife gesichert. Hochschulreife wurde nur „besonders begabten" Studierenden erteilt[8]. Diese Schranke war faktisch mit dem 19. Lehrgang gefallen. Seit 1967, mit Einführung des 6semestrigen Studiums, erlangten alle HWP-Absolventen die allgemeine Hochschulreife. Mit der Uminterpretation des HWP-Studiums zum Erststudium sind inzwischen zwar neue Schranken aufgebaut, die sich bisher aber als wenig wirksam erweisen. Mindestens ebenso folgenschwer war wohl der Wandel der AfG/AWP/HWP von einer Institution mit einem einheitlichen, stark betriebs- und volkswirtschaftlich ausgerichteten Studium, über eine zunächst betriebs- und volkswirtschaftlichen Schwerpunktbildung, zu einem dreigliedrigen, wenn auch integrierten, Studiensystem mit den Schwerpunktfächern Betriebswirtschaftslehre, Volkswirtschaftslehre und Soziologie. Als Drittes kommt hinzu die enorme Ausweitung der Studentenzahl von ursprünglich ca. 80 pro Jahr auf inzwischen mehr als 200 pro Halbjahr, sowie als viertes wesentliches Moment die Übernahme der Funktion einer Fachhochschule für Wirtschaft und Verwaltung und damit der Aufnahme einer großen Quote von Fachhochschulabsolventen. Dies alles wirkt sich sowohl auf die Arbeitsmarktsituation als auch die Motivationsstruktur wesentlich aus.

b) Veränderungen der Arbeitsmarktsituation

Die Arbeitsmarktsituation der HWP-Absolventen hat sich im Durchschnitt in den letzten Jahren ungünstig entwickelt. Dies hängt nicht zuletzt mit der allgemein verschlechterten Konjunktursituation zusammen. Aber diese ist keinesfalls die einzige Ursache. Wesentlich sind neben den Entwicklungen auf der Nachfrageseite auch solche auf der Angebotsseite. Dort wiederum wirkt sich die enorm vergrößerte Zahl der HWP-Absolventen erschwerend aus. Zumal, da sie mit einer stetig wachsenden Zahl von Absolventen von Universitätsstudiengängen mit ähnlicher Qualifikation zu konkurrieren gezwungen sind. Noch gravierender allerdings sind die Folgen durch die Einführung neuer Studienschwerpunkte und, in Verbindung damit, der sich wandelnden Qualifikationsstruktur der Absolventen. Dies betrifft vor allem den (mit Schwankungen) kontinuierlich steigenden Anteil der Sozialwirt an den Absolventen. Waren es vom 14ten bis zum 22ten Lehrgang im Durchschnitt nur 14 % der Absolventen, wobei bis zum 20ten Lehrgang die absolute Zahl 10 nur einmal überboten wurde[9], stieg der Anteil im 22ten–26ten Lehrgang im Durchschnitt schon auf 23 %[10] und hatten im 34. Lehrgang 37 %, im 35ten 25 % dieses Schwerpunktfach gewählt. Nehmen wir die Sozialwirte und Volkswirte zusammen, so haben im 34ten Lehrgang 63 % und im 35ten Lehrgang 51 % der Absolventen eine Qualifikation erworben, für die z. Zt. nur ein sehr spärlicher und schwieriger Arbeitsmarkt existiert[11]. Zwar führt keiner der HWP-Studiengänge in spezifisch-monopolisierte Berufspositionen, jedoch besteht für Betriebswirte ein eindeutiger Markt, mit klaren Berufsbildern, für Volkswirte ist der Markt für im eigentlichen Sinne volkswirtschaftliche Tätigkeiten stark eingeschränkt, während für Soziologen von einem spezifischen Markt überhaupt keine Rede sein kann, sie also sehr stark auf aktive Professionalisierung angewiesen sind.

c) Wandel der Motivationsstruktur

Die Arbeitsmarktsituation ist allerdings schon deshalb kein ausreichender Erklärungsgrund für das Verhalten der HWP-Absolventen, weil sie z. T. durch die vorhergehende Schwerpunktentscheidung, also die Studienmotivation selbst produziert ist. Zum anderen war es früher, auch in konjunkturell ungünstigen Zeiten, den Absolventen möglich, trotzdem eine geeignete Berufstätigkeit zu finden. Zwar kann man diese ersten Lehrgänge nur mit den Betriebswirten der derzeitigen HWP vergleichen, jedoch ist selbst bei den Betriebswirten mit 50 % Weiterstudierenden im 34ten Lehrgang und gar 69 % im 35ten der Anteil der Weiterstudierenden zur Zeit sehr hoch. Z. T. ist dies wohl aus den veränderten institutionellen Bedingungen zu erklären, denn auch bei den frühen Lehrgängen nutzte etwa die Hälfte der Absolventen mit Hochschulreife diese Chance.

Der wesentliche Motivwandel liegt aber eben darin, daß heute die Betriebswirtschaftslehre allenfalls noch die Hälfte der Studierenden anzieht. Zugleich dürfte auch ein steigendes Bewußtsein für die Zusammenhänge von Bildungs- und Beschäftigungssystem die Motivation in der Weise geändert haben, daß in vielen Fällen das Universitätsstudium von vorneherein zum Motiv des HWP-Studiums geworden ist. Schließlich ist bei einem großen Teil der Studierenden nicht mehr die Klarheit der Orientierung (vor allem Aufstiegsorientierung) zu erwarten, wie sie in der Gründungszeit wohl sehr verbreitet war. Vielmehr gewinnt das HWP-Studium verbreitet den Charakter einer Bildungsinstanz zur eigenen Selbstverständigung, aus der nicht zwingend zugleich eine entsprechende Berufsperspektive hervorgehen muß.

4. Determinanten der Entscheidung für Beruf oder Studium

Zunächst ist zu prüfen, in welchem Maße die starke Neigung zum Weiterstudium durch die schlechte Arbeitsmarktlage bedingt ist. Dazu wird zunächst festgestellt, wieviele Absolventen, über die 22 % tatsächlich berufstätig gewordenen hinaus, ein ernsthaftes Interesse an Berufstätigkeit hatten. Von den 219 Befragten studierten definitiv 70 % weiter. Aber nur 4 dieser 153 Personen gaben an, zunächst einen Beruf angestrebt zu haben. Dazu kommen allerdings im 35ten Lehrgang 11 von den 13 Fällen, bei denen der weitere Weg noch unklar war. Sie gaben an, gerne arbeiten zu wollen, im Zweifelsfalle aber zu studieren. Damit hätten ungefähr weitere 7 % ernsthaftes Interesse an einer Berufstätigkeit und werden nur mangels Gelegenheit ein Studium aufnehmen. Dieser Anteil ist also insgesamt nicht sehr groß.

Wesentlich größer dagegen ist der Anteil derjenigen, der zumindest beides ins Kalkül gezogen hat. Es handelt sich um 25 % der Absolventen.

Tabelle 2: Interesse an Berufstätigkeit und Studium

	%	
Es sind berufstätig	22	
Es studieren	70	
– darunter wollen berufstätig werden		2 %
– hatten beides erwogen		25 %
– wollen auf jeden Fall studieren		47 %
Es sind unentschieden	8	
– darunter wollen berufstätig werden		5 %
Zusammen	100	

Im äußersten Falle hätten also zu den 22 % Berufstätigen hinzu weitere 34 % ein Interesse an unmittelbarer Berufstätigkeit entwickelt. Die Frage ist allerdings, wie intensiv in der Mehrzahl der Fälle das Interesse wirklich war. Bei der Berufsfeldanalyse 1975 gaben nur 23 % der Weiterstudierenden an, dies mangels Berufschancen mit dem HWP-Abschluß zu tun[12]. Auf die Verhältnisse des 34ten und 35ten Lehrgangs umgerechnet, wären das 16 % der Gesamtabsolventen. Also hätten wir es, mit den anderen Gruppen zusammen, mit ca. 23 % ernsthaften Interessenten zu tun, die durch die ungünstige Marktlage beeinträchtigt wären.

Es soll zur Überprüfung der Ernsthaftigkeit des Interesses ein weiterer Aspekt herangezogen werden, nämlich die Intensität der Bemühungen um einen Arbeitsplatz.

Tabelle 3: Zahl der Bewerbungen um einen Arbeitsplatz

	Berufstätige bzw. noch Unentschiedene	Studierende, die auch Berufstätigkeit in Erwägung zogen
	%	%
Keine	36	61
1–5	19	27
6–10	11	2
11 und mehr	28	10
Keine Antwort	6	–
Zusammen	100	100

Tabelle 3 macht deutlich, daß für etwa 1/3 der heute Berufstätigen eine Arbeitsstelle ohne größere Bemühungen erreichbar war, die anderen mußten einige Anstrengungen unternehmen. Dazu zähle ich insbesondere die 33 %, welche mehr als 5 Bewerbungen eingereicht haben, um einen Arbeitsplatz zu erlangen. Die Bemühungen der Studierenden mit evtl. Interesse an Berufstätigkeit waren deutlich geringer. 61 % haben gar nicht erst eine Bewerbung eingereicht, 27 % sehr schnell resigniert. Nur bei 12 % kann man von ernsthaften Bemühungen sprechen. Auf die Gesamtzahl der Absolventen umgerechnet, sind dies nur 2 %. Nimmt man alle, die überhaupt eine Bewerbung einreichten, handelt es sich um 9 %.

Das Arbeitsamt haben ebenfalls nur 11 der 59 Interessenten eingeschaltet. Dies sind umgerechnet auf die Gesamtzahl der Absolventen 5 %. Allerdings haben auch nur 13 der 45 Berufstätigen sich an das Arbeitsamt gewandt, dies mit geringem Erfolg. Diese Zahlen sprechen alle dafür, daß die Intensität des Interesses an einer Berufstätigkeit nach HWP-Abschluß bei den Weiterstudierenden insgesamt nicht sehr groß war, z. T. vielleicht, weil durch Antizipation von Schwierigkeiten bei der Stellensuche eine frühzeitige Resignation sich breit machte. Die meisten werden wohl, wenn sie erst einmal ein Folgestudium aufgenommen haben, dabei bleiben, während 14 % der Studierenden bei günstiger Gelegenheit in einen Beruf überzuwechseln beabsichtigen.

Ein zweiter wesentlicher Punkt bei der Studienwahl ist die Unklarheit der Berufsperspektive, der das Weiterstudium zunächst einmal als Möglichkeit eines Entscheidungsaufschubes gelegen kommt. Dafür spricht, daß 29 % der Studierenden sich nicht ganz schlüssig sind, ob sie das Studium auch abschließen werden und weitere 14 % sogar die Absicht bekunden, evtl. in einen Beruf zu wechseln. Dies wird aber wohl nur dann wirklich akut werden, falls ernsthafte Schwierigkeiten beim Universitätsstudium auftreten sollten. Hinzu kommt vor allem, daß 52 % der Weiterstudierenden bisher noch keine klare Berufsperspektive für die Zeit nach dem Universitätsstudium entwickelt haben.

Die Arbeitsmarktsituation wirkt sich demnach eher durch Antizipation als durch relae Erfahrung von Vermittlungsproblemen aus. Die These, daß die Wahl zwischen Beruf und Weiterstudium wesentlich durch die soziale Situation der Absolventen determiniert sei, findet darüber hinaus wenig Nahrung. Zu vermuten wäre ja, daß evtl. Frauen eher ganz auf ein weiteres Berufsleben verzichten als Männer, Verheiratete, insbesondere mit Kindern, eher in das Berufsleben zurückkehrten, ebenso Ältere. Auch wird häufig gemutmaßt, die schulische Vorbildung, die Art der Zugangsberechtigung oder der Erfolg des HWP-Studiums seien bei der Entscheidung von Belang. Unsere Daten stützen all dies nicht. Eine geringe Erhöhung der Neigung zur Berufstätigkeit findet sich allenfalls bei Verheirateten, insbesondere mit Kindern. Frauen ziehen sich nicht aus Beruf und Ausbildung zurück, studieren allerdings eher etwas häufiger. Schulische und berufliche Vorbildung spielen gar keine Rolle, zumal auf diesem Gebiet eine Nivellierung der Zusammensetzung der HWP-Studenten hin zu kaufmännischen Berufen mit zumindest mittlerer Reife als Vorbildung weit gediehen ist. Auch die Note hat, bei starken Nivellierungstendenzen, keine Bedeutung. Ebenso ist ein Einfluß des Alters nicht eindeutig festzustellen, genausowenig wie einer der Art der Zugangsberechtigung zur HWP. Selbstverständlich wird der eine oder andere Faktor im Einzelfall bestimmend wirken, jedoch entspricht dem keine systematisch nachweisbare Tendenz. Relevant ist alleine das an der HWP studierte Schwerpunktfach, aufgrund der damit zusammenhängenden unterschiedlichen Marktchancen und Motive.

Tabelle 4: Verbleib von HWP-Absolventen nach Art des Abschlusses

	Betriebswirt	Volkswirt	Sozialwirt
	%	%	%
Es studieren weiter	61	75	80
Es wurden berufstätig	33	18	10
Es war noch unklar bei	6	7	10
Zusammen	100	100	100

Obwohl zur Zeit selbst die Betriebswirte in ihrer Mehrheit weiterstudieren, ist doch zu sehen, daß bei den Volkswirten und vor allem Sozialwirt Neigung und Gelegenheit zur Berufstätigkeit gravierend geringer ist. Dies schlägt sich nicht nur in der stark erhöhten Zahl der Weiterstudierenden, sondern auch im Anwachsen des Anteils der unsicheren Fälle nieder.[13]

Ein gewisser Zusammenhang besteht auch noch zwischen dem, was ich als „Lehrgangsklima" bezeichnen möchte, und der Entscheidung der Absolventen. Der 34te und 35te Lehrgang unterscheiden sich nämlich in ihrer Zusammensetzung – im sonst an der HWP nicht üblichen Maße – voneinander. Der 35te Lehrgang ist ein besonders stark von Fachoberschulabsolventen besuchter Lehrgang. Diese machen in ihm 52 % der Absolventen aus, gegenüber 33 % im 34ten Lehrgang. Im 35ten Lehrgang ist auch der Abschluß Betriebswirtschaftslehre besonders stark vertreten (49 %), der Sozialwirt relativ schwach (25 %). Im 34ten Lehrgang lauten die Zahlen 36 und 37 %. Trotzdem besteht in diesem Lehrgang ein stärkeres Klima für das Weiterstudieren, 72 % gegenüber 67 % im 34ten Lehrgang, das auch die Betriebswirte erfaßt, die im 35ten Lehrgang zu 69 %, gegenüber nur 50 % im 34ten Lehrgang, weiterstudieren. Die Differenz des 35ten Lehrgangs im Vergleich zum 34ten Lehrgang kann also nicht auf die erhöhte Zahl der Betriebswirte zurückgeführt werden, auch nicht ohne weiteres auf den erhöhten Anteil der Fachoberschulabsolventen, da sich in diesem Lehrgang beide Gruppen gleich verhalten. Umgekehrt neigen sogar im 34ten Lehrgang die Fachhochschulabsolventen eher zu Berufstätigkeit (39 % gegenüber 23 % bei den Absolventen, die über die Aufnahmeprüfung zur HWP gelangten). All dies spricht dafür, daß trotz langfristig relativ stabiler Tendenz, kurzfristig Schwankungen im Entscheidungsverhalten der Studenten aufgrund des spezifischen „Klimas" einzelner Lehrgänge zustande kommen.

5. *Zum Verbleib der berufstätigen Absolventen*

Man kann behaupten, daß sich seit mehr als 10 Jahren eine sehr stabile Struktur hinsichtlich des Verbleibs der HWP-Absolventen eingespielt hat, die darauf hinausläuft, daß die HWP für die Mehrheit objektiv, wenn auch nicht immer von Anfang an beabsichtigt, dem Erwerb der Zugangsberechtigung zu einem Universitätsstudium dient. Ein kleiner Rest dagegen, vor allem der Betriebswirtschaftsstudenten, nutzt nach wie vor die HWP als berufsqualifizierende Institution, die geeignet ist, eine Erweiterung und Verbesserung der Qualifikation, einen gewissen sozialen Aufstieg und auch ein beträchtliches Maß an Selbstverständigung zu gewährleisten.

Der ursprünglichen Intention, zumindest zum Teil „Führungsnachwuchs für Gewerkschaften und Genossenschaften" auszubilden[14], konnte die HWP von Anfang an kaum gerecht werden, zum einen wegen geringer Bereitschaft dieser Institutionen, das ihnen eingeräumte Delegierungskontingent zu nutzen[15], zum anderen auch wegen deren geringen Bereitschaft, die Absolventen auch in diesem Aufgabengebiet zu beschäftigen. Immerhin fanden aber von den ersten 5 Lehrgängen 30 % einen Arbeitsplatz bei Gewerkschaften und Genossenschaften, wenn auch mit 50 % schon die Mehrheit in der „Freien Wirtschaft" unterkam[16]. Dies hat sich später weiter entwickelt und konsolidiert, soweit die verfügbaren Unterlagen Auskunft geben. Leider sind die dabei verwendeten Einstufungssysteme nicht konstant. Nach der Studie des Berufsfeldanalyseausschusses waren von den Absolventen des 22.–26. Lehrgangs nur 8 der 93 Berufstätigen in einem Unternehmen der Gemeinwirtschaft tätig. Dabei zumeist mit ähnlicher Funktion wie in der Privatwirtschaft. 24 waren in Organisationen ohne Erwerbscharakter, davon 11 mit verwaltender und Funktionärstätigkeit, 12 mit Ausbildungstätigkeit. Diese dürften z. T. ebenfalls Aufgaben erfüllen, die den ursprünglichen Intentionen der Gründung der AfG entsprechen. Dagegen sind aber 54 (= 58 %) in der Privatwirtschaft und 7 (= 8 %) in Behörden tätig gewesen[17]. Im 34./35. Lehrgang liegen die Verhältnisse ganz ähnlich. 63 % der Berufstätigen sind in der Privatwirtschaft tätig, 8 % in Behörden, dagegen nur 12 % in der Gemeinwirtschaft und 17 % in Unternehmen ohne Erwerbscharakter.

Tabelle 5: Tätigkeitsbereich der Absolventen

	22.–26. Lehrgang	34./35. Lehrgang
	%	%
Unternehmen der Privatwirtschaft	58	63
Unternehmen der Gemeinwirtschaft	9	12
Behörde	26	8
Organisation ohne Erwerbscharakter	7	17
Zusammen	100	100

Dabei ist der Anteil der von der Privatwirtschaft Absorbierten ziemlich gleich. Beim Vergleich der Daten des 22.–26. Lehrgangs und des 34./35. Lehrgangs ist zu beachten, daß im ersten Fall auch schon HWP-Studenten mit anschließenden Universitätsstudium auftreten, was zum Teil die Differenzen in der Tätigkeit bei Behörden und Organisationen ohne Erwerbscharakter erklären dürfte.

Die 1975 beobachtete Tatsache, daß Absolventen mit betriebswirtschaftlichen Abschluß dicht an 90 % in privatwirtschaftlichen Unternehmen Beschäftigung finden, Volkswirte etwa zur Hälfte in privaten Unternehmen und Organisationen ohne Erwerbscharakter, dagegen Soziologen (wenn überhaupt) vor allem in Organisationen ohne Erwerbscharakter[18], hat auch heute seine Gültigkeit behalten[19]. Faktisch sind Stellen in der Privatwirtschaft, vor allem für Betriebswirte vergleichsweise am leichtesten zu erwerben, in den anderen Fällen bedarf es dagegen einer erheblichen Anstrengung aktiver Professionalisierung, die nur eine Minderheit zu leisten im Stande ist.

Tabelle 6: Tätigkeitsbereich nach Art des Abschlusses

	22.–26. Lg.			*34./35. Lg.*		
	BWL	VWL	Soz.	BWL	VWL	Soz.
	%	%	%	%	%	%
Unternehmen der Privatwirtschaft } Unternehmen der Gemeinwirtschaft	88	41	18	71	50	44
				10	–	11
Behörde	5	14	9	13	20	–
Organisation ohne Erwerbscharakter	7	45	73	6	30	45
Zusammen	100	100	100	100	100	100
Absolut	6	22	11	31	10	9

Von den Soziologen sind zwar im 34./35. Lehrgang 44 % auch in der Privatwirtschaft tätig geworden. Bei den niedrigen absoluten Zahlen darf dem aber kein großes Gewicht beigelegt werden, zumal sich die Fälle alleine auf den 34. Lehrgang beschränken.

Aktive Professionalisierung, die ja in der bildungspolitischen Diskussion vor allem der Berufschancen von Soziologen eine zentrale Rolle spielt, war bei der Berufsfindung der Absolventen real praktisch bedeutungslos. Nur 7 der 29 Berufstätigen (= 24 %) haben ihren Arbeitsplatz bei einem Beschäftiger gefunden, dem sie schon durch ihre Tätigkeit vor oder während des Studiums bekannt waren. Dagegen war in 17 Fällen die HWP dem Beschäftiger gut bekannt, in 11 weiteren Fällen bekannt. Diejenigen, die sich entschlossen haben, berufstätig zu werden, haben überwiegend (73 %) eine Stelle erlangt, die ihren Vorstellungen entspricht.

6. *Zur Berufsperspektive der Weiterstudierenden*

Ähnlich wie bei den Übergangsquoten, hat sich auch bei der Studienwahl der Weiterstudierenden ein relativ stabiles Muster herausskristallisiert. Die Studienwahl der Lehrgänge 22–26 unterscheidet sich von der derzeitigen nicht wesentlich.

Tabelle 7: Studienfächer der Weiterstudierenden

	22.–26. Lehrgang*	34./35. Lehrgang
	%	%
1. VWL	17	9
2. BWL	14	13
3. Soz.	21	24
4. Pol.		3
5. Psych.	3	2
6. Jura	9	17
7. Handelslehrer	26	19
8. Sonst. Lehramt	8	4
9. Techn./naturw. Fach	1	–
10. Sonstige	1	8
Keine Antwort	–	1
Zusammen	100	100

* Nach Dieter Koch, a.a.O. S. VII.

An der Spitze stehen die Fächer, die eine Fortsetzung der HWP-Schwerpunkte ermöglichen. Davon werden Soziologie/Politologie am häufigsten gewählt, gefolgt von BWL und VWL.

Die geringe Zahl der VWL-Studenten im 34./35. Lehrgang ist alleine auf das Verhalten der Absolventen des 35. Lehrgangs zurückzuführen. Im 34. Lehrgang haben 18 % der Absolventen VWL weiter studiert, so daß wahrscheinlich dieses Muster auch heute noch ganz ähnlich wie für den 22.–26. Lehrgang sein dürfte. Bei der Studienwahl scheint generell im 35. Lehrgang ein besonderes „Lehrgangsklima" – wie auch schon bei der Entscheidung für Studium oder Beruf – mitgespielt zu haben. Bemerkenswert ist ein extrem starker Zug zum Jurastudium, das 24 % der Absolventen wählen, während im 34. Lehrgang nur 9 % ein entsprechendes Studium aufnehmen. Insbesondere macht sich das bei den Volkswirten des 35. Lehrgangs bemerkbar. Von den 22 Weiterstudierenden hat nur einer die Volkswirtschaftslehre gewählt (und die-

Tabelle 8: Studienfächer der Weiterstudierenden nach HWP-Abschluß

Studienfach bzw. beabsichtigtes Studienfach an der Universität	*Studienfach an der HWP* *BWL*		*VWL*		*Soz.*		Studierende u. Unentschiedene insgesamt*	
	abs.	%	abs.	%	abs.	%	abs.	%
VWL	3	5	12	28	–	–	15	9
BWL	18	30	1	3	–	–	23	13
Soziologie	5	9	2	5	32	53	41	24
Politologie	1	2	1	2	2	4	5	3
Psychologie	1	2	–	–	3	5	4	2
Jura	9	15	10	23	9	15	30	17
Handelslehrer	21	36	12	28	1	2	34	19
Sonstiges Lehramt	1	2	1	2	5	8	7	4
Techn./naturwissenschaftl. Fach	–	–	–	–	–	–	–	–
Sonstiges	1	1	4	9	8	13	14	8
Keine Angabe	–	–	–	–	–	–	1	1
Zusammen	60	100	43	100	60	100	174	100

* Die Grundgesamtheit ist größer als die Summe der Absolventen der Weiterstudierenden der drei Fachrichtungen, weil hier auch noch unentschiedene Fälle mit ihrem für den Fall eines Weiterstudiums angegebenen Studienfach einbezogen wurden. An der Grundtendenz ändert sich dadurch nichts.

ser ist noch unsicher, ob er studiert oder in den Beruf geht), dagegen nahmen 9 (= 41 %) das Jurastudium auf. Dabei hat sicher das dem HWP-Studium eng verwandte Angebot der einstufigen Juristenausbildung eine Rolle gespielt. Das Jurastudium bietet auch insbesondere für Absolventen mit einem Diplom als Volkswirt oder Soziologie einen Weg in ein Fach mit günstigerem Arbeitsmarkt und klareren Berufspositionen, ohne dabei gleichzeitig zu sehr in die stark formalisierten wirtschaftswissenschaftlichen Studiengänge ausweichen zu müssen. Insofern könnte sich, zunächst vermittelt über das besondere Lehrgangsklima des 35. Lehrgangs, hier eine zukunftsträchtige Entwicklung anbahnen.

Neben dieser besonderen Entwicklung bleibt der starke Zug der HWP-Absolventen zum Lehramt, insbesondere zum Handelslehrer, bei dem sich die bisher erworbenen Berufserfahrungen am besten verwerten lassen, erhalten. Die Studienentscheidung unterscheidet sich sehr stark nach HWP-Schwerpunktfach. Die Betriebswirte haben, wenn sie nicht bei ihrem Fach bleiben, einen besonders starken Zug zum Handelslehrer; aber auch die Jurisprudenz und die Nachbarfächer der HWP ziehen einige an. Generell ist das Spektrum der Möglichkeiten für sie sehr breit gefächert. Die Volkswirte bleiben dagegen selten in ihrem eigentlichen Metier. Auch sie haben einen starken Zug zum Handelslehrer, während ihnen, vor allem im 35. Lehrgang, das Jurastudium eine Alternative bietet. Die Sozialwirte dagegen sind sehr stark an ihr Abschlußfach gebunden. In den Nachbarfächern der HWP sehen sie gar keine Perspektive. Auch der Handelslehrer steht ihnen nicht offen. Nur die Jurisprudenz und verschiedene Lehrämter machen einem kleinen Teil einen Wechsel möglich. Insgesamt bleiben 39 % der HWP-Absolventen in ihrem angestammten Fach und wechseln zusätzlich 7 % in ein Fach, das sie schon an der HWP kennengelernt haben, so daß mit 46 % knapp weniger als die Hälfte das Weiterstudium eigentlich ohne eine neue berufliche Perspektive, vornehmlich unter dem Aspekt der Vertiefung, betreiben. Die andere Hälfte dagegen nutzt das Weiterstudium, um sich neue berufliche Qualifikationen anzueignen und vor allem Berufsfelder zu erschließen, die ihr ohne dieses Weiterstudium nicht zugänglich gewesen wären. Wie schon angedeutet, haben 48 % der Weiterstudierenden noch keine Berufsperspektive für die Zeit nach dem Studium entwickelt, so daß ein beträchtlicher Teil der Studienwahlentscheidungen eine Verlegenheitslösung sein dürfte und mehr unter allgemeinen Bildungsgesichtspunkten als unter einer beruflichen Perspektive erfolgte.

Tabelle 9: Angestrebte Tätigkeitsbereiche der Weiterstudierenden

	abs.	%
Lehrtätigkeit	24	30
Lehre und Forschung	6	8
Rechnungswesen, Finanzierung, Personalwesen	13	16
Gewerkschafts-, Partei- und Verbandsarbeit	13	16
Rechtspflege	10	13
Medienarbeit	5	6
Sonstiges	8	10
Keine Angabe	1	1
Zusammen	80	100

Soweit aber solche Perspektiven entwickelt werden, zielen sie nur relativ selten auf eine im eigentlichen Sinne wirtschaftliche Tätigkeit, wie sie unter der Kategorie „Rechnungswesen, Finanzierung, Personalwesen" zusammengefaßt wurde, sondern sehr stark in die Lehre verschiedenster Art, die Partei- und Verbandsarbeit und die Rechtspflege, daneben auch zu Medien. D. h. in zwei Bereiche, die durch ganz unterschiedliche Arbeitsmarktkonstellationen gekennzeichnet sind. Auf der einen Seite die Lehrtätigkeit und Jurisprudenz, mit relativ klaren beruflichen Positionsstrukturen und mit einem Qualifikationsmonopol belegten Reservaten. Auf der anderen Seite in Bereiche wie Gewerkschafts-, Partei- und Verbandsarbeit, die eine sehr starke aktive Professionalisierung verlangen.

6. *Versuche einer Typisierung der Situation der Absolventen*

Abschließend sei eine typisierende Einschätzung der Situation der Absolventen auf der Basis von 4 analytischen Dimensionen versucht. Es handelt sich dabei um Aspekte der objektiven Situation. Die subjektive Berufsperspektive wird nicht systematisch einbezogen. Die Dimensionen sind folgende:

(1) Verbleib, mit den Ausprägungen Beruf oder Studium

(2) Typ des tatsächlichen oder angestrebten Berufes, mit den Ausprägungen „etablierte Profession" versus „offene Berufsrolle"

(3) Damit verbunden, die Art der notwendigen Berufsfindung, mit den Ausprägungen „passive Berufseinmündung" versus „aktive Professionalisierung"
(4) Und die Art der Beziehung von HWP-Abschluß und Beruf (Studium), mit den Ausprägungen Kontinuität, Diskontinuität.

Durch die Kombination dieser Dimensionen gelangt man zu 6 Haupttypen, deren Größenordnung auch vorläufig geschätzt werden kann.

I. Unmittelbare Berufseinmündung in eine etablierte Profession. Dies gilt vor allem für die Betriebswirte, welche unmittelbar in eine betriebliche Tätigkeit übergehen. Die Professionalisierung wird eher „passiv" erfolgen, bei wenigen aktiv. Die Beziehung zum HWP-Abschluß ist kontinuierlich.
Dieser Typ umfaßt etwa 14 % der Absolventen.

II. Unmittelbare Berufseinmündung in eine „offene Berufsrolle". Dies trifft hauptsächlich für Volks- und Sozialwirte zu, die unmittelbar in den Beruf gehen. Eigentlich ist aktive Professionalisierung notwendig, die aber kaum geleistet wird, weshalb diese Gruppe auch zahlenmäßig klein bleibt. Die Beziehung zum HWP-Abschluß ist kontinuierlich.
Ca. 8 % der Absolventen fallen auf diesen Typ.

III. Kontinuierliches Anschlußstudium für eine etablierte Profession. Das trifft für fast alle Betriebswirte zu, welche Betriebswirtschaft weiter studieren. In der Regel wird die Professionalisierung passiv erfolgen.
Diese Gruppe umfaßt 8 % der Absolventen.

IV. Weiterstudium mit Umorientierung auf eine etablierte Profession. Die Berufsfindung wird später in der Regel passiv erfolgen. Das aktive Moment liegt in der Umorientierung selbst. Diese Gruppe ist die größte. Sie umfaßt alle Studierenden, die zu einem Studium eines Lehrberufes, der Jurisprudenz oder der Betriebswirtschaftslehre übergehen.
Es sind ca. 32 % der Absolventen, zusammengesetzt aus 14 % Betriebswirten, 11 % Volkswirten und 7 % Sozialwirten.

V. Umorientierung von einer etablierten Profession zu einer „offenen Berufsposition".
Es handelt sich um die wenigen Betriebswirte, die zur Soziologie, Politologie oder ähnlichem übergehen. Die spätere Professionalisierung müßte aktiv erfolgen. Die Gruppe ist so klein, daß man kaum von einem Haupttyp sprechen kann.
Sie umfaßt ca. 4 % der Absolventen.

VI. Kontinuierliches Weiterstudium im Hinblick auf „offene Berufspositionen".
Dies würde später aktive Professionalisierung erfordern. Die Gruppe umfaßt vor allem Volkswirte und Soziologen, die bei ihrem Fach bleiben, oder in ein eng verwandtes wechseln. Es handelt sich um 23 % der Absolventen, darunter 16 % Soziologen und 7 % Volkswirte.

Für alle Weiterstudierenden, wie auch die noch Unentschiedenen, könnte eine weitere Teilung in Absolventen ohne klare berufliche Perspektive und solche mit Perspektive vorgenommen werden. Insbesondere beim Typ VI dürfte die Gruppe der Perspektivlosen groß sein und mehr als die Hälfte ausmachen.

2 % die zur Psychologie überwechselten, 8 % mit sonstigen Angaben und einige weitere Fälle wurden nicht eingestuft. Insgesamt hätten damit 22 % durch die HWP und 8 % durch Kontinuität im Fach Betriebswirtschaftslehre (= 30 %) eine eindeutige Berufsperspektive (= Typ II–III). Weitere 32 % (= Typ IV) erwerben sich durch gezielten Wechsel des Faches eine solche Perspektive. 27 % dagegen studieren mit einer offenen Perspektive weiter. Aus dieser Gruppe werden sich wohl diejenigen rekrutieren, auf die auch nach dem Universitätsstudium eine neue Phase schwieriger Berufsfindungsprozesse zukommt.

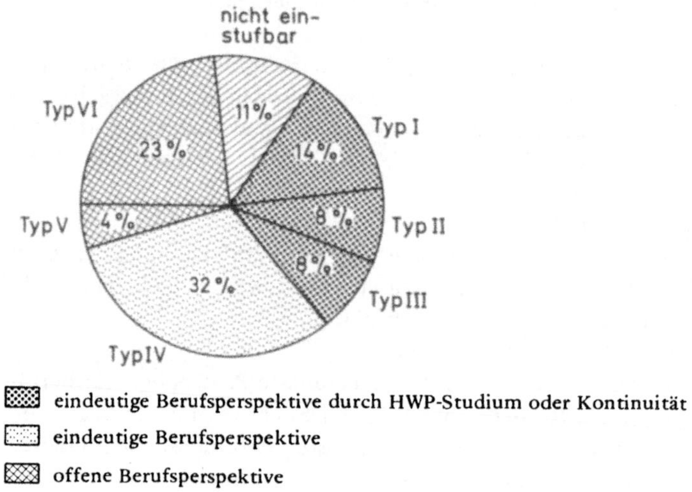

Schaubild 1: Typen der Situation von Absolventen

Anmerkungen

1 Informationen darüber finden sich in:
Dietrich von Oppen, Studium und Berufserfolg – Eine Umfrage bei den Absolventen der Akademie für Gemeinwirtschaft, in: Mitteilungen der Akademie für Gemeinwirtschaft Hamburg und der „Gesellschaft der Freunde und Förderer", Jahrbuch 1954, S. 25 ff.; Wolf Zimmer, Die Akademie für Wirtschaft und Politik – ihre Probleme und Erfolge als Institution des Zweiten Bildungsweges, Diplomarbeit, Hamburg 1965; Walter Knauer, Absolventenbefragung 1961, in: Mitteilungen der Gesellschaft der Freunde und Förderer der Akademie für Wirtschaft und Politik, Heft 17, 1962, S. 17 ff. Eine weitere Untersuchung wurde unter Leitung von Gerhard Scherhorn als Praktikum 1971/72 durchgeführt. Hierzu liegen verschiedene unveröffentlichte Hausarbeiten vor, von denen einige, in den Themenbereich fallende, genannt seien. Werner Dobritz und Joachim Müller, Der Zusammenhang von Ausbildungserfolg und sozialem Aufstieg – Eine Untersuchung ausbildungsabhängiger quantitativer und qualitativer Parameter des sozialen Aufstiegs; Gert Schlüter und Rainer Seehase, Zur Situation der HWP-Studenten auf dem Arbeitsmarkt – insbesondere unter Berücksichtigung der These vom akademischen Proletariat; Volker Diener und Michael Oehmichen, Studienwahlinformation und Curriculumforschung. Über Ergebnisse einer 1975 durchgeführten Untersuchung des „Berufsfeldanalyseausschusses" unterrichtet Dieter Koch, Graduierte Wirtschafts- und Sozialwissenschaftler in Studium und Beruf, in: Mitteilungen der Freunde und

Förderer der Hochschule für Wirtschaft und Politik Hamburg, Heft 53, 1/1977, S. II ff. Darüber hinaus liegen zwei unveröffentlichte Berichte des „Berufsfeldanalyseausschusses" vom 20.8. und 18.11.1976 vor. Mitarbeiter dieses Ausschusses waren Peter Arzt, Dieter Koch, Wilfried Laatz und Silke Wittich. Speziell über den Berufsweg der ersten Sozialwirte berichtet Friedhelm Neidhardt, Die Sozialwirte der Akademie für Wirtschaft und Politik – Ergebnisse einer kleinen Absolventenumfrage, in. Mitteilungen der Gesellschaft der Freunde und Förderer der Akademie für Wirtschaft und Politik Hamburg, Heft 27, 1970, S. III ff. Schließlich sei auf die verschiedenen Arbeiten von Bärbel Pusback über die Entwicklung der Akademie/Hochschule und ihrer Studenten hingewiesen. Bärbel Pusback, Von der Akademie für Gemeinwirtschaft zur Hochschule für Wirtschaft und Politik. Von der gesellschaftlichen Neuordnung zum individuellen sozialen Aufstieg, in: Wissenschaftliches Studium im Zweiten Bildungsweg – 25 Jahre Hochschule für Wirtschaft und Politik in Hamburg, Hamburg 1973; dieselbe, Die soziale Zusammensetzung der Aufnahmeprüfungsteilnehmer an der Hochschule für Wirtschaft und Politik 1974–1977, in: Mitteilungen der Gesellschaft der Freunde und Förderer der Hochschule für Wirtschaft und Politik Hamburg, Heft 56, 4/1977, S. II ff.

2 Die Untersuchung wurde gemeinsam von Dieter Koch und Wilfried Laatz konzipiert.

3 Die Daten wurden mit Hilfe einer postalischen schriftlichen Umfrage gewonnen. Durch die Anwendung eines speziellen Verfahrens konnte Anonymität garantiert und zugleich ein wirksames Erinnerungsverfahren gewährleistet werden. Der Rücklauf der Fragebogen war außergewöhnlich gut. Im 34. Lehrgang antworteten 110 von 132 Absolventen (= 83 %), im 35. 109 von 128 (= 85 %); über die Repräsentativität der so erreichten Auswahl liegen keine Informationen vor. Es ist aber zu vermuten, daß die Studenten mit noch unentschiedenem weiteren Werdegang und evtl. die Berufstätigen leicht unterrepräsentiert sind.

4 Siehe dazu z. B. Eckart Bulla in seiner Einleitung zu „Wissenschaftliches Studium im Zweiten Bildungsweg", a. a. O., S. VI.

5 Informationsreich dazu Ulrich Teichler, Dirk Hartung und Reinhard Nuthmann, Hochschulexpansion und Bedarf der Gesellschaft. Wissenschaftliche Erklärungsansätze, bildungspolitische Konzeptionen und internationale Entwicklungstendenzen, Stuttgart 1976; Burkart Lutz und Guido Kammerer, Das Ende des graduierten Ingenieurs? Eine empirische Analyse unerwarteter Nebenfolgen der Bildungsexpansion, Frankfurt a.M. und Köln 1975.

6 Nach Pusback, 1973, S. 58. Die Quelle für die Angaben über die Zahl der Absolventen ist dabei wohl Knauer, a. a. O., S. 22. Die Quelle für die Zahl der Weiterstudierenden bleibt unklar.

7 Berechnet nach Schlüter und Seehase, a. a. O., S. 22.

8 Pusback, 1973, S. 27.

9 Pusback, 1973, S. 49.

10 Koch, a. a. O., S. IV.

11 Zu den neuesten Entwicklungen siehe:
Bericht der Bundesanstalt für Arbeit über die Beschäftigungssituation im 2. Halbjahr 1979, Wirtschafts- und Sozialwissenschftler, Juristen, Lehrer und Angehörige anderer geisteswissenschaftlicher Berufe, in: Uni. Verufswahl-Magazin, 7–8/1980, S. 23 ff. Danach zeigt der Teilarbeitsmarkt für Betriebswirte eine deutlich positive Entwicklung, während sich die Vermittlungsbemühungen für Volkswirte schwieriger gestalten. Daneben wird eine weitere Zunahme des Bewerberüberhangs an Soziologen deutlich. Siehe insbesondere S. 26 f.

12 Koch, a. a. O., S. VII.

13 Dies war im 22.–26. Lehrgang prinzipiell ebenso, siehe Koch a. a. O., S. V. Auch bei den Absolventen der Lehrgänge 11–21 deutet sich dieses schon an. Im Durchschnitt haben die Betriebswirte damals zu 67 %, die Volkswirte zu 58 % und die Sozialwirte nur zu 30 % sofort einen Beruf ergriffen. Diener und Oehmichen, a. a. O., S. 28.

14 Vgl. Pusback, 1973, S. 16.

15 A. a. O., S. 30.

16 Nach v. Oppen, a. a. O., S. 36 f.

17 Nach „Berufsfeldanalyseausschuß", Bericht vom 18.11.1976, S. 15.

18 A. a. O., S. 16.

19 Speziell für die ersten Sozialwirte fand Neidhardt, a. a. O., gleiches.

Harry Friebel

Hochschule und Gewerkschaft in den USA

Kooperationsformen und -konzepte zur Arbeiter- und Erwachsenenbildung

1. Einführung

Seit einigen Jahren werden in der Bundesrepublik Deutschland Möglichkeiten und Grenzen einer institutionalisierten Zusammenarbeit zwischen Hochschulen und Gewerkschaften diskutiert.[1] Doch obwohl die Zusammenarbeit zwischen Hochschule und Industrie – als interessenpolitische Vertretung der Arbeitgeberseite – zur gesicherten Tradition in der Bundesrepublik gehört[2], verharren die Kooperationsbemühungen von Hochschule und Gewerkschaften noch weitestgehend in programmatischen Statements. Der tradierte Mythos von „Einsamkeit und Freiheit" der deutschen Universität[3] sperrt sich offensichtlich gegenüber der Aufgabenstellung einer arbeitnehmerorientierten Ausbildung, Forschung und Weiterbildung.

Eng verknüpft mit der Stagnation dieser Kooperationsbemühungen ist auch das Ende der Studienreformeuphorie in der Bundesrepublik. Der gemeinsame zeitliche Kontext beider Ebenen signalisiert einen gemeinsamen inhaltlichen und politischen Zusammenhang. Studienreformdiskussionen, die sich nicht auf die inneruniversitäre Problematisierung von Studiengängen und Curricula beschränken, die das Verhältnis zwischen Hochschule als soziales System und gesellschaftlicher Interessenorganisation thematisieren, müssen sich immer auch der Frage nach der Integration einer interessenpolitischen Vertretung der Arbeitnehmerseite[4] stellen, d. h. um eine Zusammenarbeit mit Gewerkschaften (Kooperation) wie um eine Öffnung der Hochschulen für abhängig Erwerbstätige (Integration) bemühen.

Doch diese Ebenen einer Studienreform mobilisieren in der Bundesrepublik programmatische Ängste. In den USA hingegen haben gesellschaftliche Problemlagen – wie Geburtenrückgang und Arbeitsmarktentwicklung – in den 60er und 70er Jahren zu einer insgesamt pragmatischen Veränderung der Hochschul- und Studienorganisation in Richtung Kooperation und Öffnung geführt.

Am Beispiel der Kooperationsformen zwischen Hochschulen und Gewerkschaften im Rahmen der Erwachsenen- und Arbeiterbildung in den USA läßt sich ein Wandel des Selbstverständnisses akademischer Institutionen als Reaktion auf gesellschaftliche Problemlagen darstellen.

Die folgenden Ausführungen zur Zusammenarbeit zwischen Hochschulen und Gewerkschaften wie zur Öffnung der Hochschulen für abhängig Erwerbstätige in den USA müssen schon wegen der einschränkenden formalen Rahmenbedingungen eines Artikels unvollständig bleiben. Ziel des Artikels ist damit auch nicht, eine umfassende Bilanzierung aller Kooperationsformen in den USA, sondern eine exemplarische Kennzeichnung der interessenpolitischen Integration der Arbeitnehmerseite in die Hochschulen und der daraus resultierenden Reform von Studiengängen bzw. Studienabschlüssen.[5]

Ich skizziere zunächst kurz Strukturen des Bildungssystems und der Gewerkschaftsorganisation in den USA, um ein globales Verständnis über die bildungspolitischen wie gewerkschaftspolitischen Rahmenbedingungen der Kooperationspartner zu vermitteln (Kapitel 2.). Im folgenden Kapitel (3.) beschreibe ich dann typische Kooperationsformen bzw. -konzepte und stelle ausgewählte Beispiele dieser Kooperation dar. Abschließend thematisiere ich die Relevanzfrage auch für die Bundesrepublik, d. h. inwieweit diese Entwicklungstendenzen in den USA auch für die Bundesrepublik von Bedeutung sind (4.).

2. *Bildungs- und gewerkschaftspolitische Rahmenbedingungen der Kooperationspartner*

Bevor ich Strukturmerkmale und Erfahrungen der Kooperation zwischen Hochschule und Gewerkschaft in den USA aufzeichne, will ich kurz über spezifische Rahmenbedingungen der beiden Partner in der Erwachsenenbildung und Arbeiterbildung informieren, d. h. wesentliche Elemente des Bildungssystems und der Gewerkschaftsorganisation skizzieren.

2.1 Bildungssystem und Hochschulen

Im Bildungssystem[6] der USA ist die Gesamtschule als High School Regelschule. Bis zum erfolgreichen Abschluß der High School werden mindestens 12 Schuljahre benötigt. Die Abbruchquote (drop-outs) pro Altersjahrgang in den High Schools lag 1975 bei etwa 25 %[7] – bei der schwarzen Bevölkerung ist sie aber etwa doppelt so hoch. Außerordentlich eindrucksvoll ist die historische Entwicklung des allgemeinbildenden Schulwesens in den USA, denn vor ca. 50 Jahren erwarben nur ungefähr 25 % eines Alterjahrganges den High School Abschluß.[8]

Im Hochschulbereich der USA (Higher Education) laufen Colleges und Universitäten parallel, d. h. akademische Grade können sowohl an Colleges wie an Universitäten erworben werden: nach zweijährigem erfolgreichen Studium erwirbt der Student einen Associate Degree (der wohl mit einem Vordiplom vergleichbar ist und auch in den USA keinen berufsqualifizierten Abschluß einschließt). Ein vierjähriges erfolgreiches Studium schließt in der Regel mit dem Bachelor Grad (1. akademischer Grad) ab, vergleichbar etwa mit der Graduierung im Fachhochschulbereich in der Bundesrepublik Deutschland. Ein bis zwei Jahre später kann der Master Grad (2. akademischer Grad) erworben werden, vergleichbar mit einem Diplom an einer Universität in der BRD. Schließlich führen 2–3 Jahre weiteren erfolgreichen Studiums und Forschens zum Doctor Grad (3. akademischer Grad). Diese Einteilung in 3 akademische Grade entspricht dem mittelalterlichen europäischen System. Bis zum Bachelor Grad orientiert sich das Studium eher an der Ausbildung eines breiten Allgemeinwissens (undergraduate studies), anschließend finden fachliche Spezialisierungen statt (graduate studies).

Das Bildungssystem in den USA besteht – grob geschätzt – aus etwa gleichen Anteilen von öffentlichen und privaten Einrichtungen.[9] Dabei sind jedoch nur 10 % der High School Absolventen und ca. 20 % College- bzw. Universitäts-Absolventen aus privaten Einrichtungen. Dies ist ein deutliches Signal für die Tendenz der Bildungs- und Besitzelite in den USA, das öffentliche Bildungssystem zu unterlaufen. Hier wird auch offenbar, welch unterschiedliche Qualitätsmaße in den verschiedenen Bildungseinrichtungen zum Erwerb eines Abschlusses angelegt werden: Ein Abschluß an einer bestimmten High School, ein Bachelor Grad an einer bestimmten Universität kann manchmal, übersptitzt ausgedrückt, nicht viel mehr wert sein als Makulatur; ein Abschluß an einer anderen High School bzw. ein Bachelor Grad an einer anderen Universität kann andererseits Eingangsbedingung für eine außerordentliche berufliche Karriere sein. Der durch Elemente privatwirtschaftlicher Konkurrenz beeinflußte Bildungsföderalismus in den USA produziert dabei unglaubliche „Stilblüten".

Als Konsequenz dieses Bildungsföderalismus gilt dann auch ein High School Diplom nicht zugleich als Zugangsberechtigung für Colleges und Universitäten. Erst im Zusammenhang mit Tests (General Education Development, GED) kann in der Regel ein Studienplatz erworben werden.[10]

2.2 Gewerkschaftliche Organisation

1955 vereinigten sich die beiden größten vormals selbständigen Gewerkschaftsverbände, nämlich die aus Handwerkergewerkschaften bestehende American Federation of Labor (AFL) und der Industrie-Arbeiterverband Congress of Industrial Organization (CIO). Sie bildeten einen einheitlichen Dachverband mit der Bezeichnung AFL-CIO, der damals ca. 15 Mill. Mitglieder zählte.[11] Nur zwei große Einzelgewerkschaften, die Transportarbeitergewerkschaft (Teamster – mit ca. 1,5 Mill.) und die Automobilarbeitergewerkschaft (United Auto Workers – ca. 1 Mill. Mitglieder) gehören diesem Dachverband nicht mehr an. Erstere nicht, weil sie wegen Korruptionsdelikten ihres Vorstandes ausgeschlossen wurde; letztere nicht, weil sie selbst aus dem Dachverband ausgetreten ist, als während des Vietnamkrieges unüberbrückbare Widersprüche zur offiziellen regierungsfreundlichen Vietnam-Politik des AFL-CIO auftraten. 1955 lag der Anteil gewerkschaftlich organisierter abhängig Erwerbstätiger bei ca. 35 %. Die Organisationsrate fiel in den folgenden beiden Jahrzehnten stetig ab. Zur Zeit liegt sie bei ca. 25 %.

Auf eine Formel gebracht, profilierte sich der AFL-CIO mit G. Meany als Präsident von 1955 bis 1979 im Kampf gegen innerverbandliche Korruption und durch radikalen Antikommunismus. Die „Philosophie der amerikanischen Gewerkschaften“ erweist sich dabei als Bekenntnis zur kapitalistischen Produktionsweise; erstes Ziel ist es, unter den vorgegebenen Rahmenbedingungen des „Marktes“ ein Höchstmaß an Arbeitslohn auszuhandeln, manchmal sogar mit Hilfe äußerst radikaler Streiks. Die Gewerkschaft als Interessenverband bejaht den Kapitalismus und bemüht sich um einen „gerechten“ Anteil des Lohnes am Ertrag.[12]

Zunehmend Bedeutung gewinnen aber auch die gewerkschaftlichen Bemühungen um Einfluß auf die Sozial- und Bildungspolitik in den USA. Insbesondere bei der Arbeits- und Sozialgesetzgebung, aber auch bei den Bürgergesetzen, den Gesetzen zur Unterstützung der Armen, den Gesetzen zur öffentlichen Förderung der Bildungspolitik (Adult education Act, 1966) übten und üben die US-Gewerkschaften einen entscheidenden gesellschaftspolitischen Einfluß aus.[13]

Während die Einwirkung auf die Arbeits-, Sozial- und Bildungspolitik eine Domäne des Dachverbandes ist, sind die Einzelgewerkschaften weitestgehend autonom in Tarifverhandlungen. Tarifverhandlungen werden nach dem Prinzip des „Verhandelns auf kollektiver Ebene“ (collective bargaining) um Löhne, Arbeitszeit und Arbeitsbedingungen geführt. Seit dem National Industrial Recovery Act von 1933[14] ist die Koalitionsfreiheit und damit das Recht der abhängig Erwerbstätigen sich zu organisieren und über gewerkschaftliche Repräsentanten mit den Arbeitgebern zur Durchsetzung von Lohnforderungen kollektiv zu verhandeln, legalisiert. Allerdings gibt es noch heute zahlreiche Unternehmen, die die Gewerkschaft als Verhandlungspartner konsequent ignorieren.

Der Geltungsbereich von Tarifverträgen ist in der Regel auf die Firmen- bzw. Unternehmensebene beschränkt – selten umfaßt er regionale Industriebereiche. Dementsprechend kommt auch den „locals“, d. h. den örtlichen bzw. betrieblichen Organisationseinheiten der Gewerkschaften, eine starke Eigenständigkeit zu: sie verhandeln mit anliegenden Firmen, sie organisieren Kampfmaßnahmen und führen auch weitestgehend selbständig gewerkschaftliche Schulungen und Bildungsarbeit durch.

Die locals wiederum sind die organisatorische Plattform der gewerkschaftlichen Vertrauensleute im Betrieb (shop stewards). Diese shop stewards werden nur von den gewerkschaftlichen Mitgliedern gewählt, sie erfüllen aber insgesamt Funktionen, die mit den Betriebs- oder Personalräten in der BRD vergleichbar sind. Es wird insgesamt viel Wert auf die Ausbildung der shop stewards gelegt. Zwischen den locals und dem Dachverband stehen die regionalen und nationalen Einzelgewerkschaften als Organisationseinheit, die zusammen mit den locals – und relativ unabhängig vom Dachverband – die Tarifverhandlungen führen.

3. Kooperationsformen und -konzepte zwischen Hochschule und Gewerkschaft

Die US-Gewerkschaften blicken auf eine lange Tradition des Kampfes um ein öffentliches Bildungssystem zurück. Bereits 1823 organisierte die Schustergewerkschaft[15] in Philadelphia Kampfmaßnahmen für ein öffentliches Bildungssystem mit freiem Zugang und Chancengleichheit. Ohne Übertreibung kann festgestellt werden, daß die US-Gewerkschaften einen maßgeblichen Einfluß auf die Öffnung des Bildungswesens für alle gesellschaftlichen Gruppen gehabt haben – der Anteil von High School Abschlüssen pro Altersjahrgang ist im Zeitraum der letzten hundert Jahre von 2 % auf ca. 75 % angestiegen.

Die Utopie von den USA als „mobile Bildungsgesellschaft", in der jeder entsprechend seiner Begabung und unabhängig von seiner Herkunft beruflichen und sozialen Aufstieg realisieren kann, führte auch im Bereich der Arbeiter- und Erwachsenenbildung als Ideal „lebenslangen Lernens" zu vielfältigen Aktivitäten der Gewerkschaften in Zusammenarbeit mit den Universitäten und Colleges. Insbesondere an den „university Extensions" – als reguläre Einrichtungen der Erwachsenenbildung innerhalb der Universitäten und Colleges[16] – wurde und wird die Funktionärs- und Mitgliederschulung bzw. -bildung organisiert.

3.1 Bildungspolitische Aktivitäten der Gewerkschaften

Zunächst will ich eine Übersicht über die Bildungsaktivitäten und die Bildungspolitik der Gewerkschaften im allgemeinen wie über die Kooperation von Hochschule und Gewerkschaft im besonderen geben. Anschließend gehe ich differenziert auf bestimmte Kooperationsmodelle ein.

– Ganz allgemein bemühen sich die US-Gewerkschaften um Einfluß auf die gesellschaftliche Bildungspolitik über die *Gesetzgebung*. Für Repräsentanten in den Parlamenten (bzw. Kandidaten hierfür), die durch ihr Entscheidungs- und Abstimmungsverhalten gewerkschaftspolitische Ziele unterstützen, werden umfangreiche Wahlkampagnen – oft verbunden mit der Finanzierung des Wahlkampfes des Kandidaten insgesamt – organisiert. Ein erfolgreiches Ergebnis dieses massiven Lobbyismus und Wahlkampfes ist z. B. das Erwachsenenbildungsgesetz (Adult education Act) von 1966, das – als Nachtrag zum Elementar- und Sekundarschulgesetz – zum ersten Mal gesetzliche Grundlagen für die Erwachsenenbildung schaffte.[17] Dieses Gesetz formuliert die finanziellen und institutionellen Rahmenbedingungen gewissermaßen für den „zweiten Bildungsweg" in den USA. Die Aktivitäten reichen von der Alphabetisierungs-Kampagne für Minoritäten über Programme zum Nachholen des Schulabschlusses bis zur Weiterbildung an einer Hochschule.

– Weiterhin übt die Gewerkschaft einen dominanten Einfluß auf die *Berufsausbildung* aus. Es ist dabei durchaus üblich, daß die Gewerkschaften eigenständig Berufsschulen und Ausbildungswerkstätten unterhalten; ebenfalls ist üblich, daß sie über Tarifverträge mit der Unternehmensleitung gleichberechtigt die Lehrlingsausbildung organisieren. Im Bereich der Berufsausbildung ist der Einfluß der Gewerkschaften deshalb besonders gravierend, weil die Berufsschulen, anders als in der BRD, keinen festen Platz im Allgemeinen Schulaufbau einnehmen.[18]

– Schließlich kann noch die eigenständige *gewerkschaftliche Bildungsarbeit* in den locals und, soweit es sich um größere Gewerkschaften handelt, in überregionalen Schulungsstätten bis hin zu den zentralen Schulungszentren der AFL-CIO (Georg Meany Center for Labor Studies) und der Automobil-Arbeitergewerkschaft (Walter and May Reuther UAW Family Education Center) genannt werden.

3.2 Zur allgemeinen Struktur der Kooperation

– Die *gewerkschaftliche Bildungsarbeit* in den locals und den überregionalen Schulungsstätten ist bereits ein wesentliches Element der Zusammenarbeit von Gewerkschaft und Hochschule; zumal gewerkschaftliche Bildungsarbeit sowohl in den gewerkschaftlichen Bildungsstätten als auch in den Universitäten (university extensions) stattfindet und zumal sowohl Hochschullehrer an den Schulungsmaßnahmen in den gewerkschaftlichen Bildungsstätten teilnehmen als auch gewerkschaftliche Bildungssekretäre an den Universitäten unterrichten: Die entsprechenden university extensions heißen z. B. *School for Workers bzw. Labor Colleges.*

– Eine zweite direkte Verbindung zwischen Gewerkschaft und Hochschule existiert im Rahmen von *sozial- und wirtschaftswissenschaftlichen Forschungseinrichtungen,* die den Hochschulen zugeordnet sind und häufig die Institutsbezeichnung *Institute of Labor and Industrial Relations bzw. Center for Labor Research and Education Studies* tragen. Hier werden zumeist interdisziplinäre Forschungsprojekte durchgeführt. Die US-Gewerkschaften haben zwar keine dem Wirtschafts- und Sozialwissenschaftlichen Institut des Deutschen Gewerkschaftsbundes direkt vergleichbare Institution, aber die zahlreichen Forschungseinrichtungen an den Hochschulen erfüllen eine entsprechende Funktion.

– Neben den Kooperationsformen zwischen Gewerkschaft und Hochschule in der gewerkschaftlichen Bildungsarbeit und in der Forschungsarbeit sind schließlich eigenständige *Studiengänge mit akademischen Abschlüssen* an den Hochschulen zu nennen. Auf der Grundlage von verbindlichen Vereinbarungen zwischen Gewerkschaft und Hochschule führen diese Studiengänge zum Beispiel zum Associate oder Bachelor Degree (of Arts, of general Studies, of Labor Studies). Diese Studiengänge werden zumeist an *Centers for Labor Studies* innerhalb der Hochschulen angeboten.

Bevor ich im einzelnen auf diese Kooperationsformen – insbesondere auf letztere als „zweiter Bildungsweg", als akademische Erwachsenenbildung – eingehe, will ich noch den organisatorischen Rahmen dieser Kooperationsvereinbarungen erläutern. Als organisatorische Plattform hierfür fungiert die „University and College Labor Education Association". Hochschulen aus 28 Bundesstaaten gehören dieser Organisation an. In einer Broschüre dieser Organisation (UCLEA) wird über ca. 200 Kooperationsstellen – mit Anschriftenverzeichnis – in den Hochschulen der USA berichtet,[19] und einer internen Studie der Automobilarbeitergewerkschaft (UAW) ist zu entnehmen, daß 17 % von ca. 400 befragten Hochschulen über spezielle Studiengänge für Arbeit- und Erwachsenenbildung im Rahmen von Kooperationsverträgen verfügen[20]. Eine allgemeine Statistik über Anzahl und Form der Kooperationsverträge existiert nicht; so liegen über den quantitativen Umfang der Zusammenarbeit von Hochschulen und Gewerkschaften kaum verläßliche Daten vor. Am verbreitetsten sind die Kooperationsformen in den Staaten an der Ostküste und im mittleren Westen. Historisch und regional dominieren eindeutig die Gegenden mit den höchsten Industrialisierungsraten und dem stärksten gewerkschaftlichen Organisationsgrad.

Die Kooperationsverträge regeln im einzelnen Nutzungsbedingungen, finanzielle Bedingungen und im Falle von eigenen Studiengängen das Prüfungs- und Zertifikatwesen. Es überwiegen Kooperationsverträge mit den „State-Universities", also den öffentlichen Hochschulen, und mit den „Community Colleges", also den mit öffentlichen Mitteln finanzierten Colleges. Nicht selten existieren aber auch Verträge mit privaten Universitäten, wie insbesondere konfessionell gebundenen Hochschulen. Zur Betreuung und Beratung der jeweiligen Kooperationspraxis werden sogenannte „Labor Advisory Committees", also Beiräte gebildet, die in der Regel paritätisch aus Gewerkschafts- und Hochschulvertretern zusammengesetzt sind.

3.3 Besondere Projekte der Kooperation

Die erstgenannte Kooperationsform, die *gewerkschaftliche Bildungsarbeit* (in den Hochschulen und in den locals) dient insbesondere der Schulung von Funktionsträgern; darüber hinaus gibt es aber auch regelmäßige Bildungsveranstaltungen für alle Gewerkschaftsangehörigen. Thematischer Mittelpunkt sind dabei die „Methoden kollektiven Verhandelns". Wie bereits vorher erwähnt, überwiegt in der amerikanischen Industrie der Abschluß von Tarifverträgen auf der betrieblichen Ebene. Für die Gewerkschaften ist daher wichtig, ihre örtlichen und betrieblichen Vertrauensleute mit der Führung von Verhandlungen vertraut zu machen, sie in wirtschaftlichen, soziologischen und politischen Argumenten zu schulen, damit sie – auf sich gestellt – die Verhandlungen mit dem Arbeitgeber erfolgreich führen können. Die beiden Seminare, an denen ich an der School for Workers[21] der University extensions in Madison, Wisconsin, teilgenommen habe – mit Automobilarbeitern und mit Elektrikern – , verliefen etwa gleichförmig: der jeweils aus ca. 20 Teilnehmern bestehende Seminarkreis wurde für jeweils 3 Tage von 3 ständig anwesenden Hochschullehrern betreut. Die Teilnehmer übernachteten in universitätseigenen Wohn- und Schlafräumen. Großen Wert legten die Hochschullehrer auf Kleingruppenarbeit, Spiele mit verteilten Rollen (Sozio-Dramen) und Medieneinsatz (Video, Filme, Dias). Am Ende des Seminars wurden Teilnahmebescheinigungen verteilt. Es gilt dabei als selbstverständlich, daß shop stewards mehrere Male an diesen oder anderen Veranstaltungen teilnehmen.

Das Thema „Methoden kollektiven Verhandelns" steht im Mittelpunkt der gewerkschaftlichen Schulungsveranstaltungen[22]; darüber hinaus werden aber auch Themen wie Unfallschutz, gewerkschaftliche Organisation, Mitgliederwerbung, Konsum- und Freizeitverhalten usw. auf den Veranstaltungen angeboten. Die Inhalte dieser Veranstaltungen sind auf unmittelbare Alltagserfahrungen und -probleme (bread and butter problems) ausgerichtet. Ideologiedebatten scheinen gänzlich zu fehlen.

In den university extensions bzw. School for Workers werden darüber hinaus zu den gleichen Themen Broschüren und sonstige Drucksachen für Gewerkschaftsmitglieder verfaßt, vervielfältigt und den Locals zur Verfügung gestellt.

Über die Arbeit in den *sozial- und wirtschaftswissenschaftlichen Forschungsinstituten* an den Hochschulen, also der zweitgenannten Kooperationsform, konnte ich an den State-Universities von Kalifornien (Los Angeles), Wisconsin (Madison) und vom District of Columbia (Washington) nur einen flüchtigen Eindruck gewinnen: verschiedene interdisziplinäre Forschungsprojekte – insbesondere über Bedingungen der Arbeitswelt (on-the-job-problems) – werden im Auftrage und in Zusammenarbeit mit Gewerkschaften durchgeführt. Es existieren in der Regel eigenständige Abteilungen für Gewerkschaftsforschung. Die Finanzierung der Institute wird mit von den Gewerkschaften getragen. Diese Institute führen jedoch nicht nur Forschungsprojekte durch, sondern bieten darüber hinaus auch Studiengänge für graduate students an, also für Studenten, die bereits über den Bachelor Degree verfügen. Einer der Studienschwerpunkte ist dabei: „Gewerkschaften und Methoden kollektiven Verhandelns". Die Studenten werden zumeist in laufende Forschungsprojekte integriert und schreiben aus diesem Themenbereich dann auch ihre Abschlußarbeiten.

Schwerpunkt meiner Studien- und Forschungsreise 1979 war die Frage nach Programmen der *akademischen Erwachsenenbildung*, des „zweiten Bildungsweges", in Kooperation von Gewerkschaft und Hochschule, d. h. nach sogenannten „degree credit programs" für Erwachsene zum Nachholen des High School Diploms wie zum Erwerb akademischer Grade. Relativ umfassend konnte ich mich hierzu am City College der katholischen Loyola Universität in New Orleans, am Center for Labor Studies in New York – eine gewerkschaftliche Hochschule, die in das höhere Bildungssystem des Staates New York integriert ist – und schließlich am Weekend-College an der öffentlichen Universität von Detroit, Michigan, informieren. Am City College in New Orleans wird der Studiengang vorerst nur mit dem Associate of Labor Studies, an den Institutionen in New York und in Detroit auch mit den Abschlüssen Bachelor of Labor Studies, of Arts und of general Studies, angeboten.

Die entsprechenden Kurse werden sowohl in den Hochschulen als auch in anderen Einrichtungen veranstaltet. Wichtiges Kriterium für die Ortswahl der Veranstaltung ist die Vermeidung von übergroßen An- und Abfahrtswegen der Studenten. In allen drei Einrichtungen studieren – übrigens wie in nahezu allen anderen Einrichtungen der akademischen Erwachsenenbildung – nur sogenannte „part-time" Studenten[23], d. h. die Studierenden sind am Tage berufstätig und studieren anschließend abends – in der Regel zwei- bis dreimal in der Woche.

Mit den thematischen Begriffen Labor Studies, Arts und general Studies werden die Schwerpunkte des Studiums, die die Studenten selbst wählen können, ausgewiesen. Die Studieninhalte sind interdisziplinär, sie umfassen allgemeine Sozialwissenschaften, Methoden etc. und integrieren Projektthemen wie Gewerkschaftswesen, Stadt- und Regionalplanung, Erziehungswesen. Hinzu kommen noch zahlreiche Kurse zur Technik wissenschaftlichen Arbeitens. Zugangsvoraussetzung ist in der Regel der High School Abschluß. Wer den Abschluß jedoch nicht vorweisen kann, muß sich einem Test (GED-Test) unterziehen. In einem weiteren Test und anhand der bisherigen Arbeitserfahrungen, politischen und gewerkschaftlichen Aktivitäten des Studenten wird geklärt, von welchen Kursveranstaltungen er befreit werden kann, d. h. es werden bestimmte „credits" (Punkte, die für den Studienabschluß erworben werden müssen) aufgrund seiner bisherigen Aktivitäten und Ausbildungen vorweg anerkannt, die dann zur Verkürzung des Studiums bzw. zur Verringerung der zu besuchenden Kursveranstaltungen führen. Das vierjährige Studium zum Bachelor Degree kann je nach Eingangsvoraussetzungen und Intensität des Studiums bis zu etwa einem Jahr über- oder unterschritten werden.

Der Studienerfolg hängt vom erfolgreichen Abschluß einer bestimmten Anzahl von Kursen ab, für die wiederum bestimmte credits vergeben werden. Die durchschnittliche Teilnehmerzahl an Kursveranstaltungen liegt bei 20 Studierenden.

Die Mehrzahl der Absolventen übernimmt später Funktionen in den Gewerkschaften, einige studieren weiter, um den Master Degree zu erwerben, einige finden Anstellungen im Managementbereich der Industrie oder der öffentlichen Behörden.

Die Curriculum-Diskussion, die Rekrutierungspolitik und auch alle anderen inhaltlichen wie formalen Fragen des Studienganges gehören in den Kompetenzbereich der oben bereits genannten advisory committees.

3.4 Das Weekend-College als Modell einer zielgruppenorientierten akademischen Erwachsenenbildung

Nach den allgemeinen Darstellungen will ich in exemplarischer Absicht auf das Weekend-College in Detroit, Michigan, detaillierter eingehen, weil hier wohl die interessanteste Variation der akademischen Erwachsenenbildung zu finden ist und weil diese in jeder Hinsicht beispielhafte zielgruppenorientierte akademische Erwachsenenbildung vom Typ Weekend-Colleg[24] zunehmend auch in anderen Staatsuniversitäten eingerichtet wird.[25]

Am Weekend-College der Universität studieren ca. 2300 part-time Studenten zum Erwerb des Bachelor of general Studies, mehr als die Hälfte dieser Studierenden sind Arbeiter der ortsansässigen Automobilfabriken. Das Studium dauert 4 Jahre. Schon die Rekrutierung der Studenten ist ungewöhnlich: Vertreter des College suchen die Arbeiter an ihren Arbeitsplätzen auf, motivieren sie und informieren sie über die Studienmöglichkeiten. Das heißt, hier findet eine Zielgruppenorientierung in der akademischen Erwachsenenbildung statt, die ihresgleichen in der BRD sucht. Arbeiter, die über kein High School Diplom verfügen (Zulassungsvoraussetzung) und die sich erfolglos dem GED-Test (als Äquivalent) unterzogen haben, nehmen aufgrund tarifvertraglich mit den Automobilkonzernen ausgehandelter Stipendien an Vorbereitungskursen teil, um den High School Abschluß nachzuholen.

Mit dem High School Abschluß ausgestattet werden die Studenten dann – entsprechend ihrer Lebens- und/oder Arbeitserfahrung – nach Plazierungsgesprächen (credits) in homogenen Studiengruppen zusammengestellt.

Das interdisziplinäre Studium geht von folgenden Maximen aus:

– Im Mittelpunkt steht der Zusammenhang von Arbeiten und Studieren. Die Arbeitserfahrungen der Studierenden sind nicht nur didaktische Anknüpfungspunkte, sondern inhaltliche Voraussetzung des Studiums: die Studierenden „arbeiten" ihre eigenen Arbeitserfahrungen systematisch auf.

– Weiter wird davon ausgegangen, daß nicht der Studierende die traditionellen Institutionen aufzusuchen hat, sondern die Hochschule den Weg zu den Studenten finden muß: die Kursveranstaltungen finden in arbeitsplatznahen Räumen bzw. in Gewerkschaftsräumen statt.

– Das didaktische Konzept orientiert sich an den besonderen Lernvoraussetzungen, den besonderen Lernneigungen der erwerbstätigen Erwachsenen; es ist nicht eine verkleinerte Kopie der herkömmlichen akademischen Ausbildung: Methoden und Medien sind an der Erfahrungs- und Motivationslage der studierenden Erwachsenen ausgerichtet.

Das Studium besteht aus drei miteinander verbundenen curricularen Elemente:

– Fernlehrkurse im Fernsehen: jeden Tag von Montag bis Freitag wird der Kurs am Abend für 30 Minuten im Fernsehen gesendet. Am Sonntag wird er als Block noch einmal wiederholt.

– Arbeitsgruppenkurse: zweimal wöchentlich trifft sich die ca. 20 Teilnehmer große Studiengruppe für je 2 Stunden, um mit dem Mentor offene Fragen zu erörtern.

– Wochenendkonferenz: etwa alle 6 Wochen beteiligen sich die Studenten an einem zweitägigen Wochenendseminar, um mit ihren Mentoren vertiefende Diskussionen über die Fragestellung der Kurse zu führen. Plenumssitzungen, Arbeits- und Gruppensitzungen und Einzelgespräche zwischen Studenten und Mentoren gehören dabei zum Programm.

Im vierten und letzten Jahr des Studiums schreibt der Studierende seine Abschlußarbeit über ein mit dem Mentor abgesprochenes Thema bzw. Problem – in der Regel aus dem Bereich der eigenen Arbeitserfahrung. Dabei wird er angeleitet, Erfahrungen systematisch zu dokumentieren und Zusammenhänge zwischen Praxis und Theorie vor dem Hintergrund der bisherigen Studieninhalte zu erörtern. Insgesamt dominiert eine curriculare Orientierung am Studierenden: Der Mentor motiviert den Studenten zu Lern- und Studienerfahrungen, die letzterem Selbstsicherheit und Lernerfolg – je nach individueller Leistungsfähigkeit – vermitteln.

Qualifizierte Studienberatung und Orientierungshilfe „ersetzen" hier weitestgehend formelle Leistungskontrollen. Das heißt, daß das „Begaben" der Studierenden vor dem Hintergrund seiner Lebens- und Arbeitserfahrungen sich gegenüber der klassischen formalen „Selektion", Auslese der Studierenden nach traditionellen akademischen Kriterien, durchsetzt.

Das Modell Weekend-College ist in vielerlei Hinsicht außergewöhnlich, ja für unsere bundesrepublikanischen Verhältnisse der akademischen Erwachsenenbildung nahezu anstößig: Akademische Erwachsenenbildung gilt dort nicht einfach als „Schmalspurstudium" für Hochbegabte, nicht als zweiter Bildungsweg unter Wiederholung der Bedingungen des ersten Bildungsweges, sondern als autonomer Bildungsprozeß, der die Erfahrungen und die Motivation der Erwachsenen selbst zum Gegenstand des Studiums macht.[26]

Praktisch möglich ist dieser Studiengang nur auf der Grundlage des Kooperationsvertrages zwischen dem Weekend-College und der Automobilarbeitergewerkschaft

(UAW). Die Zusammenarbeit in Rekrutierungsmaßnahmen, Studienorganisation, Curriculumdiskussion und Evaluation der Studieninhalte sichert den unmittelbaren Zugang zu den Problemen und Bedingungen der sozial wie bildungsmäßig diskriminierten Arbeiterschaft.

4. *Arbeitnehmerorientierte Studienreform als Reaktion auf gesellschaftliche Problemlagen*

Diese zur bundesrepublikanischen Wirklichkeit insgesamt verblüffend konträre zielgruppen- und berufserfahrungsorientierte Erwachsenenbildung an Colleges und Universitäten[27] in den USA ist erklärungsbedürftig.

Da es in den USA keine den bundesdeutschen Volkshochschulen direkt vergleichbare Einrichtungen gibt[28], wurde sicherlich die unmittelbare Integration von Arbeiter- und Erwachsenenbildung in die Colleges und Universitäten erleichtert. Auch wird wohl das eher funktionale, pragmatische Bildungsverständnis für die Zusammenarbeit von Hochschule und Gewerkschaft eine hilfreiche Voraussetzung sein, ganz im Gegensatz zum Mythos von der höheren Bildung an der „Deutschen Universität".

Doch diese institutionellen Rahmenbedingungen wie Bildungsvorstellungen können nicht hinreichend die im vorigen Kapitel skizzierten Ebenen und exemplarischen Projekte erklären. Abschließend will ich mich deshalb um einen Interpretationsansatz bemühen, der den Wandel des amerikanischen Hochschulwesens vor dem Hintergrund gesellschaftlicher Problemlagen erläutert.

Neben der krisenhaften Einpendelung der Arbeitslosenquote und Inflationsrate in den USA etwa um das 10 %-Niveau ist bezeichnend, daß der Automatisierungs- und Rationalisierungsprozeß in der amerikanischen Wirtschaft zum dritten, entscheidenden Krisenphänomen führt: „Job transition"[29] (Berufswechsel) meint dabei den Zwang, die Zumutung zum ständigen Berufswechsel für Millionen von abhängig erwerbstätigen Amerikanern. Auf diese Herausforderung an die „labor force" hat die Regierung mit einem enormen Ausbau der Erwachsenenbildung reagiert. Das Erwachsenenbildungsgesetz (Adult education Act) von 1966 war ein entscheidendes Signal hierfür. Vergleichbar etwa mit dem Animationseffekt des 1969 in der BRD verabschiedeten Arbeitsförderungsgesetzes (AFG) führte dieses Gesetz in den USA zwischen den Jahren 1969 und 1975 zu einer Steigerung der Teilnehmer an der Erwachsenenbildung um ca. ein Drittel. Verschiedene Studien berichten über[30] Teilnehmerzahlen zwischen ca. 17 und 25 Millionen in der Erwachsenenbildung. Für den Zeitraum von 1969 bis 1975 wird von einer Verdoppelung der Teilnehmer in der berufsqualifizierenden Erwachsenenbildung berichtet. Schließlich ist den entsprechenden Statistiken zu entnehmen, daß sich in der gewerkschaftlich organisierten Arbeiter- und Erwachsenenbildung der Teilnehmerkreis innerhalb dieses Zeitraumes mehr als verdoppelt hat.[31]

Wie in der BRD dominieren insgesamt auch in den USA Teilnehmer zwischen 16 und 35 Jahren – in den USA sind das ca. 75 % aller Teilnehmer. Ebenso steht die zweckbestimmte berufliche Weiterbildung, Umschulung Fortbildung mit ca.

zwei Drittel aller Aktivitäten[32] – wie in der BRD – im Mittelpunkt der Erwachsenenbildung.

Neben dem Zwang zum Berufswechsel in der Arbeitswelt bildet der Rückgang der Geburtenrate eine für das Bildungssystem der USA entscheidende Herausforderung. Der Rückgang der Geburtenrate[33], der sich in der BRD gerade erst im Elementarbereich des Bildungswesens bemerkbar macht, ist in den USA um mehr als 10 Jahre früher eingetreten und beherrscht nun die Lage des höheren Bildungswesens, also der Colleges und der Universitäten. Dieser Rückgang der Geburtenrate stoppte etwa seit Anfang der 70er Jahre das ständige Expandieren der Colleges und Universitäten, weil die Zahl der Studierenden ständig zurückging.

Beides zusammengenommen, der Zwang zum Berufswechsel und die drastische Reduzierung der (zahlungskräftigen) Studenten in den USA, die in regelrechten Universitätsstädten (on campus, full-time) studierten und lebten, hat die Hochschulen in den USA – insbesondere wegen ihrer an privatwirtschaftlichen Renditeerwartungen orientierten Haushaltsführung – zum dramatischen Umdenken hinsichtlich Rekrutierungsverhalten, Curriculum, Zielgruppen und Studiengängen geführt.

Was lag da näher, als die Gewerkschaften mit dem millionenschweren Mitgliederreservoir als „natürliche" Partner zu begreifen.

Eingeschworen auf die neue bildungspolitische Zauberformel vom „lebenslangen Lernen" (lifelong learning) wurde aus dem full-time Studium ein part-time Studium, das den Zusammenhang von Arbeiten und Studieren realisiert; wurde das on campus Studium zum off campus Studium, d. h. wurden die Studienorte in die Nähe der Arbeitsplätze der part-time Studierenden verlegt.

Es gibt bereits Hochschulen in den USA, wo die part-time Studenten in der Mehrzahl sind[34]. Dies kann wohl als umfassendste Änderung des amerikanischen Bildungssystems notiert werden.

Diese Entwicklung ist nun nicht insgesamt der Kooperation zwischen Hochschulen und Gewerkschaften zuzuschreiben; die Gewerkschaften haben hier vielmehr einen bescheidenen Anteil an dieser Entwicklung. An vorderster Front stehen Kooperationsformen zwischen Privatwirtschaft und Hochschulen, hier hat die US-Gesellschaft eine wohl unnachahmliche Praxis. Darauf wurde bereits mit dem Verweis auf Privatschulen und Privathochschulen hingewiesen. Verglichen mit dieser Praxis der einvernehmlichen Zusammenarbeit zwischen Privatwirtschaft und Bildungswesen befindet sich die Kooperation zwischen Gewerkschaft und Hochschule noch im Anfangsstadium.[35]

Die BRD ist im Bereich der akademischen Erwachsenenbildung tiefste Provinz, nicht nur verglichen mit den USA, sondern auch mit europäischen Ländern wie beispielsweise England und Schweden. Dort, wie in den USA, setzten sich die auf den UNESCO-Konferenzen 1972 (Tokio) und 1976 (Nairobi) gewonnenen Einsichten in die Notwendigkeit einer bildungspolitischen Reform zum Verhältnis zwischen Arbeiten und Studieren schrittweise durch.

Dabei zeichnen sich gewisse Unterschiede in der Reform der Weiterbildung/Erwachsenenbildung zwischen den USA und den europäischen Ländern ab:[36]

Das Konzept „lifelong learning"[37] wird in den USA favorisiert: Ein Zusammenwirken oder zumindest eine zeitliche Parallelität von Arbeit und Studium (part-time

Studium). In Europa hingegen wird mit dem Konzept der „recurrent education"[38] eher ein mehrmaliger, zeitlich befristeter Wechsel zwischen voller Berufstätigkeit un und Vollzeitstudium angestrebt. Beide Konzeptionen zur Weiterbildung/Erwachsenenbildung haben noch große Mängel[39], sie sind zudem nicht hinreichend erprobt.

Bereits 1970 hatte der Deutsche Bildungsrat in dem von ihm vorgestellten Strukturplan für das Bildungswesen eine Integration der Erwachsenenbildung/Weiterbildung in das allgemeine Bildungssystem angeregt und dabei gefordert, im gesamten Hochschulwesen organisatorische und personelle Voraussetzungen für eine Studienreform zu schaffen, die Weiterbildungs- und Kontaktstudiengänge für einen über den Kreis der Absolventen von Hochschulen hinausgehenden Adressatenkreis offerieren sollte.[40] Diese Anregungen und Forderungen des Deutschen Bildungsrates wurden von der Bund-Länder-Kommission im Bildungsgesamtplan 1973 durch einen Ziel- und Maßnahmekatalog aufgegriffen und konkretisiert.[41]

Doch diesen Bemühungen um eine Planung des Weiterbildungsbereichs, die für Hochschulen und Erwerbstätige im Rahmen von Weiterbildungs- und Kontaktstudiengängen Möglichkeiten der Kooperation erschließen sollten, folgten kaum bildungspolitische Konsequenzen. Die akademische Erwachsenenbildung, die Angebote von Studiengängen für Erwerbstätige im Erwachsenenalter in der Bundesrepublik bezeugen – im internationalen Vergleich – provinzielle Dimensionen.

Problematisch ist zudem die Lage der Weiterbildung/Erwachsenenbildung in der BRD schon deshalb, weil Automatisierung und Rationalisierung ebenso zwingende Konsequenzen für die berufliche Mobilität abhängig Erwerbstätiger in der Bundesrepublik haben und weil auch in der BRD der Rückgang der Geburtenrate etwa ab Mitte der 80er Jahre zu schwierigen Strukturproblemen im Bildungssystem führen wird.[42]

Anmerkungen

1 Vgl. zum aktuellen Stand der Kooperationsbemühungen: H. D. Bamberg, H. J. Kröger, R. Kuhlmann (Hg.) Hochschulen und Gewerkschaften, Köln 1979.

2 Vgl. Th. Höpner, Kooperationsbeziehungen zwischen Hochschule und Industrie, in: Gewerkschaftliche Monatshefte, 2/77, S. 92 ff. und V. Adam, G. Bäcker, Zum Einfluß der Unternehmer und ihrer Verbände auf die Hochschule, in: Demokratische Erziehung, Nr. 2/1977, S. 201 ff.

3 H. Schelsky, Einsamkeit und Freiheit, Reinbek bei Hamburg 1963.

4 Vgl. hierzu auch: Beschluß des 11. Ordentlichen Bundeskongreß des DGB, in: Gewerkschaftliche Bildungspolitik, 7/78, S. 158 ff.

5 Der Autor des Artikels hat 1978 und 1979 Studien- und Forschungsreisen in die USA unternommen. 1978 mit einer DGB-Delegation auf Einladung des Dachverbandes der amerikanischen Gewerkschaften (AFL-CIO), 1979 im Rahmen einer von der Deutschen Forschungsgemeinschaft geförderten Forschungsreise.

6 Eine Übersichtsdarstellung zum Bildungssystem in den USA gibt H. Reimann, Höhere Schule und Hochschule in den USA Weinheim 1970. Eine knappe, aber sehr informative Darstellung ist nachzulesen in: Deutscher Akademischer Austauschdienst, Vielfalt – Zugang – Anforderungen, Kurzdarstellung des amerikanischen Bildungssystems für Nichtamerikaner, Bonn 1977.

7 In der Bundesrepublik Deutschland liegt die Abbruchquote an weiterführenden Schulen bei etwa 17 %. Vgl. U. Jaeggi, Macht und Herrschaft in der Bundesrepublik, Frankfurt 1969.

8 Vgl. National Center for Education Statistics, Digest of Education Statistics 1977–78, Washington, D.C. 1978.
9 Vgl. U.S. Office of Education, Education Directory, 1971–1972 Higher Education, Washington D.C. 1972, Table 2.
10 Vgl. Deutscher Akademischer Austauschdienst, a. a. O., S. 20.
11 Eine informative Darstellung zur Entwicklung und Struktur der Arbeiterbewegung in den USA ist nachzulesen bei: J. Voß, Die Gewerkschaftsbewegung in den USA, Köln 1980; vgl. auch Th. R. Brooks, Toil and trouble, a history of American Labor, New York 1971 und R. O. Boyer, H. M. Morais, Labors untold story, New York 1973.
12 Vgl. G. Sander, Amerikas Gewerkschaften, Wiesbaden 1966, S. 87 ff.
13 Vgl. B. Barnouin, Die Rolle der Gewerkschaften in der US-Politik und -Gesetzgebung, in: Gewerkschaftliche Monatshefte 8/75, S. 503 ff.
14 Vgl. G. Sander, a. a. O., S. 52 ff.
15 Vgl. AFL-CIO, This is the AFL-CIO, Washington, D.C., 1978, S. 17.
16 Vgl. F. Laak, Die amerikanische Bildungswirklichkeit; Idee, Stand und Probleme der Adult Education in den USA, Köln 1976, S. 242.
17 Ebenda, S. 202.
18 Ebenda, S. 239.
19 University and College Labor Education Association, Directory of Member Institutions and Professional Staff 1979, Orono, Maine 1979.
20 L. Gray, Labor and Community Colleges, in: American Association of Community and Junior Colleges, Washington, D.C. 1976.
21 Vgl. zur Geschichte der School for Workers: L. Gray, The American Way in Labor Education, in: Industrial Relations, Vol. 5, No. 2, Februar 1966.
22 Vgl. L. Gray, The American Way in Labor Education, a. a. O., und H. Levine, M. L. Fried, Expanding options for worker education, in: New Directions for Education and Work, 3/1978.
23 Vgl. C. Herrnstadt Shulman, Premises and Programs for a Learning Society, in: ERIC/ Higher Education Research Report No. 8, Washington, D.C. 1975, S. 14 ff.
24 Vgl. P. Bertelsen, P. Fordham, J. London, Evaluation of the Wayne State University's, University Studies and Week-end College Programme, Unesco 1977.
25 Vgl. hierzu auch Ch. Brink, Besser spät lernen als nie lernen, In Amerika wird den Erwachsenen das Studieren leicht gemacht, in: DIE ZEIT, Nr. 49, 1. Dez. 1978, S. 68.
26 Vgl. hierzu auch W. W. Walton, New Paths for Adult Learning, in: K. P. Cross. J. R. Valley (Hg.), Planing Non-Traditional Programs, San Francisco 1974.
27 Vgl. hierzu A. A. Liveright, Adult Education in Colleges and Universities, in M. Knowles (Hg.) Handbook of Adult Education, Chicago 1960.
28 Vgl. F. Laack, a. a. O., S. 237 u. 242.
29 Vgl. A. A. Liveright, a. a. O. und C. Herrnstadt Shulman, a. a. O.
30 Vgl. National Center for Education, a. a. O., S. 143.
31 Ebenda, S. 142.
32 Vgl. F. Laack, a. a. O., S. 239.
33 Vgl. Reader's Digest 1979, Almanac and Yearbook, 1979, S. 453.
34 Vgl. Committee on the Financing of Higher Education for Adult Students, Financing Part-Time Students. The New Majority in Postsecondary Education, Washington, D.C., 1974.
35 Vgl. L. Gray, Labor and Community Colleges, a. a. O., S. 6 ff.
36 Vgl. C. Herrnstadt Shulman, a. a. O., S. 1 ff.
37 Vgl. Th. M. Hesburgh, P. A. Miller, C. R. Wharton, Patterns for Lifelong Learning, San Francisco 1973.
38 Vgl. OECO-CERI (Hg.), Recurrent Education, Paris 1973.
39 Vgl. hierzu die Kritik an der Erwachsenenbildung als „lebenslängliche Verschulung": H. Dauber, E. Verne (Hg.), Freiheit zum Lernen, Reinbek bei Hamburg 1972.
40 Vgl. Deutscher Bildungsrat, Strukturplan für das Bildungswesen, Bonn 1970.
41 Vgl. Bund-Länder-Kommission, Bildungsgesamtplan, Stuttgart 1973.
42 Vgl. C. H. Evers, Gewerkschaften und Hochschulen, in: H. D. Bamberg, H. J. Kröger, R. Kuhlmann (Hg.) a. a. O., S. 423.

Bruno Lautier/Ramon Tortajada

Das wirtschafts- und sozialwissenschaftliche Studium in Frankreich

Vorbemerkungen

Nur in Krisenzeiten wird das Bildungssystem in Frage gestellt und verändert. So wurde mit dem Ausruf der III. Republik (nach dem Zusammenbruch von 1870 und der Pariser Commune) in Frankreich allgemein der Grundschulunterricht eingeführt. Bezogen auf die jüngere Universitätsgeschichte: Ihre letzte große Reform folgte unmittelbar im Anschluß an die Ereignisse von 1968 – einer politischen Krise und die augenblickliche Wirtschaftskrise ist wiederum Anlaß für eine Diskussion über die Aufgabe der Universitäten: Regierung, Arbeitgeber und selbst einige Universitätslehrer machen die Universität für die Arbeitslosigkeit der Akademiker verantwortlich.

Diese Auseinandersetzung trägt demagogische Züge, auf die wir im Rahmen der wirtschafts- und sozialwissenschaftlichen Ausbildung näher eingehen werden. Man kann die Ausbildung aber nicht nur unter arbeitsmarktpolitischen Aspekten diskutieren. Wir beschäftigen uns daher gleich im ersten Abschnitt dieser Abhandlung mit der „Bürde der Geschichte" der wirtschafts- und sozialwissenschaftlichen Ausbildung in Frankreich, bevor wir dann allgemein auf die Beziehung Ausbildungssystem/Wirtschaftssystem eingehen. Im zweiten Abschnitt befassen wir uns eingehender mit dem Ausbildungssystem und dem „Schicksal" der Studenten. Dabei unterscheiden wir besonders zwischen den Kurzstudiengängen („cycles courts") und den längeren Ausbildungsgängen („cycles longs").

Wir haben selbstverständlich eine gewisse Auswahl treffen müssen. So haben wir bewußt allgemein gehaltene Ausführungen über das Bildungssystem vermieden.[1] Dann ergab sich bei unserer Arbeit das Problem, daß man über den Begriff „Wirtschafts- und Sozialwissenschaften" lange Auseinandersetzungen führen kann (an gewissen Schulen bliebe da nicht mehr viel an „Wissenschaftlichkeit" im Studium übrig). Wir sind auf diese Diskussion nicht eingegangen – nicht, weil wir sie für unfruchtbar halten, sondern weil sie auch von den Behörden nicht berücksichtigt wird: Die Statistiken fassen unter dem Begriff „Wirtschafts- und Sozialwissenschaften" die juristischen, wirtschaftswissenschaftlichen, soziologischen, psychologischen, die verwaltungswissenschaftlichen und andere Studiengänge zusammen. Wir werden diese Studiengänge in folgendem so weit wie möglich gesondert berücksichtigen. Allerdings haben wir uns auf die Ausbildung nach dem Abitur beschränkt, also auf die Hochschulausbildung.

1. Der Aufbau des wirtschafts- und sozialwissenschaftlichen Studiums in Frankreich

Einführung

Die Einführung des wirtschafts- und sozialwissenschaftlichen Studiums in Frankreich folgte der wissenschaftlichen und politischen Entwicklung dieser „Wissenschaften" erst mit großem zeitlichen Abstand. So wurden zwar seit zwei Jahrhunderten zahlreiche staatswirtschaftliche Abhandlungen französischer Autoren veröffentlicht, aber das von den Rechtswissenschaften unabhängige Studium der „Wirtschaftswissenschaften" wurde erst 1959 mit dem Abschluß „licence de sciences économiques"[2] eingeführt. Der Ausdruck „sciences économiques" selbst ist eine nicht sehr glückliche Übersetzung des englischen „economics", denn in Frankreich ist seit jeher der Ausdruck „économie politique" gebräuchlicher. Die Herkunft des Begriffs „économie politique" ist nicht uninteressant: „Oikonomia" ist griechisch und bedeutet „Verwaltung des Hauses", „polis" ist die „Stadt". „Economie politique" meint also die Herrschaft des „Despoten", desjenigen, der die Stadt oder die Nation anführt und leitet wie sein eigenes Haus. Dieser Begriff bedeutet in Frankreich daher so viel wie „Staatskunst", und das hat dieses Studium stark beeinflußt.

Was die Sozialwissenschaften, besonders die Soziologie, betrifft, so gehen die ersten Abhandlungen über gesellschaftliche Phänomene, die mit wissenschaftlichem Anspruch geführt wurden, auf die 30er Jahre des 19. Jahrhunderts zurück, beginnend mit dem „Cours de Philosophie Positive" von Auguste Comte. Soweit es sich um Comte oder, ein halbes Jahrhundert später, um den „bedeutenden" französischen Soziologen Emile Durkheim handelt, ist die „objektive" Analyse vorherrschend. Man darf aber hier Objektivität nicht mit Neutralität verwechseln. Comte lebte zur Zeit der bürgerlichen Monarchie von Louis-Philippe in der sich die zwei Klassen entwickelten, die Frankreichs Zukunft bestimmen sollten. Durkheim schrieb nach dem Zusammenbruch der Pariser Commune. Die „objektive" Analyse erscheint hier also als Negierung der tatsächlichen Konflikte. Die Soziologie bestand in Frankreich so lange Zeit nur aus endlosen eklektischen Abhandlungen. Dabei wurden alle Anstrengungen gemacht, die wirklichen Ursachen sozialer Konflikte zu negieren.

Die extreme Zentralisierung der französischen Verwaltung (die Schulverwaltung bildet hier keine Ausnahme) tat ein übriges, den nicht zu übersehenden Einfluß des Staates auf die wirtschafts- und sozialwissenschaftliche Ausbildung zu verstärken. Dennoch ist es nicht möglich, eine „funktionalistische" Interpretation der Entwicklung des Ausbildungssystems zu geben. Ebenso, wie man es durch die jeweils herrschenden politischen Machtverhältnisse geprägt sehen kann, gehorcht es dem „Bedarf" der Unternehmen. Die Antwort auf die Frage, ob der Unterricht seinen „Funktionen" gerecht wird, hängt offenbar davon ab, wie diese Funktionen definiert werden. So zeigt die Geschichte des französischen Bildungssystems deutlich, daß diese in unterschiedlichen Bereichen angesiedelt sind, und daß auf diese Frage keine einseitige Antwort möglich ist.

1.1 Die Bürde der Geschichte

1.1.1 Die Entwicklung aus Rechtswissenschaft zur Philosophie

Während des gesamten 19. Jahrhunderts erschien das Studium an den Universitäten geprägt durch seine vorkapitalistischen Ursprünge. Seine Entwicklung ist weniger die Folge universitätsinterner Prozesse, sondern sie beruht auf Veränderungen in anderen Ausbildungsbereichen bzw. in der industriellen Arbeitsteilung.

Seit dem Ende des Mittelalters entwickelte sich die Universität allmählich zu einer Einrichtung für „Titelverleihungen". Während an den Jesuitenkollegs ein Vollzeitunterricht stattfand, vergaben die Universitäten lediglich Diplome. Dennoch gab es an der Universität zwei herausragende Ausnahmen, deren Unterbau schon seit dem 17. Jahrhundert gut entwickelt war: die Rechtswissenschaften und die Medizin. Fast im gesamten Verlauf des 19. Jahrhunderts wurde an diesen beiden Fakultäten nahezu die Gesamtheit aller Studenten an den Universitäten ausgebildet.[3]

Für die Entwicklung der Philosophie bildet der „enseignement secondaire" die Grundlage: 1808 wurde die „agrégation"* eingerichtet, die 1821 zum nationalen „concours"* ausgedehnt wurde. Die künftigen Professoren bereiteten sich also auf den „concours" vor, indem sie erst das Lycée* absolvierten und dann an Kursen teilnahmen, die im Rahmen universitärer Veranstaltungen liefen. Daneben führte die Ausdehnung des Grundschulunterrichts zur Gründung einer Vielzahl von Schulen, an denen Lehrer für den Grundschulunterricht ausgebildet wurden (um 1870 waren ungefähr 90 % der Kinder alphabetisiert, die Schulpflicht wurde 1881 eingeführt), und später studierten die Lehrer dieser Schulen an der Universität.

Wenn man von der Medizin absieht, die uns hier nicht interessieren soll, scheint es so, als ob die wirtschafts- und sozialwissenschaftliche Ausbildung an den Universitäten urpsrünglich berufsorientiert war, wenn auch eng an den Staatsapparat gebunden: Juristen mit öffentlich rechtlicher und zivilrechtlicher Ausrichtung, Verwaltungsfachleute und Lehrer waren die wichtigsten Berufe zu Beginn des 20. Jahrhunderts. Aufgrund der günstigen Verhältnisse änderte sich das nicht bis zum 2. Weltkrieg: Dieser Zeitabschnitt war geprägt von kolonialer Expansion, der Entwicklung staatlicher Verwaltung (in den mit der Reproduktion der Arbeitskraft, der Finanzverwaltung und Infrastruktur verknüpften Bereichen) und der Zunahme der Bevölkerung (die 1918 nach einer „Krise der Geburtenziffer" seit 1890 wieder zunahm). All dieses führte zu einem Ansteigen der Studentenzahl an den Universitäten.

Auch was die Unterrichtsmethoden angeht, beruht das Universitätsstudium auf der Sekundarausbildung. Das „Schulmeisterprinzip" ist vorherrschend: Der Lehrer bietet seinen Stoff an, Kommentare dazu sind nicht erwünscht. Der Schüler schreibt mit und reproduziert den Stoff (wenn er es kann) ein- oder zweimal jährlich anläßlich der Prüfungen.

Es gibt aber einen großen Unterschied zwischen dem Universitätsstudium und der Ausbildung auf dem Lyzeum: Seit der Zeit Napoleons hat die Gesetzgebung die Lyzeen Frankreichs vereinheitlicht: einheitliche hierarchische Organisation, nationaler „concours"* für die Rekrutierung von Lehrkräften, einheitliche Lehrpläne, zentraler Corps von Inspektoren, der für die Beurteilung der Lehrkräfte und die Überwachung der Richtlinien zuständig ist. Im Universitätsbereich findet sich dieses System nur in Teilbereichen wieder. Sicherlich wurden die Professoren in den Fächern Recht und Medizin auf der Basis eines besonderen „concours d'agrégation"* berufen, aber die Professoren in den anderen Disziplinen – meist ehemalige „agrégés"* der Sekundarstufe – wurden kooptiert. Vor allem gab es an den Universitäten nie nationale Lehrpläne. Jede Lehrkraft ist selbst für den Inhalt und die Benotung ihres Kurses verantwortlich. Diese pädagogische Autonomie – prinzipieller Garant der Entwicklung von freiem und wissenschaftlichem Denken – unterbindet jede Form von Überwachung. Wir kommen später darauf zurück, wie es heute mit dieser Autonomie bestellt ist.

1.1.2 Der „Unterbau" dieses Studiums

Parallel zu den Universitäten gibt es in Frankreich ein Netz von „Grandes Ecoles"*, die ihrerseits geschichtliche Wurzeln haben. Die Ursprünge dieser Schulen finden sich im 18. Jahrhundert. Es waren die „königlichen Schulen" der Artillerie und der Architektur, oder die Ingenieursschulen, die während (école polytechnique, Conservatoire de Arts et Métiers) oder kurz nach der Revolution (Ecole centrale des Arts et Manufactures) gegründet wurden. Viele Ingenieursschulen wurden im 19. Jahrhundert gegründet, ohne allerdings eine wirtschafts- und sozialwissenschaftliche Ausbildung anzubieten. Erst 1871 wurden die ersten Handelshochschulen gegründet, die die Struktur der Ingenieursschulen aufgriffen: Zulassung auf „concours"*-Ebene (während das Prinzip an den Universitäten der freie Zugang für alle Abiturienten war), eine begrenzte Anzahl von Studienplätzen (zwischen 50 und 250 je Jahrgang), Unterricht in Form von Vorlesungen und der Arbeit in Kleingruppen. Im Jahr 1871 gab es eine Wende. Nach der Niederlage gegen Deutschland und dem Zusammenbruch der Commune trat der französische Kapitalismus in eine Krisen- und Umbruchsphase: Es wurde notwendig, das betriebliche Rechnungswesen zu vereinheitlichen und neue Märkte zu erobern; die Unternehmenskonzentration führte zur Herausbildung einer neuen Schicht von Managern.

Die Handelshochschulen waren und sind heute noch fast alle Privatschulen, die von den Industrie- und Handelskammern verwaltet wurden. Langsam weitete man hier die Ausbildung auf Rechnungswesen, Unternehmensführung, Industriesoziologie und auf Elementarkenntnisse der Nationalökonomie aus. Auch die Ingenieursschulen beschäftigten sich nun teilweise mit Unternehmensführung. Le Chatelier, Lehrer an einer „Grande Ecole", führte bereits vor dem Jahre 1914 die Methoden von Taylor in Frankreich ein. Die Mehrzahl der „Grandes Ecoles" nahm industriesoziologische, arbeitsorganisatorische und wirtschaftswissenschaftliche Inhalte in den Studienplan auf.

Parallel zu den „Grandes Ecoles" gab es an den Universitäten Studiengänge, die direkt an der Entwicklung des industriellen Kapitalismus orientiert waren. Das betraf besonders den rechtlichen Bereich. Die Schaffung eines „Gesellschaftsrechts" im Jahre 1860 weitete das Privatrecht über das Familien- und Erbrecht hinaus aus. Die wirtschaftswissenschaftliche Ausbildung entwickelte sich – als Bestandteil der rechtswissenschaftlichen Fakultät – zwischen den beiden Weltkriegen. Außerhalb der Universitäten wurde am „Institut d'Etudes Politiques", auf dem hohe Funktionäre und Diplomaten ausgebildet werden, wirtschaftswissenschaftlicher Unterricht erteilt.

Die Bürde der Geschichte lastet also schwer auf der wirtschafts- und sozialwissenschaftlichen Ausbildung, obwohl ihre geschichtlichen Ursprünge vielfältig sind: Das Studium der Soziologie an den Universitäten entstammt einerseits dem Philosophiestudium des 19. Jahrhunderts, andererseits der Ausbildung unternehmerischer Führungskräfte. Die Nationalökonomie war an den Universitäten lange Zeit ein Nebenprodukt des juristischen Studiums, vor allem der Kurse über Unternehmensführung. Geschichte und Geographie werden erst seit kurzer Zeit als sozialwissenschaftliche Disziplinen angesehen. Bis zu Beginn der 60er Jahre waren diese Fächer nur für zukünftige Lehrer gedacht, vor allem um ihren Unterricht auszurichten auf die Grande Nation, ihre Reichtümer, ihre Kolonien, ihre bedeutenden Männer und ihre ideologische Einheit gegenüber den „Erbfeinden" von außen (erst England, dann Deutschland) und von innen (Pariser Commune).

1.2 Das Ausbildungssystem heute

1.2.1 Die Universität – 12 Jahre nach der Reform von 1968

Heute, 12 Jahre nach 1968, wird die damals fast einstimmig beschlossene Orientierung und Zielsetzung, die zur Umgestaltung der Universität führte, wieder in Frage gestellt. Im August 1968, als das „Loi d'orientation"* verabschiedet wurde, lag der Akzent auf seinem „revolutionären" Charakter und dem völligen Bruch mit der Tradition (bezüglich administrativer Organisation, Pädagogik, Autonomie, Unterrichtsinhalten). Dieses Gesetz ist nicht nur entschleiert worden, die jüngsten Entwicklungen machen deutlich, daß die Widersprüche, die 1968 scheinbar abgeschafft wurden, nicht aufgelöst werden konnten. Das zeigt sich in folgenden Bereichen:

Autonomie: Das Gesetz von 1968 schuf autonome Universitäten (z. Z. mehr als 70 an der Zahl). Das bedeutet, daß die Universitäten ein Konzil wählen (das wiederum den Präsidenten wählt), daß sie ihr Budget selbst verwalten, daß sie entscheiden, welche Studiengänge neu eingerichtet werden etc. Dieses Programm ist vollständig gescheitert: Was die Finanzen betrifft, so teilen die Universitäten das vom Universitätsministerium gewährte Budget nur unter sich auf. Dieses Budget aber ist in den letzten Jahren nach vorliegendem Zahlenmaterial rückläufig[4]. Für seine Aufteilung gibt es keine festgelegten Kriterien. Die erste Aufgabe der Universitätsinstanzen ist es also, die „Knappheit zu verwalten".

Was die Studiengänge angeht, so wurden durch die Gesetze von 1973 (betreffend den ersten „cycle"*, d. h. die ersten beiden Jahre auf der Universität) und die Gesetze von 1976 (betreffend den 2. „cycle"*)[5] zwar keine Inhalte vorgegeben, die Lehrstundenquoten je Fach aber sowie die Prüfungsordnungen, die Einrichtung eines neuen Studiengangs und seine Fortführung unterliegen dem Ministerium. (Das betrifft auch den 3. „cycle"*, der zum „doctorat"* führt.) Die Administration ist also für den Lehrplan der Universitäten verantwortlich und entscheidet über die Einführung von Studiengängen.

Was das Berufungsverfahren betrifft, so wurde hier die schon immer sehr begrenzte Autonomie seit 1968 noch stärker eingeschränkt. Zahlreiche Verfügungen (von 1978 und 1979) geben den Universitäten bei Berufungen nur ein Vorschlagsrecht, während die Entscheidung von einem Kommitee getroffen wird (z. T. gewählt, z. T. nominiert), in der die Spitze in der Hierarchie des Ausbildungssystems eine überwältigende Mehrheit besitzt. Auch die Zahl der Aissistenten und Lehrbeauftragten (sie werden nach Stunden bezahlt und erteilen bis zu 40 % des Unterrichts), die von den Universitäten selbst berufen werden, nimmt immer mehr ab, und die Schaffung neuer Lehrstellen ist quasi auf dem Nullpunkt angelangt.

Was schließlich die traditionellen, sieben Jahrhunderte alten „Freiheiten" an der Universität betrifft: Sie verschwinden mehr und mehr. Die Streiks dieses Frühjahrs 1980 zeigen, daß die Polizei jetzt systematisch (am 13. Mai 1980 gab es in diesem Zusammenhang einen Toten) in den Universitäten auftaucht und eingreift.

Unterrichtsformen: Auch hier lösen sich alle Illusionen in Luft auf. 1968 betonte man das Ende des traditionellen Vorlesungsstils und wollte den Unterricht in kleinen Gruppen entwickeln. Auch das ist an finanziellen Problemen gescheitert. Die Haushaltsrichtlinien des Ministeriums („Normes GARACES") gehen davon aus, daß Vorlesungen vor 500 Studenten abgehalten werden und Seminare eine Teilnehmerzahl von 45 Studenten haben. Es werden so im Verhältnis zu den Seminaren mehr und mehr Vorlesungen gehalten, so daß es vielerorts bereits an geeignet großen Räumen fehlt (vor allem an den Universitäten, die nach 1968 gebaut wurden). Ferner ist es oft aus Geldgründen nicht möglich zu kopieren bzw. neue Bücher und Fachzeitschriften für die Universitätsbibliotheken zu kaufen. Auch die Heizung läuft oftmals nur schwach.

Aber einige Lehrkräfte haben ihren Wirkungsbereich verlegt: Die Lehrkräfte in den oberen Rängen der Hierarchie versuchen, sich auf den 3. „cycle"* zu konzentrieren und überlassen den 1. „cycle" den Oberassistenten, Assistenten und Lehrbeauftragten. Zu den implizierten Kriterien[6] der Hierarchie an den Universitäten zählt vor allem die Anzahl der abgeschlossenen „thèses"*. Der Unterricht in den ersten beiden Jahren wird vorwiegend als Propädeutikum für den Unterricht der „Elite" angesehen.

1.2.2 *Die Entwicklung der „Grandes Ecoles" und der spezialisierten Ausbildungsgänge*

Im wirtschafts- und sozialwissenschaftlichen Studium an den Universitäten wird immer weniger Wert auf die „Einheit von Lehre und Forschung" gelegt. Sicher sind die Philosophie, die Sprachwissenschaften und Mathematik stärker davon betroffen, daß die Zahl der Lehrstellen im Sekundarbereich ständig gekürzt wird. Es gibt sogar im wirtschafts- und sozialwissenschaftlichen Bereich seit 1968 eine „agrégation"* und ein „CAPES"* der Wirtschafts- und Sozialwissenschaften Aber man hat vor allem die Betriebswirtschaftslehre gefördert, die Sozialwissenschaften im eigentlichen Sinne werden vernachlässigt. Das betrifft die Ausbildungseinrichtungen innerhalb des Universitätssystems wie die „Instituts Universitaires de Technologie" (IUT), die 1968 geschaffen wurden und nach zwei Jahren Diplome unterschiedlicher fachspezifischer Natur wie „Finanzwirtschaft", „Handelstechnik" etc. verleihen. Diese IUTs haben eine spezielle Satzung, die eine Auswahl bei der Aufnahme von Studenten vorsieht und weiterhin regelt, daß die örtlichen Arbeitgebervertreter in den Konzils[7] die die IUTs verwalten, stark vertreten sind. Dies gilt auch für die Handelshochschulen, für deren Aufnahmeprüfung meist eine zweijährige Vorbereitungszeit notwendig ist.

Diese Entwicklung entsprach den Wünschen der staatlichen Organe. Seit 1971 steht in dem Bericht der „Erziehungs-Kommission" des 6. Plans unter dem Kapitel „Anpassung an die soziale und ökonomische Wirklichkeit" folgendes: „aus den Fakten ergibt sich eindeutig die Notwendigkeit, die Ausbildung an die Erfordernisse der Wirtschaft anzupassen, was die Modernisierung der Inhalte und die Unterrichtsmethoden betrifft". Weiter heißt es: „solche Studiengänge (mit dem Ziel einer Eingliederung der zukünftigen Diplominhaber in das Wirtschaftsleben, d. Verf.) sollten auch und vor allem gestaltet werden im Hinblick auf die *Einheit von Fähigkeiten und Einstellungen* (Einübung in Teamarbeit, Erlernen der Fähigkeit, Termine einzuhalten, Interesse an konkreten Anwendungen, wirtschaftliches Denken), die von herausragender Bedeutung für die Berufsausübung und seit langem Ausbildungsziel der „Ecoles Supérieures" und „Grandes Ecoles" sind."[8]

Es wird anscheinend mehr Wert auf „Fähigkeiten und Einstellungen" als auf Wissen gelegt. Das richtige „wirtschaftliche Denken" sollte man auf den Management-Schulen lernen und nicht im wirtschaftswissenschaftlichen Studium. Aber was heißt „wirtschaftliches Denken"? Und was ist z. B. mit „konkreter Anwendung" gemeint? Man weiß, daß die „Grandes Ecoles" ihre Ausbildung auf der sogenannten „Fallmethode" aufbauen, die aber keinen konkreten Inhalt hat.

Es bietet sich also hier eine psychologische Interpretation an: Wenn der Student alle universitären bzw. außeruniversitären Hindernisse der Auslese überwunden hat, hat er gelernt, sich selbst als Ware zu begreifen und hat eine Geisteshaltung angenommen, die sein späterer Arbeitgeber zu würdigen weiß. Trotzdem erklären nicht nur die Vorgaben des Staates und die Aufteilung der Finanzmittel den „Aufstieg" dieser Studiengänge. Die Frage des Bedarfs auf dem Arbeitsmarkt spielt auch eine Rolle. Wir werden im zweiten Abschnitt dieser Studie sehen, daß es sehr schwer ist, diesen Bedarf für den jeweiligen Studienabschluß zu präzisieren. Dennoch wird – vor allem seit 1974 – von den Studenten und der Regierung immer häufiger davon gesprochen, daß es auf dem Arbeitsmarkt keinen Bedarf mehr gäbe. Diese Diskussion trägt dazu bei, daß immer mehr parallele Studiengänge eingerichtet werden, was sich aber mehr in Form strengerer Aufnahmeprüfungen als in einer steigenden Zahl von Diplomträgern bemerkbar macht.

1.2.3 Die Widersprüche in Lehre und Forschung

Auf wissenschaftlichem Gebiet hat die französische Universität eine doppelte „Mission": Lehre und Forschung. Administrativ untersteht das „Nationale Zentrum für wissenschaftliche Forschung" (CNRS) dem Universitätsministerium. Zahlreiche, diesem Zentrum assoziierte Laboratorien und Forschungsgruppen arbeiten an den Universitäten. Darüber hinaus besitzt jede Universität ihre eigenen Forschungszentren. Jede Lehrkraft ist satzungsgemäß eine „forschende Lehrkraft". Diese „Brücke" zwischen diesen beiden Funktionen wird durch den 3. Universitäts-„cycle"* gewährleistet, der zur ‚thèse de troisième cycle'* führt, die wiederum Voraussetzung für die ‚thèse d'Etat'* ist.

Diese Struktur erscheint im Hinblick auf folgende Prinzipien legitim: Dank ihrer Forschungsarbeit bleibt die Lehrkraft über wissenschaftliche Entwicklung auf dem laufenden und aktualisiert ihren Unterricht ständig. Es sind jedoch einige Systemmängel hervorzuheben, die aus der bereits skizzierten Geschichte der Universität resultieren.

Zuerst: Die Berufung, Titulierung und der berufliche Aufstieg der Lehrkräfte hängen fast ausschließlich[9] von ihrer Forschungstätigkeit ab. Für die Berufung eines Assistenten, Oberassistenten oder Professors[10] ist die Anzahl der „thèses", Veröffentlichungen und der Beiträge für Kolloquien entscheidend. Es versteht sich also von selbst, daß ein Lehrer den größtmöglichen Teil seiner verfügbaren Zeit damit verbringt, Forschungsarbeit zu betreiben und die wenigste Zeit dem Unterricht widmet. Eine Lehrkraft, die die meiste Zeit mit der Vorbereitung der Kurse und dem Unterricht der Studenten verbringt, handelt also „irrational" – ihr fehlt das richtige „wirtschaftliche Denken".

Die wirtschafts- und sozialwissenschaftliche Forschung wird sodann in Frankreich größtenteils außerhalb der Universität betrieben: in den Ministerien (für Industrie, Landwirtschaft, Justiz, Arbeit . . .) oder in den Forschungszentren des Nationalen Planungskommissariats, des Nationalen Statistischen und Wirtschaftswissenschaftlichen Instituts. Abgesehen davon, daß diese Institutionen stärker der Staatsgewalt unterliegen und schon daher den „Anforderungen" des Staates genügen, begünstigt diese Struktur eine Verzettelung der Forschung und eine Vernachlässigung theoretischer zu Gunsten empirischer Arbeiten.

Schließlich sind bei den Lehrkräften zumindest ebensoviele berufliche wie wissenschaftliche Zielsetzungen mit der Forschung verbunden. Die „thèse d'Etat"* ist in den Wirtschaftswissenschaften eine (notwendige, aber nicht hinreichende)

Voraussetzung für die Berufung zu Oberassistenten. Bei diesen wissenschaftlichen Arbeiten sind vor allem formale Abhandlungen neoklassischer Prägung gefragt. Es kommt mehr auf die Auswertung alter Thesen als auf die Erarbeitung neuer Problemstellungen an. Der Konformismus dieser Arbeit wird durch die Berufungspraxis bestimmt, und die Universität produziert auf diese Weise „Kopf-Akkordarbeiter" mit geringem Weitblick.

All dieses, das sei nochmals betont, ist durch die Entwicklung während des letzten Jahrzehnts nur noch verstärkt worden. Das „doctorat"*, das ehemals als höchster Abschluß des Universitätsstudiums betrachtet wurde, gilt heute wenig gegenüber einem auf einer „Grande Ecole" erlangten Diplom. Nach einer relativ intensiven Berufungsphase bis 1973 gibt es immer weniger Beschäftigungsaussichten an der Universität selbst: Es kommt nicht selten vor, daß sich 20 Kandidaten mit Doktortitel um einen Assistentenposten bemühen. Die lange Ausbildung, die zum „doctorat" führt, verliert also an Attraktivität, weil sie – abgesehen von den Rechtswissenschaften – sehr geringe Berufsaussichten bietet.

Auf diese Weise verliert das Auswahlverfahren selbst die Legitimation, die es in den Augen der Universitätsprofessoren gehabt haben könnte. Der traditionelle Professor an der Universität selektiert die Studenten nach seinen Vorstellungen, als ob es das normale Schicksal jedes Studenten sei, dort anzukommen, wo ihn sein Professor plaziert hat. Die Handhabung des Theoriegebäudes, die Fähigkeit, Erlerntes schnell und möglichst ohne große sprachliche Abweichungen wiederzugeben – das sind die Qualitäten, die den „guten Studenten" in den Augen der Professoren auszeichnen. Aber das alles ist nur so lange gerechtfertigt, wie es eine reale Grundlage für diese Überzeugung gibt, d. h. einen – nicht allzu kleinen – Anteil von Studenten, denen es auch gelingt, nach „oben" zu gelangen. Nur auf diese Weise kann sich die Universität als wesentlicher Teil des Bildungssystems behaupten. Da sich dieser Anteil der Studenten statistisch der Null nähert, greift man auf andere Rechtfertigungen zurück, sodaß das Niveau der Studenten gesunken sei (alle sind auf einmal Dummköpfe geworden) oder daß das Interesse an der Theorie abgenommen habe.

1.3 Die wirtschafts- und sozialwissenschaftliche Ausbildung und das Wirtschaftssystem

Die Bedeutung der politischen, historischen und institutionellen Faktoren, auf die in den ersten beiden Unterpunkten dieses Abschnittes näher eingegangen wurde, relativiert die gängige Vorgehensweise, die Ausbildung nur im Hinblick auf den Arbeitsmarkt zu sehen. Dennoch bildet diese Einstellung weiterhin – besonders in Krisenzeiten und Perioden wachsender Arbeitslosigkeit – auf Regierungs- und Arbeitgeberseite die Grundlage von Universitätsanalysen. Wir müssen also darauf im Rahmen dieser Abhandlung näher eingehen.

1.3.1 Die Übereinstimmung von Ausbildung und Beschäftigung unter quantitativen Aspekten

Die Übereinstimmung muß in doppelter Hinsicht bezweifelt werden: einerseits bezüglich des „Inhalts ', andererseits bezüglich der „Quantität". Mit „Inhalt" meinen wir hier die Art der Kenntnisse, die vom Bildungssystem[11] vermittelt werden und mit „Quantität" die Zahl der Ausgebildeten, die die verschiedenen Kurse absolvieren. Das Problem ist hier, was unter „Berufsorientierung" und „Auslese" zu verstehen ist, und wie die Kenntnisse beschaffen sind, die in die berufsqualifizierenden Ausbildungsgänge eingehen. Diesen Aspekt untersuchen wir in folgendem. In der Sprache der Politik wird das Ganze gewöhnlich folgendermaßen formuliert: Vermittelt das Bildungssystem die Kenntnisse, die gesellschaftlich verlangt werden, und wieviel Schulabgänger welcher Ausbildungsart werden benötigt? Stimmen Ausbildung und Beschäftigung überein?

Wenn die Frage in dieser Form gestellt wird, könnte man glauben, daß es hier nur um wirtschaftliche Prognosen ginge, um die Anpassung der jeweils im Jahre n Auszubildenden an die Zahl der Arbeitsplätze. Zu diesem Zweck wird die Produktionsstruktur des vergangenen Jahres ermittelt, aus der man die Beschäftigungsstruktur ableitet. Dann projeziert man diese Werte auf das Jahr n, unter Berücksichtigung bestimmter Hypothesen über strukturelle Veränderungen in der Industrie und der Mobilität der Arbeitskräfte. Auf diese Weise erhält man Beschäftigungsprognosen bezüglich der „Inhalte" (die verschiedenen Kurse, die gesellschaftlich erforderlich sind) und bezüglich der „Quantität", also der verschiedenen vorher definierten Qualifikationen. Es genügt also, die derzeitige Situation darzustellen und die notwendigen Anpassungen zu prognostizieren.

Diese Form der wirtschaftlichen Prognose wird sehr häufig praktiziert, z. B. in internationalen Organisationen bei der Planung des Ausbildungssystems in „unterentwickelten Ländern"[12] wie auch in Frankreich selbst, besonders anläßlich der Vorbereitung neuer Pläne[13]. Inzwischen wird diese anspruchsvolle Vorgehensweise aber immer mehr in Frage gestellt und eine weniger streng deterministische Analyse des Bildungssystems gefordert.

In der Tat setzt die Frage nach der Zweckmäßigkeit der Ausbildung für die spätere Beschäftigung die *unmittelbare* Übereinstimmung zweier Größen (der der Ausbildung und der Beschäftigungsstruktur) voraus oder zumindestens die Möglichkeit einer Übereinstimmung. Sie besteht aber nicht[14]. Das französische Bildungssystem ist anders strukturiert als das Wirtschaftssystem. Während im Bildungssystem das organisatorische Prinzip die „Hierarchie des Wissens" ist, unterliegt das Wirtschaftssystem der Gewinnmaximierung – und das Beschäftigungsziel ist *kein Ziel an sich*.

1.3.2 Das Problem der „Qualifikation"

Die Tatsache, daß es zwischen Bildungs- und Wirtschaftssystem keine Übereinstimmung gibt, wird besonders deutlich am Qualifikationsbegriff, denn oft wird dieser Begriff durch das Ausbildungsniveau des Arbeitnehmers definiert. Wenn der Begriff „Qualifikation" aber nicht nur eine Trivialität kennzeichnen soll – der oder die, welche eine Beschäftigung ausüben, sind dafür auch qualifiziert – so kann er doch nur einen vagen und oft verwirrenden Inhalt haben. Er bezeichnet also nichts „objektiv" Vorgegebenes, das sich dem Ökonomen aufdrängt, der dann wiederum die Existenz bzw. Nichtexistenz einer Beziehung zwischen Ausbildungsniveau und Qualifikation bestimmen könnte. Tatsächlich enthält der Begriff der Qualifikation Elemente, die nicht an die Ausbildung gebunden sind. Das wird besonders deutlich in Konfliktsituationen zwischen Arbeitnehmer- und Arbeitgebervertretern, wenn es z. B. um das Lohngefüge im Betrieb geht.

In der Tat ist die „Qualifikation" nicht das Ergebnis der Aneinanderreihung einer Anzahl von Studienjahren, während derer eine spezialisierte, in Beziehung zum späteren Beruf stehende Ausbildung absolviert wird, vielmehr ist sie ein Teil der Formierung der Arbeitnehmer zu einem Arbeitskollektiv eines bestimmten Betriebes. Deshalb ist sie auch untrennbar mit der konfliktträchtigen Festsetzung von Löhnen und der Normierung der Weisungsbeziehungen in Unternehmen verbunden.

Ein in diesem Zusammenhang verständlich werdender Vorgang im Bildungssystem ist es, daß sich in die Wissensvermittlung, die vorrangiges Ziel sein sollte, ein anderer Prozeß einschleicht, der darauf abzielt, den Qualifikationsbegriff im Sinne einer Hierarchieposition zu vermitteln.

Innerhalb des Bildungssystems ist die einzige vorhandene Hierarchie (abgesehen von der, die zwischen den Lehrkräften besteht) die des „Wissens", vor dem alle Schüler bzw. Studenten gleich sein sollen[15]. Der Student befindet sich also in einer Welt von Gleichen. Die gesellschaftlichen Unterschiede existieren zwischen Studenten nicht, weil sie a priori negiert werden, wenngleich sie auf anderer Ebene wieder zu finden sind (in der Beziehung Lehrer – Lernender). Die Anerkennung durch den Studenten vollzieht sich dadurch, daß dieser die „Hierarchie des Wissens" zwischen denen, die *weniger* und denen, die *mehr* wissen, akzeptiert. Der Grad des erworbenen Wissens ist im übrigen deutlich durch die Zahl der Unterrichtsjahre, die für ein Diplom benötigt wurden, bestimmt[16]. Die Hierarchie der Diplome ist umso weniger angreifbar, als sie die Grundlage für die Ablehnung von Studenten außerhalb des Schulsystems bildet (nur ein „DEUG"* = Abitur + 2 Jahre zu haben, bedeutet, vor der „licence"* = Abitur + 3 Jahre, abgelehnt worden zu sein). Die Legitimation dieses Prinzips leitet sich nicht so sehr von denen her, die erfolgreich sind, sondern eher von den Gescheiterten. Diese müssen, da sie auf dem gleichen Niveau begonnen haben, anerkennen, daß die anderen da bestanden, wo sie versagt haben: So bildet sich innerhalb der Studentenschaft eine Hierarchie zwischen denen, die es schaffen und denen, die versagen beim „concours"* der „Grandes Ecoles" und innerhalb der Universität zwischen den Absolventen des „DEUG"*, der „licence"*, „maîtrise"* etc.

Die beim Verlassen des Bildungssystems festgelegte, auf dem Diplom basierende Hierarchie integriert sich so zwanglos in verschiedenster Weise (auf die man anhand der absolvierten Kurse näher eingehen müßte, da hier die Bürde der Geschichte oft die entscheidende Rolle spielt) in die andere hierarchische Struktur, in der sich die Arbeitnehmer befinden: die Hierarchie von Autorität und Einkommen.

Was die sozialwissenschaftlichen Studiengänge nach dem Abitur betrifft, so überrascht es nicht, daß man auf jedem Abschlußniveau die Übereinstimmung beider Hierarchiestrukturen wiederfindet. Aber diese Übereinstimmung ist die Folge der „Strukturierung" der Beschäftigten im Betrieb. Sie kann also nicht a priori als vorgegeben analysiert werden, als feste Beziehung zwischen zwei Strukturen, vergleichbar einer Input-output-Verflechtungsmatrix.

1.3.3 Der relative Charakter der „Nichtübereinstimmung"

Eine der Schlußfolgerungen des Vorangegangen ist, daß die Anfangsfrage nach der Übereinstimmung von Ausbildung und Beschäftigung nicht präzise formuliert werden konnte, da das verlangt, die unterschiedlichen Abschlüsse am Ende der verschiedenen Ausbildungsgänge zu vergleichen. Andererseits muß betont werden, daß das Beschäftigungsniveau, also die quantitative Übereinstimmung von Ausbildung und Beschäftigung, nicht nur von der Zulassungskontrolle in den Ausbildungsgängen abhängt, sondern auch (und vor allem) von der Fähigkeit der Unternehmen, zu wachsen und sich zu entwickeln. Wenn das Bildungssystem letztlich den Kapitalinteressen unterliegt, so ist auch das „Kapital" unmittelbar der Arbeitgeber, und dieser letzte Aspekt ist immer der entscheidende.

Schließlich ist der Zwang, stets mit der Entwicklung neuer Technologien mitzuhalten, für die kapitalistische Gesellschaft charakteristisch, in der aber gerade der Prozeß der Wissensvermittlung völlig losgelöst vom Produktionsprozeß ist. So können die Begriffe Übereinstimmung bzw. Nichtübereinstimmung nur relativ sein, denn letzten Endes wird das Bildungssystem durch das Beschäftigungssystem, d. h. durch das Kapital, „sanktioniert". Die „technologische" bzw. „ideologische" Übereinstimmung (über der letzteren wacht der Staat aufmerksam in Form von mehr oder weniger versteckten Kontrollen) ist also nur ein Ausdruck für eine wesentliche Tatsache, die häufig übersehen wird: Das Bildungssystem im Kapitalismus hat die Aufgabe, die Arbeiterklasse in ihrer technischen und hierarchischen Struktur zu formen, wobei die Hierarchie der Diplome als *Rechtfertigung* für die Hierarchie der „Qualifikationen" (Klassifikationen) und Einkommen dient, und zugleich eine Hierarchie widerspiegelt, die nicht in der Arbeitswelt, sondern im Bildungssystem gemacht wird.[17]

In diesem Sinne läßt sich sagen, daß diejenigen, die ein Universitätsstudium bzw. ein außeruniversitäres Studium der Wirtschafts- und Sozialwissenschaften absolvieren, Berufe wie „höherer ' und „mittlerer Führungskräfte" ansteuern. Daß sie das größtenteils auch realisieren können, ist nicht so sehr die Konsequenz der erworbenen Kenntnisse, sondern resultiert vielmehr aus der gehobenen Position innerhalb des Bildungssystems und dem erlangten Diplom, wie auch immer die vermittelten von den wirklich geforderten Kenntnissen in der Praxis abweichen mögen.

2. *Das System der Wissensvermittlung in den Wirtschafts- und Sozialwissenschaften: Organisation der Studiengänge und das Schicksal der Studenten*

2.1 Das System der Wissensvermittlung

2.1.1 Besonderheiten des wirtschafts- und sozialwissenschaftlichen Studiums

Das wirtschafts- und sozialwissenschaftliche Studium unterscheidet sich von anderen Disziplinen durch sein völliges Eintauchen in „die Gesellschaft". Selbst die vermittelten Kenntnisse sind „gesellschaftlicher" Natur. Die instrumentelle Illusion dieser Art Studium wird so auf die einfachste Formel gebracht und die Selbstverständlichkeit, mit der diese Reduzierung vorgenommen wird, macht die Macht dieser Illusion aus. Die Gesellschaft wird auf eine „Mechanik der Gesellschaft" reduziert, und Gegenstand des wirtschafts- und sozialwissenschaftlichen Studiums ist die Gesamtheit der „Gesetze der Gesellschaft".

Das Wort „gesellschaftlich" dient hier zur Bezeichnung – man müßte Entstellung sagen – einer Gesamtheit von Begriffen, die aus den Naturwissenschaften entlehnt wurden und in eine passende Form gebracht worden sind: Eine Form, die es erlaubt, *die* Gesellschaft als solche abzuhandeln und die der Analyse den wissenschaftlichen Charakter nimmt: Es gibt „Gesetze", wie das des Marktes, „Kräfte", wie die von Angebot und Nachfrage, es gilt, das „Gleichgewicht der Kräfte" zu beachten, ebenso selbstverständlich, als ob es sich um „Gesetze", „Kräfte" und „Gleichgewichtslage" der Natur handele.

Hier haben wir die herrschenden Ideen im Doppelsinn als Ideen der herrschenden Klasse und als vorherrschende Kategorien. Das gilt auch heute noch, trotz verschiedener Ansätze, die darüber hinausgehen. Diese Ansätze aber, die sich in kritischer Form mit der Gesellschaft auseinandersetzen, werden kontrolliert und möglichst aus dem Bildungssystem herausgehalten. Sie werden bestimmten Herrschaftsbegriffen unterworfen. Z. B. wird das Recht immer als *Technik* des Rechts, die Nationalökonomie als wirtschaftliche *Analyse* und die Unternehmensorganisation als *Technik* der Unternehmensorganisation dargestellt.

2.1.2 Der Unterschied zwischen öffentlichen und privaten Instituten

Die wirtschafts- und sozialwissenschaftliche Ausbildung, von der hier die Rede ist, wird erstmals nach Beendigung der Sekundarstufe, d. h. (in den meisten Fällen) nach dem Bestehen des Abiturs, erteilt.[18] An drei verschiedenen Orten erfolgt diese Ausbildung: auf den Lyzeen, den Universitäten und den „Grandes Ecoles". Aber zu diesem Unterschied kommt eine weitere Differenzierung hinzu: die zwischen öffentlichen und privaten Bildungseinrichtungen. Das erstaunt auf den ersten Blick umso mehr, als in Frankreich fast alles, was mit der Vermittlung von Wissen zusammenhängt, eine Angelegenheit des Staates ist.[19]

In Frankreich nimmt der Staat unmittelbar und massiv auf die öffentlichen Bildungseinrichtungen Einfluß, und nur 16 % des Schülerbestandes befindet sich an privaten Schulen. Diese privaten Bildungseinrichtungen unterliegen dennoch durch finanzielle Zuweisungen und dadurch, daß sich der Staat die Verleihung von Diplomen vorbehält, einer Kontrolle. Für die Ausbildung im wirtschafts- und sozialwissenschaftlichen Bereich nach dem Abitur sieht die Situation folgendermaßen aus:

Aufteilung der Studenten der Wirtschafts- und Sozialwissenschaften nach privaten und öffentlichen Bildungsinstituten

Bildungsinstitut	prozentualer Anteil öffentlich	privat
Sektionen der höheren Techniker (Lyzeum) (a)	66,2	33,7
Universitäten	98,6	1,4
„Grandes Ecoles“	75,6	24,4

(a) = alle Sektionen zusammen, außer landwirtschaftlichem Sektor

Quelle: Erziehungsministerium „Tableaux des enseignements et de la formation“, herausgegeben 1979, Seite 34, 352

In diesen Ausbildungsgängen werden die „anerkannten“ Diplome (also auch die Kurse, die zur Erlangung dieser Diplome führen) meistens auf zentraler Ebene durch Kommissionen ausgehandelt, die aus Behörden- und Arbeitgebervertretern zusammengesetzt sind. Es handelt sich hier also um staatliche Diplome. Die Universitäten sind andererseits nur scheinbar autonom (siehe 1.2.1) und werden durch den Staat streng kontrolliert.

Was die „Grandes Ecoles“ betrifft, so nehmen hier die Handelshochschulen eine Sonderstellung ein: Die Vorherrschaft des privaten Sektors ist hier total. Und die Mehrzahl der „Hochschulen für Rechts- und Verwaltungswissenschaften“ wird direkt durch das entsprechende Ministerium geleitet:

Schülerbestand in Tausend und prozentuale Aufteilung nach öffentlichen und privaten Bildungsinstituten

	öffentlich		privat	
Bildungsinstitut	*Schülerbestand*	*%*	*Schülerbestand*	*%*
Handelshochschulen	–	–	6,4	100
Andere Handelsschulen und Hochschulen der Wirtschafts- und Verwaltungswissenschaften	–	–	4,8	100
Hochschulen für Rechts- und Verwaltungswissenschaften (écoles de sciences juridiques et administrativés)	6,9	83	1,4	17

Quelle: Erziehungsministerium „Tableaux des enseignements et des formations“, Seite 34

Die anderen Handelsschulen erscheinen durch die Form ihrer Finanzierung und Verwaltung als Privatschulen. Sie werden von den Organisationen, die sie geschaffen haben, verwaltet. Das sind vor allem die Industrie- und Handelskammern.[20] Trotzdem werden die hier erlangten Diplome vom Staat als „äquivalent" anerkannt. Es ist sowieso klar, daß die ideologischen Prinzipien der Organisationen, die diese Schulen schufen und verwalten, in keiner Weise denen des Staates widersprechen. Zu diesen Prinzipien gehört es, die Ausbildung im Hinblick auf den späteren Arbeitsplatz zu gestalten – was von Mitgliedern der oben genannten Organisationen wahrgenommen wird. Man kann also die verschiedenen in diesem Abschnitt dargestellten Arten von „Grandes Ecoles" als homogene Einheit betrachten.

2.1.3 Die relative Bedeutung der verschiedenen Ausbildungsgänge im wirtschafts- und sozialwissenschaftlichen Bereich

Die verschiedenen Ausbildungen, die auf dem Lyzeum, der Universität und den „Grandes Ecoles" angeboten werden, sind nicht gleichartig: Ein Unterschied besteht vor allem zwischen denjenigen, die einen „cycle court" (Kurzstudiengang) und denen, die einen „cycle long" (traditioneller, längerer Ausbildungsgang) absolvieren. Die „cycles courts" haben im allgemeinen eine (nach dem Abitur gerechnet) zweijährige Dauer. Sie sollen „mittlere Führungskräfte" und „höhere Techniker" ausbilden. Diese Ausbildungsgänge werden an den Lyzeen (BTS) und an den Universitäten („Instituts Universitaires de Technologie" – IUT) angeboten. Die „cycles longs", die zwischen 3 und 5 Jahren Ausbildungszeit nach dem Abitur erfordern, werden an den Universitäten und den „Grandes Ecoles" angeboten. Sie sollen leitende Führungskräfte, seltener mittlere Führungskräfte ausbilden. Diese Aufteilung nach Studiengängen, in denen das „Schicksal" der Studenten schon festgelegt wird, erscheint uns charakteristisch.

Im Gegensatz zu den anderen Studiengängen nehmen die wirtschafts- und sozialwissenschaftlichen Fächer (Rechtswissenschaften inbegriffen) eine Sonderstellung ein: 57 % der Studenten im Bereich der BTS, 58 % der Studenten der IUTs und 47 % der Studenten der „cycles longs" an den Universitäten sind in den Wirtschafts- und Sozialwissenschaften eingeschrieben. An den „Grandes Ecoles" ist die Bedeutung des wirtschafts- und sozialwissenschaftlichen Studienganges demgegenüber wesentlich geringer: Nur 17 % der Studenten erwerben in diesen Fächern ihr Diplom. Das hängt stark mit der historischen Entwicklung im 19. Jahrhundert zusammen (siehe 1-1-2). Der Bedarf an Führungskräften in den Bereichen Organisation und Finanzierung wurde erst wesentlich später bemerkt als im Bereich Technik und Produktion. Als der erstgenannte Bedarf deutlich wurde, wurde er größtenteils durch die Einrichtung zusätzlicher Studiengänge innerhalb der rechtswissenschaftlichen Fakultät befriedigt (dem traditionellen Ort für die Ausbildung von Führungskräften für die staatliche Verwaltung). Anzumerken ist auch, daß ein großer Anteil der ehemaligen Schüler der Ingenieursschulen heute Direktions-, Marketingposten etc. besetzt.[21]

2.1.4 Die Breite der Ausbildung im wirtschafts- und sozialwissenschaftlichen Bereich

Zum Schluß dieser allgemeinen Betrachtungen möchten wir auf eine Besonderheit der wirtschafts- und sozialwissenschaftlichen Ausbildung gegenüber den anderen Ausbildungsgängen und dem Abitur hinweisen: Die wirtschafts- und sozialwissenschaftliche Ausbildung ist durch eine große Breite gekennzeichnet. Studenten, die einen solchen Ausbildungsgang absolviert haben, können in jeder Branche in verschiedenen Funktionen arbeiten. Auch wenn z. B. die Branche ,Banken und Versicherungen' sehr gefragt ist, gibt es kein Einstellungsmonopol einer einzigen Branche.

Daraus folgt, daß diese Ausbildungsgänge in ihrer Gesamtheit nicht vom Strukturwandel der Wirtschaft berührt werden. Der Bedarf auf dem Arbeitsmarkt nimmt also nicht plötzlich ab. Hinzu kommt, daß ein großer Teil der Arbeitsplätze von der staatlichen Administration angeboten wird. Das schließt allerdings nicht aus – wie wir später sehen werden –, daß es auch unter Akademikern eine zunehmende Arbeitslosigkeit gibt, aber die krassen Auswirkungen der Schwankungen auf dem Arbeitsmarkt werden gemindert.

2.2 Die Kurzstudiengänge („cycles courts")

2.2.1 Die wirtschafts- und sozialwissenschaftliche Ausbildung auf dem Lyzeum: Das Studium, das zum „Brevet de Technicien Supérieur" (BTS) führt

2.2.1.1 Ursprung und Form dieses Studiengangs

In Frankreich wird traditionell die „humanistische Bildung" auf dem Lyzeum erworben. Anschließend, wenn der Schüler sein Abitur hat, geht er an die Universitäten oder die „Grandes Ecoles", um eine Berufsausbildung zu erlangen. Bis zum Jahre 1960 gab es auf den Lyzeen nur einige Klassen, in denen die Schüler auch nach dem Abitur unterrichtet wurden. Hier wurden sie auf den „concours"* der „Grandes Ecoles" vorbereitet. Aber auch bei diesen Klassen war das Ziel – dem traditionellen Verständnis entsprechend – nicht eine echte Berufs- sondern eine allgemeinbildende Ausbildung zu erlangen. Für die Ausbildung zum „Technicien Supérieur", die Anfang der 60er Jahre eingerichtet wurde, trifft das jedoch nicht zu.

Dieser Studiengang ist das Ergebnis von zwei Veränderungen: einmal der Entwicklung des technischen Unterrichts aus dem allgemeinbildenden Unterricht, zum anderen wollten die Behörden kurze Ausbildungsgänge für Techniker einrichten, um das Überlaufen der längeren Studiengänge an den Universitäten zu verhindern. Diese neuen Ausbildungsgänge sollten auch verdeutlichen, daß die Behörden etwas für die Berufsausbildung tun. Also führte die Regierung an den Lyzeen Klassen für Techniciens Supérieurs (Abitur + 2 Jahre, selten + 3 Jahre) ein und schuf parallel dazu an den Universitäten die „Instituts Universitaires de Technologie" (Abitur + 2 Jahre).

2.2.1.2 Die Zulassung

Die Zulassung der Studenten für diese Ausbildungsinstitute findet an der Mehrzahl der Schulen nicht anhand eines „concours"* oder einer Aufnahmeprüfung (wie bei den „Grandes Ecoles") statt, sondern auf der Basis der Zeugnisse.[22]

Im Jahre 1977–1978 waren 13 % der im ersten Jahr eingeschriebenen Studenten[23] keine Abiturienten, sondern kamen aus unterschiedlichen technischen Ausbildungsgängen. Der Rest (87 %) ist durch die große Zahl von Absolventen des technischen Abiturs gekennzeichnet (46 %), obwohl nur 27 % der Abiturienten im technischen Bereich abschließen. Dieser Ausbildungsgang wird also von 19,4 % der technischen Abiturienten und nur von 8 % der Absolventen des allgemeinbildenden Abiturs gewählt. Diese Abiturienten gehen meist an die Universitäten oder an die „Grandes Ecoles".

Aufteilung der im ersten Jahr in den BTS (alle Ausbildungsgänge) Eingeschriebenen nach ihrer vorher absolvierten Ausbildung, Stand: 1977–78		Aufteilung der Abiturienten nach Abschluß. Stand: 1977	
Abitur – allgemeinbildendes	12.822	Abitur – allgemeinbildendes	152.627
– technisches	10.898	– technisches	56.216
„Technikerdiplom"	1.279		
Andere	2.275		
Gesamt	27.274		208.843

Quelle: „Tableaux des enseignements et de la formation", herausgegeben 1978 und 1979, Seiten 153, 355 und 357

Diese „Vorauswahl" durch die Sekundarausbildung (besonders durch die Richtungen „allgemein-technisch", für die man sich im Alter von 14–15 Jahren am Ende des 1. Abschnitts der Sekundarstufe entscheidet), wurde schon von vielen Autoren untersucht. Sie multizipliert sich im vorliegenden Falle noch durch die Vorauswahl im 2. Abschnitt der Sekundarstufe, der zum Abitur führt. Wie die nachfolgende Tabelle zeigt, sind die Abiturienten (Absolventen des technischen *und* des allgemeinbildenden Abiturs), die das Fach „Wirtschafts- und Sozialwissenschaften" gewählt haben, in den Klassen des BTS stark überrepräsentiert.

2.2.1.3 Die angebotenen Fachrichtungen

Die verschiedenen, in der BTS-Ausbildung angebotenen Fachrichtungen enden mit dem alles entscheidenden Examen, das auf nationaler Ebene in Abstimmung mit den Arbeitgebervertretern festgelegt wird. Die wichtigsten Fachrichtungen sind Sekretariatskunde (59,5 % der Studenten), Buchführungstechniken (16,5 % der Stu-

Aufteilung der im ersten Jahr in den BTS in den Wirtschafts- und Sozialwissenschaften Eingeschriebenen nach Art ihres Abiturs

Abitur	Anzahl der im 1. Jahr Eingeschriebenen (1977–78)	Prozentsatz der Gesamtzahl der Eingeschriebenen*	Prozentsatz der Gesamtheit der Abiturienten (1977)*
Technisches Abitur (Wirtschaftsfächer)	4.958	31,8	15,1
Allgemeinbildendes Abitur			
– Philosophie/Literatur	4.354	28,1	10,4
– Wirtschafts/Sozialwissenschaften	2.204	14,1	8,9
– Mathematik/Naturwissenschaften	1.408	9,0	3,0
Andere	2.625	16.8	–
Gesamt	15.559	100,0	7,5

* Das bedeutet, daß die 4.958 technischen Abiturienten, die aus der wirtschaftswissenschaftlichen Fachrichtung kommen, 31,8 % der im ersten Jahr an den BTS im wirtschafts- und sozialwissenschaftlichen Bereich Eingeschriebenen darstellen, und daß sie 15,1 % der Gesamtheit der technischen Abiturienten der wirtschaftswissenschaftlichen Fachrichtung repräsentieren.

denten), Handel und Vertrieb (11,5 %), Information-Dokumentation (5,4 %) und Arbeitsorganisation (3,1 %).[24]

Bei diesen Fachrichtungen geht es darum, zukünftige Arbeitnehmer so auszubilden, daß sie nach möglichst kurzer Anpassungszeit „brauchbar" sind. Zwei Beispiele im Bereich „Buchführung" sollen diese These verdeutlichen, zumal sie auch für die anderen Fachrichtungen typisch sind: Die Verabschiedung von Bilanzierungsvorschriften (1957), an die sich die Unternehmen bei der Darstellung ihrer Geschäftsergebnisse halten müssen, machte eine entsprechende Ausbildung der Arbeitnehmer notwendig. Die Schnelligkeit, mit der dieser Plan verabschiedet wurde, hat dazu geführt, daß in den entsprechenden Ausbildungszweigen die neuen Vorschriften schnell integriert wurden. Das geschah innerhalb der Unternehmen und im Ausbildungsbereich in nur wenigen Jahren. Das andere Beispiel betrifft die Einführung der EDV, die erst in allgemeiner Form und dann auf operationeller Ebene in die Buchführungskurse einfloß. Auf diese Weise werden die Schüler auf die Art und Organisation ihrer späteren Beschäftigung vorbereitet.

Das bedeutet, daß die BTS durch ihre direkte Berufsorientierung – als höherer Techniker, mittlere Führungskraft oder „qualifizierter Angestellter" – gezwungen sind, sich permanent an Industrie und Handel anzupassen. Es kann also nicht erstaunen, daß man in der Presse, die doch so oft gegen die Universitäten wettert, kein böses Wort gegen diese so nützlichen Ausbildungsinstitute findet.

2.2.2 *Der Kurzstudiengang („cycle court") der Wirtschafts- und Sozialwissenschaften an der Universität: Die „Instituts Universitaires de Technologie" (IUT)*

2.2.2.1 Die Geburtsstunde der IUTs

Die IUTs wurden durch ein Dekret vom Juli 1966 eingerichtet. Aber erst in den Jahren von 1969–1970, also im Verlauf der Reform, die den Mai-Unruhen 1968 folgte, wurden sie vollständig in die Universitäten integriert und begannen mit der Ausbildung. An den Universitäten stellten die IUTs die neuesten Formen eines Prozesses der Einrichtung von „cycles courts" (Abitur + 2 Jahre) dar. Diese Studiengänge waren von Beginn an stark an dem „Bedarf" an Arbeitskräften in Industrie und Handel orientiert, wie er von den Behörden – besonders von den Vorbereitungskommissionen für die verschiedenen Wirtschafts- und Sozialpläne[25] – definiert wurde.

Die Zeit von 1960 bis 1974 markiert für den französischen Kapitalismus in der Tat eine Epoche der „Wiederentfaltung", die durch das Inkrafttreten der Römischen Verträge, den Verlust[26] der Kolonien und vor allem durch den Eintritt in eine schnelle Phase des Wirtschaftswachstums der wichtigsten industrialisierten Länder gekennzeichnet war. Für die zentralen Staatsorgane bedeutete diese Entwicklung, daß sich ein Bedarf an mittleren Führungskräften entwickeln würde. Ihre Ausbildung sollte die Aufgabe der IUTs sein.

1978 waren insgesamt (alle Bereiche eingeschlossen) 46.398 Studenten an den IUTs eingeschrieben. Das entspricht etwa 1/20 aller Studenten.[27] 10 Jahre nach ihrer Gründung und, obwohl die Unruhen, die die Geburtsstunde der IUTs verursacht hatte, heute verstummt sind, kann man sagen, daß die IUTs ihrer von den Behörden zugedachten Aufgabe bezüglich der Ausbildung nicht gerecht geworden sind. Das liegt nicht so sehr daran, daß sie nicht „anpassungsfähig" genug sind, sondern eher daran, daß sich der „Bedarf ' selbst geändert hat. Vor allem aber daran, daß sich die Studenten, wenn irgend möglich, lieber im längeren, traditionellen Studiengang einschreiben, da sie sich davon bessere berufliche Perspektiven versprechen.

2.2.2.2 Die Wirtschafts- und Sozialwissenschaften an den IUTs

43,6 % der Studenten an den IUTs sind im wirtschafts- und sozialwissenschaftlichen Bereich eingeschrieben. Dieser Bereich besteht aus einer Vielzahl von Ausbildungsfächern, die sich von der Verkehrsplanung bis zur Unternehmensführung erstrecken, und alle ungefähr zwei Jahre *„an der Praxis orientiert"* andauern. Diese Ausbildung spricht im Gegensatz zu den „cycles longs" mehr Interessengruppen außerhalb der Universität an.

Die Ausbildungsgänge „Unternehmensführung" und „Handelstechnik", die 79,6 % der Eingeschriebenen absolvieren, sind direkt an der Industrie ausgerichtet. In diesem Bereich findet die Verbindung „Industrie-Universität", die in den Jahren 1965 –

1966 so viele Unruhen hervorrief, ihren vollen Niederschlag. Es erstaunt deshalb nicht, wenn in einer Veröffentlichung des französischen Arbeitgeberverbandes zu lesen ist, daß „die IUTs einen Erfolg darstellen, deren Fortbestand gesichert werden müsse".[28] In der nachstehenden Aufteilung der Studenten nach Ausbildungsgängen wird dieser (für die Arbeitgeber) „nützliche" Charakter dieses Studiengangs deutlich:

Aufteilung nach Ausbildungsgängen
Stand: 1977–78

Inhaltliche Ausrichtung der wirtschafts- und sozialwissenschaftlichen Kurse	Anzahl der Studenten	Prozentualer Anteil gegenüber der Gesamtstudentenzahl
Unternehmensführung	10.338	50,0
Informatik	1.672	8,1
Jura	907	4,4
Soziologie	890	4,3
Statistik und quantitative Methoden	430	2,1
Handelstechnik	6.099	29,6
Verkehrsplanung	316	1,6
Gesamt	20.652	100,0
(Gesamtzahl der Studenten der IUT)	47.380	

Quelle: (vgl. Original)

Es bleibt jetzt noch darzustellen, wie es heute in einer Zeit der Wirtschaftskrise und steigender Arbeitslosigkeit für die Diplominhaber des BTS und des IUT aussieht.

2.2.3 Das Schicksal der Schüler und Studenten des BTS und der IUTs

2.2.3.1 Die Arbeitslosigkeit

Von der Arbeitslosigkeit werden *alle* Männer und Frauen betroffen sein, die das Ausbildungssystem verlassen, wie ihre Ausbildung auch aussehen mag. Eine geringe Arbeitslosenquote ist immer die Ausnahme, ob es sich um Absolventen der „cycles longs" oder um „cycle court"-Absolventen handelt. Wie es bereits Anfang des 19. Jahrhunderts S Sismondi formuliert hat: „Der Handel hat trotz seiner enormen Ausdehnung aufgehört, an die jungen Leute, die Karriere machen wollen, zu appellieren. Alle Plätze sind besetzt, und auf höherem oder niedrigerem Niveau bieten die meisten vergeblich ihre Arbeitskraft an".[29]

Es ist in der Tat müßig, die tiefen Ursachen dieser Arbeitslosigkeit in der mangelhaften Anpassung der Ausbildung an die Anforderungen von Industrie und Handel zu suchen, der Zustand selbst, in dem sich Industrie und Handel befinden, ist die entscheidende Ursache.

Im März 1976 sah die Arbeitslosenquote der die BTS- und IUT-Studiengänge absolvierenden Altersgruppen folgendermaßen aus:[30]

Altersgruppe	Männer	Frauen
unter 18 Jahren	17,5 %	33,5 %
zwischen 18 und 24 Jahren	6,8 %	12,4 %

Demgegenüber lag die Arbeitslosenquote der Gesamtheit der erwerbstätigen Bevölkerung bei den Männern bei 3,1 % und bei den Frauen bei 5,7 %. Seitdem hat sich die Situation unaufhörlich verschlechtert und Ende 1979 lag die Arbeitslosenquote der Gesamtbevölkerung bei 6,6 %. Diejenigen, die unter 25 Jahre alt sind, stellen sogar 45,7 % der Arbeitslosen.

Es ist also nicht erstaunlich, daß die Umfrage unter den ehemaligen Schülern des BTS und des IUT von 1976 Arbeitslosenquoten anzeigt, die gemäß Geschlecht, Erhalt bzw. Nichterhalt des Diploms zwischen 5,2 und 24,9 % der Gesamtzahl der Absolventen, die eine erste Beschäftigung suchen, schwanken.[31]

2.2.3.2 Die Besonderheit des BTS und des IUT

Auf der Grundlage der Daten vom März 1976, in dem eine relativ umfassende Umfrage zu diesem Thema gemacht wurde, können vier Anmerkungen festgehalten werden. Die Fakten aus 1976 scheinen noch immer repräsentativ für die Gesamtstruktur zu sein, da es weder im Ausbildungssystem noch in den Bedarfsstrukturen von Industrie und Handel fundamentale Veränderungen gegeben hat.

Die erste Anmerkung betrifft den Besitz des Diploms: Dieser Besitz scheint, ob in den Wirtschafts- und Sozialwissenschaften oder in anderen Bereichen, mit einer größeren Wahrscheinlichkeit verbunden zu sein, auch einen Arbeitsplatz zu finden. Das sieht bei Männern und Frauen aller absolvierten Studiengänge gleich aus, wenn auch dieser Vorteil für Männer entscheidender ist als für Frauen. Bei den Männern liegt die Arbeitslosenquote für die Diplominhaber der IUTs mit 2,6 % unter der der Absolventen, die kein Diplom besitzen. Und für die BTS liegt der Unterschied bei 4,8 %. Die entsprechenden Zahlen für die Frauen sind 1,8 % und 4,6 %. Das Diplom scheint also auf dem Arbeitsmarkt eine diskriminierende Rolle in Krisenzeiten zu spielen und das besonders als pädagogischer Bewertungsmaßstab der erlangten Kenntnisse.

Die zweite Anmerkung betrifft den Einfluß des Geschlechts auf die Arbeitslosenquote. Die Arbeitslosenquote liegt bei jungen Frauen im allgemeinen mehr als doppelt so hoch wie bei den Männern. Das liegt vor allem an der Praxis der Unternehmen, bei gleichen Kenntnissen bzw. gleichem Studium den Lohn bzw. die Beschäftigung geschlechtsspezifisch zu differenzieren. Die niedrigere Arbeitslosenquote der jungen Männder ist aber auch darauf zurückzuführen, daß ungefähr die Hälfte der männlichen Diplomträger ein Jahr, nachdem sie die Schulausbildung abgeschlossen haben, von der Wehrpflicht betroffen sind. Daraus folgt unvermeidlich eine Reduzierung der Anzahl der männlichen Bewerber um einen Arbeitsplatz. In der Tat, wenn man die Männer, die im Augenblick den Wehrdienst absolvieren, in die Gesamtheit der Erwerbstätigen bzw. Arbeitslosen einbezieht, und wenn man für sie dieselbe prozentuale Aufteilung zugrunde legen würde, wäre die Arbeitslosenquote der männlichen Erwerbstätigen dieses Alters doppelt so hoch. Diese Quote entspräche dann, obwohl sie noch immer vergleichsweise niedriger läge, ungefähr der Arbeitslosenquote der Frauen. Der Militärdienst vereinfacht aber nicht etwa die Situation der jungen Leute, sondern verlagert die Probleme nur in die Zukunft und verschärft sie so angesichts des ständigen Anwachsens der Arbeitslosigkeit.

Die dritte Anmerkung bezieht sich auf die Disparität zwischen denjenigen, die das IUT absolviert haben und denen, die das BTS besucht haben. Für vergleichbare Ausbildungsgänge liegt die Beschäftigungsquote der BTS-Absolventen (Männer und Frauen) über der der IUT-Diplomträger.[32] Unter den für eine Erklärung dieses Phänomens geeigneten Faktoren werden wir uns auf drei beschränken: Zunächst bieten die BTS-Klassen, die ungefähr 10 Jahre vor den IUTs eingeführt wurden, eine Ausbildung an, mit der die Unternehmer vertraut sind. In der Praxis geht ein Arbeitgeber also ein geringeres Risiko ein, wenn er sich für einen BTS-Absolventen entscheidet. Sodann scheint es so, als ob die Unternehmer bei gleichwertiger Qualifikation (Abitur + 2 Jahre) die Diplome bevorzugten, die in „geschlossenen" Strukturen erworben wurden, wo man die Disziplin des Lyzeums wiederfindet, gegenüber den eher geöffneten Strukturen an den Universitäten.[33] Schließlich sind die IUT-Absolventen mehr auf Berufe wie „mittlere Führungskräfte" ausgerichtet, während die BTS-Absolventen den Beruf eines „qualifizierten Angestellten" oder „Technikers" anstreben. Trotz gelegentlicher Schwankungen, an die Industrie und Handel gewöhnt sind, sind die BTS-Absolventen auch *bei gleicher Qualifikation* „billiger".

Die vierte und letzte Anmerkung betrifft die Abweichung zwischen den einzelnen Abschlüssen und den Beschäftigungsanforderungen, denn die Arbeitslosenquote variiert entsprechend dem Abschluß bis zum doppelten Prozentsatz.[34] Wir haben weiter oben gesehen, daß die Abweichung keine Ursache der Arbeitslosigkeit sein kann. Diese Disparität scheint für uns im Gegenteil der klarste Beweis dafür zu sein, daß der Prozeß der Wissensvermittlung nicht zu eng in seinem Bezug zur Beschäftigung gesehen werden darf. Die Unternehmer, unterstützt von der Administration, wollen natürlich eine enge Anpassung des Ausbildungssystems an ihren Bedarf erreichen. Weil diese Bedürfnisse sich aber ständig wandeln, erstaunt es nicht, daß man Störungen zweifacher Art feststellt: Auf der einen Seite besteht ein Interesse an neuen Ausbildungsgängen, andererseits ein Desinteresse an etablierten Ausbildungsgängen, sei es, weil sie veraltet, sei es, weil sie Folge eines „Planungsfehlers" der Behörden sind. Und was passiert mit den Schülern und Studenten? Sie gehorchen und werden arbeitslos der auch nicht . . .

2.2.3.3 Das Schicksal der Studenten

Gemäß der absolvierten Abschlüsse wird das Schicksal der Studenten bzw. Schüler unterschiedlich aussehen. Wenn man einen der neuen Studienzweige wie z. B. „Informatik" absolviert hat, muß man nur mit einer etwa halb so großen Abeitslosenquote rechnen. Ähnlich verhält es sich mit dem Abschluß „Buchführungs- und Verwaltungstechniken". Anders dagegen sieht es für die Studenten aus, die sich, nachdem sie eine Ausbildung durchlaufen haben, für Berufe entscheiden, die völlig anderer Art sind als die, die im Prinzip aufgrund der erlangten Qualifikation ergriffen werden. Das betrifft vor allem den Lehrerberuf oder Tätigkeiten im Verwaltungsbereich.[35]

Des erstaunt also nicht, zu hören, daß man, wenn man Arbeitsnehmer über die Anwendbarkeit der erlernten Kenntnisse im Berufsleben befragt, unterschiedliche (je nach absolviertem Studium) Antworten erhält: 76,3 % der Absolventen des Fachs „Buchführungs- und Verwaltungstechniken" erklären, daß sie völlig oder doch fast zufrieden sind, während nur 60,6 % der Absolventen des Zweiges „Handel und Vertrieb" diese Antwort geben.[36]

2.3 Die längeren Studiengänge („cycles longs")

Auf den traditionellen „cycles longs" waren ursprünglich die Universitäten und die „Grandes Ecoles" aufgebaut. Die normale Ausbildungsdauer schwankte hier zwischen Abitur + 3 bzw. Abitur + 5 Jahren. Obwohl seit der Reform von 1973 der ersten Ausbildungsabschnitt (nach zwei Jahren Studium) mit einem Diplom abschließt (Diplôme d Etude Universitaire Générales" – DEUG), welches im Grunde als Abschluß geeignet ist, zeigten die neuesten Erfahrungen, daß die Studenten in ihrer Gesamtheit lieber dem klassischen Studium folgen, wobei sich die Abgangsquote nach dem zweiten Ausbildungsjahr seit 1973 nicht geändert hat.

2.3.1 Das Goldene Zeitalter der Universitäten

Das Goldene Zeitalter meint im utopischen Sinne entweder die Projektion eines zukünftigen Sozialstaats oder eine verzauberte Darstellung der Vergangenheit. Die Universitäten halten sich, und das besonders im sozialwissenschaftlichen Bereich, an die zweite Version. Eine bestimmte Form der Erinnerung an die Zeit von 1960–1974: Während dieses Zeitraums schien ein Universitätsstudium Garant für den Zugang zu „gehobenen" Beschäftigungen in Industrie und Staatsverwaltung (insbesondere im Unterrichtsbereich) zu sein. Dies wäre eine völlige Illusion gewesen, wenn sie sich nicht auch auf Tatsachen hätte stützen können. Das muß berücksichtigt werden, wenn man über die heutige Universität spricht.

Die Jahre 1960–74 waren in Frankreich durch ein starkes Wirtschaftswachstum gekennzeichnet, das von einem Strukturwandel begleitet war. Das Konzept der ökonomischen „Krise" selbst wird von den Ökonomen meist durch das Begriffspaar „Expansion-Rezession" ersetzt. Die Rezession meint nicht Produktionssenkung sondern eine Wachstumsminderung, wobei das Wachstum immer noch positiv bleibt und mit Vollbeschäftigung einhergeht (bis zum Jahre 1972 lag die Arbeitslosenquote im Durchschnitt unter 2 %). In dieser Phase stehen in Wirtschaftsdebatten die Beziehungen zwischen Arbeitslosigkeit, Inflation und Löhnen im Vordergrund, wobei die Arbeitslosigkeit von einigen als Mittel zur Dämpfung der Lohnforderungen (da die Gewerkschaften ja nicht „vernünftig" sind) und damit der inflationistischen Preisentwicklung empfohlen wird. In dieser Phase auch erscheint der Staat im wirtschaftlichen Bereich als Regulator, besonders mittels der gesamtwirtschaftlichen Rahmenplanung. In dieser Phase schließlich soll die Universität für die schnellstmögliche Lieferung der benötigten „Führungskader" sorgen (so kam es zur Gründung der IUTs).[37]

Für die Universität hatte die Periode von 1960–78 zwei Konsequenzen: Eine hat mit der demographischen Entwicklung zu tun, die andere mit der Struktur des Schulsystems.

Während der Jahre 1960–1974 erreichte die Geburtenwelle, die auf den 2. Weltkrieg gefolgt war, die Universitäten.[38] Wie sahen die Konsequenzen aus? Eine zeitlang bestand im Schulsystem eine große Nachfrage nach Lehrern und somit ein bedeutender Absatzmarkt für diplomierte Universitätsabsolventen, besonders im Sekundarbereich. Diese Nachfrage nach Lehrkräften, zu der die Nachfrage der Industrie hinzukam, führte dazu, daß Studenten im allgemeinen keine großen Schwierigkeiten hatten, einen ihren Vorstellungen entsprechenden Arbeitsplatz zu finden.

Was die Struktur des Schulsystems betrifft, so waren hier für die Entwicklung die Reformen auf erster und zweiter Ebene entscheidend. Die Schulpflicht wurde bis zum 16. Lebensjahr ausgedehnt. Daraus resultiert die Notwendigkeit, die Anzahl der Lehrkräfte anzuheben und eine Erweiterung der Sekundarstufe, deren Teilnehmerzahl auch anwuchs. Aber das war nicht etwa gleichbedeutend mit einem leichteren Zugang zu den Universitäten. Die Zahl der Studenten (mit Rücksicht auf die zeitliche Verschiebung) stieg nicht im selben Maße wie die Schülerzahl der Sekundarstufe. Nicht nur war die Erlangung des Abiturzeugnisses ein Hindernis geblieben, sondern viele Abiturienten gingen nicht an die Universitäten. Trotz allem wurde man in diesen Jahren Zeuge einer Demokratisierung an den Universitäten, was hieß, daß sich jeder Abiturient, wenn er wollte, ohne Schwierigkeiten einschreiben konnte.[39]

Mit Beginn der Wirtschaftskrise in Frankreich begleitet ein steigender Studentenzustrom den Verfall des oben geschilderten „Images" der Universitäten. Ehemals Zugangsmöglichkeit zu den erwünschten Berufen, erscheint sie jetzt als Wartesaal[40], und das, obwohl erst kürzlich erstellte Umfragen zeigen, daß ein Universitätsdiplom immer noch ein bedeutender Faktor bei der Arbeitsplatzsuche ist. Der Anteil der arbeitslosen „licence"*-Absolventen (Abitur + 3 Jahre) ein Jahr nach Ende der Ausbildung liegt bei 13,1 %. Demgegenüber liegt der Anteil bei BTS- oder DUT- (Diplom der IUTs)Absolventen bei 16,1 %. Und vor allem: 23,5 % derjenigen, die nur ihre Schulpflichtjahre absolviert haben, sind ein Jahr nach Abschluß der

Ausbildung noch arbeitslos.[41] Es stimmt auch, daß die „Karrierepläne" nach Abschluß eines Universitätsstudiums immer mehr abnehmen: Diplomträger geben sich oft schon mit Arbeitsplätzen zufrieden, die sie 10 Jahre früher als Arbeit für Diplomierte von niedrigerem hierarchischen Niveau betrachtet hätten.

2.3.2 Die „Grandes Ecoles"

1977–1978 sah die Aufteilung der „cycles longs" der Wirtschafts- und Sozialwissenschaften bei den Studenten folgendermaßen aus:

Ausbildungsinstitut	Teilnehmerzahl an dem "cycle long" der Wirtschafts- und Sozialwissenschaften gemäß Ausbildungsinstitut (Stand: 1977–78) Teilnehmerzahl	in %
"Grandes Ecoles"		
– Handelshochschulen	6.401	
– andere Handelsschulen und wirtschafts- und finanzwissenschaftliche Schulen	4.766	
– Schule der juristischen und administrativen Wissenschaften	7.457	
– Hochschule der Sozialwissenschaften	4.950	
Gesamt	23.574	6 %
Universitäten		
– Recht und politische Wissenschaften	131.659	
– Wirtschaftswissenschaften und Betriebswirtschaftslehre[42]	56.462	
– sonstige Human- und Sozialwissenschaften	183.425	
Gesamt	371.546	94 %

Quelle: Tableaux des einseignements et de la formation, 1979, Seiten 375, 468, 470 und 482.

Die „Grandes Ecoles", deren Teilnehmerzahl wesentlich niedriger als die der Universitäten ist (6 % gegenüber 94 %), bilden eine heterogene Gruppe, da man unter ihnen die Handelshochschulen (mit betriebswirtschaftlicher Ausbildung), die Hochschule der Sozialwissenschaften, deren Ausbildungsweise mehr der der Universitäten gleicht, und diverse Hochschulen, die von den unterschiedlichen Ministerien gegründet wurden und der Ausbildung des Funktionärsnachwuchses dienen, findet.

Gleichwohl muß noch ein „Verschiebungsphänomen" erwähnt werden. Die ehemaligen Schüler der „Grandes Ecoles" für Ingenieure oder allgemeiner diejenigen, die aus dem Technikerbereich kommen, gehen aus ihrer Ursprungsdomäne heraus und besetzen Arbeitsplätze in der Verwaltung, in der Unternehmensorganisation u. ä. Eine entgegengesetzte Entwicklung ist sehr selten.

Was die Handelshochschulen betrifft, die in den Augen der Unternehmer privilegiert sind und niedrige Schülerzahlen haben, so gibt es das Phänomen, daß für die ehemaligen Schüler selbst in Krisenzeiten nicht so sehr das Problem ist, einen Arbeitsplatz zu finden, sondern eher eine ihren Vorstellungen entsprechende Arbeit auszuüben. Das erklärt übrigens auch den scheinbaren Widerspruch, gemäß dem die Frist, einen Arbeitsplatz zu finden, für diese Leute länger ist als für diplomierte Universitätsabsolventen. Die letzteren neigen dazu, den ersten Arbeitsplatz, den man ihnen anbietet, anzunehmen, die ersteren haben die Möglichkeit der wirklichen Wahl.[43]

2.3.3 Die Universitäten

Wir erinnern daran, daß die Universitätsausbildung im Kapitalismus seit ihrer Gründung Anfang des 19. Jahrhunderts eine direkt festgelegte berufsbezogene Ausrichtung hatte und das besonders, was „den Kern" der wirtschafts- und sozialwissenschaftlichen Ausbildung betraf: die Rechtswissenschaften.[44] Diese Ausbildung ist und war darauf ausgerichtet, den Weg zu verschiedenen judikativen Funktionen und zu administrativen Funktionen im öffentlichen und privaten Arbeitsbereich zu sichern. Die wirtschaftswissenschaftliche Ausbildung wurde erst 1959 autonom eingerichtet mit einem Abschlußdiplom und einem eigenen Studiengang, während der Ausbildungsgang „Politische Wissenschaften" schon Ende des 19. Jahrhunderts autonom und unabhängig von der juristischen Fakultät gegründet wurde (als Reaktion auf deren allzugroße Beschäftigung mit dem Privatrecht).

In der staatlichen Umfrage über die Universität und den Arbeitsmarkt sind die verschiedenen Studiengänge zusammengefaßt in: Recht und Politische Wissenschaften, Wirtschafts- und Verwaltungswissenschaften und Humanwissenschaften.[45] Während bei den ersten beiden Gruppen die Zusammensetzung klar ist, sind in der dritten Gruppe eine Vielzahl von Studiengängen vereint (Soziologie, Psychologie, Erziehungswissenschaften). Des weiteren sind die Aufteilungskriterien dieser Umfrage nicht dieselben wie die des Universitätsministeriums, und die Daten sind nicht immer vergleichbar. Diese Umfrage ist aber die bedeutendste ihrer Art seit der Vorbereitung des 6. (1971–1975) und 7. Plans (1976–1980). Sie behandelt die Situation im Jahre 1973 und wurde durch Studien und Umfrageergebnisse vervollständigt, die an verschiedenen Universitäten zur gleichen Zeit erstellt wurden.[46]

Obwohl die in dieser Studie präsentierten Ergebnisse relativer werden müssen, da sich die Situation auf dem Arbeitsmarkt seit 1973 stark verschlechtert hat, haben wir hier diese Daten zugrunde gelegt, weil sie seitdem nicht aktualisiert worden sind. Ein weiterer Grund für uns war, daß ein entscheidendes Charakteristikum jedes Schul- und im stärkeren Maße noch jedes Universitätssystems ist, alngfristig zu planen. Es werden auf diesem Gebiet also weniger konjunkturelle als strukturelle Anpassungen vorgenommen, und die universitären und wirtschaftlichen Strukturen sind durch die Krise (noch?) nicht in Frage gestellt worden.

Es ist offenkundig, daß die Wirtschaftskrise die Ausgangssituation der Studenten nach dem Verlassen der Universität verschlechtert hat, vor allem, wenn diese *vor* dem Abschluß eines Diploms die Universität verlassen. Die Folgen der Wirtschaftskrise für die Beschäftigung hat zusammen mit dem starken Sinken der Einstellungen von Lehrkräften für die Sekundarstufe das Arbeitsplatzangebot für Studenten drastisch verändert (übrigens hat sich dadurch an der Struktur der Universitätskurse nichts geändert): Überproportional steigt das Arbeitsplatzangebot in Berufen wie „mittlerer Führungskräfte" und „Angestellter" und es sinkt im Bereich „Leitender Führungskräfte" und im Lehrberuf.[47]

Im folgenden Abschnitt verwenden wir die Ergebnisse der oben genannten Umfrage.

2.3.4 Das Schicksal der Studenten

2.3.4.1 Beginn und Abschluß der Universitätsausbildung

Der Universitätsabschnitt beginnt für 80 % der Studenten mit dem Abitur und für 20 % mit als äquivalent anerkannten Diplomen. Im Verlauf der ersten beiden Jahre (vor allem im ersten Jahr) vollzieht sich die Auslese. Gemäß einer Umfrage aus dem Jahre 1977 haben 71 % der Studenten der Humanwissenschaften, die im vorliegenden Jahr eingeschrieben waren, 1977 aber nicht mehr, keinen Diplomabschluß.[48]

Obwohl die Zahlen nach Ausbildungsstufe und Ausbildungsjahr variieren, sieht es im wirtschafts- und sozialwissenschaftlichen Bereich ähnlich aus: 2/3 der Studenten erreichen nicht das Abschlußdiplom und die, die es erreichen (licence"* oder „maîtrise"*), schreiben sich nur selten auch im 3. „cycle" ein.

Es gilt auch immer noch, daß das Niveau des Universitätsabschlusses sehr stark von den Eingangsbedingungen abhängt, die natürlich in Bezug auf Motivation und soziale Herkunft sehr unterschiedlich sind. In der Tat mischen sich an der Universität junge Leute, die eine bestimmte Berufsausbildung absolvieren wollen mit anderen, die einen ersten Versuch machen und „nur mal sehen wollen . . .". Diese verlassen die Universität oft sehr schnell wieder ohne Diplom. Dann gibt es diejenigen, die sich in zwei Fakultäten gleichzeitig einschreiben, andere, für die der 1. „cycle" als Ausgangsbasis für weitere Ausbildungsabschnitte dient und auch die ehemaligen Schüler der Ingenieursschulen, die ihre Ausbildung vervollkommnen wollen. Daneben gibt es die Volksschullehrer, die sich zur Weiterbildung wieder eingeschrieben haben. Viele Studenten haben schon eine Arbeit während ihrer Studienzeit (zwischen 15 und 50 %, je nachdem wie die „Teilzeitbeschäftigung" definiert wird). Bei dieser Arbeit kann es sich um einen Job (arbeitender Student) oder um einen festen Arbeitsplatz (studierender Arbeitnehmer) handeln.

Die Tatsache, daß der überwiegende Teil der Studenten aus privilegierten gesellschaftlichen Verhältnissen kommt, aus Verhältnissen, in denen sich auch die Arbeitgeber befinden, hat Einfluß auf das Abschlußniveau des Studiums und die Zugangsmöglichkeiten zu einem Arbeitsplatz. Tatsächlich gibt es im 3. „cycle" überproportional viele Studenten aus diesen privilegierten Verhältnissen. Im Gegensatz dazu befinden sich die arbeitenden Studenten in folgendem Dilemma: Sollen sie mit dem Studium aufhören (der Erhalt eines Arbeitsplatzes ist der am häufigsten genannten Grund für den Abbruch des Studiums) oder sollen sie sich damit abfinden, daß ihr Studium länger dauert und unter Umständen nicht fristgerecht zum Abschluß gebracht wird?[49]

Andererseits ist es so, daß eine regelmäßig während des Studiums ausgeübte Arbeit die Arbeitslosenquote (neun Monate nach dem Zeitpunkt, an dem sich der Student nicht wieder eingeschrieben hat) von 30 auf 6 % sinken läßt.[50] Das bedeutet also, daß die Länge des Studiums, da sie dem Studenten die Möglichkeit gibt, während dieser Zeit schon einen Arbeitsplatz zu finden, stark zur Senkung der Arbeitslosigkeit beiträgt. Trotzdem bedeutet das natürlich nicht, daß dieser Arbeitsplatz auch den Vorstellungen der Studenten entspricht – ein „Job“ kann dann zu einem ständigen Arbeitsverhältnis werden.

2.3.4.2 Studienabschluß und Beschäftigung: Rechtswissenschaften und Politische Wissenschaften

Die Studienabschlüsse in Rechtswissenschaften und Politischen Wissenschaften führen im wesentlichen zu administrativen Berufen. Einer von zwei Studenten (wobei hier weder Geschlecht noch der nach dem zweiten Jahr erreichte Abschluß eine Rolle spielen) zielt auf diese Berufe ab. Je höher das Abschlußniveau, desto ausgeprägter ist diese Tendenz.[51]

Die Orientierung zu den Rechtsberufen im eigentlichen Sinne erfolgt erst nach Ende des 1. „cycle“ und vor allem bei den Studenten, die den Studiengang voll abschließen: 24 % der Absolventen mit einer „licence“* – und 33 % der „DES“*-Absolventen ergreifen Berufe im Rechtswesen.[52] Im Banken- und Versicherungsbereich arbeiten nach dem administrativen Bereich die meisten ehemaligen Jurastudenten, wobei hier alle Studienabschlüsse zusammengefaßt sind. Aber wie im administrativen Bereich ist auch hier wieder das Abschlußniveau für den Arbeitsplatz entscheidend. Das reicht dann vom „qualifizierten Angestellten“ für das niedrigste Studienabschlußniveau bis zur „höheren Führungskraft“ für „licence“*- oder „DES“*-Absolventen. Die Wirtschaftskrise macht sich – was die oben angesprochene „Breite“ der Ausbildung betrifft – nicht durch eine unvermittelt steigende Arbeitslosenquote, sondern auf eine verborgene Art bemerkbar: Man sucht länger nach dem ersten Arbeitsplatz und akzeptiert auch Arbeit, für die man eigentlich überqualifiziert ist.

2.3.4.3 Studienabschluß und Beschäftigung: Wirtschaftswissenschaften

Hier findet man bezüglich der Beschäftigung dieselben Phänomene wie im gesamten Wirtschaftsbereich wieder, und das umso mehr, als es nicht ein solches in der Verwaltung konzentriertes Beschäftigungsangebot wie bei den ehemaligen Jurastudenten gibt. (Obwohl die Verwaltung immer noch ein bedeutender Arbeitgeber ist: 1/3 der ehemaligen wirtschaftswissenschaftlichen Studenten im Jahre 1979 gehen in die Verwaltung). Wenn das Studium beendet ist („licence" oder „DES"), gehen die Studenten zunehmend in den Industrie- und Handelsbereich und nicht nur in die Bank- und Versicherungswirtschaft.[53]

Wenn man den Arbeitsplatz nach Geschlecht und Art des Diploms analysiert, so zeigt sich, daß sich die Frauen (unabhängig vom Diplomabschluß) eher in Richtung auf den öffentlichen als den privaten Bereich orientieren. Dabei spielt die Sicherheit des Arbeitsplatzes eine Rolle (obwohl auch im öffentlichen Bereich die Anzahl der nicht-festangestellten Mitarbeiter steigend ist). Außerdem (und vor allem?) ist das die Konsequenz der Diskriminierung durch die Arbeitgeber, die die Frauen so in den öffentlichen Bereich drängen, wo sie bei gleicher Qualifikation allerdings oft weniger als in der Privatwirtschaft verdienen.[54]

Man muß jedoch auch darauf hinweisen, daß das Arbeitsplatzangebot an Führungskräften für Männer sich durch den Besitz von anderen Diplomen, zu denen das wirtschaftswissenschaftliche Diplom hinzukommt, erklärt. Für diejenigen, die Führungsposten in der Verwaltung wie im Privatsektor bekleiden, erhöht also das Studium der Wirtschaftswissenschaften das Niveau der allgemeinen Qualifikation.

2.3.4.4 Studienabschluß und Beschäftigung: Humanwissenschaften

Für die Diplominhaber der Humanwissenschaften sieht die Situation aufgrund der Heterogenität der unter diesem Begriff zusammengefaßten Studiengänge vielfältiger aus. Wir legen hier die Abgrenzung nach CEREQ, die bei der Untersuchung im Jahre 1973 gemacht wurde, zugrunde. Heute tendiert man aber mehr und mehr dazu, auch noch die Fächer „Geographie" und „Geschichte" hinzuzurechnen, die früher dem philosophischen Fachbereich zugeordnet wurden.

Während die Studiengänge „Recht" und „Wirtschaftswissenschaften" im wesentlichen auf administrative Berufe im öffentlichen wie im privaten Bereich ausgerichtet sind, orientieren sich die Humanwissenschaften in Richtung auf den sozialen Dienstleistungsbereich. Die meisten Studenten, die die Universität während der ersten zwei Jahre ihres Studiums schon wieder verlassen, arbeiten im Ausbildungsbereich: 47 % der Frauen und 42 % der Männer, die keinen anderen Abschluß als das Abitur haben, werden Lehrer. Das liegt daran, daß ein großer Anteil der Studenten der Humanwissenschaften, die keinen Studienabschluß erreichen, studierende Arbeitnehmer waren, worunter sich auch Volksschullehrer befinden, die ihre Ausbildung verbessern wollten (Pädagogik, Erziehungswissenschaften, Psychologie) oder promovieren wollten.[55]

Für die Studenten der Psychologie und der Soziologie bestehen andere Berufsaussichten: Für Personalverwaltung, Arbeitsorganisation und Marktstudien in der Privatwirtschaft werden angeblich Absolventen dieser Studiengänge in großer Zahl benötigt. Aber diese Bereiche deckten nur 1/5 des Gesamtangebotes an Arbeitsplätzen für Studenten der Humanwissenschaften, obwohl diesen beruflichen Tätigkeiten während der Ausbildung große Bedeutung zugemessen wird.

Schlußfolgerungen

Wenn in Krisenzeiten ein Ansteigen der Arbeitslosenquote zu verzeichnen ist, wird häufig die für die Beschäftigung ungeeignete Ausbildung dafür verantwortlich gemacht. Dieses Argument ist, wie wir am Beispiel des Qualifikationsbegriffs gezeigt haben, theoretisch nicht haltbar. Aber es kommen noch zwei Argumente hinzu, die bei einer Analyse des wirtschafts- und sozialwissenschaftlichen Studiums in Frankreich zum Vorschein gelangen:

Zunächst beruht die Diskussion über die Diskrepanz zwischen Ausbildungs- und Beschäftigungssystem auf der Verkürzung, daß diese Diskrepanz auf „rein technischer Ebene" definiert und beseitigt werden kann. Die Geschichte und die Funktionsweise des Ausbildungssystems zeigen uns aber, daß der „technische" Aspekt von anderen Aspekten nicht zu trennen ist: von politischen Widersprüchen, vom mehr oder weniger disziplinierenden Charakter des Systems (was die Bevorzugung der BTS- gegenüber den IUT-Absolventen durch die Arbeitgeber erklärt, von der Rolle des Bildungssystems bei der Legitimation der sozialen Hierarchie.

Schließlich wird die Diskussion über das Verhältnis Ausbildung – Beschäftigung allgemein so geführt, *als ob* alle Studenten, die im ersten Jahr eingeschrieben sind, auch das Abschlußdiplom erreichten. Das ist aber nicht der Fall. Die Mehrzahl der Studenten wird vor der sogenannten „normalen" Studienzeit wieder ausgeschlossen. Man muß also in Betracht ziehen, um welchen Studienabschluß es sich handelt, wenn von ehemaligen Studenten und ihren Arbeitsplätzen die Rede ist. Und was diese Tatsache betrifft, so erscheint die Forderung nach einer größeren Anpassung der Ausbildung an die Beschäftigung durch eine stärkere „Berufsorientierung des Studiums" ungeeignet, unrealistisch und gefährlich (zumindest für die Studenten).

Über die Besonderheiten der Situation in Frankreich und die Eigenarten der verschiedenen Studiengänge hinaus erscheinen uns diese Schlußfolgerungen auch für andere Länder zuzutreffen. Sicherlich unterscheidet sich die Situation, wenn Zulassungsverfahren (die es in Frankreich nur bei den „Grandes Ecoles" und – nach einem Vorbereitungsjahr – bei den Medizinstudenten gibt) die Regel sind. Aber das Problem der Eignung der Ausbildung für den Beruf stellt sich auch in anderen Ländern in ähnlicher Weise.

Zum Schluß wird man vielleicht einwenden, daß wir nicht auf die Studieninhalte eingegangen sind. Das war uns aufgrund der großen Unterschiede in den verschiedenen Ausbildungsbereichen auch unmöglich. Aber diese Frage nach den Inhalten stellt sich nie für sich allein. Sie wird unseres Erachtens größtenteils durch den Grad der Autonomie des Bildungssystems und durch den Bezug zur Staatsmacht und zum Beschäftigungssystem bestimmt. Wenn für den Lehrer und den Lernenden der Inhalt des Studiums vielleicht das wichtigste Problem sein mag, so wird er auf der gesellschaftlichen Ebene als abgeleiteter begriffen. Das ist zweifellos der Grund dafür, daß das Problem des „Ausbildungsniveaus" letztlich ungelöst bleibt.

Anmerkungen

1 Dem an diesen Fragen interessierten Leser empfehlen wir unsere Veröffentlichung: „Ecole, force de travail et salariat", Herausgeber: Presses Universitaires de Grenobles, Maspero, 1978.

2 Zu den mit * gekennzeichneten Fachausdrücken vgl. den Anhang, S. 00.

3 1870 stellten die Studenten der Rechtswissenschaften 54 %, die Medizinstudenten 46 % aller Studenten. Vgl. „L'Annuaire statistique de la France", 55. Auflage, 1939.

4 Das 1980 für die Universitäten bewilligte Budget betrug 14,5 Milliarden Francs – 10,5 % mehr als 1979 (während der Gesamthaushalt um 14,3 % anstieg) – und stellt 2,8 % des Gesamthaushaltes dar.

5 Infolge dieses Gesetzes brach 1976 der längste studentische Streik in der Geschichte Frankreichs aus, der zwischen einem und drei Monaten je Institut andauerte.

6 Explizit verwenden dieses Kriterium einige Zeitschriften, so die „Monde de l'Education", die alle zwei Jahre eine Rangaufstellung der Universitäten veröffentlicht.

7 Die Analyse der unterschiedlichen Ausbildungsgänge folgt im zweiten Abschnitt.

8 Bericht der Erziehungskommission, 6. Plan. „La Documentation Française", 1971, Seite 82.

9 Der „pädagogische Bericht" der hierarchisch Höherstehenden spielt nur eine untergeordnete Rolle.

10 Selbst wenn es einen „concours d'agrégation"* gibt (Recht, Wirtschafts-, Verwaltungswissenschaften, Politische Wissenschaften) ist das entscheidende Kriterium die Zahl der wissenschaftlichen Arbeiten.

11 Unter „Bildungssystem" verstehen wir die Gesamtheit der Prozesse der Vermittlung von Wissen. Inbegriffen ist also der allgemeinbildende Unterricht, der nicht auf eine bestimmte berufliche Perspektive abzielt („écoles primaires", „collèges d'enseignement secondaire", „lycées") sowie der unmittelbar berufsausbildende Unterricht („lycées d'enseignement professionelle" – LEP –, „licées techniques"*, „universités").

12 Die bekannteste dieser Form von Prognosen wurde im Rahmen der OECD auf der Basis der folgenden Arbeiten von J. Tinbergen und H. C. Bos durchgeführt: „Un modèle de planification des besoins d'enseignement en fonction du dévelopement économique" in: „Modèles économétriques de l'enseignement" OECD, Paris, 1965, Seite 9–32. Dieses 1962 konzipierte Modell sollte den regionalen Erziehungsplan im mediterranen Bereich stützen. Dieses Projekt wurde im Jahre 1967 von R. Hollister im Hinblick auf seine Prämissen kritisiert: R. Hollister: „Evaluation technique de la première phase du projet régional méditéranéen", OECD, Paris, 1967. Vgl. auch R. Stone: „Mathematics in the social science and other essays", Verlag Chapman and Hall, 1960.

13 In Frankreich wird die Illusion des Konzepts der Arbeitsmarktsorientierung am deutlichsten bei den Vorbereitungsarbeiten zum 5. Plan. Unter diesen Arbeiten fallen besonders die Versuche von J. Bénard auf, die für das Bildungssystem notwendigen Mittel zu bestimmen: „Un modèle d'affectation optimale des ressources entre l'économie et le système éducatif" in: „Cahiers du séminaire d'économétrie du CNRS", Nr. 10, 1968. Zur Analyse und Kritik dieser Arbeit vgl.: R. Tortajada: „Essai sur l'économie de l'éducation", Thèse, Paris I, Miméo, 1973.

14 Zu dieser Frage vgl. die Analyse der These, daß eine Verkürzung der Arbeitszeit dazu führt, daß mehr Arbeitnehmer beschäftigt werden könnten und so die Arbeitslosigkeit gesenkt würde: „F. Eymard-Duvernay: „Remarques critiques sur une question: La réduction de la durée du travail permetelle de réduire le chômage?" in: „Critiques de l'économie politique – Nouvelle série Nr. 11, Seite 105–113.

15 Zur Analyse dieses Gleichheitspostulats und seiner Effekte vgl. P. Bourdieu und J. C. Passeron: „Les héritiers – les étudiants et la culture", Herausgeber: De Minuit, Paris 1966 und P. Bourdieu und Passeron: „La Réproduction-Eléments pour une théorie du système d' einseignement", Herausgeber: De Minuit, Paris 1970.

16 Wovon auch die Statistik ausgeht, die die verschiedenen Abschlüsse mit Abitur + 1 Jahr, + 2 Jahre, + 3 Jahre etc., kennzeichnet, und die die längsten Kurse mit der höchsten Qualifikation des Einzelnen gleichsetzt.

17 Die gesellschaftliche, d. h. die technologische und ideologische sowie die wirtschaftliche Bedeutung der Ausbildung wird ohne weiteres an den wachsenden Ausgaben, die für Bildung

verwendet werden, deutlich, besonders wenn man die anderen Ausgaben für die Reproduktion der Arbeitskraft betrachtet. Die nachstehenden Zahlen aus: G. André, R. Delorme, G. Terny: „Les dépenses publiques françaises depuis un siècle", in: „Economie et Statistiques", März 1973.

Öffentliche Ausgaben für Bildung (in % vom Sozialprodukt)

1872: 0,2	1956: 3,4
1880: 0,5	1965: 6,0
1900: 0,8	1968: 6,9
1938: 2,0	

18 Man muß dennoch den „allgemeinen" Charakter des Abiturs hervorheben. 1978 gab es nicht weniger als 22 Varianten, die in zwei großen Kategorien wieder zusammengefaßt werden: „Abitur" und „Technikerabitur". Im selben Jahr gehörten 72 % der Abiturienten (215.463) zur ersten und 28 % zur zweiten Kategorie. Innerhalb der Kategorie „Abitur" nennt sich einer der sechs verschiedenen Ausbildungszweige „Wirtschafts- und Sozialwissenschaften". Hier haben 18 % ihr Abitur gemacht. Dieser Ausbildungsgang soll auf das gleichnamige Studium vorbereiten.

19 Zu den Prämissen einer Analyse des Staatseinflusses vgl.: A. T. Aumeerud, B. Lautier und R. Tortajada: „Labour power and the State" in: „Capital and Class" Nr. 6, Herbst 1978, Seite 42–66.

20 Eine bemerkenswerte Ausnahme bildet die „Ecole Supérieure des Sciences Economiques et Commerciales" (Hochschule für Wirtschafts- und Handelswissenschaften), die im Rahmen des katholischen Institutes von Paris gegründet worden ist.

21 Siehe Anlage I für detailliertere Angaben über die relative Bedeutung der verschiedenen Studiengänge.

22 Hervorzuheben ist, daß die Verteilung dieser Ausbildungsinstitute zur Einrichtung einer „Schulkarte" führte, deren wirtschaftliche Rechtfertigung sich z. B. auf die „Rationalisierung der budgetären Auswahl" (RCB) gründete, die vor einigen Jahren im Erziehungsministerium sehr beliebt war. Wenn auch heute dieser Schritt diskreter abläuft, so hat er doch nichts an Bedeutung verloren.

23 Alle BTS-Ausbildungsgänge zusammengefaßt.

24 Siehe Anlage II.

25 Dieser Zusammenhang war so eindeutig, daß er von 1965 bis 1966 gewalttätige studentische Demonstrationen hervorrief. Die Studenten sahen darin die Unterwerfung des Universitätsstudiums unter den französischen Kapitalismus. Durch diese Unruhen trat dieses Problem zwar zutage, prinzipiell wurde aber nichts geändert.

26 „Verlust" in relativem Sinne. Es handelte sich eher um einen Formwechsel der Herrschaftsverhältnisse. Frankreich hat nach Vietnam und Algerien seine Position neu ausgehandelt. Eine sehr starke Kontrolle bleibt in Form einer Vielzahl von Kooperationsverträgen und vor allem in Form der Kontrolle des Währungssystems erhalten – besonders im ehemals französischen Teil Afrikas.

27 Wir erinnern daran, daß diese Studenten ein halb so langes Studium wie die Studenten absolvieren, die den traditionellen, langen Studiengang durchlaufen.

28 CNPF: „Les enseignements supérieurs français, reflexions et propositions", Herausgeber SIDA, Paris 1974, Seite 11.

29 J. L. L. Sismonde de Sismondi: „Nouveaux Principes de l'Economie Politique, 2. Auflage, 1827, L. I. Seite 111.

30 Quelle: INSEE: „Données sociales", 1978.

31 Siehe Anlage III.

32 Siehe Anlage IV.

33 Wir finden hier dieselbe Situation wieder wie bei dem unterschiedlichen Schicksal derjenigen, die ein Universitätsstudium absolviert haben und denen, die die „Grandes Ecoles" besucht haben.

34 Siehe Anlage IV.

35 Siehe Anlage V.

36 Siehe CEREQ: „Tableaux de l'observatoire national des entrées dans la vie active", Nr. 1, Dezember 1977, Seite 215. Zur Relativierung dieser Zahlen muß gesagt werden, daß von denjenigen die Rede ist, die eine Arbeit *gefunden* haben, welche ihrer Ausbildung entspricht.

37 Man versteht bei dieser Form der Logik leicht, daß die *soziale* Explosion an den Universitäten im Mai 1968 allgemein nur auf einen simplen „Betriebsunfall" zurückgeführt wird, sei

er pathologischer Art oder die Folge einer Reihe von Irrtümern. Eine weitergehende gedankliche Auseinandersetzung wurde nicht unternommen.

38 Die Geburtenwelle erreichte die Universitäten 7 Jahre nach der Sekundarstufe, die sie 1964 erreichte.

39 Eine relative Demokratisierung. Tatsachen sind: 1975, am Ende dieser Wachstumsperiode, stellten Arbeitersöhne (die 45 % der erwerbstätigen männlichen Bevölkerung darstellen) nur 11,3 % der Studentenschaft, genauer: Sie stellten 6,4 % der Medizinstudenten, 10 % der Studenten der Wirtschafts- und Rechtswissenschaften, aber 22,6 % der IUT-Studenten. Die entsprechenden Zahlen für Söhne von Führungskadern (9 % der aktiven männlichen Bevölkerung) sind 30,3 % (Gesamt), 43,7 % (Medizin), 29,7 % (Rechts- und Wirtschaftswissenschaften) und 13,6 % (IUT). Andererseits bedeutet die Einschreibungsfreiheit keinesfalls, daß nicht von seiten der Universitäten der Wille besteht, den Zugang zu kontrollieren, die Kontrolle merkt man am stärksten im 3. „cycle" (in dem 1979 die Anzahl der Diplomabsolventen abnahm).

40 Diese Degradierung des Universitäts-Images hängt auch damit zusammen, daß in den Augen der Unternehmer die Universität auch „eine Einführung in die Politik" gibt. Deshalb werden die „Grandes Ecoles" bevorzugt.

41 P. Mormiche: „L'emploi et les jeunes en 1977" in: „Economie et Statistique, Nr. 98, März 1978.

42 1973–74 wurde ein Kurs „Wirtschaftliche und soziale Verwaltung" eingerichtet. Da an diesem Kurs im Jahre 1977–78 nur 3 % der im sozialwissenschaftlichen Bereich Eingeschriebenen teilnahmen (11.588 von 371.546) und da die Umfrage über die Universitäten und den Arbeitsmarkt aus dem Jahre 1973 stammt, waren wir der Ansicht, diesen Kursus hier nicht extra aufführen zu müssen. Selbstverständlich muß er aber bei jeder späteren Analyse berücksichtigt werden, und sei es nur, um die wachsende Anzahl der Eingeschriebenen festzuhalten.

43 Siehe Cath. Viens und D. Jeanperrin: „L'insertion des jeunes diplômés de l'enseignement supérieur dans la vie active", Universität von Paris 1975, Seite 70–73.

44 Für eine Analyse des rechtswissenschaftlichen Unterrichts in Frankreich: „Pour une critique du droit" PUG-Maspéro, Grenoble 1978, Seite 69–146 und J. J. Gleizal: „La formation des juristes dans L'Etat franáis" Procès 1979, Nr. 3, Seite 50 ff. J. J. Gleizal: „Le droit politique de l Etat. Essai sur la formation historique du droit administratif" PUF, 1980.

45 CEREQ: „Les Universités et le marché du travail" – Umfrage über die Studenten und ihre berufliche Möglichkeiten nach dem Ende des Studiums, Nr. 14, Mai 1977.

46 Siehe: „M. Amio und A. Frichey: „A quoi sert l'Université? Eine Universität, ihre Studenten und der Arbeitsmarkt, PUG-Grenoble, 1978; S. Delomez und P. H. Parsy: „Les débouchés professionnels des licenciés en droit" Miméo, Lille II, 1974, Seite 109.

47 Siehe L. Thévenot: „Les disponibilités en main d'oeuvre" in: „Economie et Statistiques", Nr. 81, 82, September, Oktober 1976. CEREQ: „Note d'information", Nr. 53, Oktober 1979.

48 CEREQ: „Note d'information" Nr. 53, 1979, eine Studie von A. Mingat und M. Duru über Studenten, die vor dem Abschlußexamen nach dem ersten Studienjahr die Universität wieder verlassen. In Dijon waren es in den Wirtschaftswissenschaften 30 %.

49 CEREQ: „Dossier No. 14" 1977, Seite 50 f.

50 CEREQ: „Note d'information" Nr. 53.

51 Siehe Anlage VI.

52 Das DES wurde im Jahre 1973 durch das DEA, das am Ende des ersten Jahres des 3. „cycles" gemacht wird, ersetzt.

53 Siehe Anlage VII.

54 Siehe Anlage VIII.

55 Siehe Anlagen IX und X.

Anhang

Verzeichnis französischer Fachbegriffe

Agrégation	Ein concours, der ursprünglich zur Auslese besonders qualifizierter Lehrer für die Höheren Schulen und die Vorbereitungsklassen für die „grandes ecoles" bestimmt war. Die agrégation gilt in der Philosophischen und der Naturwissenschaftlichen Fakultät als der höchste Studienabschluß. In der Juristischen, Medizinischen und Pharmakologischen Fakultät bezeichnet man als agrégation den Rekrutierungswettbewerb für Hochschullehrer.
Agrégé	Titel derer, die die agrégation bestanden haben. Sie nehmen eine Spitzenstellung unter den Lehrern an Höheren Schulen ein und streben häufig zur Universität zurück; neuerdings treten sie auch unmittelbar in die Hochschulen und die Forschung ein. Die Berufsorganisation der agrégés, die société des agrégés, ist eine Hüterin der Tradition im Bildungswesen.
CAPES	Certificat d'aptitude au professorat de l'enseignement secondaire, Diplom, das die Voraussetzung für die Übernahme in den Beamtenstatus als Lehrer an Höheren Schulen ist. Das Diplom, das die licence voraussetzt, wird in einem strengen concours erworben. Die Inhaber des Diploms heißen capésiens.
Concours	Wettbewerbsprüfung für eine beschränkte Zahl von Plätzen, durch die unter anderem die Aufnahme in die „grandes écoles" und die Besetzung von Beamtenstellen erfolgt.
Cycle	Bezeichnet einen Abschnitt eines Bildungsganges.
DES	Diplôme d'études supérieures, Hochschulexamen, das vor der Fouchet-Reform ein Jahr nach der licence abgelegt werden konnte. Es umfaßte eine schriftliche Diplomprüfung und eine mündliche Prüfung. In der Fouchet-Reform wurde das DES durch die maîtrise ersetzt. In der Juristischen Fakultät besteht das frühere System fort.
Doctorat d'Etat	Der deutschen Habilitation vergleichbares Verfahren. Die Grundlage bildet eine Forschungsarbeit, die thèse d'Etat. Inzwischen ist eine niedere Stufe des doctorats eingeführt worden, das doctorat de troisième cycle, das eine entsprechende thèse zur Voraussetzung hat.
DUEL	Diplôme universitaire d'etudes littéraires, durch die Fouchet-Reform geschaffenes erstes Hochschuldiplom der Philosophischen Fakultät, das nach zwei Jahren abgelegt wird und ähnlich der deutschen Zwischenprüfung die Voraussetzung für das Weiterstudium bildet.
Enseignement secondaire (Sekundarstufe)	Höhere Schule, der Begriff wurde in der Fouchet-Reform auf sämtliche Schulzweige nach der Grundschule ausgedehnt.
technischer Unterrichtsbereich	Umfaßt die Gesamtheit des unmittelbar berufsvorbereitenden Schulwesens im Unterschied zum allgemeinbildenden Schulwesen.
„Grandes Ecoles"	Parallel zu den Universitäten bilden diese Elitehochschulen die Führungsschicht Frankreichs aus. Die Schlüsselstellungen in Industrie, Wirtschaft, öffentlichem Dienst und Hochschuldienst werden fast ausschließlich über diese Hochschulen besetzt. Der Vorbereitung auf den concours zu den grandes écoles dienen Vorbereitungsklassen. Der Rang der einzelnen Schulen ist nicht institutionell festgelegt, sondern ergibt sich aus dem Prestige der jeweiligen Schule, das sich in der Zahl der Bewerbungen zum concours und in den beruflichen Positionen ausdrückt, die die ehemaligen Schüler innehaben. Diese ehemaligen Schüler bilden ein Netz von Beziehungen, das in vielfältiger Weise, vor allem aber in der Stellenbesetzung wirksam wird.
Licence	Hochschulabschluß, der nach drei Jahren erfolgt und in den Schulfächern zum Unterricht an Höheren Schulen berechtigt. Zur Übernahme in das Beamtenverhältnis muß zusätzlich das CAPES erworben werden. Als Inhaber der licence trägt man den Titel licencié.
Loi d'orientation	Gesetz vom November 1968, in dem die Grundsätze der Hochschulreform von Edgar Faure niedergelegt sind.
Lycée	Höhere Schule, die zum Abitur führt, dem deutschen Gymnasium vergleichbar.

Licée téchnique	Höhere Schule, die zum Abitur des naturwissenschaftlich-technischen Typs führt, außerdem zu den verschiedenen Typen des Techniker-Abiturs. Daneben wird als Abschluß noch das Techniker-Diplom verliehen.
Maîtrise	In der Fouchet-Reform geschaffener Hochschulabschluß nach vierjährigem Studium, der eine Hausarbeit und zusätzlich mündliche Prüfungen umfaßt und dem früheren DES entspricht.
Thèse d'Etat	Umfangreiche Forschungsarbeit, die der deutschen Habilitationsschrift entspricht und Voraussetzung für das doctorat d'Etat ist.
Thèse de troisième cycle	Wissenschaftliche Arbeit, die zum doctorat de troisième cycle führt und etwa der Dissertation entspricht.
Aus:	Texte und Dokumente zur Bildungsforschung, Die Illusion der Chancengleichheit, Pierre Bourdieu und Jean Claude Passeron, 1971, Max-Planck-Institut für Bildungsforschung.

Anlage I: Die Teilnehmerzahl an den jeweiligen wirtschafts- und sozialwissenschaftlichen Ausbildungsgängen in bezug zur Gesamtheit der Teilnehmer aller Ausbildungsgänge (Stand: 1977–1978)

	Anzahl der Schüler und Studenten		
Ausbildungsinstitut	A: Wirtschafts- und sozialwissenschaftl. Ausbildungsgänge	B: Alle Ausbildungsgänge	Prozentualer Anteil: A zu B
Lyzeum:			
Ausbildung höherer Techniker (Abitur + 2 Jahre)[1]	15.559	27.274	57 %
Universität:			
– IUT: (Abitur + 2 Jahre)	26.707	46.398	58 %
– längere Ausbildungsgänge (Abitur + 3 bis 5 Jahre)	371.546	790.378	47 %
"Grandes Ecoles":			
(Abitur + 4 bzw. 5 Jahre)	23.574	136.700	17 %

Quelle: "Tableaux des enseignements et de la formation", 1979, Seiten 357, 377, 379, 390 und 409.

1 Diese Zahlen ergeben sich aus den Einschreibungen des ersten Jahres. Die über zwei Jahre verteilte Gesamtteilnehmerzahl beläuft sich auf 52.692. Übersee-Départements ausgeschlossen. Da die Abgangsquote nach dem Ende des ersten Ausbildungsjahres in allen Ausbildungsinstituten quasi gleich hoch liegt (12 bis 16 %), spiegeln die Zahlen bezüglich der relativen Teilnahme an der wirtschafts- und sozialwissenschaftlichen Ausbildung auf Basis des ersten Jahres ein für die Gesamtbetrachtung relevantes Bild wider.

Anlage II: Aufteilung der BTS-Schüler nach ihrer speziellen Fachrichtung innerhalb des wirtschafts- und sozialwissenschaftlichen Ausbildungsbereichs (Stand: 1976–1977).

Fachrichtung	Anzahl der Eingeschriebenen	Prozentualer Anteil zur Gesamtheit der im wirtschafts- und sozialwissenschaftlichen Bereich eingeschriebenen Studenten
Arbeitsorganisation und Verwaltung	833	3,1 %
Sekretariatskunde und Stenographie	15.560	59,5 %
Finanz- und Buchführungstechniken	4.321	16,5 %
Informatik	399	1,5 %
Handel und Vertrieb	2.999	11,5 %
Information und Dokumentation	1.405	5,4 %
Design und Kunstgewerbe	364	1,4 %
Gesundheits- und Sozialwesen	279	1,1 %
Gesamt	26.160	100 %

Quelle: "Tableaux des enseignements et de la formation", 1978, Seite 346.

Anlage III: Beschäftigungssituation im März 1976 der BTS- und IUT-Absolventen von 1975

		beschäftigt	arbeitslos	Militärdienst	nicht erwerbstätig	Gesamt
Männer						
IUT	– mit Diplom	39,9 %	7,9 %	48,9 %	3,2 %	100
	– ohne Diplom	36,6 %	10,5 %	48,7 %	4,2 %	100
BTS	– mit Diplom	37,9 %	5,2 %	53,5 %	3,4 %	100
	– ohne Diplom	33,9 %	9,0 %	51,9 %	5,3 %	100
Frauen						
IUT	– mit Diplom	72,2 %	23,1 %		4,7 %	100
	– ohne Diplom	68,9 %	24,9 %		6,2 %	100
BTS	– mit Diplom	86,3 %	10,8 %		2,9 %	100
	– ohne Diplom	78,3 %	14,7 %		7,0 %	100

Quelle: CEREQ: „Tableaux de l'observatoire national des entrées dans la vie active" Nr. 1, Dezember 1977, Seite 22.

Anlage IV: Beschäftigungssituation im März 1976 der BTS- und IUT-Absolventen, die im Jahre 1975 mit Diplomabschluß ihr Studium beendet haben. Aufteilung nach Fachrichtung.

	beschäftigt	arbeitslos	Militärdienst	nicht erwerbstätig	Gesamt
Männer					
IUT					
Finanz- und Buchführungstechniken	40,3 %	5,3 %	50,2 %	4,2 %	100
Informatik	46,0 %	5,5 %	47,4 %	1,0 %	100
Handel und Vertrieb	37,1 %	8,4 %	51,0 %	3,4 %	100
Information und Dokumentation	40,8 %	19,2 %	36,0 %	4,0 %	100
Gesamt	34,3 %	7,4 %	55,8 %	5,3 %	100
BTS					
Finanz- und Buchführungstechniken	42,8 %	3,2 %	49,4 %	4,6 %	100
Informatik	28,3 %	6,5 %	65,2 %	–	100
Handel und Vertrieb	29,0 %	6,3 %	61,8 %	2,9 %	100
Information und Dokumentation	28,2 %	8,5 %	60,6 %	2,8 %	100
Gesamt	32,4 %	4,6 %	59,5 %	3,4 %	100

Anlage V: Die wesentlichen Beschäftigungsbereiche, in denen im März 1976 ehemalige BTS- oder IUT-Absolventen, die 1975 abgegangen waren, arbeiten.

Fachrichtung (in %)	Beschäftigung, die dem erlangten Ausbildungsgrad (unabhängig v. Qualifikationsniveau) entspricht	Unterricht 1. degré
IUT		
Administration und Rechtswissenschaften	30,41	15,05
Finanzen und Buchführung	61,58	15,84
Informatik	87,06	–
Handel und Vertrieb	24,19	15,67
Information und Dokumentation	33,78	9,88
BTS		
Administration und Rechtswissenschaften	23,50	15,77
Sekretariatskunde	72,40	9,16
Finanzen und Buchführung	71,88	13,67
Informatik	77,01	–
Handel und Vertrieb	43,07	8,13
Information und Dokumentation	45,94	8,13

Quelle: CEREQ, idem, Seiten 102–106 und 121–126

Anlage VI: Die Arbeitsplätze, die von ehemaligen Studenten der Rechtswissenschaften im Jahre 1973 besetzt werden. (Prozentualer Anteil der befragten Studenten)

Arbeitsbereich	Diplom oder Abschlußjahr des Unterrichtes					
	keines	1. Jahr	2. Jahr	3. Jahr	4. Jahr	DES	Doctorat
Administrative Tätigkeiten und Verwaltung	35	40	50	63	42	42	33
Handel und Handelsdienstleistungen	8	16	12	17	7	1	–
Banken und Versicherungen	18	20	15	10	15	13	–
Journalismus	–	4	2	–	1	–	–
Hochschule	1	–	–	–	2	5	42
Rechtswesen	9	5	6	4	24	33	25
Unterricht 1. und 2. degré	21	3	4	–	2	1	1
Andere Bereiche	8	2	11	6	7	4	–

Quelle: CEREQ, Ausgabe Nr. 14, gemäß der Tabelle auf Seite 14

Anlage VII: Arbeitsplätze, die mit ehemaligen Studenten der Wirtschaftswissenschaften besetzt sind (Stand 1977) (in Prozent)

Arbeitsbereich	Diplom oder letztes Unterrichtsjahr						
	Nichts	1. Jahr	2. Jahr	3. Jahr	4. Jahr	DES	Doctorat
Administrative Tätigkeiten und Verwaltung	32	31	26	31	36	24	28
Handel und Handelsdienstleistungen	8	21	30	24	8	2	14
Banken und Versicherungen	13	16	19	7	21	16	29
Hochschullehre und Forschung	–	–	1	–	3	16	15
Unterricht 1. und 2. degré	16	9	3	4	4	7	–
technische Führungskräfte	12	4	2	21	24	30	14
Andere	19	19	19	13	4	5	–
Gesamt	100	100	100	100	100	100	100

Quelle: CEREQ, "Dossier n° 14", gemäß Tabelle 57.

Anlage VIII: Verteilung der administrative Tätigkeiten ausübenden ehemaligen Studenten der Wirtschaftswissenschaften des 2. und 3. "cycle" nach Diplomniveau und (für die "licence")[1]) nach Geschlecht.

Art der Tätigkeit	erreichtes Diplom und Geschlecht			
	Diplom des 3. Jahres	Diplom des 4. Jahres		DES
	Männer	Männer	Frauen	Männer
Führungskräfte im öffentlichen Bereich	44,0	33,2	52,7	19,1
mittlere Führungskräfte	15,0	45,5	47,3	41,7
höhere Führungskräfte	41,0	21,3	–	39,2
Gesamt	100	100	100	100
prozentualer Anteil dieser Beschäftigung zur Gesamtbeschäftigung	31	36	43	24

[1]) Die "licence" war bis 1976 das Abschlußdiplom des 4. Studienjahres, später das Abschlußdiplom des 3. Studienjahres.

Quelle: CEREQ, ibidem, Seite 1969

Anlage IX: Arbeitsplätze, die mit ehemaligen Studenten der Humanwissenschaften besetzt sind. (Prozentualer Anteil der betreffenden Studenten) Stand 1973.

Arbeitsbereich	kein Diplom	Diplom des 1. Jahres	2. Jahres	"licence"	"maitrise"	3. "cycle"
Administrative Tätigkeiten und Verwaltung	9	7	19	11	11	9
Handel, Banken und Versicherungen	3	25	16	19	–	–
Public Relations, Marktforschung	–	–	5	6	6	–
Hochschullehre und Forschung	–	–	–	9	12	55
Unterricht 1. und 2. degré	53	24	11	10	10	–
sozialer Dienstleistungsbereich	15	24	30	31	32	32
Andere	20	20	19	14	29	4
Gesamt	100	100	100	100	100	100

Quelle: CEREQ, ibidem, gemäß Tabelle 55

Anlage X: Arbeitgeber der ehemaligen Studenten der Humanwissenschaften, die nach Diplomniveau und Geschlecht aufgeteilt sind. Stand 1973.

	Handel und Handelsdienstleistungen	Banken und Versicherungen	Verwaltung	Lehre und Forschung	Andere
Männer					
DUEL (nach dem 2. Jahr)	35	–	12	31	22
licence	31	4	11	31	23
Maitrise	27	–	12	37	24
3. "cycle"	33	–	8	51	8
Frauen					
DUEL	3	–	11	78	8
Licence	48	5	12	30	5
Maitrise	64	2	6	19	9
3. "cycle"	49	–	5	41	5

Quelle: CEREQ, ibidem.

GPSR Compliance

The European Union's (EU) General Product Safety Regulation (GPSR) is a set of rules that requires consumer products to be safe and our obligations to ensure this.

If you have any concerns about our products, you can contact us on ProductSafety@springernature.com

In case Publisher is established outside the EU, the EU authorized representative is:

Springer Nature Customer Service Center GmbH
Europaplatz 3
69115 Heidelberg, Germany

Batch number: 10809472

Printed by Printforce, the Netherlands